Advocacia e Ética

O Exercício da Profissão

Alexandre Figueiredo de Andrade Urbano
Charles Fernando Vieira da Silva
Luiz Fernando Valladão Nogueira
Rogério Vieira Santiago
(Coordenadores)

Advocacia e Ética

O Exercício da Profissão

Del Rey
Editora

Belo Horizonte

2015

Impresso no Brasil | *Printed in Brazil*

EDITORA DEL REY LTDA.
www.livrariadelrey.com.br

Editor: Arnaldo Oliveira

Editor Adjunto: Ricardo A. Malheiros Fiuza

Editora Assistente: Waneska Diniz

Coordenação Editorial: Wendell Campos Borges

Projeto Gráfico: Dilex Editoração Ltda.

Editoração: Dilex Editoração Ltda.

Revisão: Cybele Maria de Souza

Capa: CYB Comunicação

Editora / MG
Rua dos Goitacazes, 71 – Sala 709-C – Centro
Belo Horizonte – MG – CEP 30190-050
Tel: (31) 3284-5845
editora@delreyonline.com.br

A244

Advocacia e ética: o exercício da profissão. / Coordenadores: Alexandre Figueiredo de Andrade Urbano, Charles Fernando Vieira da Silva, Luiz Fernando Valladão Nogueira e Rogério Vieira Santiago. Belo Horizonte: Del Rey, 2015.
viii + 424 p.
ISBN: 978-85-384-0425-5

1. Brasil. [Estatuto da Advocacia e Ordem dos Advogados do Brasil (OAB) (1994)]. 2. Advogado, ética profissional, Brasil. 3. Advocacia, Brasil. I. Urbano, Alexandre Figueiredo de Andrade (Coord.). II. Silva, Charles Fernando Vieira da (Coord.). III. Nogueira, Luiz Fernando Valladão (Coord.). IV. Vieira, Rogério (Coord.).

CDU: 34

Nilcéia Lage de Medeiros
Bibliotecária
CRB6: 1545

Sumário

Aspectos Relevantes das Sociedades de Advogados 1

Alexandre Figueiredo de Andrade Urbano

O Advogado Dativo à Luz do Estatuto da OAB

Álvaro Maia Custódio 11

A Importância do Estágio Profissional para o Estudante de Direito 21

Álvaro Rodrigues Pereira Borges de Amorim

A Imunidade Profissional do Advogado 27

Antônio Novais Caiafa

Papel do Advogado na Aplicação da Lei Eleitoral: análise crítica da jurisprudência com valores 43

Arthur Magno e Silva Guerra

O Percentual sobre o Valor da Causa como Critério Objetivo para Arbitramento dos Honorários Advocatícios nas Situações em que não há Condenação em Quantia Certa de Acordo com a Jurisprudência do STJ 69

Bernardo Câmara

Advocacia Brasileira no Paradigma Democrático de Direito........................83

Carlos Henrique Soares

Responsabilidade Administrativa do Advogado Público ou "Parecerista" 103

Charles Fernando Vieira da Silva

A Ética no Planejamento Tributário..111

Diego Abras Rodrigues

O Efeito Perverso da Súmula n. 111 do STJ em Prejuízo ao Segurado da Previdência..119

Edgar Marques Xavier

Cobrança de Verba Honorária Contratada e Exercício do Direito ao Protesto Cambial..127

Fabiana Machado Santiago
Vinícius José Marques Gontijo

Clientes: O Desafio da Jovem Advocacia 145

Fabiano Valadares Pires Camargos

A Indispensabilidade do Advogado à Luz do Modelo Constitucional de Processo – Fundamentos basilares para a legitimação da função jurisdicional no Estado Democrático de Direito 151

Fábio Moreira Santos e *Guilherme Henrique Lage Faria*

Inquérito Policial – Do acesso aos autos por parte do Advogado................175

Fábio Piló

A Importância do Empreendedorismo no Atual Momento da Advocacia..191

Felippe Figueiredo Diniz

A Idoneidade Moral como Requisito para Inscrição como Advogado..197

Flávia Pires Veloso Melo

Da Responsabilidade Objetiva do Estado por Ofensa Proferida por Magistrado a Advogado em Ato Jurisdicional 203

Francis Vanine de Andrade Reis

Sócio de Serviços e Sociedades de Advogados 211

Gustavo Henrique de Souza e Silva e *Manuela Porto Ribeiro*

O Advogado e a Relação de Emprego 235

Ivan Carlos Caixeta

Pode o Juiz Aplicar a Penalidade de Má-Fé ao Advogado? 245

Ivan Mercedo Moreira

A Decisiva Intervenção do Advogado Tributarista no Processo Administrativo Tributário 251

Jair Marques da Silva Júnior

A Posição do Advogado em Face ao Princípio do *Jus Postulandi* na Justiça do Trabalho 257

João Eduardo de Rezende Dutra Júnior

A Simplificação da Linguagem Jurídica e o Artigo 45 do Código de Ética da OAB 263

Jorge Moisés Júnior

A Representação da Parte por Advogado no Juizado Especial 271

Júlio César Girundi Diamantino

Sustentação Oral 277

Luiz Fernando Valladão Nogueira

Preconceito Acerca da Advocacia Criminal 295

Maíra Mayrink de Castro Garcia Dias

Advocaria Pública Federal – Interesse Público e Privado – Pontos de Contato 299

Márcio Versiani Pena

A Constitucionalização da Advocacia Pública Municipal 305

Marina França Santos

A Atuação da Advocacia Estrangeira no Brasil 311
Melina Beatriz Gomes Mira e *Rodrigo Ferreira de Carvalho*

Publicidade de Serviços Advocatícios 319
Rafael Francisco de Oliveira

A Importância do Advogado para a Administração da Justiça sob a Luz do Artigo 133 da Constituição Federal 331
Rafael Vieira Fernandes

A Responsabilidade Civil do Advogado 339
Rafael Vinícius Normandia Cruz

Das Desvantagens da Arbitragem 345
Renato Armanelli Gibson

Advocacia de Família e o Divórcio em Cartório – Aspectos Legais e Éticos 357
Rodrigo da Cunha Pereira

Advogado Dativo e sua Função Social 371
Rogério Vieira Santiago

A Participação do Advogado Diante das Manifestações Populares 379
Ronaldo Mayrink de Castro Garcia Dias

O Sigilo e o Acesso do Advogado aos Autos na Persecução Penal................385
Sara Fernandes Carvalho

A Sociedade de Advogados, seus Associados: Aspectos Jurídicos e Práticos 397
Silvio Mendonça Filho, Ana Teresa Guimarães Zanhar e *Tiago Mendonça*

O Direito Constitucional de Entrevista: Direito ao Advogado e Direito do Advogado 411
Waldir Miguel Júnior

Amor à Advocacia 421
Jesuino José Ribeiro Dutra

Aspectos Relevantes das Sociedades de Advogados

Alexandre Figueiredo de Andrade Urbano
Advogado.

Este artigo visa, de forma sucinta, apontar alguns relevantes aspectos das sociedades de advogados, as quais têm experimentado rápida evolução no cenário nacional, de molde a tentar acompanhar o desenvolvimento da sociedade e, em especial, das empresas, as quais demandam cada vez mais serviços de rigorosa qualidade técnica, multidisciplinar e com extrema agilidade.

Todo este cenário conduz à inevitável constatação de que as sociedades de advogados tendem a se tornar ainda mais numerosas e importantes dentro da nossa classe, não só pelo grande contingente de colegas que reúne, mas também pelas facilidades dos benefícios tributários que lhes têm sido outorgados pelo Poder Público.

No entanto, não se pode olvidar que a administração das sociedades de advogados tem sido cada vez mais complexa, pois, além das questões gerenciais que envolvem sua constituição e desenvolvimento dos objetivos entre os sócios, têm-se as próprias características e peculiaridades do exercício da atividade profissional, inclusive no que diz respeito às intimações, muitas delas, embora atendendo ao novel processo eletrônico, feitas de forma diversa entre os vários órgãos do Poder Judiciário, o que tem se tornado uma fonte inesgotável de controvérsias e pode gerar até mesmo a responsabilização civil dos sócios ou ainda da sociedade.

Dentro desta ótica, é recomendável uma profunda reflexão e extrema cautela na constituição e administração das sociedades de advogados, para que elas possam ser bem-sucedidas, inclusive economicamente, e se erigir como importante instrumento de desenvolvimento de toda a nossa classe.

1. NATUREZA JURÍDICA DAS SOCIEDADES DE ADVOGADOS

Inicialmente, mister se faz tecer algumas considerações a respeito da natureza jurídica das sociedades de advogados.

Em sua obra *Estatuto da Advocacia – Comentários e Jurisprudência Selecionada*, a ilustre Gisela Gondin Ramos, fazendo menção a consagrados juristas, leciona que:

> Explicando a natureza jurídica das sociedades de advogados, PAULO LUIZ NETO LÔBO explica que o Estatuto definiu-a como "sociedade civil exclusivamente de pessoas e de finalidade profissionais", destacando, entrementes, que apresenta características *sui generis*, inconfundíveis, portanto, com as demais sociedades civis reguladas pelo nosso ordenamento jurídico. RUY DE AZEVEDO SODRÉ a elas se refere como "sociedades civis de trabalho", cuja finalidade volta-se "à disciplina do expediente e dos resultados patrimoniais auferidos na prestação dos serviços de advocacia".
>
> Nisto o ponto básico, a diferenciar a sociedade de advogados das demais sociedades civis de prestação de serviços, já que o que lhe justifica a criação é exatamente a necessidade de disciplinar as questões administrativas e financeiras dos profissionais envolvidos, de molde a propiciar-lhes maiores facilidades no exercício de suas atividades,

livrando-os de determinadas tarefas burocráticas, como também facilitando-lhes a manutenção financeira de seus escritórios.[1]

Por seu turno, o Código Civil brasileiro, em vigor, conduz o enquadramento da sociedade de advogados no âmbito das sociedades simples, porquanto a atividade apresenta natureza de cunho eminentemente intelectual, não podendo adotar forma ou características comerciais / mercantis, sendo correspondentes, guardadas as devidas proporções, às antigas sociedades civis prestadoras de serviços, que tinham o registro de seus atos constitutivos nos Cartórios de Registros Civis de Pessoas Jurídicas.

Vê-se que existe um descompasso entre a forma com que o Código Civil brasileiro induz seja a natureza jurídica da sociedade de advogados, em relação à forma com que o Estatuto da Advocacia preconiza, já que enquanto o primeiro diploma legal disciplina a forma da constituição societária unicamente em razão da natureza da atividade que nela será desenvolvida, já o segundo diploma legal vai muito além, delimitando o objeto da atividade social e, com maior severidade, a forma com que a sociedade e seus sócios devem se comportar em relação a terceiros.

Isto, porque no Estatuto da Advocacia existe previsão expressa que restringe o alcance do objeto social das sociedades de advogados, inibindo que ela tenha características mercantis e use dos modernos recursos da publicidade para alcance de resultados econômico-financeiros, como ordinariamente acontece no âmbito das sociedades simples, prevista no Código Civil brasileiro.

Inexiste, portanto, no Código Civil brasileiro, um encaixe perfeito da verdadeira natureza jurídica da sociedade de advogados, pois ela encontra-se totalmente disciplinada no âmbito do Estatuto da Advocacia apenas com o escopo de viabilizar a reunião de advogados em forma de sociedades, sem contudo retirar, seja dos sócios, seja da própria sociedade, as limitações impostas ao exercício profissional do advogado no mesmo Estatuto.

Enquanto prestador de serviços de natureza intelectual que, no exercício de seus munus, exerce "função pública", o advogado não poderia

[1] RAMOS, Gisela Gondin. *Estatuto da Advocacia* – Comentários e Jurisprudência Selecionada. 4. ed. OAB/SC Editora, p. 336.

mesmo reunir-se em forma societária sem que houvessem delimitações mais severas ao exercício da atividade social, até porque sendo o advogado tratado no plano constitucional como um dos "agentes" administradores da justiça, não poderia o ministério privado da dita profissão, seja solitariamente, seja reunido em forma societária, deixar de ser disciplinado em regramento próprio, simétrico ao princípio da finalidade. Portanto, considerados todos estes aspectos, tem-se que as sociedades de advogados possuem características *sui generis*, exclusivamente de pessoas e finalidade profissionais, sendo disciplinadas pelas normas previstas no Estatuto da Advocacia, no Regulamento Geral e demais disposições correlatas, além de subsidiariamente, naquilo que for compatível, no Código Civil brasileiro.

2. CONSTITUIÇÃO E REGISTRO DAS SOCIEDADES DE ADVOGADOS

Aspecto relevante e que urge ser tratado inicialmente, porquanto "dá início à vida" da sociedade de advogados, consiste na sua constituição e registro.

É cediço que o contrato social erige-se no documento apto a regular as relações entre os advogados sócios, devendo observar rigorosamente todas as normas definidas no Estatuto da Advocacia, no Regulamento Geral, em Provimentos do Conselho Federal e demais legislações correlatas.

Constitui o contrato social um "documento" que merece acurada discussão prévia entre os sócios e minuciosa disciplina da forma de administração da sociedade, de molde a se evitar que omissões ou subjetividades tragam prejuízos ou desarmonias entre os seus membros.

A experiência profissional, analisando questões deste jaez, tem-me mostrado que os advogados muitas vezes subestimam a elaboração dos contratos sociais das sociedades de que fazem parte, deixando de disciplinar com o rigor merecido matérias relativamente simples e que culminam por causar conflitos entre os sócios.

Recomenda-se, então, que os advogados sejam bastante minuciosos na elaboração do contrato de suas sociedades e tratem rigorosa e objetivamente sobre a forma de administração, embora prevendo até mesmo a hipótese de dissolução, a fim de que eventuais conflitos sejam dirimidos da maneira mais pacífica possível.

E ainda merece ser destacado que, embora óbvio, somente advogados poderão figurar no contrato social destas sociedades, jamais sendo aceita a presença de profissional outro, ainda que apresente alguma ligação com a advocacia.

Não se pode olvidar, ainda, que a denominação da sociedade de advogados deverá conter o nome de pelo menos um de seus membros, inclusive como responsável pelas relações com terceiros, não sendo aceitos nomes de fantasia.

Recomendável, sobre estas questões, detida análise do Provimento 112/2006, do Conselho Federal da Ordem dos Advogados do Brasil, que disciplina várias matérias sobre as sociedades de advogados.

Demais disso, é certo que a personalidade jurídica da sociedade de advogados será adquirida com o registro de seus atos constitutivos junto ao Conselho Seccional competente, passando a gerar efeitos contra terceiros.

Finalmente, impende ressaltar que não tem validade jurídica, por tudo que já foi previamente exposto, notadamente sua impossibilidade de feição mercantil, o registro das sociedades de advogados nas Juntas Comerciais dos Estados ou mesmo em Cartórios de Registro Civil de Pessoas Jurídicas.

3. DA RESPONSABILIDADE DAS SOCIEDADES DE ADVOGADOS E DE SEUS SÓCIOS

Outra questão de relevo acerca do tema em discussão envolve a responsabilidade civil das sociedades de advogados e de seus sócios.

O Estatuto (Lei n. 8.906/94) estabelece que os advogados podem se reunir em sociedade cujo objeto será, obrigatoriamente, a prestação de serviços de advocacia. Diz mais, que a responsabilidade dos sócios é subsidiária e ilimitada, conforme também enunciado pelo Regulamento Geral do Estatuto da Advocacia e da OAB.

Assim, verificadas todas as peculiaridades que envolvem o exercício da atividade das sociedades de advogados, a nosso sentir este é o direcionamento que deve nortear a apuração da responsabilidade civil das sociedades de advogados e seus sócios, somente se aplicando subsidiariamente o Código Civil. Ou seja, a responsabilidade é subjetiva, em regra.

Somente nas hipóteses em que eventuais danos sejam causados por subordinados ou mesmo empregados das sociedades de advogados a terceiros é que poderá haver uma responsabilização objetiva sua, dependendo evidentemente da subordinação que deverá ser apurada em cada caso concreto, remanescendo a responsabilidade subjetiva caso tal situação não se verifique na prática.

Ademais, justamente porquanto presentes tais peculiaridades alhures mencionadas, não são aplicáveis as disposições do Código de Defesa do Consumidor às relações estabelecidas entre as sociedades de advogados e seus sócios, conforme, aliás, tem-se pronunciado o Eg. Superior Tribunal de Justiça, Corte soberana no País sobre a dirimência de conflitos atinentes à legislação infraconstitucional.

Em excelente artigo sobre a matéria, intitulado "Responsabilidade Civil da Sociedade de Advogados", o ilustre Luiz Carlos de Assis Júnior assim arrematou a questão, fazendo remissão ao entendimento do STJ:

> Constatou-se que a Lei n. 8.906/94, que regulamenta a advocacia, é especialíssima em comparação com a Lei n. 8.078/90; com a promulgação daquela, esta sofreu restrição do seu campo de aplicação, deixando de incidir sobre a atividade advocatícia, a qual passou a ser inteiramente regulada pelo Estatuto da Advocacia e da OAB.
>
> A sociedade de advogados, por sua vez, também está inteiramente regulamentada na Lei n. 8.906/94 e regulamentos dela decorrentes, sofrendo todas as restrições que os advogados têm, seja atuando só ou em sociedade. O advogado que advoga só ou em parceria ou, ainda, reunido em sociedade, está proibido de oferecer o seu serviço no mercado de consumo, de promover a captação de clientela, fazer uso de propagandas ou oferecer serviço em massa.
>
> Assim, em sendo a advocacia uma espécie de serviço inteiramente regulamentada por lei própria, não sofre a incidência do CDC. E, em sendo a sociedade de advogados de natureza *sui generis*, exaustiva e peculiarmente regrada nos moldes da Lei n. 8.906/94, também está fora da aplicabilidade da Lei n. 8.078/90.
>
> Estas conclusões têm o respaldo da jurisprudência do STJ. A pesquisa jurisprudencial no acervo decisório deste Tribunal mostrou que o

> tema foi enfrentado por cinco vezes, entre agosto de 2003 e abril de 2005. Em duas delas, o STJ havia decidido pela aplicabilidade do código consumerista aos serviços advocatícios, porém, após estudo mais minucioso sobre a matéria e tendo em conta o caráter não mercantil da advocacia, ele firmou a inaplicabilidade do CDC a esta espécie de serviços.
>
> A responsabilidade da sociedade de advogados, então, não pode ser vista à luz da Lei n. 8.078/90, mas sim com respaldo na lei que a regulamenta, a Lei n. 8.906/94 e, subsidiariamente, recorre-se ao Código Civil.
>
> Os atos de advogados são privativos, apenas a pessoa física pode realizá-los, razão pela qual é impossível ao cliente contratar serviços advocatícios a serem prestados por uma sociedade, eis que eles serão sempre exercidos pessoalmente por um advogado. Por isso, numa investigação de responsabilidade, esta não será investigada na conduta da sociedade, mas na forma como se postou e diligenciou o advogado que atuou numa determinada causa.
>
> Com isso, e ao arrepio de respeitadas vozes no campo doutrinário, concluiu-se pela responsabilidade subjetiva da sociedade de advogados como regra.

Este, portanto, é o entendimento que reputo adequado ao tratamento da responsabilidade civil das sociedades de advogados e seus sócios, e que deverá ser mantido pelo Judiciário, notadamente pelo Superior Tribunal de Justiça, de molde a que haja uma pacificação da matéria e maior segurança jurídica aos envolvidos.

4. TRIBUTOS A SEREM PAGOS PELAS SOCIEDADES DE ADVOGADOS

Tema que deve merecer acurada observância pelas sociedades de advogados diz respeito aos tributos a serem por elas recolhidos, uma vez que afeta diretamente à administração das sociedades e pode implicar, inclusive, em sua extinção, caso a sanção decorrente da violação a tais recolhimentos atinja verbas estratosféricas.

Como é sabido, as sociedades de advogados estão ordinariamente sujeitas aos seguintes tributos: Imposto de Renda Pessoa Jurídica (IRPJ); contribuição ao INSS; Imposto Sobre Serviços (ISS); Contribuição

Social sobre o Lucro Líquido (CSLL); contribuição ao Programa de Integração Social (PIS); e a Contribuição para o Financiamento da Seguridade Social (COFINS).

Ou seja, a gama de tributos a serem recolhidos aos cofres públicos pelas sociedades de advogados é enorme e, de fato, impacta de forma decisiva na sua administração.

Por isso, existe a necessidade dos sócios verificarem de forma minuciosa, inicialmente, o sistema de arrecadação do IRPJ, que pode se dar pelo lucro presumido ou pelo lucro real.

A esmagadora maioria das sociedades de advogados, todavia, faz a opção pelo lucro presumido, pois nessa modalidade a apuração é muito mais simples e eficiente, inclusive o seu cálculo.

Já o lucro real exige uma contabilidade muito minuciosa e um lucro extremamente elevado para justificar sua opção pelas sociedades de advogados, circunstâncias agravantes que quase a inviabilizam, salvo raríssimas exceções.

Demais disso, merece acurada observância por parte das sociedades de advogados o ISS, que é cobrado mensalmente e depende de cada prefeitura onde o imposto é devido, além do INSS, em que os profissionais recolhem 20% (vinte por cento) sobre o seu *pro labore*, previamente definido.

Com relação ao PIS e à COFINS, merece ser destacado que tais impostos incidem sobre o faturamento, ou seja, sobre tudo aquilo que a sociedade recebe, indistintamente, à alíquota de 0,65% (PIS) e 3% (COFINS).

De outra face, a CSLL, contribuição destinada à seguridade social, é cobrada a uma alíquota de 9% sobre o lucro presumido das sociedades.

Outrossim, mister destacar que, recentemente, foi sancionada a Lei Complementar 147/14, que estabeleceu o Simples Nacional, também conhecido como Supersimples, que se erige como um sistema de tributação diferenciado para pequenas e microempresas, e que abrange também as sociedades de advogados, podendo implicar, dependendo do seu faturamento, portanto, em sensível redução da carga tributária.

Contudo, é necessário advertir que, conquanto tal simplificação deva estimular a criação de inúmeras sociedades de advogados, estas devem examinar rigorosamente, caso a caso, a viabilidade de adequação a essa norma específica, pois nem sempre a redução da carga tributária poderá acontecer.

Denota-se, portanto, a necessidade de uma profunda análise dos advogados acerca das opções tributárias que melhor se adequam ao seu caso, de tal modo que, cumprindo estritamente suas obrigações legais, suas sociedades possam desenvolver regularmente as atividades e ter perenidade.

5. CONCLUSÃO

Em suma, e sem jamais tentar esgotar o assunto, entendo forçoso destacar e reconhecer que as sociedades de advogados tendem a apresentar um crescimento expressivo em todo o País, não só quantitativamente, mas também em suas estruturas, o que por certo acarretará maior complexidade na sua administração.

Dentro desta perspectiva, recomenda-se maior cautela dos advogados no momento de constituição de suas sociedades, de molde a que, refletidas todas as situações apontadas anteriormente neste artigo, tenham pleno êxito no desenvolvimento de suas finalidades institucionais.

O ADVOGADO DATIVO À LUZ DO ESTATUTO DA OAB

Álvaro Maia Custódio
Advogado. Presidente da 22ª Subseção da OAB/MG.
Pós-Graduado em Direito Civil e Processo Civil
pela Universidade Cândido Mendes.

INTRODUÇÃO

Com este trabalho busca-se demonstrar aos operadores do Direito, especialmente os que militam na Advocacia, os aspectos legais e jurisprudenciais acerca do trabalho do advogado dativo e sua remuneração justa.

Este estudo traz abordagens sobre a necessidade do advogado dativo no sistema jurídico pátrio nacional, o crescimento na utilização de tais profissionais e, finalmente, o desrespeito com que os poderes constituídos vêm tratando a questão do defensor dativo, aviltando seus honorários com a própria participação da Ordem dos Advogados do Brasil.

1. A ASSISTÊNCIA JURÍDICA INTEGRAL E GRATUITA AO HIPOSSUFICIENTE NA NOVA ORDEM CONSTITUCIONAL

A Carta Política de 1988 fez expressa previsão no art. 5.º, inciso LXXIV, de que o Estado proveria assistência jurídica e gratuita aos hipossuficientes: "LXXIV – o Estado prestará assistência jurídica integral e gratuita aos que comprovarem insuficiência de recursos".

A referida assistência jurídica os hipossuficientes foi normatizada expressamente no art. 134 da Constituição Federal, como se nota em sua redação: "A Defensoria Pública é instituição essencial à função jurisdicional do Estado, incumbindo-lhe a orientação jurídica e a defesa, em todos os graus, dos necessitados, na forma do art. 5º, LXXIV",[1] ou seja, o Poder Constituinte originário atribuiu às defensorias públicas a competência para promover a assistência jurídica e gratuita ao hipossuficiente.

Ocorre que, passados mais de 20 anos da promulgação da Carta Magna, as defensorias públicas não conseguem atender toda demanda de prestação de serviços aos jurisdicionados desprovidos de recursos, salientando que existem unidades da federação que, recentemente, instalaram a Defensoria Pública, como é o caso de Santa Catarina.

Diante de uma demanda maior de hipossuficientes necessitando de serviços jurídicos gratuitos e de poucos defensores públicos nas unidades da federação, o Poder Judiciário, para suprir essa demanda, passou a se valer dos advogados dativos.

De Plácido e Silva (1989, p. 8) preleciona a definição e aplicação jurídica da palavra dativo:

> DATIVO. Derivado do latim *dativus*, de *dare* (o que é dado), serve para exprimir o que é dado ou quem é nomeado pelo juiz, ou em virtude de testamento, para distinguir do que é dado ou nomeado *ex vi*

---

1 Disponível em: <http://www.planalto.gov.br/ccivil_03/constituicao/ConstituicaoCompilado.htm>. Acesso em: 22 jan. 2014.

> *legis*. E, neste sentido, então, se diz *tutor dativo* ou *curador dativo* para que se distingam do *tutor* e *curador legítimos*, que são os indicados e nomeados por lei.

Com base no ensinamento do jurista De Plácido e Silva, conceituamos o advogado dativo como sendo aquele operador do Direito que é nomeado pelo juiz para o patrocínio dos interesses do hipossuficiente em juízo ou fora dele, estando impossibilitada ou impedida a Defensoria Pública. Sua nomeação deve ser exceção, pois o trabalho do defensor dativo é eventual, já que nenhum vínculo estatutário ou celetista é formado com o Poder Público.

A Advocacia, inclusive a dativa, embora envolva *munus publicum* com função social, não é atividade de Estado, mas privada (art. 2°, § 1°, da Lei n. 8.906/94), sendo livre o seu exercício nos termos do Estatuto da Advocacia (art. 7°, inciso I, da Lei n. 8.906/94), conforme posicionamento do STJ, *in verbis*:

> A advocacia não e atividade do estado. Ao contrário, privada. Livre e o seu exercício, nos termos do Estatuto do Advogado. A advocacia não se confunde com a – Defensoria Pública. Esta e instituição essencial a função jurisdicional do estado, incumbindo a orientação jurídica e a defesa, em todos os graus, dos necessitados, na forma do art. 5.º, LXXXIV (const. art. 134).
> O defensor público, ao contrário do advogado exerce – função pública. O advogado, designado para exercer a defesa de algum, exerce – *munus publicum* (Lei n. 8.906, 14.07.1994, art. 2, parágrafo 2). Assim, não exercendo – função publica – não é funcionário público para os efeitos penais.[2]

Cabe ao Estado prover a assistência judiciária gratuita ao hipossuficiente na impossibilidade da Defensoria Pública.

[2] BRASÍLIA. Superior Tribunal de Justiça. RHC n. 3900/SP, da Sexta Turma. Relator: Min. Luiz Vicente Cernicchiaro. 12 de setembro de 1994. Julgado em 12/09/1994. Disponível em: <https://ww2.stj.jus.br/processo/ita/listarAcordaos?classe=&num_processo=&num_registro=199400273991&dt_publicacao=03/04/1995>. Acesso em: 22 jan. 2014.

O critério de remuneração do advogado dativo que presta serviços ao hipossuficiente está disposto no art. 22 do Estatuto da OAB e da Advocacia, Lei Federal n. 8.906/94.

2 O ADVOGADO DATIVO E O ESTATUTO DA OAB – OS CRITÉRIOS DE REMUNERAÇÃO PELOS TRABALHOS POR ELES DESEMPENHADOS EM PROL DO PODER PÚBLICO

O capítulo VI do Estatuto da OAB faz alusão expressa aos honorários advocatícios e em seu art. 22, *caput,* cita o direito dos advogados ao percebimento dos honorários contratuais e dos fixados judicialmente – e aqui entram os honorários de sucumbência e o dos defensores dativos, já que não foram pactuados na relação sinalagmática.

O § 1º do art. 22 faz alusão expressa ao dever do Estado em fixar os honorários do defensor dativo por meio do Estado-Juiz, nos moldes da tabela organizada por cada Conselho Seccional da Ordem dos Advogados do Brasil e, finalmente, impõe como norma cogente o dever de o Poder Público pagar os referidos honorários. Vejamos:

> Art. 22 [...]
> § 1º O advogado, quando indicado para patrocinar causa de juridicamente necessitado, no caso de impossibilidade da Defensoria Pública no local da prestação de serviço, tem direito aos honorários fixados pelo juiz, segundo tabela organizada pelo Conselho Seccional da OAB, e pagos pelo Estado.[3]

A norma federal do Estatuto da OAB determina a fixação dos honorários do advogado dativo conforme a tabela organizada pelos Conselhos da OAB para contratação de honorários particulares.

O dever do Estado em pagar pelo trabalho do defensor dativo já era reconhecido pelo Supremo Tribunal Federal, antes da Carta Política de 1988, *in verbis*:

[3] Disponível em: <http://www.planalto.gov.br/ccivil_03/leis/l8906.htm>. Acesso em: 22 jan. 2.014.

> HONORÁRIOS DE ADVOGADO. DEFENSOR DATIVO DE RÉUS POBRES EM PROCESSOS CRIMINAIS.
> Inexistindo, junto ao órgão judiciário, serviço oficial de assistência gratuita a réus pobres, em processo-crime é *cabível o pagamento, nesses casos, pela Fazenda Estadual, de verba honorária aos advogados nomeados pelo juiz*, para tal fim. Fixação que, no caso, é relegada, porém, para a liquidação por arbitramento. Interpretação dos arts. 153, parágrafo 32, da Constituição Federal e 30 da Lei n. 4215/63. Recurso extraordinário parcialmente conhecido.[4] (Grifo nosso).

No que diz respeito ao império das normas do Estatuto da OAB no tocante à observação da Tabela de Honorários, elaborada pelos Conselhos Seccionais, diversos são os pronunciamentos dos tribunais pátrios, porém, o tribunal que possui como missão uniformizar a jurisprudência pátria, qual seja, o Superior Tribunal de Justiça também julgou a presente questão diversas vezes e concluiu definitivamente que a Tabela da OAB referida no art. 22, § 1º do Estatuto dos advogados faz alusão é o instrumento jurídico válido como parâmetro de arbitramento dos honorários mínimos dos defensores dativos, neste sentido:

> RECURSO ESPECIAL. ATUAÇÃO COMO ADVOGADO DATIVO EM PROCESSO CRIMINAL. HONORÁRIOS ADVOCATÍCIOS. ART. 22, § 1º, DA LEI N. 8.904/94. INCIDÊNCIA. AGRAVO REGIMENTAL DESPROVIDO.
> 1. O defensor dativo terá direito aos honorários advocatícios fixados pelo Magistrado e pago pelo Estado *de acordo com os valores mínimos estabelecidos na Tabela da Ordem dos Advogados do Brasil da respectiva Seção*. Precedentes deste Superior Tribunal de Justiça.
> 2. Agravo regimental a que se nega provimento.[5] (Grifo nosso)

---

4 BRASÍLIA. Supremo Tribunal Federal. RE 103950. Tribunal Pleno. Relator: Min. Oscar Corrêa e Relator para o acórdão: Min. Sydney Sanches. Julgado em 14 de agosto de 1985. Disponível em: <http://www.stf.jus.br/portal/jurisprudencia/visualizarEmenta.asp?s1=000023620&base=baseAcordaos>. Acesso em: 22 jan. 2.014..

5 BRASÍLIA. Superior Tribunal de Justiça. AgRg no REsp 1350442/ES. Quinta Turma. Relator: Ministro Jorge Mussi. Julgado em 18 de dezembro de 2012. Disponível em: <https://ww2.stj.jus.br/revistaeletronica/ita.asp?registro=201202262360&dt_publicacao=01/02/2013>. Acesso em: 22 jan. 2014.

Valorizar a advocacia em nossa ótica é respeitar seu estatuto e não fazer distinção entre o trabalho do advogado particular e o trabalho do defensor dativo no que diz respeito à questão dos honorários, pois ambos são indispensáveis à administração da justiça, conforme preceitua o art. 133 da Carta Magna de 1988.

Destarte a remuneração do advogado dativo não pode ser diferente do que determina a norma do art. 22, § 1º do Estatuto da OAB, sob pena de se afastar as normas cogentes emanadas do próprio dispositivo legal, tornando-se uma norma inútil ao advogado e à própria sociedade que terá profissionais desmotivados para exercerem seu múnus de defensor dativo.

3 DOS CONVÊNIOS PARA PRESTAÇÃO DE SERVIÇOS PELOS ADVOGADOS DATIVOS CELEBRADOS PELA ORDEM DOS ADVOGADOS DO BRASIL E O PODER PÚBLICO E A MANIFESTA INVASÃO DE COMPETÊNCIAS DE OUTROS ENTES NA ESTIPULAÇÃO DOS HONORÁRIOS DO DEFENSOR DATIVO

Os convênios firmados pelos Conselhos Seccionais da Ordem dos Advogados do Brasil em diversas unidades da federação para "agilizar" o pagamento dos defensores dativos, nada mais são, data máxima vênia, do que um desserviço à Advocacia e um prejuízo para as Defensorias Públicas, de vez que os próprios Conselhos da Ordem reduzem os honorários dos dativos e os valores que o Poder Público poderia utilizar para completar os cargos da Defensoria Pública não são alocados em seu orçamento, diante da mutilação da autonomia funcional, administrativa e financeira das Defensorias.

No julgamento da ADI 4163 – STF, a Corte Constitucional decidiu que somente a Defensoria Pública possui o monopólio para celebrar convênios referentes à advocacia dativa:

> [...] 3. INCONSTITUCIONALIDADE. Ação de descumprimento de preceito fundamental – ADPF. Art. 109 da Constituição do Estado de São Paulo e art. 234 da Lei Complementar estadual nº 988/2006. Defensoria Pública. Assistência jurídica integral e gratuita aos necessitados. Previsões de obrigatoriedade de celebração de con-

> vênio exclusivo com a seção local da Ordem dos Advogados do Brasil – OAB-SP. Inadmissibilidade. *Desnaturação do conceito de convênio. Mutilação da autonomia funcional, administrativa e financeira da Defensoria.* Ofensa consequente ao art. 134, § 2º, cc. art. 5º, LXXIV, da CF. Inconstitucionalidade reconhecida à norma da lei complementar, ulterior à EC nº 45/2004, que introduziu o § 2º do art. 134 da CF, e interpretação conforme atribuída ao dispositivo constitucional estadual, anterior à emenda. Ação direta de inconstitucionalidade conhecida como ADPF e julgada, em parte, procedente, para esses fins. Voto parcialmente vencido, que acolhia o pedido da ação direta. *É inconstitucional toda norma que, impondo a Defensoria Pública Estadual, para prestação de serviço jurídico integral e gratuito aos necessitados, a obrigatoriedade de assinatura de convênio exclusivo com a Ordem dos Advogados do Brasil,* ou com qualquer outra entidade, viola, por conseguinte, a autonomia funcional, administrativa e financeira daquele órgão público.[6] (Grifos nossos)

Verifica-se, ainda, uma grave ilegalidade na celebração de tais convênios quando outros entes públicos participam da elaboração da Tabela de Honorários dos Advogados. De se concluir que, neste caso, existe uma verdadeira usurpação de competências.

A Carta Magna de 1988 consagrou, em seu art. 5º, II, o Princípio da Legalidade. Por sua vez, a Lei Federal n. 8.906/94, em seu art. 58, V,[7] determinou que somente a Ordem dos Advogados do Brasil possui competência privativa para fixar os honorários de sua classe.

Com este argumento pode-se afirmar, a título de exemplo, que o convênio realizado em Minas Gerais, pela OAB/MG, Advocacia Geral do Estado e o Tribunal de Justiça do Estado de Minas Gerais, para facilitação do pagamento dos defensores dativos, que ensejou o Termo de Cooperação Mútua após a emissão do Decreto Estadual n. 45.898/2012, é manifestamente ilegal, já que os demais órgãos estranhos à OAB elabo-

---

6 BRASILIA. Supremo Tribunal Federal ADI 4163. Tribunal Pleno, Relator: Min. Cezar Peluso. Julgado em 29 de fevereiro de 2012. Disponível em: <http://www.stf.jus.br/portal/jurisprudencia/visualizarEmenta.asp?s1=000201236&base=baseAcordaos>. Acesso em: 22 jan. 2014.

7 Art. 58. Compete privativamente ao Conselho Seccional:
V - fixar a tabela de honorários, válida para todo o território estadual.(Grifo nosso)

raram em conjunto uma tabela de honorários própria para os defensores dativos. Assim revela o art. 1º, § 1º e § 5º do referido Decreto, *in verbis:*

> Art. 1º [...]
> § 1º Os honorários a que se refere o *caput* serão fixados pelo juiz da sentença, de acordo com tabela elaborada pela Ordem dos Advogados do Brasil, Seção de Minas Gerais – OAB/MG, *nos termos do § 5º*.
> [...]
> § 5º *A Advocacia-Geral do Estado – AGE e a Secretaria de Estado de Fazenda – SEF* poderão editar normas complementares para o fiel cumprimento deste Decreto e assinar termo de cooperação mútua com a OAB/MG e o Tribunal de Justiça do Estado de Minas Gerais – TJMG para o cumprimento do disposto neste Decreto, *inclusive na elaboração da tabela de honorários de que trata o § 1º*. (Grifos nossos).[8]

O dito convênio dos dativos, entabulado em Minas Gerais, além de ofender o Estatuto da OAB, acabou por ferir a Lei Complementar Estadual 65/2003 (que organiza a Defensoria Pública do Estado de Minas Gerais), posto que compete ao Conselho Superior da Defensoria Pública propor a celebração de convênios para expansão dos serviços da Defensoria Pública, com efeito:

> Art. 42 – Nas Defensorias Públicas com mais de um cargo de Defensor Público, haverá um Defensor Público como Coordenador e seus substitutos, designados pelo Defensor Público Geral, competindo-lhes, sem prejuízo de suas funções institucionais e outras fixadas pelo *Conselho Superior*, especialmente:
> XVIII – sugerir e *encaminhar a celebração de convênio ou ajuste com entidade pública ou privada, visando à melhoria e à expansão dos serviços da Defensoria Pública* e, se implantado, exercer a coordenação e o controle da sua execução na respectiva área de competência;[9] (Grifos nossos)

---

8 Disponível em: <http://www.almg.gov.br/consulte/legislacao/completa/completa.html?tipo=DEC&num=45898&comp=&ano=2012&aba=js_textoOriginal#texto>. Acesso em: 22 jan. 2.014.

9 Disponível em: <http://www.almg.gov.br/consulte/legislacao/completa/completa.html?tipo=LCP&num=65&comp=&ano=2003&aba=js_textoAtualizado#texto> Acesso em: 22 jan. 2.014.

É notória a ilicitude do referido convênio, já que a única previsão de participação da Defensoria Pública é na condição de convidada, conforme o art. 1º, § 7º do Decreto Estadual nº 45.898/2012, *in verbis*:

> § 7º *Poderão participar*, como convidados da comissão de que trata o § 6º, representantes do TJMG, da *DPMG* e da OAB/MG[10]. (Grifos nossos).

CONCLUSÃO

Por muitos anos, este assunto, "advogado dativo ou advocacia dativa", ficou esquecido pela própria Ordem dos Advogados do Brasil e, em um piscar de olhos, ressurgiu.

O objetivo deste estudo foi demonstrar que a própria Ordem dos Advogados do Brasil não valoriza o advogado dativo, pois se existe a norma jurídica própria determinando a fixação de seus honorários conforme a Tabela do Conselho Seccional, situação já pacificada nos tribunais, não existem razões lógicas para que este órgão de classe, juntamente com o maior devedor dos advogados dativos, qual seja, o Estado, criem uma tabela própria com valores reduzidos de honorários com o objetivo de "agilizar" os pagamentos.

Na verdade, o Estado quer carrear para os advogados dativos o trabalho da Defensoria Pública, já que não se abre concurso para o preenchimento de todas as vagas de defensores, notadamente em Minas Gerais, pagando valores irrisórios aos defensores dativos, em notória afronta ao próprio Estatuto da OAB e da Advocacia.

REFERÊNCIAS

ASSEMBLEIA Legislativa do Estado de Minas Gerais. Disponível em: <http://www.almg.gov.br/home/index.html>

---

10 Disponível em: <http://www.almg.gov.br/consulte/legislacao/completa/completa.html?tipo=LCP&num=65&comp=&ano=2003&aba=js_textoAtualizado#texto>. Acesso em: 22 jan. 2.014.

Constituição da República Federativa do Brasil de 1988. Disponível em: <http://www.planalto.gov.br/ccivil_03/constituicao/ConstituicaoCompilado.htm>

ESTATUTO da Advocacia e a Ordem dos Advogados do Brasil – Lei Federal n.º 8906/1994

Disponível em: <http://www.planalto.gov.br/ccivil_03/leis/l8906.htm>. Acesso em: 22 jan. 2014.

SILVA, De Plácido e. Vocabulário jurídico. 11. ed. Rio de Janeiro, Forense, 1989.

SUPERIOR Tribunal de Justiça. Disponível em: *<http://www.stj.jus.br/>*

SUPREMO Tribunal de Justiça. Disponível em: <http://www.stf.jus.br/>

A Importância do Estágio Profissional para o Estudante de Direito

Álvaro Rodrigues Pereira Borges de Amorim
Advogado sócio do escritório Amorim,
Bracher e Diniz Advogados.

O acadêmico recém-ingressado no curso de Direito inicia nas salas de aulas não somente seus primeiros manuseios às codificações do ordenamento pátrio e às doutrinas elementares, mas passa a constatar a vastidão de oportunidades e o horizonte, muitas das vezes ilimitado, que o sedutor universo do Direito oferece.

Os primeiros ensinamentos das teorias basilares do Direito, com o rico contexto filosófico das disciplinas ofertadas nos bancos das faculdades, passam a dar rumo à caminhada do graduando de Direito.

Destarte, perante os primeiros passos nos trilhos formadores de um bacharel em Direito, deve aflorar junto à busca pela realização de um projeto pessoal e profissional a certeza do jovem acadêmico em sentir-se vocacionado para tornar-se um operador do Direito.

Certo é que em face das inúmeras adversidades que a vida profissional se encarrega de trazer à tona ao cotidiano dos profissionais, certamente aqueles vocacionados terão maiores e melhores condições de se posicionarem com robustez perante o mercado de trabalho.

Tratando-se da advocacia, diante de uma sociedade cada vez mais competitiva e exigente, e que conta com um mercado severo, resta evidente que não basta que o estudante de Direito prime por uma formação de excelência simplesmente, pois o porte de um diploma não garante vida plena ao jovem profissional do Direito no mundo profissional. Necessário se faz, primeiramente, que seja o jovem vocacionado para o exercício da profissão. Eis aí uma qualidade crucial que o acadêmico necessita possuir.

É notório o inchaço quantitativo de instituições de graduação existentes atualmente no Brasil, o que resulta na disponibilização de um considerável número de profissionais, aptos ou não, ao exercício da advocacia. Oportunamente vale ser reiterada a importância de um enriquecedor percurso pelos bancos da academia traçado por estudante vocacionado e que busca, no entanto, como diferencial, inteirar-se das peculiaridades da vida prática ligada ao Direito. Destaca-se, daí, a importância do estágio profissional na vida de um graduando.

É sabido que do expressivo número de estudantes de graduação em Direito somente uma pequena porcentagem tem realizado estágios profissionais que, verdadeiramente, os credenciam a atuar de forma enriquecedora no mundo jurídico. O que não deixa de ser preocupante.

O índice trazido pela Associação Brasileira de Estágios (ABRES), no último censo realizado pelo Inep/MEC no ano de 2010, concluiu que existem no Brasil cerca de 14,7 milhões de estudantes de ensino médio e universitários, sendo que apenas 6,8% de tais estudantes conseguem oportunidade de estagiar.

Vale afirmar o quão importante é a experiência patrocinada por um estágio profissional de qualidade. Certo é que o jovem acadêmico e futuro advogado merece que sejam disponibilizadas as melhores condições de acesso ao mercado por meio de um estágio condizente com a importância, complexidade e responsabilidades próprias do profissional do Direito.

Não resta indagação que por meio do estágio profissional, em sintonia com uma rica graduação, possibilitará que o mercado receba um operador do Direito melhor capacitado para dar seguimento ao enfrentamento de suas adversidades.

O estágio profissional nos ramos público e privado do Direito permitirá ao acadêmico a percepção de suas habilidades, a constatação de suas deficiências, o autoconhecimento e o senso crítico fundamental para a operacionalização do Direito.

Tratando-se em especial da advocacia, o estágio profissional permite ao estudante o fundamental contato prático com as riquezas desta profissão, além de descortinar o verdadeiro cotidiano dos fóruns, tribunais e escritórios. Somente por meio do suporte ofertado pelo ente concedente da vaga de estágio, pelo respaldo da instituição de ensino e da OAB, mesclado com o afinco e capacidade do estudante, é que se tem um caminho de sucesso no estágio profissional.

Não fosse da maneira acima referida, não seria necessária a redação dispensada pelo artigo 27 do Regulamento Geral do Estatuto da Advocacia e da OAB, que prevê o seguinte:

> Art. 27. O estágio profissional de advocacia, inclusive para graduados, é requisito necessário à inscrição no quadro de estagiários da OAB e meio adequado de aprendizagem prática.
> § 1º. O estágio profissional de advocacia pode ser oferecido pela instituição de ensino superior autorizada e credenciada, em convênio com a OAB, complementando-se a carga horária do estágio curricular supervisionado com atividades práticas típicas de advogado e de estudo do Estatuto e do Código de Ética e Disciplina, observado o tempo conjunto mínimo de 300 (trezentas) horas, distribuído em dois ou mais anos.
> § 2º. A complementação da carga horária, no total estabelecido no convênio, pode ser efetivada na forma de atividades jurídicas no núcleo de prática jurídica da instituição de ensino, na Defensoria

> Pública, em escritórios de advocacia ou em setores jurídicos públicos ou privados, credenciados e fiscalizados pela OAB.
> § 3º. As atividades de estágio ministrado por instituição de ensino, para fins de convênio com a OAB, são exclusivamente práticas, incluindo a redação de atos processuais e profissionais, as rotinas processuais, a assistência e a atuação em audiências e sessões, as visitas a órgãos judiciários, a prestação de serviços jurídicos e as técnicas de negociação coletiva, de arbitragem e de conciliação.

A par dessas constatações, percebe-se o quanto é importante para o acadêmico, como profissional em formação, a percepção dos próprios erros, de suas carências e deficiências, visto que a hora de evoluir, crescer e aprender, no sentido de criar bases profissionais sólidas, é justamente o momento do estágio.

Como asseverado, inicialmente, o mercado profissional contemporâneo, por estar cada vez mais competitivo e encharcado de novos advogados e profissionais do Direito, requer pessoas com características de sucesso, dinâmicas, empreendedoras e capazes de desempenhar com eficiência as tarefas atribuídas.

Como salientado, o estágio profissional é um laboratório real propício ao nascimento e descobertas das características acima apontadas.

Não seria desmedido citar as seguintes palavras de Francesco Carnelutti, Mestre revolucionário do Direito Processual, em sua obra *Sistema de Direito Processual Civil –Sistema di Diritto Processuale Civile* (2000, p. 31), no sentido de corroborar a importância do estágio profissional do estudante de Direito, senão vejamos:

> Direito é um Parlamento, um Tribunal, a junta geral de uma sociedade anônima, um estabelecimento penitenciário, dois homens que contratam, ou que litigam, ou que se matam. É indispensável por isso apagar da mente dos jovens a ideia de que o Direito seja algo encerrado nas fórmulas misteriosas dos Códigos e que nem se vê e nem se toca. Lembro-me da dificuldade e da desilusão que para mim supus, enquanto ocupei os bancos da Universidade, essa maneira de entender o Direito, que me produzia a impressão de estar andando sobre as nuvens. Não, repito. Nós temos que ver com a realidade, tanto quanto os médicos ou os engenheiros [...] Enquanto fui estudante, jamais me mostrou, nem sequer como evocação para minha fantasia,

> o espetáculo de um debate forense. Pelo contrário, cada dia lamento mais a inferioridade que neste sentido me encontro com respeito ao professor de cirurgia.

Inquestionável o quão valioso é o conhecimento adquirido pela teoria misturada às peculiaridades da prática profissional. A aventura ímpar de aplicar o conhecimento teórico em um estágio profissional é algo fantástico. Testemunhar e praticar o conhecimento adquirido nas doutrinas, jurisprudências e codificações é simplesmente fundamental na vida de um estudante de Direito.

Enquanto é vivenciado um enorme alarde publicitário dando tom à busca desenfreada pelos cargos públicos, quando faculdades passam a ser tratadas como meros cursos preparatórios para concursos públicos, é que merece ser destacado o poder-dever inserido pelo legislador às instituições de ensino do Direito, quando se faz como obrigatória na grade curricular a prática jurídica ao aluno, demonstrando, assim, a importância de ser muito bem tratado o estágio acadêmico dos alunos graduandos, futuros operadores do Direito.

Sabe-se que somente pela prática é que se pode constatar o enorme horizonte do Direito. O estágio profissional abre possibilidade aos graduandos em atuarem junto a assessorias e consultorias jurídicas, escritórios de advocacia, câmaras de arbitragem, entre outros. A prática jurídica acadêmica acompanha, pelo próprio principio do Direito, a dinamicidade que o mundo contemporâneo caminha, demonstrando, por conseguinte, a necessidade de uma formação prática bem mais ampla.

Há que se destacar que a prática, porém, não pode se transformar em automatismo. O graduando deve buscar experimentar constantemente novas experiências que agreguem valores aos seus conhecimentos e a sua carreira profissional. A prática repetitiva incessante não trará bons frutos ao estagiário, mas, sim, um conhecimento limitado e degradante.

Em destaque ao plano da advocacia, o profissional que escolhe seguir esta profissão necessita ser corajoso, um constante estudante regado de valores éticos e morais e que busca a todo instante a construção de uma sociedade melhor e mais justa. Não seria desproporcional afirmar que um competente estagiário será um valoroso profissional operador do Direito no futuro.

A Imunidade Profissional do Advogado

Antônio Novais Caiafa
Advogado em Varginha, MG.

1. OS FUNDAMENTOS DA IMUNIDADE PROFISSIONAL DO ADVOGADO

Logo de partida, as lições do inigualável Rui Barbosa calham muito bem ao propósito deste tema abordado pelo nosso "Águia de Haia" de forma a sugerir reflexões:

> [...] quando quer e como quer que se cometa um atentado, a ordem legal se manifesta necessariamente por duas exigências, a acusação e a defesa, das quais a segunda, por mais execrando que seja o delito, não é menos especial à satisfação da moralidade pública do que a primeira. A defesa não quer o panegírico da culpa, ou do culpado.

Sua função consiste em ser, ao lado do acusado, inocente, ou criminoso, a voz dos seus direitos legais. Se a enormidade da infração reveste caracteres tais, que o sentimento geral recue horrorizado, ou se levante contra ela em violenta revolta, nem por isto essa voz deve emudecer. Voz do Direito no meio da paixão pública, tão susceptível de se demasiar, às vezes pela própria exaltação da sua nobreza, tem a missão sagrada, nesses casos, de não consentir que a indignação degenere em ferocidade e a expiação jurídica em extermínio cruel.

O furor dos partidos tem posto muitas vezes os seus adversários fora da lei. Mas, perante a humanidade, perante o cristianismo, perante os direitos dos povos civilizados, perante as normas fundamentais do nosso regímen, ninguém, por mais bárbaros que sejam os seus atos, decai do abrigo da legalidade. Todos se acham sob a proteção das leis, que, para os acusados, assenta na faculdade absoluta de combaterem a acusação, articularem a defesa, e exigirem a fidelidade à ordem processual. Esta incumbência, a tradição jurídica das mais antigas civilizações a reservou sempre ao ministério do advogado. A este, pois, releva honrá-lo, não só arrebatando à perseguição os inocentes, mas reivindicando, no julgamento dos criminosos, a lealdade às garantias legais, a eqüidade, a imparcialidade, a humanidade.

Esta segunda exigência da nossa vocação é a mais ingrata. Nem todos para ela têm a precisa coragem. Nem todos se acham habilitados, para ela, com essa intuição superior da caridade, que humaniza a repressão, sem a desarmar. Mas os que se sentem com a força de proceder com esse desassombro de ânimo, não podem inspirar senão simpatia às almas bem-formadas.

Voltaire chamou um dia, brutalmente, à paixão pública “a demência da canalha”. Não faltam, na história dos instintos malignos da multidão, no estudo instrutivo da contribuição deles para os erros judiciários, casos de lamentável memória, que expliquem a severidade dessa aspereza numa pena irritada contra as iniqüidades da justiça no seu tempo. No de hoje, com a opinião educada e depurada que reina sobre os países livres, essas impressões populares têm, por via de regra, a orientação dos grandes sentimentos.

Para elas se recorre, muitas vezes com vantagens, das sentenças dos maiores tribunais.

Circunstâncias há, porém, ainda entre as nações mais adiantadas e cultas, em que esses movimentos obedecem a verdadeiras alucinações coletivas. Outras vezes a sua inspiração é justa, a sua origem magnânima. Trata-se de um crime detestável que acordou a cólera popular. Mas, abrasada assim, a irritação pública entra em risco de se descomedir. Já não enxerga a verdade com a mesma lucidez. O acusado reveste aos seus olhos a condição de monstro sem traço de procedência humana. A seu favor não se admite uma palavra. Contra ele tudo o que se alega, ecoará em aplausos. Desde então começa a justiça a correr perigo, e com ele surge para o sacerdócio do advogado a fase melindrosa, cujas dificuldades poucos ousam arrostar. Faz-se mister resistir à impaciência dos ânimos exacerbados, que não tolera a serenidade das formas judiciais. Em cada uma delas a sofreguidão pública descobre um fato à impunidade. Mas é, ao contrário, o interesse da verdade o que exige que elas se esgotem; e o advogado é o ministro desse interesse.

Trabalhando por que não faleça ao seu constituinte uma só dessas garantias da legalidade, trabalha ele, para que não falte à justiça nenhuma de suas garantias.

Eis por que, seja quem for o acusado, e por mais horrenda que seja a acusação, o patrocínio do advogado, assim entendido e exercido assim, terá foros de meritório, e se recomendará como útil à sociedade.[1]

Difícil falar com a mesma expressividade de Rui Barbosa acerca da importância do advogado. Mas houve quem dissesse ainda o seguinte:

> O advogado precisa da mais ampla liberdade de expressão para bem desempenhar o seu mandato. Os excessos de linguagem que porventura comete, na paixão do debate, lhe devem ser relevados. São, muitas vezes, recursos de defesa que a dificuldade da causa justifica ou pelo menos atenua. O juiz deve ter a humildade necessária para ouvir com paciência as queixas, reclamações e réplicas que a parte oponha a seus despachos e sentenças. Apontar os erros do julgador, *profilgar-lhe* os deslizes, os abusos, as injustiças em linguagem veemente é direito sagrado do pleiteante.
>
> O calor da expressão há de ser proporcional à injustiça que a parte julgue ter sofrido. Nada mais humano do que a revolta do litigante derrotado. Seria uma tirania exigir que o vencido se referisse com meiguice e doçura ao ato judiciário e à pessoa do julgador que lhe desconheceu o direito. O protesto há que ser, por força, em temperatura alta. (Grifo nosso)

1 BARBOSA, Rui. *O dever do advogado.* Edição Casa de Rui Barbosa, 2002, p. 36-38.

Em arremate aconselha: "O juiz é que tem de se revestir da couraça e da insensibilidade profissional necessárias para não perder a calma e não cometer excessos".[2]

Em síntese e objetivamente estas são as razões para a honrosa conquista cristalizada no artigo 133 da CF, pela qual a sociedade brasileira reconhece o advogado como *essencial* à Justiça.

Prosseguindo ainda em fase introdutória, é notável não haver registros seguros quanto a quem teria sido o primeiro Advogado, exatamente porque quem fez esse papel foi a primeira pessoa que ofereceu sua palavra em favor de outra. E isso por certo ocorreu muito antes do período greco-romano, a partir de quando são indicados os primeiros nomes. É tranquilo imaginar o quanto tal situação corriqueira deve ter ocorrido ao longo da própria história não contada da humanidade, sob a inconsciência da clássica figura ainda embrionária do advogado. Seria natural que as pessoas se encarregassem diretamente de suas vindicações, mas, também por razões naturais, a inabilidade vocabular acabou exigindo a utilização da boca ou da escrita de um terceiro, que por força da reiteração nessa prática acabou se tornando ofício que ninguém nega ser dos mais nobres.

Advogar envolve o natural ato de um terceiro emprestar a voz ou a escrita carregada de habilidade, dotada de técnica e poder de convencimento, a bem de um hipossuficiente nesses quesitos. Não há atividade tão dignificante e especial, porque quem nela se investe dedica-se a benefício da *liberdade* e do *justo* em suas mais diversas formas, como que num sacerdócio, que sugere contínuo recolhimento, dedicação aos livros e aos estudos incessantes que alimentam a todos com cultura, especialmente das ciências sociais e do próprio Direito.

A imunidade é uma proteção inerente conferida àquele portador de palavra em defesa de elevados valores humanos e sociais, uma garantia fundamental que anda paralelamente às manifestações com tais propósitos, por isso mesmo reconhecida pelo Estado, sem a qual estéril é essa missão ímpar do advogado. No rumo da sublimação da atividade, o advogado há que se desapegar das questões de baixa relevância, e, em outra

2 AZEVEDO, Noe. Prefácio. 1ª edição da obra de SODRÉ, Ruy de Azevedo. *A ética profissional e o estatuto do advogado.* 4. ed. São Paulo: LTr, 1991.

direção, ter em mira a fiel obediência das normas sociais de maior alcance e do próprio Direito que jura defender.

2. A AUTORIDADE DO ADVOGADO

A dicção textual da lei 8.906/90 diz que "o advogado deve proceder de forma que o torne merecedor de respeito...".

Mas como os advogados devem proceder para merecerem respeito da sociedade de hoje, que aparentemente encontra-se atordoada pela flagrante modificação de costumes, com percepções diferentes sobre o certo e o errado, do justo e o injusto, com inconformismos de toda ordem, aparentando que todos entendem fazer jus a indenizações que lhes compense financeiramente a sensação de abalos de qualquer ordem? Como dito, o reconhecimento da sociedade o advogado já possui, eis que refletido na Magna Carta e, como se verá mais adiante, na legislação ordinária. Mas então como conservar o respeito ? Essa tarefa certamente não é simples. Não há caminho único, muito embora sejam poucos. O mais seguro entre os poucos continua sendo o Código de Ética da Advocacia[3] que está à frente da visão do Advogado, existente há muitos anos e inspirado exatamente nos ricos conhecimentos de Rui Barbosa, que acena, desde o artigo 1º até o artigo 49, para a correta direção, com regras deontológicas de fato inspiradoras, absolutamente atuais e que são autênticos cânones facilitadores de convivência.

O advogado obtém respeito pela repetição e nobreza de grandes gestos e ações, que mesmo isoladas e individuais, sejam capazes de ressoarem a benefício da sociedade. Os bons estudos que empreende acerca da melhor solução para um determinado conflito, quando na seara judicial, por exemplo, auxiliam na formação e consolidação da jurisprudência.

É admirável o ser humano com as virtudes do amplo e irrestrito respeito ao próximo, portador singular de nobreza. Se, além disso, num círculo virtuoso, como advogado, exige obediência às leis impostas pela sociedade, ao mesmo tempo irradia à sua volta natural e exuberante autoridade, contribui para a formação de outros iguais. É contagiante

[3] Código de Ética profissional aprovado pelo Conselho Federal da OAB e publicado no *Diário da Justiça*, Seção I, do dia 01.03.95, p. 4.000-4.004.

ouvir, ler e apreciar advogados dotados de sólidos conhecimentos, seguros, hábeis na expressão e que falam com propriedade sobre o conteúdo, destinação das leis e o que mais possa interessar a sociedade. Tal admiração converte-se em respeito naturalmente, transforma-se em autoridade, exigindo que o manto da imunidade se faça sentir porque em algum momento não será possível agradar a todos.

E é essa autoridade que a imunidade visa alcançar e proteger quando Advogado utiliza-se de sua vocação. É esta autoridade que todos os Advogados precisam irradiar, a seu próprio bem, de seus representados, da comunidade em que vive, e obviamente, da instituição de que fazem parte.

A autoridade referida é de natureza pessoal, é sensorial, precede e talvez seja tão ou mais importante do que aquela detida por chefes de Estado, juízes, promotores, delegados, procuradores, etc., possuidores, a princípio, da autoridade formal decorrente apenas da simples investidura nos cargos, o que não acontece com o advogado apenas porque foi acolhido em sua instituição de classe.

3. O RECONHECIMENTO DA IMPORTÂNCIA DO ADVOGADO NOS PODERES CONSTITUÍDOS E NAS LEIS

A conquista do advogado de ser reconhecido pela sociedade em várias formas é consequência das bravas passagens da Advocacia e de brilhantes advogados ao longo da história recente.

É marcante no Brasil, notadamente após a fase republicana, o crescente reconhecimento da importância da Advocacia na medida em que passou a ocupar progressivamente e de forma relevante na cúpula do Poder Judiciário.

Em 1930, a Ordem dos advogados do Brasil foi criada[4] com o propósito de organizar e normatizar a profissão, dando corpo à alma. Logo depois, na Constituição Federal de 1934 o advogado passou a estar presente na composição de tribunais superiores. Pela CF de 1945 o advogado foi prestigiado com participação em comissão de estudo para elaboração

[4] Decreto 19.430, artigo 17.

de projetos do Código de Processo Civil, Código Comercial e Código de Processo Penal. Na Carta de 1937, igualmente. Em 1967 nota-se que a participação do advogado na cúpula de tribunais aumentou significativamente, depois da vigência do estatuto da Advocacia objeto da Lei 4.215 de 1963. E finalmente em 1988, na Constituição até hoje vigente, a participação dos advogados na cúpula do Poder Judiciário se expandiu com a presença da própria OAB em órgãos da Administração da Justiça (como no Conselho Nacional de Justiça) não havendo conquista maior senão a de ser, ao lado do Ministério Público e da Defensoria Pública, reconhecido como *função essencial* à Justiça, e pelo artigo 119 alcançar o *"status"* de *"indispensável"* a sua administração.

Desde a Lei 4.215, em seu artigo 68, já era considerado "inviolável por seus atos e manifestações no exercício da profissão, nos limites da lei", disposição que depois de constar do texto constitucional da época, consta reproduzida na Lei 8.906/90, em seu artigo 2º, § 3º.

Nas leis processuais, aqui me referindo apenas ao Código de Processo Civil, foram atribuídos novos papéis ao advogado que apesar da aparência de ônus, na verdade traduzem exatamente num dos modos de exercício de sua função constitucional, na medida da essencialidade, indispensabilidade e participação na Administração da Justiça. Indicadores claros disso estão, por exemplo, nas recentes modificações dos artigos 365, IV, 475-A, § 1º, 475-J, § 1º, 475-O, § 3º, 652, § 4º, 687, § 5º, 756, parágrafo único, e 1.124-A, todos do CPC, além de outros que poderiam ser pinçados, embutido em todos o propósito maior de que advogado participe efetivamente na solução de conflitos, sem que nenhuma dessas situações reduza, impeça ou conflite com suas prerrogativas de advogado profissional.

4. A IMUNIDADE PROFISSIONAL DO ADVOGADO PROPRIAMENTE

A imunidade serve e acompanha o advogado para que exercite sua missão com desenvoltura, plenitude e sem receios, albergando apenas e exclusivamente as manifestações proferidas no exercício litúrgico da profissão, constituindo-se na principal e mais relevante prerrogativa conferida a esse profissional do Direito.

Diz respeito e alberga as manifestações no exercício da profissão, constituindo-se na principal e mais relevante prerrogativa profissional do Advogado.

No exercício de seu mister, mesmo privado, indispensável à administração da Justiça, como defensor do Estado Democrático de Direito, da cidadania, da moralidade pública, da Justiça e da paz social, subordinando a atividade do seu Ministério Privado à elevada função pública considerada essencial, somente alcançará sua missão se assegurada a intocabilidade de seus atos e pronunciamentos, necessitando de outras prerrogativas secundárias, não menos relevantes, sem as quais a própria atividade da advocacia restaria inviabilizada.

Buscando classificá-las, não exaustivamente adiante são listadas as prerrogativas consideradas institucionais:[5]

1. Não há hierarquia nem subordinação entre advogados, magistrados e membros do Ministério Público, todos merecedores de consideração e respeito recíprocos, devendo as autoridades, os servidores públicos e os serventuários da justiça dispensar ao advogado, no exercício da profissão, tratamento compatível com a dignidade da advocacia e condições adequadas a seu desempenho.
2. Ter a presença de representante da OAB, quando preso em flagrante, por motivo ligado ao exercício da advocacia, para lavratura do auto respectivo, sob pena de nulidade e, nos demais casos, a comunicação expressa à seccional da OAB.
3. Não ser recolhido preso, antes de sentença transitada em julgado, senão em sala de Estado Maior, com instalações e comodidades condignas, assim reconhecidas pela OAB, e, na sua falta, em prisão domiciliar.
4. Ser publicamente desagravado, quando ofendido no exercício da profissão ou em razão dela.
5. Usar os símbolos privativos da profissão de advogado.

[5] Lei 8.906.90.

São inerentes à imunidade as seguintes garantias:

1. Manter independência em qualquer circunstância.
2. Nenhum receio de desagradar a magistrado ou a qualquer autoridade, nem de incorrer em impopularidade.
3. Sustentar oralmente as razões de qualquer recurso ou processo, nas sessões de julgamento, após o voto do relator, em instância judicial ou administrativa.
4. Usar da palavra, pela ordem, em qualquer juízo ou tribunal, mediante intervenção sumária, para esclarecer equívoco ou dúvida surgida em relação a fatos, documentos ou afirmações que influam no julgamento, bem como para replicar acusação ou censura que lhe forem feitas.
5. Falar, sentado ou em pé, em juízo, tribunal ou órgão de deliberação coletiva da Administração Pública ou do Poder Legislativo.

São do advogado as seguintes garantias para ampla mobilidade no desenvolvimento de suas atividades, sendo-lhe garantido o direito de ingressar livremente:

1. Nas salas de sessões dos tribunais, mesmo além dos cancelos que separam a parte reservada aos magistrados.
2. Nas salas e dependências de audiências, secretarias, cartórios, ofícios de justiça, serviços notariais e de registro, e, no caso de delegacias e prisões, mesmo fora da hora de expediente e independentemente da presença de seus titulares.
3. Em qualquer edifício ou recinto em que funcione repartição judicial ou outro serviço público onde o advogado deva praticar ato ou colher prova ou informação útil ao exercício da atividade profissional, dentro do expediente ou fora dele, e ser atendido, desde que se ache presente qualquer servidor ou empregado.
4. Em qualquer assembleia ou reunião de que participe ou possa participar o seu cliente, ou perante a qual este deva comparecer, desde que munido de poderes especiais.

A garantia de inviolabilidade envolve:

1. O escritório ou local de trabalho, bem como de seus instrumentos de trabalho, a correspondência escrita, eletrônica, telefônica e telemática, desde que relativas ao exercício da advocacia.
2. Comunicação reservada com clientes, mesmo sem procuração, quando estes se acharem presos, detidos ou recolhidos em estabelecimentos civis ou militares, ainda que considerados incomunicáveis.
3. Recusar-se a depor como testemunha em processo no qual funcionou ou deva funcionar, ou sobre fato relacionado com pessoa de quem seja ou foi advogado, mesmo quando autorizado ou solicitado pelo constituinte, bem como sobre fato que constitua sigilo profissional.

E por último, ao advogado, no exercício da profissão, são também garantidas:

1. Dirigir-se diretamente aos magistrados nas salas e gabinetes de trabalho, independentemente de horário previamente marcado ou outra condição, observando-se a ordem de chegada.
2. Reclamar, verbalmente ou por escrito, perante qualquer juízo, tribunal ou autoridade, contra a inobservância de preceito de lei, regulamento ou regimento.
3. Examinar, em qualquer órgão dos Poderes Judiciário e Legislativo, ou da Administração Pública em geral, autos de processos findos ou em andamento, mesmo sem procuração, quando não estejam sujeitos a sigilo, assegurada a obtenção de cópias, podendo tomar apontamentos.
4. Examinar em qualquer repartição policial, mesmo sem procuração, autos de flagrante e de inquérito, findos ou em andamento, ainda que conclusos à autoridade, podendo copiar peças e tomar apontamentos.
5. Ter vista dos processos judiciais ou administrativos de qualquer natureza, em cartório ou na repartição competente, ou retirá-los pelos prazos legais.

6. Retirar autos de processos findos, mesmo sem procuração, pelo prazo de dez dias.

De fácil constatar que realmente nada adiantaria dar ao advogado a imunidade por suas manifestações se não tiver, antes, outras prerrogativas supra-alinhadas.

5. QUANDO A IMUNIDADE NÃO ATUA

A questão deve ser vista essencialmente sob o prisma do exercício regular de um direito profissional do Advogado, escapando à imunidade quando a atuação exceder e transbordar para o terreno do exercício abusivo que por isso passou a ser irregular.

A pessoa do advogado, no entanto, fora do exercício da profissão, responde como qualquer outra pelos ilícitos e danos que produzir, e não goza de qualquer privilégio ou vantagem se assim agir.

A linha que delimita para o advogado a diferença entre a conduta profissional legítima da ilegítima encontra-se traçada exatamente pela Lei 8.906/94 e pelo Código de Ética Profissional, competindo-lhe, ainda, quando atuar judicialmente, observar o disposto nos artigos 14 e 15 do Código de Processo Civil.

No universo de sua atuação profissional o advogado lida com o próprio cliente, às vezes com a parte adversa e seu defensor. Convive também com o juiz da causa, promotores e serventuários da Justiça, cada qual merecendo do advogado trato compatível, adequado e próprio da urbanidade, dos quais há que receber igual tratamento, descabendo ao advogado acobertar-se da imunidade caso lhes atribua calúnias, conforme dispõe o artigo 142 do CP.

6. O QUE PENSAM OS TRIBUNAIS ACERCA DA IMUNIDADE

As Cortes brasileiras têm pensamento uniforme a respeito, conservando o entendimento correto de que a imunidade do advogado não é ampla e irrestrita.

Segundo o STJ

> [...] 3. Nos crimes contra a honra, é imprescindível a demonstração da intenção de ofender ou, no caso da calúnia, de se imputar a prática de crime. 4. A informação de que a impetrante do mandado de segurança era esposa de servidor do gabinete do juiz-querelante foi trazida pelo paciente no contexto da defesa elaborada em favor de seu cliente e de modo objetivo, não se extraindo dela a imputação de prática de crime pelo magistrado. 5. A configuração do delito de calúnia exige a imputação expressa de prática de crime, cuja falsidade é de conhecimento daquele que faz a assertiva. 6. Atipicidade e falta de justa causa no tocante à calúnia configuradas. 7. É entendimento pacífico que o advogado, na sua atuação, não comete os crimes de injúria e difamação, por força da imunidade que lhe é conferida pelo art. 7º, § 2º, da Lei n. 8.906/1994 (Estatuto da Ordem dos advogados do Brasil). 8. Situação, ainda, em que, embora o advogado tenha se utilizado de forte retórica em sua petição, dela não se extrai nenhuma intenção dolosa de macular a honra objetiva ou subjetiva do querelante, sendo as críticas restritas à decisão impugnada e à sua atuação no processo. 9. Caso concreto em que a conduta do magistrado-querelante causou estranheza inclusive à juíza titular da Vara, que, ao receber o recurso de apelação em cujas razões teriam sido praticados os delitos, criticou explicitamente o procedimento adotado. 10. Ordem concedida para, reconhecendo-se a atipicidade das condutas e a ausência de justa causa, determinar o trancamento e a extinção da ação penal.[6]

E ainda,

> [...] A imunidade profissional do advogado, com é cediço, não é estabelecida como garantia plena e irrestrita a ponto de acobertar-se eventual comportamento afrontoso à dignidade e à lei. Precedentes desta Corte e do Supremo Tribunal Federal. 5. Recurso desprovido.[7]

---

6 HC 213.583.MG, Rel. Ministro Sebastião Reis Júnior, Sexta Turma, julgado em 26.06.2012, *DJe* 06.08.2012.

7 *RHC 30.266.RS, Rel. Ministra Laurita Vaz, Quinta Turma,* julgado em 10.04.2012, *DJe* 17.04.2012.

Dos tribunais estaduais colhem-se os seguintes julgados:

> [...] Afirmações de conteúdo supostamente ofensivo à honra do autor manifestadas em inicial de embargos do devedor elaborada pelo réu. Ausência de ilicitude na conduta do advogado demandado. Afirmações, ainda que contundentes, que se relacionam ao mérito da causa e que não desbordam dos limites da imunidade profissional do patrono, nos termos do art. 7º, § 2º da lei nº. 8.906/94 e do art. 142, i do CP. Rispidez do tratamento que se afigura, na hipótese, recíproca. Prejuízo à honra do autor, igualmente, não comprovado. Caso em que ferida mera suscetibilidade do autor.[8]
>
> "Responsabilidade Civil. Ação de indenização por danos morais. Alegação de cometimento de excessos na combatividade jurídica, com injúrias proferidas pelo réu contra o autor. Sentença de improcedência. Inconformismo do autor. Alegação de cerceamento de defesa afastada, julgamento que depende apenas da prova documental. No mérito, não se verificam abusos suficientes que pudessem sobrepujar a imunidade profissional do advogado, prevista no Estatuto da OAB. Recurso desprovido.[9]

Do Egrégio Tribunal de Justiça do Rio Grande do Sul:

> Trata-se de demanda em que o autor pretende a condenação da ré ao pagamento de indenização pelo dano moral sofrido. Segundo orientação do Eg. Superior Tribunal de Justiça, a imunidade profissional do advogado não possui caráter absoluto, uma vez que desautorizada a ofensa gratuita entre as partes e procuradores envolvidos no processo. O teor das petições juntadas pela requerida configuram ofensa gratuita, pois injustificadas no contexto da demanda. Montante indenizatório considerando o caso concreto e o abalo sofrido. Quantum mantido nos termos da sentença proferida em primeiro grau (R$ 5.000,00). Considerando as disposições do art. 20, § 3°, do CPC e o trabalho desenvolvido pelo procurador, reduzo o percentual dos

8 TJSP – 0035516-61.2012.8.26.0196 Apelação Relator(a): Vitor Guglielmi; Comarca: Franca Órgão julgador: 6ª Câmara de Direito Privado; Data do julgamento: 05.12.2013; Data de registro: 05.12.2013;

9 TJSP – 0279744-51.2009.8.26.0000 Apelação Relator(a): Piva Rodrigues; Comarca: Sorocaba; Órgão julgador: 9ª Câmara de Direito Privado; Data do julgamento: 05.11.2013; Data de registro: 22.11.2013.

honorários advocatícios fixados em sentença para 10% sobre o valor da condenação.[10]

Para que ocorra o trancamento da ação penal se pressupõe que a análise da prova não tenha de ser aprofundada, pois do contrário, o processo de conhecimento seria inútil, possibilitando, com isso, que o exame de mérito pudesse vir a ser realizado por meio de cognição incompleta, fora dos casos excepcionais, relacionados com as condições da ação, que o autoriza. No caso, o paciente, em sua petição inicial de exceção de suspeição, declarou: "Vossa Excelência, no deselegante despacho das fls., que anexo, mostrou desequilíbrio, arrogância, equívoco, prepotência e agressividade, além de pouca juridicidade, ingredientes explosivos para alguém que quer passar incólume pela vida pública". Nesse panorama, não se vislumbra o alegado constrangimento ilegal por ausência de justa causa na ação penal ou atipicidade da conduta, porquanto em princípio, existe prova da existência do fato e indícios suficientes de autoria, tendo em vista que a denúncia descreveu a conduta do paciente e foi juntada aos autos cópia da petição inicial da exceção de suspeição na qual houve a suposta injúria contra o magistrado. Ademais, a imunidade profissional do advogado não é absoluta, não acobertando manifestações excessivas e desnecessárias à discussão da causa. Assim, ao reverso do sustentado pelo impetrante, não verifico qualquer constrangimento ilegal contra o paciente. Ordem denegada.[11]

Do Egrégio Tribunal de Justiça de Minas Gerais:

1 - A imunidade do advogado no exercício da profissão não é absoluta, podendo eventual excesso configurar ilícito, civil ou penal, a ensejar indenização por danos morais. 2 - A responsabilidade civil é independente da criminal, a não ser que, nesta, se reconheça a inexistência do fato ou que o acusado não foi o seu autor, o que não é o caso dos autos. 3 - A argumentação veemente do advogado, com

10 TJRGS. Número: 70055223499; Seção: CIVEL; Apelação; Órgão Julgador: Décima Câmara Cível; Decisão: Acórdão; Relator: Túlio de Oliveira Martins; Comarca de Porto Alegre; Julgado em 28.11.2013) Data de Julgamento: 28.11.2013.

11 TJRGS. Número: 70036939213; Seção: CRIME; Habeas Corpus; Órgão Julgador: 1ª Câmara Criminal; Relator: Marco Antônio Ribeiro de Oliveira; Comarca de Porto Alegre; Julgado em: 30.06.2010. Data de Julgamento: 30.06.2010. *Publicação: Diário da Justiça,* 16.07.2010.

> encadeamento de idéias de forma lógica, visando unicamente a defender os interesses do cliente, sem intenção de ofender o magistrado, não é ato ilícito indenizável. A mera menção a tipo penal, dentro da cadeia lógica de raciocínio do advogado, em que pese a algum vício retórico, não implica imputação direta do crime ou conduta desidiosa ao magistrado. 4 - Embora a imunidade do advogado não seja absoluta, devendo este responder pelos atos praticados com dolo ou culpa, também se lhe deve proporcionar a máxima independência e liberdade possíveis no exercício do seu múnus, para evitar abusos e arbitrariedades contra os jurisdicionados, no cumprimento de sua função constitucional, indispensável à administração da justiça. 5 - Embargos infringentes rejeitados.[12]

> A imunidade prevista no art. 142, I, do Código Penal não abrange o delito de calúnia, por falta de previsão expressa no caput do dispositivo. - Nos termos do art. 327 do CP, considera-se funcionário público, para efeitos penais, quem embora transitoriamente ou sem remuneração, exerce cargo, emprego ou função pública. - As circunstâncias judiciais parcialmente desfavoráveis, justificam a pena-base acima do mínimo legal.[13]

E por fim,

> [...] Para que se possa falar em imunidade do advogado é preciso que o ato que possa vir a ser considerado inadequado seja praticado durante a defesa da causa patrocinada, e dentro dos limites legais. - A fixação do valor devido a título de indenização por danos morais deve se dar com prudente arbítrio, para que não haja enriquecimento à custa do empobrecimento alheio, mas também para que o valor não seja irrisório. - A indenização deve ser fixada em valor certo, não podendo estar atrelada à variação do salário mínimo.[14]

---

12 Embargos Infringentes 1.0686.10.000159-9.003, Relator(a): Des.(a) José Marcos Vieira, 16ª Câmara Cível, julgamento em 07.11.2012, publicação da súmula em 20.11.2012.

13 Apelação Criminal 1.0534.05.002176-3.001, Relator(a): Des.(a) Eli Lucas de Mendonça, 4ª Câmara Criminal, julgamento em 27.08.2008, publicação da súmula em 10.09.2008.

14 (Apelação Cível 1.0620.05.012877-1.004, Relator(a): Des.(a) Pedro Bernardes, 9ª Câmara Cível, julgamento em 15.07.2008, publicação da súmula em 30.08.2008.

7. CONSIDERAÇÕES FINAIS

Passada a conclusão de que a imunidade do advogado é inerente ao exercício da profissão, não poderia deixar de ser dito sobre o momento atual da Advocacia que realmente exige olhar clínico e atencioso da classe. De fato inspira cuidados. O Movimento de Defesa da Advocacia Mineira é um alento e vem em boa hora com o propósito sério de auxiliar a classe na tarefa de autovalorização, o que não é simples, porque diminuída em demasia ante as vigorosas e intermináveis agruras do dia a dia forense. Esse encorajante movimento alia-se aos bons propósitos da Ordem dos Advogados do Brasil, propugnando que o advogado readquira a mesma altivez, elegância e a galhardia dos áureos tempos, de tal modo a continuar defendendo as liberdades, a justiça e os melhores valores sociais, confirmando ser merecedor de todas as conquistas concretas que lhe foram conferidas pela sociedade, fazendo ver ao Poder Judiciário, de uma vez por todas, que os advogados são, no fundo, realmente aliados e desejosos de uma Justiça célere, segura e fiel ao Estado Democrático de Direito, torcendo e contribuindo por uma sociedade mais justa e fraterna, nada mais que isso.

Papel do Advogado na Aplicação da Lei Eleitoral: Análise Crítica da Jurisprudência com Valores

Arthur Magno e Silva Guerra

Doutor em Direito Público, pela Pontifícia Universidade Católica de Minas Gerais. Mestre em Direito pela Universidade Federal de Minas Gerais. Advogado, especialista, com Pós-Graduação lato senu, em Direito Público Municipal, pela F.E.S. do Minitério Público de Minas Gerais. Professor de Direito Constitucional e Direito Eleitoral do Curso de Graduação em Direito do Centro Universitário Newton Paiva e da Faculdade Milton Campos. Professor de Cursos de Pós-Graduação e Cursos Preparatórios para Concursos das carreiras jurídicas.

1. INTRODUÇÃO

As teorias formalistas e positivistas do Direito recorrem a metodologias "racionais", num sentido Iluminista, buscando ancorar-se no modelo científico-moderno das ciências da natureza e das ciências exatas, exatamente para tentar, "racionalmente" (o tipo de razão cartesiana, objetiva, mentalista, "exata", empírica), dotar o Direito de certeza, previsibilidade, objetividade.[1]

Todas as escolas positivistas buscam desenvolver metodologias científicas, para se interpretar o Direito e, nessa linha, o Direito é identificado com a "norma" escrita, a lei escrita (herança das codificações, da Escola da Exegese, do "mito" da clareza e certeza do Código de Napoleão...). Os textos escritos seriam capazes de trazer, em si, a resposta correta para todas as questões sociais e, quanto "melhor" fosse o texto, mais "claro" seria, cabendo ao intérprete a simples missão de "extrair-lhe" o significado.

Nessa linha de pensamento, o intérprete deve usar a metodologia prescrita (por exemplo: buscar a "vontade do legislador", ou a "vontade da lei", ou fazer uma interpretação histórica, ou gramatical, ou silogístico-formal)[2] para buscar "a resposta correta". Esta, para o Positivismo pode ser identificada com a interpretação única, correta, objetiva, clara e precisa do texto da lei. E a garantia de se chegar a esta resposta correta estaria, singelamente, em seguir um caminho traçado, preestabelecido, num método de interpretação utilizável. Daí a ideia de que o texto da lei teria uma única interpretação correta, um único significado, a ideia de conceitos cerrados, unívocos. Qualquer interpretação obtida a partir da leitura de um mesmo dispositivo significaria deturpação de seu sentido e, por conseguinte, do próprio Direito.

Um "bom Direito" se faria com base em "boas leis" que, tendo um caminho de extração de seu significado, já propiciaria a segurança à sociedade de não ver qualquer desvirtuamento do sentido de Justiça. Disso decorre, inclusive, a utilização do silogismo, do excêntrico formalismo (apego ao aspecto semântico e sintático do texto) se identificando com a teoria da "verdade como correspondência". A subsunção do fato (ser) à

1 Cartesiano, galileniano, newtoniano.

2 Savigny a Kelsen, etc.

norma (dever ser) é a adequação do "real/particular" com o "abstrato/geral". E essa relação deverá ser uma relação de "correspondência".

2. TEORIAS PÓS-POSITIVISTAS

Em contraposição evolutiva às ideias anteriormente expostas, surgem as Teorias Pós-Positivistas. Elas denunciam a falência daquele modelo, diante, principalmente, dos ganhos trazidos pelo giro linguístico-pragmático (Habermas) e do giro-hermenêutico (Heidegger/Gadamer).

É aí que entra o Dworkin,[3] contrapondo-se a seu mestre Hart,[4] especialmente, a partir do debate iniciado em *No right answer*. Isso, porque aquilo que Dworkin vai compreender como uma "resposta correta" não é, jamais, o que os positivistas acham.[5] Se para esses, existem "lacunas" no Direito, por exemplo; Dworkin está contra essa ideia. Esse pensador atribui força normativa aos princípios jurídicos, trazendo-os para o campo da aplicação deontológica; ao contrário dos positivistas que os usariam, apenas e tão somente, de forma subsidiária na concreção do Direito.

Nessa nova hermenêutica, reconhece-se que os princípios são mais "elásticos" interpretativamente, possuindo "pesos" diferentes diante dos casos concretos (em especial os *hard cases*). Por isso mesmo, é inegável que toda interpretação – que é aplicação – do Direito exigirá, infastavelmente, o manuseio de princípios, conformando essa ação "criativa" do aplicador/intérprete.

3 No *right answer*, 1978.

4 Demonstra que a *praxis* jurídica é mais elaborada que um mero emaranhado de regras, no qual o magistrado possui ampla discricionariedade para decidir questões controvertidas e, nesse caso, criar o Direito.

5 "Dworkin (2003) irá empreender todo o seu trabalho em uma crítica ao positivismo jurídico e a existência ou não da discricionariedade judicial. Discorda o autor norteamericano quanto ao ordenamento jurídico ser um conjunto convencional de regras estabelecidas pelo poder legislativo ou por outra autoridade legalmente investida. [...]Para Dworkin, não há criação do Direito pelos magistrados, mas construção do Direito pelas partes mediante os princípios, portanto abandona o marco teórico, a perspectiva unilateral das regras, conforme defendia o positivismo" (COSTA, Carlos Henrique Generoso. A interpretação em Ronald Dworkin. *Revista CEJ*, Brasília, ano XV, n. 55, p. 94, out./dez. 2011).

Daqui surgiria, novamente, o problema da discricionariedade que sempre se teme, na abordagem da temática, desde os racionalistas, até os pós-positivistas.

Nesse sentido, Dworkin não concorda com a proposta de Kelsen da "moldura", indicando que há, realmente, mais de uma resposta correta dentro daquela moldura do Direito (proposta pelo positivista) e que, assim, caberá ao juiz, discricionariamente, "escolher" a resposta que melhor lhe convier.

Também não coaduna com Hart (autor que desenvolve a distinção entre *easy* e *hard cases*) que, literalmente, afirma que em casos de lacunas (*hard cases*) o juiz decide, discricionariamente, criando a norma para o caso!

Em ambas as propostas rebatidas por Dworkin (por mais que o mesmo não use estas "terminologias"), este acusa os positivistas (incluindo e principalmente Kelsen e Hart) de estarem recaindo e se mantendo presos na filosofia da consciência, no mentalismo metodológico.

2.1. A solução de Dworkin

Para tentar resolver este problema, Dworkin lança mão das "metáforas" do "Juiz Hércules"[6] e do "Romance em Cadeia" e adota uma postura moralista, quanto ao Direito (interpretação moral do Direito).[7] Ele alça os princípios à categoria de autênticas normas jurídicas, aptas a resolverem os casos difíceis. Contudo, para se livrar da discricionariedade e da filosofia da consciência, aponta para o caminho de que a interpretação/aplicação do Direito deve ser concretista e construída dialogicamente (ou seja, diante do caso concreto e intersubjetivamente).

Se, de um lado a interpretação literária (de um "Romance em Cadeia") exige um delicado equilíbrio entre as mais distintas atitudes

---

6 DWORKIN, Ronald. *O império do direito*. Trad. de Jefferson Luiz Camargo. São Paulo: Martins Fontes, 1999.

7 A solução para a resolução de casos difíceis seria que o juiz se comportasse como um romancista na cadeia do direito consuetudinário. Dworkin acredita que já existiram outros casos que tratam de problemas semelhantes, ainda que não totalmente equivalentes. Para o autor, a decisão do magistrado deve derivar-se de uma interpretação que simultaneamente se adapte aos fatos anteriores e os justifique, nos limites de sua possibilidade. "No direito, porém, a exemplo do que ocorre na literatura, a interação entre adequação e justificação é complexa" (1999, p. 286).

literárias e artísticas; no caso do Direito, a sequência é bastante semelhante. Entretanto, a busca por esse equilíbrio não passa por estilos, gostos ou concepções artísticas; mas por convicções políticas de diversas estirpes. Donde se torna relevante o papel do Juiz Hércules nessa "complexa estrutura da interpretação jurídica", ou seja, "um juiz imaginário, de capacidade e paciência sobre-humanas, que aceita o direito como integridade". Alerta Dworkin (1999, p. 287), contudo: "Não devemos supor que suas respostas às várias questões que se lhe apresentam definem o direito como integridade como uma concepção geral do direito. São as respostas que, no momento, me parecem [para o autor] as melhores".

Daí Dworkin falar que a resposta correta, mesmo não correspondendo a uma "verdade objetiva e inconteste", será a melhor decisão possível, fruto da melhor interpretação do Direito que deve ser feita por meio dos princípios que devem lançar a melhor luz ao caso a ser resolvido. Para isso, deve-se ater ao caso concreto, levar efetivamente em consideração os argumentos e elementos trazidos pelas partes e fazer uma leitura moral do Direito, por meio dos seus princípios. Por isso, Dworkin fala em "argumentos de princípio".

2.1.1. Argumentos de princípio

Quanto a estes "argumentos de princípio", Dworkin os contrapõe aos "argumentos de política", que os juízes não devem utilizar para aplicar o Direito, numa clara noção de que Dworkin se perfila com as teorias sistêmicas, de modo que ele entende que o "sistema" do Direito é deontológico e tem como funcionamento interno a lógica do código binário do 'lícito/ilícito', 'constitucional/inconstitucional'".

Isso, porque, *ab initio*, a atuação política do magistrado, ante a uma integridade, deve partir de uma distinção natural, entre argumentos de política e argumentos de princípio em Dworkin. A Teoria da Justiça, para o autor, exige que a questão seja analisada por dois espectros: o público e o individualizado.

> Os argumentos de política tentam demonstrar que a comunidade estaria melhor, como um todo, se um programa particular fosse seguido. São, nesse sentido especial, argumentos baseados no objetivo.

> Os argumentos de princípio afirmam, pelo contrário, que programas particulares devem ser levados a cabo ou abandonados por causa de seu impacto sobre pessoas específicas, mesmo que a comunidade como todo fique consequentemente pior. Os argumentos de princípio são baseados em direitos. (DWORKIN, 2005, p. IX).

Por isso mesmo é que a decisão judicial deve levar em consideração o âmbito de sua incidência. Quando se trata de decidir acerca de uma questão de políticas públicas (*policy*) exigem-se os argumentos de política; mas quando se envolve a esfera individual, abordando e conciliando direitos fundamentais, incidem os argumentos de princípio.

Assim, autores que o criticam, como Posner (e o próprio Alexy) estariam equivocados por permitirem que os juízes lancem mão de todo e qualquer tipo de argumentos para fundamentar suas decisões, o que, por certo, corromperia a higidez do sistema do Direito, contaminando-o e desnaturando-o em outros sistemas (A dita "corrupção sistêmica"). Ou seja, se o juiz lançar mão de "argumentos de política" (axiológicos, pragmáticos, econômicos, utilitaristas, etc), estar-se-ia quebrando a "integridade".[8]

Para Dworkin (2007, p. 202) a integridade é uma terceira virtude política, que convive com outras duas: "justiça" e "devido processo legal". Ela se refere à exigência de que o governo aja de modo coerente e fundamentado em princípios com todos os seus cidadãos, a fim de estender a cada um os padrões fundamentais de justiça e equidade. Complementa: "Nossos instintos sobre a conciliação interna sugerem outro ideal político ao lado da justiça e da equidade. A explicação mais natural de porque nos opomos às leis conciliatórias apela a esse ideal" (2007, p. 222).

[8] Muitos confundem a noção de "integridade" com a de "coerência". Aquela não se reduz apenas à coerência do ordenamento jurídico. Indo mis além, exige que as normas públicas da comunidade sejam elaboradas e percebidas, o quanto possível, de modo a expressar um sistema único e coerente de justiça e equidade, na correta proporção. "Uma instituição que aceite esse ideal às vezes irá, por esta razão, afastar-se da estreita linha das decisões anteriores, em busca da fidelidade aos princípios concebidos como mais fundamentais a esse sistema como um todo" (2007, p. 264).

Sua teoria da integridade deve ser, de partida, separada em duas vertentes:[9] uma para a atuação legislativa, e outra, para a jurisdicional. Naquele viés, cabe aos legisladores a tarefa de criar leis que sejam moralmente coerentes com os pressupostos de constituição válida e eficaz do Estado; enquanto aos magistrados é exigível considerar como pilar hermenêutico a coerência moral que deve envolver o ordenamento jurídico (DWORKIN, 2007, p. 213).

O povo, entretanto, não pode ficar alheio aos acontecimentos e ao funcionamento de um Estado Democrático. É por isso mesmo que ao planejar a "Teoria da Integridade", Dworkin aborda três planos: plano 1 – Legislativo; plano 2 – Judicial; plano 3 – a Sociedade.

Cada qual, ao seu modo e com suas funções bem delineadas, exerce protagonismo na integridade. Por isso mesmo, a inobservância de seus fundamentos por qualquer desses planos ou de seus atores impede o fechamento triangular da teoria, prejudicando a integridade em determinado Estado.

Prova disso é que se o parlamento de determinado país não considera como missão a realização de conjunto moralmente coerente de leis, necessariamente não será possível a plena realização de uma interpretação nesse sentido pelo Judiciário, o que também implicará em comprometimento do conceito pela sociedade e assim também ocorrerá quando houver inversão do ator descomprometido, demonstrada, portanto, a corrente, os elos na tríade da teoria da integridade para Dworkin. Seu questionamento acerca do fascínio que a integridade provoca, diz o autor:

> Mostrarei que uma sociedade política que aceita a integridade como virtude política se transforma, desse modo, em uma forma especial de comunidade, especial num sentido de que promove sua autoridade moral para assumir e mobilizar monopólio de força coercitiva. Este não é o único argumento em favor da integridade, ou a única consequência de reconhecê-la que poderia ser valorizada pelos cidadãos. A integridade protege contra a parcialidade, a fraude ou outras formas de corrupção oficial, por exemplo. (DWORKIN, 2007, p. 228).

[9] Isso é necessário, para que haja a correta alocação da "Teoria da Integridade", não compreendida como um valoroso conceito jurisdicional e filosófico; mas uma premissa de direção do próprio Estado.

Logo, isso se torna perceptível, caso qualquer desses atores se corrompa nas suas missões precípuas. Se o Legislador, *v.g.*, não cria "boas leis", sua aplicação pelo Judiciário se torna dificultosa e, por conseguinte, a sociedade é quem sofre as finais consequências. O ciclo se desenvolve de maneira devastadora, na medida em que a sociedade acaba não se desenvolvendo, não escolhendo bem seus representantes e, assim, sequencialmente, num ciclo viciado e vicioso.

Todavia, de que vale a integridade, num Estado com instituições de consolidação bem adiantada ou, ao menos, estruturadas? Ela contribui para a própria eficiência do Direito, uma vez que pessoas governadas por princípios necessitam menos de textos legais e regras tão explícitas. Desse modo, o Direito pode ser mais elástico, expandindo-se e contraindo-se, organicamente, na medida em que se entenda o que se exige diante de novas circunstâncias.

> A integridade, portanto, promove a união da vida moral e política dos cidadãos: pede ao bom cidadão, ao decidir como tratar seu vizinho quando os interesses de ambos entram em conflito, que interprete a organização comum da justiça à qual estão comprometidos em virtude da cidadania. (DWORKIN, 2007 p. 229).

Não se pode, enfim, mencionar a integridade dworkiana, sem mencionar a noção de legitimidade política. A partir do momento em que a sociedade compreende que é governada por princípios comuns – e não somente por meras regras criadas por um ciclo fechado de distantes legisladores, num acordo político – torna-se mais próxima a relação de responsabilidade e aceitação daquilo que é jurídico. As pessoas passam a entender que seus direitos e deveres políticos não se delineiam, apenas, em decisões particulares constantes nas regras; dependem, mais além disso, do sistema de princípios que essas decisões pressupõem (DWORKIN, 2007, p. 252-255).

A preocupação de se o magistrado extrai ou cria o Direito encontra solo propício ao seu desenvolvimento, a partir dessa Teoria da Integridade. Para Dworkin (2007, p. 271):

> O direito como integridade nega que as manifestações do direito sejam relatos factuais do convencionalismo, voltados para o passado,

> ou programas instrumentais do pragmatismo jurídico, voltados para o futuro. Insiste em que as afirmações jurídicas são opiniões interpretativas que, por esse motivo, combinam elementos que se voltam tanto para o passado quanto para o futuro; interpretam a prática jurídica contemporânea como uma política em processo de desenvolvimento. Assim, o direito como integridade rejeita, por considerar inútil, a questão de se os juízes descobrem ou inventam o direito; sugere que só entendemos o raciocínio jurídico tendo em vista que os juízes fazem as duas coisas e nenhuma delas.

Por conseguinte, qualquer interpretação construtiva bem-sucedida das práticas políticas deve reconhecer a integridade como um ideal político distinto. Acreditar em integridade judicial significa partir do pressuposto de que os direitos e deveres possuem um único autor: a comunidade personificada, fiel guardiã da justiça e da equidade. A partir daí, "o cânone interpretativo do direito como integridade é exatamente o pilar de equidade e justiça, baseado no sistema de princípios que foram justificadores da determinada decisão no tempo de propagação" (FERRI, Caroline Feliz Sarraf. Teoria da integridade: Uma abordagem da sistematização de Ronald Dworkin. Âmbito Jurídico, Rio Grande, XVI, n. 111, abr. 2013. Disponível em: <http://www.ambito-http://www.ambito- juridico.com.br/site/?n_link=revista_artigos_leitura&artigo_id=13123>. Acesso em: jul 2014.)

Não se pode negar a contribuição dessa teoria para a realização do Direito e, por conseguinte, da própria interpretação das leis eleitorais e sua aplicação pelos tribunais, como mais adiante se verá.[10] Certo que integridade é uma virtude política, seguida de perto – mas sem com eles se imiscuir – pelos conceitos de justiça, equidade e devido processo legal

---

[10] O Direito como integridade demonstra-se uma abordagem "que suscita mais perguntas do que respostas, e outros juristas e juízes que o aceitam poderiam fornecer respostas diferentes das apresentadas. Poder-se-á considerar outras respostas melhores, o que, inclusive, Dworkin admite poder fazer, ele mesmo, após alguma [nova] reflexão.

Se forem recusados determinados pontos de vista distintos, por exemplo, a 'prioridade local' nas decisões da 'common law', por achá-los pobres 'enquanto interpretações construtivas da prática jurídica', ainda assim o direito como integridade não restaria denegado, pelo contrário, estar-se-ia unindo-se à sua causa" (TAVARES, Quintino. *Dworkin, a integridade e o juiz Hércules.* Disponível em: <http://direitofilosofialiteratura.blogspot.com.br/2010/05/dworkin-integridade-e-o-juiz-hercules.html> . Aceso em: 30 maio 2010.).

adjetivo. Reconhecer o Direito como integridade quer dizer acatar uma prática jurídica que aceite a integridade como uma teoria política.

Nesse diapasão, cabe ao operador do Direito realizar essa integridade, fundado na apreensão e dedicação para decisões calcadas em argumentos de princípio. Deve atuar, na busca de respostas corretas em preceitos de direitos fundamentais, inicialmente, lastreados na liberdade e igualdade, mas sob a perspectiva de "igual respeito e consideração".

> O Positivismo jurídico pressupõe que o direito é criado por práticas sociais ou decisões institucionais explícitas; rejeita ideia mais obscura e romântica de que a legislação pode ser o produto de uma vontade geral ou da vontade de uma pessoa jurídica. O utilitarismo econômico é igualmente individualista, ainda que apenas até certo ponto. Fixa o objetivo de bem-estar médio ou geral como o padrão de justiça para a legislação, mas define o bem-estar geral como uma função do bem-estar de indivíduos distintos e se opõe firmemente à ideia de que, enquanto entidade separada, uma comunidade tem algum interesse ou prerrogativa independente. (DWORKIN, 2011, p. 12)

Portanto, o Direito deve ser construído pelas partes, por meio dos princípios, desnudado de amarras voltadas a perspectivas unilaterais, próprias do Positivismo. Imperar o Direito construído; e, não, as leis com interpretação pragmatizada ou convencionalizada.

2.1.2 *Relação com as teorias da verdade*

E as teorias da verdade como se adequam aos pensamentos ora cotejados? Bem, parece ficar bastante claro que "a" resposta correta não mais deve ser entendida com "uma" interpretação fechada, unívoca, objetiva e metodológica do texto da lei, de modo que a decisão seja um reflexo de uma "verdade como correspondência".

É certo que a integridade deve ser vista no plano Legislativo e Judiciário, cabendo àquele a propositura de um ordenamento jurídico moralmente coerente; enquanto, ao último, a interpretação do Direito, a fim de fazer valer a coerência moral. Ora, sendo a integridade uma virtude política, acompanhada pela justiça, equidade e devido processo legal adjetivo, cabe, por conseguinte, ao próprio Direito – considerado como verdade hermenêutica – aplicar a coerência moral proposta pela integridade. Logo, basear-se naquelas mesmas três virtudes.[11]

Dessa feita, se o magistrado decide considerando tais preceitos, considerando a integridade, haverá sim de ser apresentada uma resposta como correta, isso não quer dizer que exista verdade objetiva para afirmações jurídicas, pelo contrário, conforme leciona Dworkin [...], quando o Direito é visto em seu caráter interpretativo, mas voltado para determinados princípios, há pouco sentido em ser afirmada ou negada uma verdade objetiva, no entanto não deixa de existir a resposta correta, sob pena da inflexão (baseada no historicismo) ou de uma espécie de licença de pressupostos Disponível em: (http://www.ambito-http:// www.ambito- juridico.com.br/site/?n_link=revista_artigos_leitura&artigo_id=13123>. Acesso em: jul 2014.).

Não se fala, portanto, de "uma única" resposta correta, extraível de uma regra (lei ou texto positivado qualquer que o seja). Diz-se, pelo contrário, que mesmo um texto legal, extremamente bem elaborado e detalhado, traz, consigo, plurissignificados que devem ser selecionados pelo magistrado, a fim de se alcançar a construção da norma válida, para "aquele" caso concreto. A verdade não é preconcebida e nem o pode ser, sob pena de opressão da distinção, da diversidade e do pluralismo político. Cruz (2011, p. 148), verificando diversas vertentes, acerca da verdade e de uma resposta correta, propõe:

> A verdade não e um instrumento que guia a razão humana, ela não e uma ideia reguladora da vontade humana e nem um instrumento técnico de aferição da sua certeza. Ela não e o produto de uma razão monológica que pensa o mundo. Ela faz parte, constitui o ser humano e, portanto, somente se faz sempre na relação com a face do outro. Ela precisa ser extraída, conquistada, disputada pelo encobrimento causado pela Metafísica que, ao nos acostumar ao trato do ser como presença, passou a perceber o ser pelo ente, a tomar o fenômeno por sua manifestação. Para tanto, a verdade deve ser entendida como um desvelamento (Unverborgenheit), tradução da expressão grega *aletheia* (ἀ-λήυεια).

[11] Justiça, Equidade e Devido Processo Legal Adjetivo.

Dessa maneira, a "resposta correta" corresponde ao evento hermenêutico *(alethéia) do* "desvelamento do ser" que se dá naquele episódio, ou seja, a melhor aplicação do Direito possível, no e para o caso concreto, feita intersubjetivamente. E sabendo-se que a verdade também é algo efêmero, é, apenas, a cada evento hermenêutico, um aspecto (ontológico no sentido de Heidegger) do ser que se mostra naquele episódio, mas nunca o todo (ontológico-essencial no sentido de Aristóteles) objetivo e essencial do ser. Concluindo, com fulcro nas pertinentes lições de Cruz (2011, p. 149):

> A verdade como *aletheia* não se encontra com o emprego de categorias, mas com a apropriação intelectual que busca a originariedade das coisas. A verdade não é um chegar à presença, mas um caminhar permanente do homem, uma luta pelo seu desencobrimento, que só se faz possível pela busca da apropriação de si e da mundanidade.

Passemos a analisar apenas dois desses conceitos e institutos tão frequentes na jurisprudência e doutrina eleitorais: prova robusta e propaganda eleitoral antecipada. Exemplificativamente, têm o condão e atendem ao objetivo pleiteado no presente estudo iniciado.

2.2. Prova robusta no abuso de poder econômico

Em verdade, dois são os elementos aqui tratados em conjunto para servirem de base às constatações elencadas no decorrer do estudo. Ao se deparar com uma situação em que o atual grupo de poder se pretende perenizar, fazendo seu sucessor ou se reelegendo, é comum que o cliente busque no advogado a esperança de ver punidos os fraudadores da eleição que, usando dos meios possíveis, mas ilícitos, corroem a "lisura eleitoral".

Pior que isso, é a situação em que, flagrantemente, as situações envolventes de uma campanha eleitoral, a paixão da disputa, as correntes políticas se enfrentam e as partes sabem as "verdades"; mas a Justiça de olho vendados se nega a enxergar a realidade, ainda que os argumentos lhe tenham sido postos.

Não é de todo incomum a prática de alguns julgadores, na seara eleitoral, de fechar os olhos e preferirem valer-se de conceitos fechados e estanques, em vez de analisar os elementos específicos do caso concreto. O hercúleo esforço dos advogados é ignorado, pois a resposta já está dada, mesmo antes de qualquer instrução processual, juntada de provas ou sustentações orais.

Os conceitos criados pela doutrina, na maioria das vezes, para fins acadêmicos e didáticos, e repercutidos na jurisprudência, provocam a possibilidade pluri-interpretativa (como não poderia deixar de ser); mas, de igual modo, possibilitam que o preenchimento de seus espaços vazios se dê, muita vez, de maneira aleatória, convenientemente, voltada a valores políticos, morais ou desconcatenados de elementos jurídicos próprios do sistema.

Já é conhecida a lição, *v.g.*, segundo a qual a perda do mandato eletivo depende, a fim de configuração de condutas ilícitas dos candidatos, da existência de "provas robustas". Estas são entendidas como aquelas que permitem, incontestavelmente, reconhecer que houve a prática dos fatos delituosos, de modo a não deixar dúvidas sobre autoria e a conexão com as práticas sua ou de terceiros que lhe favoreçam no pleito eleitoral. No que tange à captação ilícita de sufrágio, a prova robusta de condutas previstas no art. 41-A da Lei n. 9.504/97, deve estar voltada à finalidade de obter o voto do eleitor, além da participação ou anuência do candidato beneficiado.

Não é incomum que, entre a narração ou relatoria de uma conduta, trazida por testemunhas pelas partes litigantes no processo eleitoral, e a conclusão do julgador exista um lapso desconcatenado e desprovido de fundamentação, acerca da conclusão. Esse "mistério", acerca de "como se chegou a essa conclusão (?)" só encontra explicação, no fato de que elementos interpretativos ocultos acabaram influenciando a resposta: subjetivismo, convicção política, moral entre outros. A título de exemplo, apenas para análise conjuntural, menciona-se o Recurso Especial Eleitoral, n. 36.335, sob Relatoria do Min. Aldir Passarinho:

> No que se refere à terceira conduta investigada, o depoimento de Luciano da Silva Araújo revela que a doação de R$ 180,00 (cento e oitenta reais) foi feita por Francisco Joaquim de Lima e motivada pela amizade existente entre eles.

> A ligação entre essa conduta e a alegada captação ilícita de sufrágio seria o fato de Francisco Joaquim de Lima ser apontado como cabo eleitoral dos recorrentes.
>
> Tal circunstância, entretanto, não é apta, por si só, a comprovar participação ou anuência dos recorrentes nem finalidade de obtenção de voto, elementos do ilícito que exigem prova robusta e não apenas indícios ou presunções. (BRASIL, 2011 Disponível em: www.tse.jus.br.

Ao que se denota, o embasamento da falta de robustez da prova se deve ao fato de que, simplesmente, o doador de uma quantia de dinheiro seria "cabo eleitoral"... Ora, outro conceito de natureza extremamente aberta é trazido, exatamente, para possibilitar a interpretação no sentido mais acomodado da Corte Superior Eleitoral: aquele, segundo o qual, conforme recursos especiais eleitorais n. 25.886 e 28.295,[12] não se pode extrair a conclusão de que a conduta ter sido realizada por cabo eleitoral seja suficiente para provar a anuência dos candidatos.

Nesses dois precedentes, é possível extrair o esforço empreendido pelos intérpretes que, usando de conceitos predeterminados, alcançam as respostas pretendidas em suas respostas normativas. Para o Min. Arnaldo Versiani, "o *conjunto dos fatos* emerge do auto de apreensão lavrado pela polícia *evidenciada cabalmente* a prática de atos de corrupção e de abuso econômico".[13] (Grifos nossos)

> [...] a prova carreada no bojo dos autos é *precisa* no sentido de que a recorrente Jussara pelo menos anuiu com o transporte de eleitores por SBU irmão e cabo eleitoral, em veículo da empresa do próprio marido, repleto de propaganda eleitoral. *Não ha dúvidas* de que sabia o que estava ocorrendo.[14] (Grifos nossos).

Voltando ao RE 36.335, o que se percebe é que a fundamentação se vale das justificativas pretéritas da Corte, exatamente, para suprir a

12 Recursos Especiais Eleitorais n. 25.886, Rei. Min. Gesar Asfor Rocha, publicado em 23.4.2007 e 28.295, Rei. Min. Amaldo Versiani, publicado em 19.12.2008. (fi. 1.101 dos autos).

13 REspE n. 28.295/PI, Rel. Min. Arnaldo Versiani, *DJe* de 19.12.2008.

14 REspE n. 25.886/RS, Rel. Min. Cesar Asfor Rocha, *DJe* de 23.4.2007.

ausência de elementos próprios da decisão que coteja no caso concreto. As decisões anteriores acabam servindo para justificar, até mesmo, o caminho contrário, como se verdades postas e fixas fossem.

Se ser "cabo eleitoral" não é suficiente, para configuração da ciência por parte do beneficiário; observe que a qualificação como tal, somada a outros "fatos" ou "condutas" é capaz de dar a robustez necessária ao reconhecimento da prática ilícita.

Cabe chamar atenção para o fato de que a posição consolidada do Tribunal Superior Eleitoral não se traduz por meio do agente em si, mas da necessária existência do elemento subjetivo, *v.g.*, quando se decide:

> RECURSO ESPECIAL. INELEGIBILIDADE. ABUSO DO PODER ECONÔMICO. ART 22 DA LC Nº 64/90. CAPTAÇÃO ILÍCITA DE SUFRÁGIO. ART 41-A DA LEI Nº 9.504/97. DESCARACTERIZAÇÃO. ANUÊNCIA DO CANDIDATO NÃO COMPROVADA. AUSÊNCIA DE PROVAS ROBUSTAS. CONDENAÇÃO POR PRESUNÇÃO. IMPOSSIBILIDADE.
> 1.A configuração da captação de sufrágio, não obstante prescindir da atuação direta do candidato beneficiário, requer a comprovação de sua anuência, ou seja, de sua participação efetiva, ainda que indireta, não sendo possível a condenação por mera presunção.
> 2. Recurso especial provido para julgar improcedente a representação.[15]

Logo, parte-se de pressuposições, para se alcançar o resultado, omitindo-se do caminho de desvelamento da resposta argumentos imprescindíveis à chegada num ou noutro sentido final de norma. Por exemplo, não se acatar como razoável a presunção de que "o candidato a cargo eletivo tem ciência de todos os atos de campanha praticados por pessoas ligadas a ele",[16] que poderiam conduzir a uma noção inadequada de responsabilidade objetiva, o que não se coaduna com a sistemática da captação ilícita de sufrágio.

15 REspE n. 35.589/AP, Rel. Min. Marcelo Ribeiro, publicado em 11.11.2009.
16 REspE 36.335.

Contudo, é de se refletir: seria mesmo necessário esse enquadramento – como "cabo eleitoral" – para que se obtivesse o resultado lançado no forçoso caminho interpretativo? Ou se reconhecida a conduta praticada por um "parente", "amigo", "companheiro", "empresário" etc., o resultado não já seria o mesmo? A seleção dos aspectos concretos, portanto, demonstra-se mais relevante à interpretação dotada de integridade que, simplesmente, a utilização de preconceitos jurisprudenciais, muitas vezes, usados a esmo, para "justificar" uma posição pessoal já consolidada.

Recentemente, o Eg. TRE mineiro teve oportunidade de se deparar com a análise de questão, tangente a doações de cestas básicas e materiais de construção realizadas durante o período eleitoral. A parte recorrente, apoiada pelo Ministério Público Eleitoral em seu parecer, entendia que as condutas do prefeito em favor de "seu" candidato seria ilegítima, na medida em que inexistia "lei específica" e "programa social" regular autorizando as distribuições. Mais que isso, restou comprovado nos autos que a distribuição fora utilizada em benefício de candidato, por meio da oferta e promessa de benefícios em troca do voto, conforme depoimento testemunhal.

A relatora do caso, juíza Maria Edna Fagundes Veloso,[17] fez uma pormenorizada análise do caso concreto e dos elementos pertinentes à argumentação das partes. Percebeu que no que tange à controvérsia central da lide (abuso de poder econômico e político), seria imprescindível observar as peculiaridades do caso e a argumentação das partes. Para que se tenha ideia, chegou a usar de elementos das contrarrazões, para o reconhecimento de que havia atuação do atual prefeito em favor dos candidatos, por expressa confissão.

No que tange à doação de cestas básicas em época de campanha, anotando qual a elevação específica do número de benefícios concedidos e os meses de sua ocorrência para chegar à conclusão de que:

> Logo, conclui-se que o aumento das doações, comente no período próximo ao pleito, correspondeu a 237 (duzentos e trinta e sete) cestas básicas. Em termos relativos, o aumento foi de 43,57%.

17 Originária da Justiça Federal da Seção Judiciária do Estado de Minas Gerais.

> E ante toda argumentação retroexpendida, não se pode chegar a outra conclusão, senão a de que a doação de cestas básicas em Barão de Cocais, no ano de 2012, ofendeu a lei.[18]

Concluiu, a i. relatora que esse aumento de cestas básicas no Município de Barão de Cocais "configurou o abuso de poder político-econômico da administração anterior". Isso, sem mencionar um aumento de 110% na doação de material de construção, na comparação, entre o ano anterior e o das eleições.

Contudo, embora o esforço, a fundamentação, com reconhecimento dos argumentos discutidos pelas partes, verificação desses com as provas colacionadas, este não foi o voto "vencedor".[19]

A divergência, *in casu*, anuncia a que viria: combater os argumentos de um dos advogados que, da tribuna, havia levantado a questão dos "freios e contrapesos", como elemento de legitimação do Judiciário a impedir abusos do Executivo, inclusive, na seara Eleitoral.

> Vamos ver se também consigo colocar meu princípio filosófico nesse litígio, já que tantos outros foram colocados e se falou até da tribuna de freios e contrapesos, como se um poder não barrasse outro poder como na Teoria de Montesquieu o poder freia o poder. (RE 193, TRE/MG)

A argumentação filosófica não parece ser bem recebida, talvez por legitimar o "ócio", como mecanismo mais aprofundando de reconheci-

---

18 TRE-MG RE 193. Voto vencido da Relatora. Por óbvio que outros elementos foram verificados no voto; mas no resultado final do julgamento, não foram considerados pela corrente divergente.

19 A expressão aqui usada leva em consideração, tão somente, o aspecto numérico da questão. Em outro primoroso voto, restou acompanhada pelo cuidadoso juiz Maurício Pinto Ferreira, num "placar" de 4 a 2. Interessante o raciocínio deste d. Magistrado, ao sustentar sua fundamentação, quando afirmou: "Aquela torneira que todo dia pinga uma gotinha, será que no final de semana ou de dias eu considero gotinhas por gotinhas ou considero o volume de água desperdiçada? Aquele pai ou mãe que todo dia dá um puxão de orelha no menino, será que no final de reiteradas condutas ele poderá ou não ser condenado por uma eventual lesão corporal? Aquele que todo dia furta um centavo, será que ao final de reiteradas condutas ele poderá ser condenado por um furto ou vou considerar centavo por centavo? É tranquilo na nossa matéria do Direito que o que se considera é o todo e não individual". (TRE/MG RE 193).

mento das realidades e desvelamento das respostas. Senão vejamos relevante ponto do voto vencedor, cerca de como se chegou à conclusão de que a lei positivada, por si, já seria suficiente à resolução do caso concreto:

> Várias são as *questões filosóficas* a serem colocadas aqui, mas um delas é a de que o *juiz jamais pode criar lei* – Carlos Maximiliano fala sobre isso na interpretação hermenêutica e aplicação do direito. O *pior juiz é aquele que faz lei*, ele *só deve aplicar lei*, e a lei que se aplica aqui, Srs., é a lei eleitoral. (Grifos nossos).

Com todas as vênias, parece ter ocorrido aqui alguma sorte de equívoco, entre os elementos normativos, como se "lei" fosse sinônimo de "norma". Como se da lei, ainda fosse cabível o raciocínio de completude. A noção de que a norma, aplicável ao caso, não se cria, diante dos argumentos das partes; mas é meramente extraível de uma lei, pura e abstrata.

O Neoconstitucionalismo, inafastável no atual estágio do Estado Democrático de Direito, possui três marcos fundamentais, na visão de Barroso (2006): histórico, teórico e filosófico. Este, marcado pelo já anunciado Pós-Positivismo.[20] Entre as várias lições decorrentes dessa evolução da interpretação e construção do Direito não se pode olvidar que "O pós-positivismo busca ir além da legalidade estrita, mas não despreza o direito posto. Procura empreender uma leitura moral do Direito, mas sem recorrer a categorias metafísicas". (LENZA, 2014, p. 76).

> Nesse sentido é que a interpretação e aplicação do ordenamento jurídico hão de ser inspirados por uma teoria de justiça, mas não podem comportar voluntarismos ou personalismos, sobretudo os judiciais. No conjunto de ideias ricas e heterogêneas que procuram abrigo neste

---

[20] "O marco filosófico do novo Direito Constitucional é o pós-positivismo. O debate acerca de sua caracterização situa-se na confluência das duas grandes correntes de pensamento que oferecem paradigmas opostos para o Direito: o jusnaturalismo e o positivismo. Opostos, mas, por vezes, singularmente complementares. A quadra atual é assinalada pela superação — ou, talvez, sublimação — dos modelos puros por um conjunto difuso e abrangente de ideias, agrupadas sob o rótulo genérico de pós-positivismo" (BARROSO, Luís Roberto. *Neoconstitucionalismo:* o triunfo tardio do direito constitucional no Brasil. Disponível em: <http://www.conjur.com.br/2006-abr-26/triunfo_tardio_direito_constitucional_brasil>. Acesso em:: 27 abr. 2006, p. 3.)

> paradigma em construção incluem-se a atribuição de normatividade aos princípios e definição de suas relações com valores e regras; a reabilitação da razão prática e da argumentação jurídica; a formação de uma nova hermenêutica constitucional; e o desenvolvimento de uma teoria do direitos fundamentais edificada sobre o fundamento da dignidade da pessoa humana. Nesse ambiente, promove-se uma reaproximação entre o Direito e a filosofia. (BARROSO, 2006, p. 3-4).

Quais as conclusões do Eg. TRE/MG neste caso concreto? Vejamos os caminhos finais do voto condutor do acordo que prevaleceu:

> Eu não sou contador. Sou é magistrado e sei que existe uma lei que excepciona esse caso, não sou distribuidor de cestas básicas, mas acho que nesse contexto existe a ressalva legal, eu sou apenas um mero e insignificante esquecido juiz.
> Prefiro caminhar com essa legislação [...] negando provimento ao recurso. (TRE/MG - RE193 – Disponível em: www.tre-mg.jus.br.)

Fica para reflexão...

2.3. Promoção pessoal e propaganda antecipada

Qual o limite de distinção entre o que seria promoção pessoal e a busca pela simpatia do eleitor, por determinada pessoa ou posição política? Se "política" pode ser entendida como o relacionamento, entre o Povo e o Poder, nesse sentido, é possível esquadrinhar com exatidão qual é o momento em que o sujeito, simplesmente, promove-se, faz caridade, apresenta eventos com seu nome ou desenvolve a atividade empresarial, daquele em que ele visa representar a população?

Mera manifestação pública de um indivíduo, seja já ocupante de cargos públicos eletivos ou, mesmo, alguém que potencialmente se interesse em candidatar-se, não deve, *incontinenti*, sofrer a pecha de propaganda eleitoral extemporânea. Menos ainda, ser punida como se ilícita fosse. Ainda que a conduta ou o comportamento desse sujeito vise, no fundo, obter a simpatia e, por conseguinte, os votos para um cargo eletivo, pode ser entendida, sim, como uma forma de promoção pessoal, permitida mesmo antes de 6 de julho.

Ela não se confunde, naturalmente, com a antecipação da campanha eleitoral, o que é o caso da propaganda antecipada. Em geral, a jurisprudência eleitoral tem adotado alguns critérios apriorísticos, para reconhecer uma e outra forma de atuação cidadã.

Assim, a jurisprudência eleitoral titubeou, durante muito tempo, especialmente, em face das alterações da Legislação Eleitoral (por exemplo, que aboliu *outdoors* de meios de propaganda) e das Resoluções do TSE, em torno dos elementos caracterizadores do ilícito. Sendo assim, quando há "mera divulgação do nome e do trabalho desenvolvido, sem referências a eleições, candidaturas ou votos, em especial quando o cargo ocupado pelo parlamentar não está em disputa, não caracteriza propaganda eleitoral antecipada",[21] o que impede a aplicação da multa prevista no art. 36 , § 3º , da Lei n. 9.504 /97.

Àqueles que promovem eventos, utilizando-se de seu nome, como liderança, promotor, patrocinador ou empresário, importa verificar quão consolidada e engessada se torna a posição da jurisprudência do Eg. TRE/MG, na medida em que não entende configurada propaganda eleitoral antecipada, "o patrocínio a diversos eventos em ano não eleitoral", reconhecendo-o como "mera promoção pessoal", mesmo que com a "utilização de cores da administração pública municipal na campanha dos candidatos representados".[22]

O TRE/RJ, por sua vez, possibilita reconhecer eventuais abusos da promoção pessoal, com agasalho em posição do TSE, quando o ato busca "burlar" dissimuladamente que o sujeito busca antecipar a campanha. O entendimento do Tribunal Superior aponta ementa que "constitui ato de propaganda eleitoral aquele que levar ao conhecimento geral, ainda que de forma dissimulada, a candidatura, a ação política ou as razões que levem a inferir que o beneficiário seja o mais apto para a função pública".[23]

Por seu turno, com semelhante raciocínio, o Tribunal carioca concentra-se, em primoroso voto analítico das circunstâncias do caso, para, ainda que usando da jurisprudência para se fundamentar e decidir no

---

21 TRE-PA. RE 2271. Pub. 17.07.2008.

22 TRE-MG 662-76.2012.6.13.0226. Porteirinha/MG. Publicado em 09.12.2013.

23 TSE – ARESPE 26.721 /MT, Relator Ministro Marcelo Ribeiro, DJe de 16.10.2009, Tomo 197, p. 23-24.

mesmo sentido, possibilitar e trazer à baila os argumentos das partes e suas peculiaridades. Note-se, entretanto, que a excelência do voto, dá-se, especialmente, por um trabalho muito bem conduzido no juízo *a quo*; não, efetivamente, do próprio Tribunal *ad que*.

Com relação à alegação de ausência de ilicitude do material impugnado, este argumento também foi devidamente apreciado na decisão recorrida, razão pela qual novamente faz-se necessária a reprodução de trecho da aludida decisão:

> [...] alega o representante terem sido fotografadas oito faixas contendo propaganda eleitoral em favor da vereadora, cada uma com os dizeres abaixo e afixada nos seguintes bairros:
> - 'Núcleo de Dança de Salão. Grátis. 4 a feira. 19 às 20h. Pça. 13 de Junho. Apoio: Ver: Rosa Fernandes.' (fl. 06 da Rp 8276-71), situada no bairro Cordovil;
> - 'Ver. Rosa Fernandes e os paroquianos agradecem ao Pref. Eduardo Paes pela nova iluminação na Igreja de N. S. da Apresentação. '(fl. 06 da Rp 8084-41; fl. 06 da Rp 8078-34; e fl. 06 da Rp 7757-96), afixadas no bairro Irajá;
> - 'Os moradores da Rua Múpia agradecem a Ver. Rosa Fernandes pelas melhorias.' (fl. 06 da Rp 8268-94), também localizada em Irajá;
> 'Poda realizada. Mais qualidade de vida! Ver. Rosa Fernandes.' (fl. 06 da Rp 8269-79), colocada no bairro Madureira;
> 'Melhorias. Melhor qualidade de vida! Ver. Rosa Fernandes.' (fl. 06 da Rp 8079-19), situada no bairro Colégio; e
> - 'Núcleo de Dança de Salão. Grátis. 5a feira - 19 às 20h. Pça. Ferreira Souto. Apoio: Ver. Rosa Fernandes.' (fl. 06 da Rp 8270-64), também em Colégio.
> Ressalta-se que o segundo texto aparece em três faixas.

A "mágica" da magistral decisão, portanto, fundou-se, muito mais na decisão do magistrado inicial; que efetivamente numa reanálise de elementos de cabimento do recurso eleitoral. Onde se mostram os elementos de razões e contrarrazões na decisão? Parecem ter sido ignorados, repetindo-se, apenas, aquilo que já fora decidido em primeira instância.

Para piorar, o Tribunal "puxa" para sua pessoalidade, afora os elementos trazidos pelas partes, a sua conclusão ou impressão sobre o caso:

> Tenho dificuldade para entender essa questão do ano eleitoral. Por exemplo, sou morador de Niterói e vejo espalhados por todos os lados *outdoors* de políticos em datas comemorativas. Isso pode ser tido como promoção pessoal?
> Para mim, não. E não posso crer que alguém acredite que se trata apenas de promoção pessoal. Embora nem sempre seja ano eleitoral, entendo que se trata de propaganda eleitoral, pois a pessoa está aparecendo, está fazendo com que se quebre a finalidade protetiva da norma que é justamente preservar o equilíbrio de forças para um pleito futuro – ainda que este se dê daí a seis meses ou um ano.[24]

Conclusivamente, chamando atenção para mais uma espécie de anunciação de pessoas, com fins de obter popularidade, entendem os tribunais pátrios, em sua maioria, que são lícitas, *v.g.*, mensagens de felicitação em datas comemorativas (Dia das Mães, Natal, fim de ano, Páscoa etc.), donde se conclui serem reconhecidos como "uníssonos" os seguintes aspectos, para a singela e lícita "promoção pessoal":

a) mera exposição do cidadão, com objetivo de torná-lo mais popular, no meio em que vive;

b) transitoriedade da divulgação;

c) um critério excludente e, totalmente, alienável: ausência de elementos caracterizadores da propaganda eleitoral antecipada.

O equívoco já é patente, na medida em que, comumente, busca-se conceituar um instituto, por meio da caracterização do que não é outro instituto.

Por sua vez, a propaganda eleitoral antecipada é configurada, a partir da convivência de três aspectos:

a) Conforme clássico julgado do TSE,[25] "induvidosa intenção de revelar ao eleitorado o cargo político que se almeja, a ação que pretende o beneficiário desenvolver e os méritos que o habilitam ao exercício da função".

b) a esses, ainda, pode ser acrescentada a veiculação, antes do dia 6 de julho do ano do certame eleitoral.

---

[24] TRE/RJ. AC. 38.804

[25] Ac. TSE 15.372, Min. Eduardo Alckmin.

3. CONCLUSÃO

Este estudo não tem a intenção de, simplesmente, "desmantelar" a jurisprudência de alguns julgadores. Até porque, quando menciona a jurisprudência em geral, não menciona tal ou qual magistrado/relator. A intenção é mais singela: verificar, diante das dificultosas condições materiais e de pessoal da Justiça Eleitoral e de seu sistema de funcionamento, por meio da temporariedade, como se vem aplicando o Direito Eleitoral na concretude de seus casos levados às barras dos tribunais e da conceituação engessada de alguns institutos exemplificativos.

Percebem-se, em alguns desses trazidos aqui e de tantos outros julgados, argumentos utilitaristas que reforçam, ainda mais a postura moral do julgador do caso.

Apelos dramáticos à democracia, "abuso", "excessivo", "intenção de voto", "ilícito" entre outros, demonstram o recurso de apelo às expressões do tipo "semanticamente excessiva, 'gorda', o suficiente para sofrer manipulações de toda ordem", como tradicionalmente leciona Menelick de Carvalho Netto (2003, p. 16). A possibilidade de identificação icônica tem o condão de não explicar nada, usando termos que socialmente encontram uma legitimação acalentadora.

Pior de tudo, quando se busca no texto positivado da Lei n. 9.504/97 ou do Código Eleitoral a "fundamentação" da direção tomada pelo legislador. É comum, ainda, infelizmente, que o sincretismo teórico e filosófico se faça tão presente nos julgados cotidianos. Sem saber bem como trabalhar no Neoconstitucionalismo, lamentável, igual modo, o fechamento na ideia de tentar 'extrair' dos princípios constitucionais (ainda que não escritos) o sentido sem-sentido de algumas constatações que ignoram argumentos, fatos concretos, impossibilitando o diálogo com uma "sociedade aberta de intérpretes da Constituição".

Enfim, auto-reflexões essencialistas que conduzem às conclusões de alguns votos, também, são perniciosas num Estado de Direito que se pretende democrático.

Desnatura-se, em conclusão deste ensaio, a noção de conceitos fechados, estanques, em que as circunstâncias do caso concreto e os argumentos discursivamente tratados pelas partes sejam deixados de lado.

Dessa maneira, portanto, também a decisão, a interpretação/aplicação do Direito, ou seja, a resposta correta será sempre um aspecto revelado do ser, nunca seu todo "objetivo"; nunca sua "essência", mas sempre uma manifestação, um evento e, assim, constantemente passível de renovação, de modificação, de alteração.

4. REFERÊNCIAS

BARROSO, Luís Roberto. *Neoconstitucionalismo:* o triunfo tardio do direito constitucional no Brasil. Disponível em: <http://www.conjur.com.br/2006-abr-26/triunfo_tardio_direito_constitucional_brasil>. Acesso em: 27 abr. 2006.

FERRI, Caroline Feliz Sarraf. Teoria da integridade: Uma abordagem da sistematização de Ronald Dworkin. *Âmbito Jurídico*, Rio Grande, XVI, n. 111, abr. 2013. Disponível em: <http://www.ambito-juridico.com.br/site/?n_link=revista_artigos_leitura&artigo_id=13123>. Acesso em: jul 2014.

CARVALHO NETTO, Menelick de. Racionalização do ordenamento jurídico e democracia. MINAS GERAIS. ASSEMBLEIA LEGISLATIVA. *A consolidação das leis e o aperfeiçoamento da democracia.* Belo Horizonte: Assembleia Legislativa, 2003. p. 13-38

COSTA, Carlos Henrique Generoso. A interpretação em Ronald Dworkin. *Revista CEJ*, Brasília, ano XV, n. 55, p. 93-104, out./dez. 2011.

CRUZ, Álvaro Ricardo de Souza; DUARTE, Bernardo Augusto Ferreira. *Além do positivismo jurídico.* Belo Horizonte: Arraes, 2013.

CRUZ, Álvaro Ricardo de Souza. *Hermenêutica jurídica e(m) debate:* o constitucionalismo brasileiro entre a teoria do discurso e a ontologia existencial. Belo Horizonte: Fórum, 2007.

CRUZ, Álvaro Ricardo de Souza. *Jurisdição constitucional democrática.* Belo Horizonte: Del Rey, 2004. p. 224.

DWORKIN, Ronald. *Levando os direitos a sério.* Trad. de Nelson Boeira. 3. ed. São Paulo: Martins Fontes, 2011.

DWORKIN, Ronald. *O império do direito*. Trad. de Jefferson Ruiz Camargo. 2. ed. São Paulo: Martins Fontes, 1999.

DWORKIN, Ronald. *O império do direito*. Trad. de Jefferson Ruiz Camargo. 2. ed. São Paulo: Martins Fontes, 2007.

DWORKIN, Ronald. *Uma questão de principio*. Trad. de Luís Carlos Borges. 2. ed. São Paulo: Martins Fontes, 2005.

HABERMAS, Jürgen. *Direito e democracia*: entre facticidade e validade. Rio de Janeiro: Tempo Brasileiro, 1997, v. I.

LENZA, Pedro. Direito *constitucional esquematizado*. São Pulo: Saraiva, 2014.

LÈVINAS, Emmanuel. *Entre nós:* ensaios sobre a alteridade. Petrópolis: Vozes, 1997.

TAVARES, Quintino. *Dworkin, a integridade e o juiz Hércules*. Disponível em: <http://direitofilosofialiteratura.blogspot.com.br/2010/05/dworkin-integridade-e-o-juiz-hercules.html>. Aceso em: 30 maio 2010.

O Percentual sobre o Valor da Causa como Critério Objetivo para Arbitramento dos Honorários Advocatícios nas Situações em que não há Condenação em Quantia Certa de Acordo com a Jurisprudência do STJ

Bernardo Câmara

Advogado. Mestre em Direito Processual/PUC-MG. Especialista em Direito de Empresa-UGF/RJ. Ex-assessor Técnico e Professor da Escola Superior de Advocacia. Professor universitário de Graduação (Newton Paiva) e Pós-Graduação (IEC - PUC-Minas). Ex-Membro do Órgão Especial da OAB/MG. Membro do Instituto dos Advogados de Minas Gerais. Sócio do escritório Freire, Câmara & Ribeiro de Oliveira Advogados.

1. INTROITO

O arbitramento da condenação em honorários advocatícios pelo Poder Judiciário é tema tormentoso e de grande subjetivismo na prática forense. É anseio dos advogados a criação de um critério objetivo que possa ser utilizado como parâmetro visando o arbitramento da verba sucumbencial.

No cotidiano de sua atividade profissional, é comum conversas entre advogados lamentando a total ausência de critérios objetivos que possam ser apresentados como balizadores de uma justa identificação do valor a ser encontrado para fins de arbitramento dos honorários advocatícios, notadamente naquelas situações em que o próprio Código de Processo Civil lança para a discricionariedade do magistrado esta tormentosa, mas importante função de mensurar a verba sucumbencial.

Os critérios apresentados pelo legislador no Código de Processo Civil, notadamente nas hipóteses em que não há uma condenação expressa, são subjetivos e fomentam decisões equivocadas e injustas.

Neste contexto, e valendo-se inclusive de uma análise do conjunto de julgados proferidos pelo Superior Tribunal de Justiça, é possível identificar a criação, por força de interpretação jurisprudencial, de um critério objetivo que poderá ser utilizado como parâmetro mínimo do *quantum* da condenação em honorários advocatícios, nas situações em que não há condenação em quantia certa.

Na Lei Federal n. 13.105/2015, que veio ao mundo jurídico contendo o Novo Código de Processo Civil, que entrará em vigor no exercício próximo, o valor da causa foi colocado como parâmetro para arbitramento dos honorários advocatícios nos casos em que não existir condenação ou não for possível mensurá-la.

No item seguinte, será abordado como o Código de Processo Civil hoje ainda vigente, que é aquele resultante de processo legislativo levado a efeito em 1973 e que no ano próximo cederá espaço à aplicação do Novo Digesto Processual Civil, que começará a produzir seus jurídicos e legais efeitos no momento em que restar superado o período que a própria Lei Federal n. 13.105/2015 prevê, como de *vacatio legis*, trata da questão.

2. É O PRÓPRIO CPC, EM RELAÇÃO AOS CASOS EM QUE NÃO HÁ CONDENAÇÃO, QUE FOMENTA O SUBJETIVISMO NAS DECISÕES DE ARBITRAMENTO DA VERBA SUCUMBENCIAL

Nos litígios levados ao julgamento do Poder Judiciário,[1] cabe ao magistrado o poder/dever de fixar o valor da verba sucumbencial, conforme determinação prevista no art. 20 do CPC e consoante critérios definidos no §3º do referido dispositivo (nos casos em que existir condenação de pagar quantia certa) ou conforme §4º do mesmo regramento legal (nas causas de pequeno valor, nas de valor inestimável, naquelas em que não houver condenação ou for vencida a Fazenda Pública, bem como nas execuções, embargadas ou não).

É este o ponto: ressalvada a situação do §3º, do art. 20 do CPC, em que já se fixa, por lei, um limite valorativo para uso da equidade do magistrado (entre 10% a 20% da condenação), nas demais hipóteses do §4º, é o próprio Código que informa sobre a utilização de uma "apreciação equitativa do juiz, atendidas as normas das alíneas a, b e c do § 4º do CPC".

Estas hipóteses mencionadas no Código envolvendo: a) o grau de zelo do profissional; b) o lugar da prestação do serviço; e c) a natureza e importância da causa, o trabalho realizado pelo advogado e o tempo exigido para o seu serviço são situações específicas que permitem uma visão discricionária e subjetiva do caso concreto.

Daí as constantes discussões e inconformismos diante de interpretações divergentes do valor a ser considerado ideal para fins de arbitramento da verba sucumbencial.

É certo que o Estatuto da OAB, Lei Federal, Lei n. 8.906/94, ao definir em seu art. 22, que *assegura aos inscritos na OAB o direito aos honorários convencionados, aos fixados por arbitramento judicial e aos de sucumbência,* ao mesmo tempo define no §2º, que *na falta de estipulação ou de acordo, os honorários são fixados por arbitramento judicial, em re-*

[1] É interessante ressaltar que, em caso de Juízo Arbitral, a exigibilidade da verba honorária sucumbencial pode ser afastada por compromisso arbitral, onde também já se pode previamente definir o responsável pelo pagamento (art. 11, V, da Lei de Arbitragem – Lei n. 9.307/96.

muneração compatível com o trabalho e o valor econômico da questão, não podendo ser inferiores aos estabelecidos na tabela organizado pelo Conselho Seccional da OAB.

Assim, por força de lei federal, a tabela de honorários da OAB fixa valores mínimos que deverão ser utilizados como critério para mensuração de eventual verba sucumbencial. Todavia, tal tabela não estabelece os critérios de mensuração. Ela apenas enuncia, por meio de um estudo previamente realizado, valores mínimos que se apresentam como valores dignos de remuneração aos advogados, evitando o aviltamento da profissão e a cobrança de valores irrisórios, visando obstar a concorrência desleal e a captação irregular de clientes.

Neste particular, o Código de Ética e Disciplina da OAB, em seu art. 41, ressalva o fato de que *o advogado deve evitar o aviltamento de valores dos serviços profissionais, não os fixando de forma irrisória ou inferior ao mínimo fixado pela Tabela de Honorários, salvo motivo plenamente justificável.*

Tais dispositivos devem ser interpretados em conjunto com outros, tais como o art. 36 do Código de Ética e Disciplina da OAB que, igualmente ao art. 20, §3º, do CPC, estabelece os critérios para mensuração dos honorários advocatícios:

> Art. 36. Os honorários profissionais devem ser fixados com moderação, atendidos os elementos seguintes:
> I – a relevância, o vulto, a complexidade e a dificuldade das questões versadas;
> II – o trabalho e o tempo necessários;
> III – a possibilidade de ficar o advogado impedido de intervir em outros casos, ou de se desavir com outros clientes ou terceiros;
> IV – o valor da causa, a condição econômica do cliente e o proveito para ele resultante do serviço profissional;
> V – o caráter da intervenção, conforme se trate de serviço a cliente avulso, habitual ou permanente;
> VI – o lugar da prestação dos serviços, fora ou não do domicílio do advogado;
> VII – a competência e o renome do profissional;
> VIII – a praxe do foro sobre trabalhos análogos.

Enfim, analisando todos os dispositivos legais mencionados, tem-se um conjunto de critérios previstos em lei que devem ser sopesados e proporcionalmente aplicados, visando o arbitramento da verba sucumbencial, na forma e modo previstos no CPC.

3. CRITÉRIO OBJETIVO CRIADO PELA JURISPRUDÊNCIA DO SUPERIOR TRIBUNAL DE JUSTIÇA ESTIPULANDO QUE OS HONORÁRIOS ADVOCATÍCIOS FIXADOS EM PERCENTUAL INFERIOR A 5% SOBRE O VALOR ATRIBUÍDO A CAUSA DEVE SER CONSIDERADO IRRISÓRIO

Não obstante as particularidades de cada caso concreto, certo é que a fixação da verba honorária em percentual inferior a 5% do valor da causa, nas situações em que não há condenação em valor certo (o que atrai a exegese do §3º do art. 20 do CPC) vem sendo entendida como irrisória e aviltante por remansosas decisões do Superior Tribunal de Justiça.

Decisões estas que nos permitem deduzir a criação de critério objetivo que deve ser levando em consideração quando do arbitramento da verba sucumbencial.

No entendimento do Superior Tribunal de Justiça, o que se pode dizer ser um "critério objeto criado por este próprio Tribunal", a fixação dos honorários advocatícios em patamar inferior ao suprarreferido ofende de forma clara e direta o que dispõem o art. 20, §§ 3º e 4º, do Código de Processo Civil.

Vejam-se julgados de todas as Turmas do STJ neste sentido:

A 1ª Turma do STJ já se manifestou. Veja-se:

> EXECUÇÃO POR QUANTIA CERTA. DESISTÊNCIA. HONORÁRIOS ADVOCATÍCIOS. FIXAÇÃO EM VALOR IRRISÓRIO. ELEVAÇÃO. POSSIBILIDADE. I - Tem-se por satisfeito o requisito do prequestionamento implícito, se a Corte a quo, ao fixar os honorários advocatícios, arbitra valor aviltante ao trabalho desenvolvido pelos advogados, contratados para o patrocínio da defesa em execução por quantia certa objeto de pedido de desistência após o oferecimento de exceção de pré-executividade. II - Sendo o valor da

Execução estimado em cerca de R$ 105 mil reais, a fixação de honorários em menos de 1% (um por cento) do quantum exeqüendo configura valor irrisório, *devendo ser mantida a decisão que majora os honorários para o percentual de 5% (cinco por cento).* III - A jurisprudência do Superior Tribunal de Justiça tem reiteradamente afirmado a possibilidade de elevação de honorários advocatícios nos casos em que estes se mostrem irrisórios em face do valor atribuído à causa. Precedentes: REsp n. 678.642/MT, Rel. Min. NANCY ANDRIGHI, DJ de 29/05/2006 e AgRg no AgRg no REsp n. 802.273/MS, Rel. Min. FELIX FISCHER, DJ de 22/05/2006. IV - Impõe-se o afastamento da Súmula n. 07/STJ, ante a desnecessidade de reexame das questões de fato do processo, porquanto a elevação de honorários irrisórios prestigia o princípio da proporcionalidade. V - Agravo Regimental improvido. (AgRg nos EDcl no REsp 841.507/MG, Rel. Ministro FRANCISCO FALCÃO, PRIMEIRA TURMA, julgado em 07.11.2006, *DJ* 14.12.2006, p. 298). (Grifo nosso).

A 2ª Turma do STJ também já se manifestou. Veja-se:

ADMINISTRATIVO E PROCESSUAL CIVIL. EXECUÇÃO CONTRA A FAZENDA PÚBLICA. AUSÊNCIA DE VIOLAÇÃO DO ART. 535 DO CPC. CONCORDÂNCIA COM A PLANILHA DE CÁLCULO APRESENTADA PELA EXEQUENTE. NÃO APRESENTAÇÃO DE CONTA COM OS VALORES QUE O EXECUTADO ENTENDE DEVIDOS. SÚMULA 7/STJ. HONORÁRIOS ADVOCATÍCIOS. RAZOABILIDADE DO VALOR FIXADO EM RAZÃO DA IMPORTÂNCIA DA CAUSA. SÚMULA 7/STJ. 1. Todas as questões alegadas pela recorrente estão expressa ou implicitamente contempladas pelo acórdão recorrido, de modo que não houve omissão que pudesse ensejar a violação do art. 535 do CPC. Se há erro do Tribunal de origem na análise dos fatos que permeiam os autos, não é nesta Corte Superior que tais dados poderão ser revistos os analisados. A instância ordinária é soberana na análise das provas. 2. Qualquer elucubração a respeito da deficiência na planilha apresentada pela exequente, da necessidade de liquidação por artigos, da impossibilidade de apresentação de conta pela executada ou da não concordância com os valores apresentados, é questão que demanda o revolvimento probatório dos autos, o que é vedado a esta Corte Superior, nos termos da Súmula 7/STJ. *3. Em uma causa cujo valor alcança R$ 604.875,40, a fixação dos honorários advocatícios em*

> *5% deste montante não parece caso de flagrante desproporcionalidade a justificar a superação da Súmula 7/STJ. Até porque a eventual simplicidade da questão controvertida, no julgamento da apelação, não afasta a importância da causa.* Agravo regimental improvido. (AgRg no REsp 1129535/RS, Rel. Ministro HUMBERTO MARTINS, SEGUNDA TURMA, julgado em 14.09.2010, *DJe* 24.09.2010). (Grifo nosso).

Consta do voto do Ministro Relator:

> No caso dos autos, em que pese o Tribunal de origem ter relatado que a questão controvertida era simples, o valor atribuído à causa, após os embargos da União, atingiu quantia vultosa, o que demonstra uma importância singular da demanda.
> O art. 20, § 4º, do CPC, estabelece que nas causas em que for vencida a Fazenda Pública, os honorários serão fixados consoante a apreciação equitativa do Juiz, que deverá levar em consideração, entre outros vetores, a natureza e a importância da causa.
> Ora, numa causa cujo valor alcança R$ 604.875,40, a fixação dos honorários advocatícios em 5% deste montante não parece caso de flagrante desproporcionalidade a justificar a superação da Súmula n. 7/STJ. Até porque a eventual simplicidade da questão controvertida, no julgamento da apelação, não afasta a importância da causa.

A 3ª Turma do STJ também já se manifestou sobre o assunto. Veja-se:

> AGRAVO REGIMENTAL NO AGRAVO DE INSTRUMENTO. HONORÁRIOS ADVOCATÍCIOS. VERBA INFERIOR A 1% DO VALOR DA CAUSA. IRRISORIEDADE. NECESSIDADE DE MAJORAÇÃO. NECESSIDADE DE EXAME DE CLÁUSULAS CONTRATUAIS. PROCEDIMENTO VEDADO EM SEDE DE RECURSO ESPECIAL. ENUNCIADO N. 5/STJ. AGRAVO REGIMENTAL DESPROVIDO. 1. Irrisórios os honorários advocatícios fixados objetivamente em patamar inferior a 1% do valor da causa, devendo ser majorados. Precedentes. 2. O presente feito enseja análise de cláusulas contratuais, procedimento vedado em sede de recurso especial, à luz do Enunciado n. 5/STJ. 3. AGRAVO REGIMENTAL DESPROVIDO. (AgRg nos EDcl no Ag 1181142/SP, Rel. Ministro PAULO DE TARSO SANSEVERINO, TERCEIRA TURMA, julgado em 23.08.2011, *DJe* 31.08.2011)

Consta do voto do Ministro Relator:

> O entendimento do Superior Tribunal de Justiça é no sentido de, *objetivamente considerados, serem os honorários advocatícios irrisórios quando fixados em patamar inferior a 1% do valor da causa.*
> [...]
> No caso em testilha, cuida-se de ação de execução de título extrajudicial, ajuizada em 2008 (fl. 31), cujos honorários advocatícios foram fixados em R$ 2.500,00, em patamar inferior a 1% do valor da causa, que é de R$ 263.350,00, sendo, portanto, objetivamente considerada, irrisória a verba arbitrada.
> Dessa forma, nos termos do art. 20, § 4º, do CPC, e com apoio na jurisprudência desta Corte Superior, faz-se mister a elevação dos honorários sucumbenciais, *os quais arbitro em 5% sobre o valor atualizado do débito*. (Grifos nossos).

A 4ª Turma do STJ também já teve a oportunidade de se manifestar acerca do tema. Veja-se:

> PROCESSO CIVIL - RECURSO ESPECIAL - EMBARGOS À EXECUÇÃO - HONORÁRIOS ADVOCATÍCIOS - FIXAÇÃO DO *QUANTUM* PELAS INSTÂNCIAS ORDINÁRIAS - REVISÃO POR ESTA CORTE - POSSIBILIDADE - QUANTIA IRRISÓRIA - MAJORAÇÃO - APRECIAÇÃO EQUITATIVA DO JUIZ. 1 - Poder-se-ia afirmar que a análise, nesta seara, da quantia arbitrada a título de honorários advocatícios pelas instâncias ordinárias implicaria no reexame dos fatos da causa, o que afrontaria a Súmula 07 desta Corte. No entanto, constatado evidente exagero ou manifesta irrisão na fixação do quantum, em flagrante violação aos princípios da razoabilidade e da proporcionalidade, é possível a revisão, neste Tribunal Superior, de aludida quantificação. Desta forma, se a verba honorária não corresponde a sequer 1% do valor da causa, deve a mesma ser considerada irrisória. *Considerando as peculiaridades do caso, em especial, o valor discutido nos Embargos à Execução, além dos parâmetros dispostos nas alíneas "a", "b" e "c" do § 3º do art. 20 do CPC, os honorários devidos pelos embargantes devem ser majorados para o patamar de 5% do valor da causa.* 2 - Precedentes (REsp nºs 209.687/MS, 450.163/MT, 651.226/PR, 281.954/RJ, 301.651/MG). 3 - Recurso conhecido e provido para, reformando o v. aresto

guerreado, fixar os honorários advocatícios em 5% (cinco por cento) do valor da causa, a serem pagos, em partes iguais, por ambos os embargantes. (REsp 660.071/SC, Rel. Ministro JORGE SCARTEZZINI, QUARTA TURMA, julgado em 17.05.2005, *DJ* 13.06.2005, p. 316). (Grifo nosso).

Consta do voto do Ministro Relator:

No caso vertente, o valor dado à causa é de R$ 163.037,71 (cento e sessenta e três mil, trinta e sete reais e setenta e um centavos) e os honorários advocatícios foram fixados em apenas R$ 1.000,00 (mil reais), devidos por cada um de ambos os embargantes. *Note-se que a verba honorária não corresponde a sequer 1% (um por cento) do valor discutido, motivo pelo qual a considero irrisória.*

Ressalte-se que, em hipóteses como a presente, os honorários serão fixados consoante apreciação eqüitativa do juiz, nos termos do art. 20, § 4º, da Lei Processual Civil, inexistindo vinculação a percentual. Com tais considerações, tendo em vista as peculiaridades do caso em questão, em especial, o valor discutido nos Embargos à Execução, além dos parâmetros dispostos nas alíneas "a", "b" e "c" do § 3º do art. 20 do Código de Processo Civil, *o quantum referente aos honorários advocatícios deve ser elevado para o patamar de 5% (cinco por cento) do valor da causa, quantia a ser paga, em partes iguais, pelos embargantes (2,5% para cada um).* Registre-se, ainda, não haver que se falar no pagamento de valores diferenciados, uma vez que ambos os embargantes sucumbiram nos embargos apresentados. (Grifo nosso).

A 5ª Turma do STJ também possui entendimento no mesmo sentido:

AGRAVO REGIMENTAL NO AGRAVO DE INSTRUMENTO. HONORÁRIOS ADVOCATÍCIOS. VERBA INFERIOR A 1% DO VALOR DA CAUSA. IRRISORIEDADE. NECESSIDADE DE MAJORAÇÃO. NECESSIDADE DE EXAME DE CLÁUSULAS CONTRATUAIS. PROCEDIMENTO VEDADO EM SEDE DE RECURSO ESPECIAL. ENUNCIADO N. 5/STJ. AGRAVO REGIMENTAL DESPROVIDO. 1. *Irrisórios os honorários advocatícios fixados objetivamente em patamar inferior a 1% do valor da causa, devendo ser majorados.* Precedentes. 2. O presente feito enseja análise de cláusulas contratuais, procedimento vedado em sede de recurso

> especial, à luz do Enunciado n. 5/STJ." 3. AGRAVO REGIMENTAL DESPROVIDO. (AgRg nos EDcl no Ag 1181142/SP, Rel. Ministro PAULO DE TARSO SANSEVERINO, TERCEIRA TURMA, julgado em 23.08.2011, *DJe* 31.08.2011). (Grifo nosso).

Consta do voto do relator:

> No caso em testilha, cuida-se de ação de execução de título extrajudicial, ajuizada em 2008 (fl. 31), cujos honorários advocatícios foram fixados em R$ 2.500,00, *em patamar inferior a 1% do valor da causa, que é de R$ 263.350,00,* sendo, portanto, objetivamente considerada, irrisória a verba arbitrada.
> *Dessa forma, nos termos do art. 20, § 4º, do CPC, e com apoio na jurisprudência desta Corte Superior, faz-se mister a elevação dos honorários sucumbenciais, os quais arbitro em 5% sobre o valor atualizado do débito.* (Grifos nossos).

Por fim, a 6ª Turma do STJ também já se manifestou:

> AGRAVO REGIMENTAL. RECURSO ESPECIAL. ADMINISTRATIVO E PROCESSO CIVIL. EXECUÇÃO. SERVIDOR PÚBLICO. 28,86%. TRANSAÇÃO. ACORDO ADMINISTRATIVO ANTERIOR À MEDIDA PROVISÓRIA N.º 2.169/2001. HOMOLOGAÇÃO JUDICIAL. NECESSIDADE. COMPENSAÇÃO DE VALORES RECEBIDOS NA VIA ADMINISTRATIVA. POSSIBILIDADE. HONORÁRIOS ADVOCATÍCIOS. FIXAÇÃO. 1. A União deve apresentar o termo de transação homologado pelo juízo competente nos acordos firmados em data anterior ao advento da Medida Provisória n.º 2.169/2001. Precedentes da Quinta e Sexta Turmas. 2. Ainda que o acordo administrativo tenha sido anulado por falta de homologação judicial, é possível compensar os valores recebidos a título de 28,86% no âmbito da esfera administrativa, sob pena de se incorrer em enriquecimento sem causa. Precedente da Quinta Turma. 3. *Em situações como a dos autos, os honorários advocatícios devem ser fixados em 5% do valor da execução, por levar em conta a análise conjunta dos critérios previstos nos §§ 3º e 4º do artigo 20 do Diploma Processual Civil.* Precedentes. 4. Agravo regimental da União improvido. Agravo regimental de Doris Yadoya de Souza parcialmente provido. (AgRg no REsp 826.078/RS, Rel. Ministra

MARIA THEREZA DE ASSIS MOURA, SEXTA TURMA, julgado em 05.03.2009, *DJe* 23.03.2009). (Grifo nosso).

Consta do voto da Ministra Relatora:

> Por derradeiro, do manuseio dos autos, verifica-se que a decisão monocrática não teria fixado a verba honorária, ante a reforma do acórdão recorrido e a improcedência dos embargos, com a determinação do prosseguimento da execução. Por essa razão, parte da insurgência do presente regimental de Doris Yadoya de Souza merece acolhimento, a fim de determinar o quantum devido de honorários advocatícios.
> Desse modo, em situações como a dos autos, *tenho fixado os honorários advocatícios em 5% do valor da execução*, por levar em conta a análise conjunta dos critérios previstos nos §§ 3º e 4º do artigo 20 do Diploma Processual Civil. (Grifo nosso).

4. O NOVO CÓDIGO DE PROCESSO CIVIL, CRIADO A PARTIR DA PROMULGAÇÃO DA LEI FEDERAL N. 13.105/2015, CONSAGRADOR DA POSITIVAÇÃO DO "VALOR DA CAUSA" COMO UM CRITÉRIO OBJETIVO A SER UTILIZADO

O Novo Código de Processo Civil, que começará a produzir seus jurídicos e legais efeitos no exercício próximo, traz de forma clara e objetiva o "valor da causa" como um critério objetivo que deverá dali em diante servir de base de cálculo para arbitramento das verbas honorárias sucumbenciais.

Vê-se, na redação dada ao art. 85 do novo CPC, toda a preocupação do legislador ordinário federal de acabar com toda esta imensa margem de liberdade que, no regramento processual anterior, era dado ao magistrado para proceder ao arbitramento da verba honorária sucumbencial em pretensões acionadas que não tinham conteúdo condenatório, dada a elevada carga de subjetivismo com que era disciplinado o tema.

Tal fato sempre despertou acirrados debates na comunidade jurídica como um todo, já que visto pela classe dos advogados como uma verdadeira "válvula" de que dispunham os magistrados para subavaliar o trabalho do advogado que patrocinou os interesses do vencedor da contenda.

Veio o art. 85, do Novo Código de Processo Civil trazendo como novidade o critério objetivo do "valor da causa" como um norte a ser seguido pelos magistrados a título de base de cálculo dos honorários advocatícios sucumbenciais.

Eis o que disciplina o art. 85 do Novo Digesto Processual Civil:

> Art. 85. A sentença condenará o vencido a pagar honorários ao advogado do vencedor.
> § 1º São devidos honorários advocatícios na reconvenção, no cumprimento de sentença, provisório ou definitivo, na execução, resistida ou não, e nos recursos interpostos, cumulativamente.
> § 2º Os honorários serão fixados entre o mínimo de dez e o máximo de vinte por cento sobre o valor da condenação, do proveito econômico obtido ou, não sendo possível mensurá-lo, sobre o valor atualizado da causa, atendidos:
> I - o grau de zelo do profissional;
> II - o lugar de prestação do serviço;
> III - a natureza e a importância da causa;
> IV - o trabalho realizado pelo advogado e o tempo exigido para o seu serviço...

A referida alteração, ao que tudo indica, encampa o entendimento jurisprudencial sobre o assunto conforme estudo realizado neste trabalho, deixando para a jurisprudência apenas decidir sobre o percentual mínimo a ser utilizado.

5. CONCLUSÃO

Diante do exposto, após análise de reiterados julgados de todas as Turmas do Superior Tribunal de Justiça, nas situações em que não haja condenação em quantia certa e também não seja caso de sucumbência da Fazenda, conclui-se ser possível identificar a criação de um critério objetivo consistente em um montante a ser arbitrado a título de honorários advocatícios que deva respeitar o patamar mínimo de 5% sobre o valor atribuído a causa (o simples arbitramento em percentual inferior a 5% do valor da causa já é, por si só e nos termos da jurisprudência do STJ, arbitramento irrisório e em interpretação errônea do art. 20, §§ 3º e 4º, do Código de Processo Civil).

A orientação jurisprudencial não poderia trazer norte melhor, uma vez que aliam, na interpretação da norma, várias regras de hermenêutica, de efetivação da atividade do advogado e, principalmente, da valorização da atividade do advogado e do próprio direito do cidadão, pois, valorando a atividade profissional do advogado tem por valorizada a própria defesa do cidadão.

Juiz que arbitra honorários aviltantes, mediante a fixação de valores irrisórios, olvida-se de sua função e presta verdadeiro desserviço à sociedade e à própria Justiça.

6. REFERÊNCIAS

ASSIS, Araken de. *Manual do processo de execução.* 11. ed. São Paulo: Revista dos Tribunais, 2007.

CAHALI, Yussef Said. *Honorários advocatícios.* 4. ed. São Paulo: Revista dos Tribunais, 2011.

FUX, Luiz. *O novo processo de execução.* Rio de Janeiro: Forense, 2008.

JACQUES, Fernando Onófrio. *Manual de honorários advocatícios.* 3. ed. Rio de Janeiro: Forense, 2005.

MAXIMILIANO, Carlos. Hermenêutica e aplicação do direito. 19. ed. Rio de Janeiro: Forense, 2001.

NUNES, Dierle José Coelho. Honorários de sucumbência na nova fase de cumprimento de sentença estruturada pela Lei n. 11.232/05 . *Jus Navigandi,* Teresina, ano 10, n. 1098, 4 jul. 2006. Disponível em: <http://jus2.uol.com.br/doutrina/texto.asp?id=8593>. Acesso em: 16 ago. 2006.

[illegible]

REFERÊNCIAS

[illegible]

ADVOCACIA BRASILEIRA NO PARADIGMA DEMOCRÁTICO DE DIREITO

Carlos Henrique Soares

Doutor em Direito Processual pela PUC Minas e pela Universidade Nova de Lisboa.

Mestre em Direito Processual pela PUC Minas.

Professor de Direito Processual Civil na PUC Minas – Barreiro, Faculdade de Direito da Estácio de Sá de Belo Horizonte e na Faculdade de Direito do Pitágoras.

Escritor e Palestrante.

1. O ADVOGADO

O estudo sobre *advogado no Estado Democrático de Direito* pretende ressaltar a importância da participação do advogado no processo jurisdicional brasileiro, buscando reconstruir este "direito-garantia" em termos teoréticos constitucionais adequados ao paradigma de Direito e de Estado constitucionalmente configurados.

A palavra advogado chega ao português a partir do latim: *advocatus*. No sentido próprio 'que assiste ao que foi chamado perante a justiça, assistente, patrono (sem advogar, ajudando o réu com sugestões, conselhos etc.) (Cícero; *Pro Sulla,* 81)'; no sentido figurado 'ajudante, defensor (Tito Lívio; 26, 48, 10)'. Tem-se, igualmente, a palavra *advocatio*, carregando tanto o sentido de 'assistência, defesa, consulta judiciária (Cícero, *Cartas Familiares*; 7, 10, 2)' quanto 'reunião, assembleia de defensores (do acusado) (Cícero, *Pro Sestio*; 119)'e 'prazo (de um modo geral) (Sênega, *De Ira;* 1, 18, 1)'. Por fim, recorde-se também o verbo *advoco* que, no sentido próprio, pode ser compreendido como 'chamar a si, convocar, convidar (Cícero, *De Domo sua*; 124). Daí, em sentido particular: Chamar como conselheiro (num processo), chamar em seu auxílio (Cícero, *Pro Quinctio;* 69)' ou, ainda, 'tomar como defensor (na época imperial) (Sênega, *De Clementia*; 1, 9, 10)'. Em sentido figurado, 'apelar para, recorrer a invocar a assistência (Ovídio, *Metamorfoses*; 7, 138).[1]

Pode-se afirmar que a advocacia converte-se em profissão quando o Imperador Justino, antecessor de Justiniano, constitui no século VI a primeira Ordem de Advogados no Império Romano do Oriente, obrigando o registro a quantos fossem advogar no foro. Vários autores, no entanto, apontam o Século XIII, com a Ordenança francesa do Rei São Luiz, que indicava requisitos para o exercício da profissão, como marco inicial da regulamentação legal da advocacia.

2. A ADVOCACIA NOS PARADIGMAS DE DIREITO

A problemática acerca da interpretação jurídica sobre o advogado gira em torno de uma disputa de paradigmas de Direito. Os paradigmas do Direito permitem diagnosticar a situação e servem de guias para a ação. Eles iluminam o horizonte de determinada sociedade, tendo em vista a realização do sistema de direitos. Nesta medida, sua função primordial

1 MAMEDE, Gladston. *A advocacia e a Ordem dos Advogados do Brasil.* Porto Alegre: Síntese, 1999, p. 23.

consiste em abrir portas para o mundo. Paradigmas abrem perspectivas de interpretação nas quais é possível referir os princípios do Estado de Direito ao contexto da sociedade como um todo.

Na história do Direito moderno, os paradigmas de Direito de maior sucesso, e que ainda hoje competem entre si, são os do Estado Liberal, do Estado Social e do Estado Democrático de Direito.

2.1. Advocacia no paradigma liberal

O paradigma liberal, também chamado de paradigma do Estado Liberal, está calcado em três princípios fundamentais: igualdade, liberdade e propriedade. O direito privado estruturou-se como um domínio jurídico sistematicamente fechado e autônomo.

O exercício da advocacia nesse paradigma liberal também possui características individualistas e bastante elitistas.

Nesses Estados liberais 'burgueses' dos séculos XVIII e XIX, os procedimentos adotados para solução de litígios civis refletiam a filosofia essencialmente individualistas dos direitos, então vigorante. Direito ao acesso à proteção judicial significava essencialmente o direito formal do indivíduo agravado de propor ou contestar uma ação.

A atividade advocatícia era uma atividade estritamente técnica. A teoria era a de que, embora o acesso à justiça pudesse ser um 'direito natural', os direitos naturais não necessitavam de uma ação do Estado para sua proteção. Esses direitos eram considerados anteriores ao Estado; sua preservação exigia apenas que o Estado não permitisse que eles fossem infringidos por outros. O Estado, portanto, permanecia passivo, com relação a problemas tais como a aptidão de uma pessoa para reconhecer seus direitos e defendê-los adequadamente, na prática.[2]

Assim o advogado se constitui, nesse paradigma, de um privilégio para as classes mais abastadas economicamente. Entendia que a liberalidade desse período também teria que alcançar o Poder Judiciário, o processo e a jurisdição. Tanto é assim, que toda a hermenêutica utilizada até esse período tinha como centro o juiz e sua atividade decisória.

---

[2] CAPPELLETTI, Mauro; GARTH, Bryant. *Acesso à justiça*. Trad. Ellen Gracie Northfleet. Porto Alegre: Fabris, 1988, p. 9.

As partes e os advogados não passariam de querubins (anjos miniaturizados) aos pés do decididor onipotente como que a elevar o juiz aos parâmetros espirituais de vigilância purificadora da secularização ocorrida pela nociva estatização da metafísica (Hegel).[3]

A jurisdição, adstrita à lei, caberia fixar o pensamento da lei com o auxílio de critérios gramaticais, lógicos e históricos. O processo, então, não se prestaria à defesa de direitos subjetivos, mas visa ao escopo geral e objetivo de fazer atuar a lei, servindo à parte que segundo o juiz, está com a razão.[4]

Cabia ao advogado apenas a função de auxílio à parte diante da interpretação das leis. Tinha o advogado a facilidade de utilizar os métodos de interpretação gramatical, lógico e histórico visando exclusivamente defender o direito de seu cliente. A interposição de ação por parte do advogado era unicamente um ato de persecução da melhor interpretação técnica, buscando sempre amoldar a lei com a realidade social.

Vale ressaltar que o advogado brasileiro não era dispensável ao processo jurisdicional. O que era dispensável, era a necessidade de passar por uma universidade para exercer o ofício de representante da parte. Bastava conhecer as leis e ser pessoa idônea, para poder auxiliar a representação em juízo, segundo prescreve as Ordenações Filipinas.

2.2. Advocacia no paradigma de Estado Social

Com o final do século XIX e começo do século XX a crise econômico-social-política gerada pelo modelo capitalista e liberal despertou uma nova tendência nos países, especialmente europeus, influenciados pelas ideias de Marx e Engels.

Com essas ideias socialistas e com o término da Primeira Guerra Mundial, as ideias liberais perderam força, surgindo um novo modelo paradigmático de interpretação, chamado de Estado do Bem-Estar Social – o *Welfare State*, cujo marco inaugural de aplicação foi a Constituição de Weimar de 1919, na Alemanha.

---

3 LEAL, Rosemiro P. *Teoria processual da decisão jurídica*. São Paulo: Landy, 2002, p. 25.

4 LEAL, Rosemiro P. *Teoria processual da decisão jurídica*. São Paulo: Landy, 2002, p. 21.

A sociedade do pós-Primeira Guerra, a "sociedade de massas", para usar uma expressão consagrada pela sociologia do século XX, compreende-se dividida em sociedade civil e Estado. Não mais uma sociedade de indivíduos-proprietários privados, mas uma sociedade conflituosa, dividida em vários grupos, coletividades, classes, partidos e facções em disputa, cada qual seus interesses. Não mais um Estado Liberal "neutro", distante dos conflitos sociais, mas um estado que se assume como agente conformador da realidade social e que busca, inclusive, estabelecer formas de vida concretas, impondo pautas "públicas" de "vida boa". O Estado Social, que surge após a Primeira Guerra e se firma após a Segunda, intervém na economia, por meio de ações diretas e indiretas; e visa garantir o capitalismo por meio de uma proposta de bem-estar que implica uma manutenção artificial da livre concorrência e da livre iniciativa, assim como a compensação das desigualdades sociais por meio da prestação estatal de serviços e da concessão de direitos sociais.[5]

Tal modelo paradigmático, na verdade, surgiu como uma crítica reformista ao direito formal burguês. Tal modelo de Estado Social aparece em duas versões principais, sendo que a primeira lhe confere ingenuamente um grande espaço de ação e de intervenção política numa sociedade colocada inteiramente à sua disposição; ao passo que a segunda o representa de modo realista, como um sistema entre muitos outros, devendo limitar-se a impulsos reguladores indiretos dentro de um pequeno espaço de ação.

A crítica do Estado Social contra o direito formal burguês concentra-se na dialética que opõe entre a liberdade de direito e a liberdade de fato dos *destinatários* do direito. A liberdade de fato mede-se pelas consequências sociais observáveis que atingem os envolvidos, resultantes das regulamentações jurídicas, ao passo que a igualdade de direito refere-se à sua competência em decidir livremente, no quadro das leis, segundo preferências próprias. O princípio da liberdade de direito gera desigualdades fáticas, pois, permite o uso diferenciado dos mesmos direitos por parte de sujeitos diferentes; com isso, ele preenche os pressupostos jurídico-subjetivos para uma configuração autônoma e privada da vida. Nesta

5 CATTONI, Marcelo Andrade de Oliveira. *Direito constitucional*. Belo Horizonte: Mandamentos, 2002, p. 59.

medida, a igualdade de direito não pode coincidir com a igualdade de tratamento jurídico, pois discriminam determinadas pessoas ou grupos, prejudicando realmente as chances para o aproveitamento de liberdades de ação subjetivas, distribuídas por igual. As compensações do Estado do Bem-Estar Social criam a igualdade de chances, as quais permitem fazer uso simétrico das competências de ação asseguradas; por isso, a compensação das perdas em situações de vida concretamente desiguais, e de posições de poder, serve à realização da igualdade de direito. No entanto, essa relação se transforma num dilema, quando as regulamentações do Estado do Bem-Estar Social, destinadas a garantir, sob o ponto de vista da igualdade do direito, uma igualdade de fato a situações de vida e posições de poder, só conseguem atingir esse objetivo em condições ou com a ajuda de meios que reduzem significativamente os espaços para a configuração de uma vida privada autônoma dos presumíveis beneficiários. O direito social revela que o direito materializado no Estado Social é ambivalente, propiciando e, ao mesmo tempo, retirando a liberdade, o que se explica através da dialética entre liberdade de direito e de fato.[6]

A advocacia nesse período passou a trabalhar mais com as questões coletivas da sociedade. Os direitos sociais ganham força. Contudo a atividade jurisdicional continua sendo o centro do interesse.

O advogado passa a ser considerado elemento inviabilizador do "acesso à justiça", e portanto dispensável, em determinados casos previstos, para a busca da resolução de conflitos, pois onera de forma substancial o processo.

Não obstante a assistência judiciária passa a ser fomentada pelo Estado, para facilitar o "acesso à justiça" naqueles casos em que se exige a participação de um advogado.

O advogado desempenha um papel indispensável para o atendimento de questões sociais. Começou-se a perceber que a atividade do advogado não era estritamente técnica, mas que tinha um elemento superior ao técnico e que o diferenciava do advogado no paradigma social: tal elemento se consistiria na função social do advogado.

---

6 HABERMAS, Jürgen. *Direito e democracia:* entre facticidade e validade. Trad. Flávio Beno Siebeneichler, Rio de Janeiro: Tempo Brasileiro, 1997, v. I, p. 154-156.

O advogado, portanto, se consistiria de um instrumento técnico na busca da aplicação da lei, mas também de um instrumento social com deveres para com a comunidade, a boa administração da Justiça, o progresso da ordem jurídica, a paz social e política.

Portanto, verifica-se que tanto no paradigma liberal quanto no paradigma social a participação do advogado consistiria apenas em função secundária para a realização da prestação jurisdicional. Os juízes sábios e omnicompreensivos seriam moralizadores da lei quando esta fosse insuficiente para traduzir o espírito popular (*Volksgeist*) e fazer justiça. Só os juízes descobrem a teleologia da lei ou até mesmo ficam no lugar da lei, porque se rotulam intérpretes sensitivos das leis sociais e humanas, cabendo-lhes a privilegiada construção de uma jurisprudência de interesses vitais da sociedade.[7]

A preocupação com a materialização dos direitos reflete-se no surgimento de novas teorias acerca da interpretação que não mais prendam o juiz a uma aplicação mecânica da norma ao fato; ganham terreno técnicas de interpretação teleológicas, históricas, sistêmicas e históricas, que rejeitam o sentido subjetivo da "vontade do legislador" para buscar o sentido objetivo da lei.[8] Era necessário reconhecer as diferenças e proteger o mais fraco, implicando numa releitura dos direitos de liberdade, igualdade e propriedade.

Na esteira desse entendimento, embrião da dispensabilidade do advogado no processo jurisdicional brasileiro, e fruto de uma política paternalista, Getúlio Vargas, institui-se a "Justiça do Trabalho", primeiro como órgão do Poder Executivo e depois como órgão do Poder Judiciário. Também o Juizado de Pequenas Causas é exemplo. Ambos dispensando a participação do advogado em nome da celeridade processual e do acesso à Justiça.

2.3. Advocacia no paradigma de Estado Democrático

No começo da década de 1970, o Estado Social começava a se desgastar. Delineia-se, segundo afirma Menelick de Carvalho Neto, um novo

7 LEAL, Rosemiro P. *Teoria processual da decisão jurídica*. São Paulo: Landy, 2002, p. 62.

8 CARVALHO NETO, Menelick de. Requisitos pragmáticos da interpretação jurídica sob o paradigma do Estado Democrático de Direito. *Revista de Direito Comparado*, Belo Horizonte: Mandamentos, 2000, v. 3, p. 16.

paradigma, em que o cidadão deverá ter a oportunidade de influir nos centros decisórios e onde o público não se resume ao estatal. O paradigma do Estado Democrático de Direito reclama um "direito participativo, pluralista e aberto".[9]

O constitucionalismo e, portanto, a própria Constituição, não podem mais ser compreendidos, quer em termos liberais, como a defesa de uma esfera privada e do exercício da autonomia enquanto "liberdade negativa", naturalisticamente concebidas, contra o público; quer em termos republicanos, como a defesa de uma estabilidade ético-política, que se realiza por meio do exercício da autonomia enquanto "liberdade positiva".[10]

E a democracia não pode ser concebida, quer em termos liberais, como uma mera disputa de mercado regulada mecanicamente por regras que legitimam a escolha de um governo comprometido com os interesses majoritários daqueles que supostamente representa; quer em termos republicanos, como um processo autocompreensivo pelo qual a identidade ética presumidamente homogênea de uma comunidade concreta se realiza.[11]

Nesse sentido, a *teoria do direito*, fundada no discurso, entende o Estado Democrático de Direito como a institucionalização de processos e pressupostos comunicacionais necessários para uma formação discursiva da opinião e da vontade, a qual possibilita, por seu turno, o exercício da autonomia política e a criação legítima do direito.

Para tanto, na afirmação de Habermas, a Constituição, sob tal paradigma democrático, deve ser compreendida fundamentalmente como a interpretação e a prefiguração de um sistema de direitos fundamentais, que apresenta as condições procedimentais de institucionalização jurídica das formas de comunicação necessárias para uma legislação política autônoma. Reconstruindo o conceito de esfera pública que não se reduza

---

9 CARVALHO NETO, Menelick de. Requisitos pragmáticos da interpretação jurídica sob o paradigma do Estado Democrático de Direito. *Revista de Direito Comparado*, Belo Horizonte: Mandamentos, 2000, v. 3, p. 481.

10 CATTONI, Marcelo Andrade de Oliveira. *Devido processo legislativo*. Belo Horizonte: Mandamentos, 2000, p. 81.

11 CATTONI, Marcelo Andrade de Oliveira. *Devido processo legislativo*. Belo Horizonte: Mandamentos, 2000, p. 81.

ao Estado quanto o conceito de sociedade civil que não se reduza ao mercado e à família.[12]

Então, o direito deve fundar-se tão somente no princípio democrático, não mais compreendido como mecanismo liberal de decisão majoritária ou a partir de uma pretensa "vontade geral" republicana, mas como institucionalização de processos estruturados por normas que garantam a possibilidade de participação discursiva dos cidadãos no processo de tomada de decisões.[13]

Para que o direito mantenha sua legitimidade, é necessário que os cidadãos troquem seu papel de sujeitos privados do direito e assumam a perspectiva de participantes em processos de entendimento que versam sobre as regras de sua convivência, identificando-se como autores das decisões que eles próprios se propõem a respeitar.

O conceito de *parte* ganha novos contornos no paradigma democrático. *Parte* se constitui de pessoa legitimada pela lei a atuar a lei. A *parte* é que vai operacionar o Processo Constitucional que é o arcabouço fundamental de implantação do devido processo constitucional, que se constitui na garantia de realização desses procedimentos nos planos do direito constituído, mediante instalação do contraditório, observância de defesa plena, isonomia e direito ao advogado.[14]

O processo, aqui entendido em face da teoria constitucional, e que foi adotada pela Constituição brasileira de 1988, deve ser entendido como garantia para os litigantes de um amplo espaço discursivo, não sendo mais o ato decisório uma oportunidade do juiz realizar justiça ou tomar o direito eficiente e prestante, mas sim, o instante de uma decisão a ser construída como resultante vinculada à estrutura procedimental regida pelo processo constitucionalizado.

O processo deixa de ser o instrumento da jurisdição ou mera relação jurídica entre partes e juiz para ser uma instituição-eixo do princípio do existir do sistema (aberto) normativo constitucional-democrático e que

---

12 HABERMAS, Jürgen. *Direito e democracia:* entre facticidade e validade. Trad. Flávio Beno Siebeneichler, Rio de Janeiro: Tempo Brasileiro, 1997, v. I, p.181.

13 HABERMAS, Jürgen. *Direito e democracia:* entre facticidade e validade. Trad. Flávio Beno Siebeneichler, Rio de Janeiro: Tempo Brasileiro, 1997, v. I, p. 181.

14 LEAL, Rosemiro P. *Teoria geral do processo*. 4. ed. Porto Alegre: Síntese, 2001, p. 71.

legitima o exercício normativo da jurisdicionalidade em todas as esferas de atuação no Estado que, por sua vez, também se legitima pelas bases processuais institutivas de sua existência constitucional.[15]

Para tanto, o ato de decidir é, no direito democrático, processualmente provimental e construído a partir da legalidade procedimental aberta a todos os indivíduos e se legitima pelos fundamentos técnico-jurídicos do discurso democrático nela contidos.

A teoria do discurso reveste o processo democrático de conotações normativas mais fortes que as encontradas no modelo liberal, entretanto mais fracas que as do modelo republicano. Uma vez mais ela retira elementos de ambos, combinando-os de uma maneira nova. Em consonância com o republicanismo, a teoria do discurso dá destaque ao processo de formação política da vontade e da opinião, sem, no entanto, considerar a Constituição como elemento secundário. Ao contrário, recebe os princípios do Estado constitucional como resposta consistente à questão de como podem ser institucionalizadas as exigentes formas comunicativas de uma formação democrática da vontade e da opinião. A teoria do discurso sustenta que o êxito da política deliberativa depende não da ação coletiva dos cidadãos, mas da institucionalização dos procedimentos e das condições de comunicação correspondentes. Uma soberania popular procedimentalizada e um sistema político ligado às redes periféricas da esfera público-política andam de mãos dadas com a imagem de uma sociedade descentrada. Esse conceito de democracia não mais necessita trabalhar com a noção de um todo social centrado no Estado e imaginando como um sujeito teleologicamente orientado, numa escala mais ampla. Tampouco representa a totalidade num sistema de normas constitucionais que regulam mecanicamente a disputa de poderes e interesses em conformidade com o modelo de mercado.[16]

Nesse paradigma democrático, a participação do advogado como efetiva garantia do contraditório no processo jurisdicional é fundamental para a garantia dos direitos fundamentais.

---

15 LEAL, Rosemiro P. *Teoria processual da decisão jurídica*. São Paulo: Landy, 2002, p.69.

16 HABERMAS, Jürgen. Três modelos normativos de democracia. *Cadernos da Escola do Legislativo*, n. 3, p. 117, jan./jun. 1999

Ao tomar suas decisões, é preciso lembrar que o juiz não está sozinho no exercício de suas atribuições. Em sendo o processo jurisdicional, na afirmação de Fazzalari, um procedimento no qual participam aqueles em cuja esfera jurídica o ato final é destinado a produzir efeitos, o advogado adquire papel fundamental na construção da decisão.[17]

É, o advogado, pressuposto para a garantia dos direitos fundamentais, sendo ele o agente que estabelece, via procuração, o efetivo contraditório para a realização da jurisdição no processo jurisdicional com bases paradigmáticas jurídico-democráticas, garantindo o devido processo legal e o efetivo "acesso à justiça".

A decisão, no paradigma democrático, deve levar em consideração a participação das partes, por meio do advogado, para adquirir legitimidade, levando os litigantes, destinatários da decisão jurisdicional a se reconhecerem também como autores daquela decisão jurisdicional.

Nesse sentido, é o advogado o responsável, nesse paradigma, pelo reconhecimento das partes como autores e destinatários da decisão jurisdicional, e que somente por um *médium* linguístico de uma teoria processual instituinte dos critérios do proceder e do fazer é que se poderia cogitar de um direito cuja, produção e aplicação se mostrassem democrática pela igualdade de oportunidade a todos de um estar discursivo no recinto (estrutura procedimental) da relação espaço temporal de questionamento de legitimidade dos conteúdos da legalidade.

3. ADVOCACIA BRASILEIRA E O ESTADO DEMOCRÁTICO DE DIREITO

O que se pretendeu com a promulgação da Constituição Federal de 1988 e especificamente seu art. 133, foi tornar obrigatória a participação do advogado no processo jurisdicional brasileiro. Ou seja, não haveria prestação jurisdicional plena sem a presença do advogado.

Vale ressaltar que o texto constitucional é inovador. Tanto na Europa quanto nos Estados Unidos da América não existe legislação que confere tal *status* ao advogado como na Constituição brasileira de 1988.

---

17 GONÇALVES, Aroldo Plínio. *Técnica processual e teoria do processo*. Rio de Janeiro: Aide, 1992, p. 68.

No art. 1º. da Constituição Federal brasileira de 1988, o legislador constitucional fez a opção pelo paradigma democrático de direito, prescrevendo em seu art. 1º. que a *República Federativa do Brasil, formada pela união indissolúvel dos Estados e Municípios e do Distrito Federal, constitui-se em Estado Democrático de Direito.*

Esta opção do legislador deve ser entendida no sentido de que Estado Democrático de Direito se constitui de um espaço discursivo que busca garantir a legitimidade das decisões por meio das garantias processuais atribuídas às partes e que são, principalmente, a do contraditório e da ampla defesa.

Lembra Marcelo Cattoni que a

> Constituição brasileira pretendeu superar as desigualdades sociais e regionais através do progressivo aprofundamento da democracia participativa, social, econômica e cultural, no sentido de realizar um ideal de justiça social processual e consensualmente construído, só possível com o fortalecimento da esfera pública política, de uma opinião pública livre e de uma sociedade civil organizada e atuante.[18]

Estado Democrático de Direito é a qualificação do Estado com duas ideias indissociáveis: a prévia regulamentação legal e a democracia. Constituindo uma organização política em que a vontade popular é soberana e onde são verificáveis a dignidade da pessoa humana e a eficácia dos direitos e liberdades fundamentais, perfazendo uma sociedade justa, solidária e igualitária, o estado democrático de direito assim o é em virtude da unificação daquelas duas citadas componentes, que constituem, respectivamente, o Estado de direito e o Estado democrático.

Sabendo-se que a implementação dos direitos individuais, os direitos de liberdade, apenas será concretizada se tiver como pressupostos a democracia política, social e econômica. Todo estudo que envolver a busca de alternativas ou de soluções para algum problema deve chamar a população, envolvendo-a na tomada de decisões, constantemente, conferindo-lhe a oportunidade de emitir sua opinião.

---

18 CATTONI, Marcelo Andrade de Oliveira. *Direito constitucional.* Belo Horizonte: Mandamentos, 2002, p. 63.

Contudo, tal oportunidade será autêntica se acompanhada do direito de representação qualificada, em juízo, cujo maior intento é a realização do Estado Democrático de Direito e a proteção dos Direitos Humanos aos cidadãos.

Surge assim, a importância do advogado, como agente garantidor da legitimidade da decisão judicial, uma vez que o mesmo é juridicamente capaz de estabelecer um diálogo técnico-jurídico que permite a construção do provimento em simétrica paridade, garantindo o contraditório e a ampla defesa, bem como um controle da jurisdição, nos procedimentos litigiosos ou não, pouco importando o valor atribuído à causa.

Daí é que o espaço de aplicação do direito há de se fazer, nas democracias, pelo devido processo legal, que é o prolongamento do processo constitucional e de suas expansividades procedimentais, e não pelo *imperium* de uma justiça interdital em moldes corretivos ou reconstrutivos do direito vigente ou externa ao direito pela clarividência do aplicador da lei.

Já não é mais possível trabalhar a teoria do processo na trilogia substancializada da ação, jurisdição e processo acolhida pelas legislações infraconstitucionais, como a do Brasil, que têm assento na *escola instrumentalista* ou da relação jurídica entre pessoas, que merecidamente destacou os discípulos de Chiovenda a Liebman no ensino do direito processual.[19]

No entanto, a mudança de paradigma não teve recepção no campo da filosofia jurídica e da hermenêutica nas práticas jurídicas e doutrinárias brasileiras. Não há dúvida de que, sob a ótica do Estado Democrático de Direito, ocorre uma desfuncionalidade do Direito e das instituições encarregadas de aplicar a lei. Não houve, no plano hermenêutico, a filtragem desse velho e defasado Direito, que é produto de um modo liberal-individualista-normativista de produção do direito

4. LEGITIMIDADE DAS DECISÕES JURÍDICAS

Diante do exposto, surgem as seguintes perguntas: É possível garantir, de forma efetiva, acesso à Justiça, assistência judiciária e contraditório no processo jurisdicional brasileiro sem a participação do advogado? Pode a

[19] LEAL, Rosemiro Pereira. *Teoria processual da decisão jurídica*. São Paulo: Landy, 2002, p. 13.

legislação infraconstitucional retirar a obrigatoriedade da participação do advogado do processo jurisdicional brasileiro? É o advogado dispensável para a realização da prestação jurisdicional? Qual deve ser a interpretação constitucionalmente adequada da Constituição para buscar estabelecer a função do advogado perante o Estado Democrático de Direito?

Ramos Filho, citado por Lenio Streck em nota de rodapé, chama a atenção para o fato de que boa parte da magistratura brasileira ainda sustenta que, apenas aplicando o que diz a lei, o juiz "não teria responsabilidade", "não teria culpa", com todas as implicações psicanalíticas que tal expressão possa ter. Boa parte das elites retrógadas brasileiras ainda têm neste paradigma "liberal" (não por sua postura política, mas porque coerente com o capitalismo de corte liberal) seu ideal, até porque estando o Parlamento dominado pelas classes dominantes, há que se impor regras rígidas aos magistrados, fixando-os o mais possível à literalidade das leis. Setores dessas elites, ainda não satisfeitas, estão defendendo que as súmulas dos Tribunais Superiores sejam "vinculantes" das decisões dos inferiores graus de jurisdição, com o mesmo objetivo de controlar a hermenêutica, sempre no interesse da manutenção das camadas dominantes.[20]

A validade ou invalidade de um discurso jurídico reside em indagar qual é a legitimidade jurisdicional de sua fonte de produção. No Estado Democrático de Direito a fonte legitimadora do discurso jurídico é o povo. Nesse paradigma, os destinatários das decisões jurídicas podem, ao mesmo tempo, se reconhecerem como autores das decisões.

Portanto, nessa perspectiva, não podemos aceitar que a resolução de conflitos e a efetivação de direitos na sociedade contemporânea fiquem à mercê de uma jurisdição salvadora que profere suas decisões fundamentadas na equidade e conveniência.

Marcelo Cattoni, de forma clara, afirma que há muito tempo

> a questão acerca da legitimidade das decisões judiciais deixou de ser um problema que se reduza à pessoa do juiz. Uma tutela jurisdicional dos direitos fundamentais não coaduna com concepção liberal de legitimidade democrática reduzida à representação política de

[20] STRECK, Lenio Luiz. *Hermenêutica jurídica e(m) crise:* uma exploração hermenêutica da construção do Direito. 3. ed. Porto Alegre: Livraria do Advogado, 2001, p. 79.

> interesses majoritários. [...] *O que garante a legitimidade das decisões são antes garantias processuais atribuídas às partes e que são, principalmente, a do contraditório e da ampla defesa, além da necessidade de fundamentação das decisões. A construção participativa da decisão judicial, garantida num nível institucional, e o direito de saber sobre quais bases foram tomadas as decisões dependem não somente da atuação do juiz, mas também do Ministério público e fundamentalmente das partes e dos seus advogados.*[21] (Grifo nosso).

Nesse sentido, a tensão interna, sob o paradigma do Estado Democrático de Direito, entre a pretensão de legitimidade e a positividade do Direito manifesta-se, no exercício da jurisdição, como o problema de um procedimento decisório que seja a um só tempo correto e consistente. No quadro do exercício do Poder Jurisdicional, o Direito realiza sua pretensão de legitimidade e de certeza da decisão por meio, de um lado, da reconstrução argumentativa no processo da situação de aplicação, e de outro, da determinação argumentativa a qual, entre as normas jurídicas válidas, é a que deve ser aplicada, em razão de sua adequação, ao caso concreto. Contudo, não só por isso. A argumentação jurídica pela qual se dá a reconstrução do caso concreto e a determinação da norma jurídica adequada está submetida à garantia processual de participação em contraditório dos destinatários do provimento jurisdicional. O contraditório é uma das garantias centrais dos discursos de aplicação jurídica institucional e é condição de aceitabilidade racional do processo jurisdicional.[22]

Afirma Habemas que:

> O processo democrático da criação do direito constitui a única fonte pós-metafísica da legitimidade, possibilita a livre flutuação de temas e de contribuições, de informações e de argumentos, assegura um caráter discursivo à formação política da vontade, fundamentado, deste modo, a suposição falibilista de que os resultados obtidos com esse procedimento são mais ou menos racionais. As ordens jurídicas

[21] CATTONI, Marcelo Andrade de Oliveira. Interpretação jurídica, processo e tutela jurisdicionais sob o paradigma do Estado Democrático de Direito. *Revista da Faculdade Mineira de Direito*. Belo Horizonte, v. 4, n. 7 e 8, p. 107, 1°. e 2°. sem. 2001.

[22] CATTONI, Marcelo Andrade de Oliveira. O processo constitucional como instrumento da jurisdição constitucional. *Revista da Faculdade Mineira de Direito*. Belo Horizonte, v. 3, n. 5 e 6, p. 164-165, 1°. e 2°. sem. 2000.

> modernas extraem sua legitimação da idéia de autodeterminação, pois as pessoas devem poder se entender a qualquer momento como autoras do direito, ao qual estão submetidas como destinatários.[23]

Assim, a legitimidade das decisões jurídicas aponta no sentido do processo. Este, entendido como "necessária instituição constitucionalizada, que pela principiologia do instituto do devido processo legal converte-se em direito garantia impostergável e representativo de conquistas históricas da humanidade na luta secular empreendida contra a tirania, como referente constitucional lógico-jurídico, de interferência expansiva e fecunda, na regência axial das estruturas procedimentais nos segmentos da administração, legislação e jurisdição.[24]

Nesse sentido, *tanto mais legítimo será o Direito quanto mais preservar o espaço de liberdade privada.*[25] A decisão jurídica deixa de ser verticalizada e heterônoma, para ser horizontal e autônoma, no sentido de que são as partes, os *advogados*, o Ministério Público e o juiz em simétrica paridade de participação é que constroem a legítima decisão judicial.

A fundamentação das decisões, e consequentemente a sua legitimidade, pressupõe o contraditório e a ampla defesa, a consideração da argumentação das partes e a demonstração racional da adequabilidade da decisão ao caso concreto. A questão acerca da legitimidade das decisões judiciais, é bom que se diga, já deixou de ser um problema reduzido apenas à pessoa do juiz. O que garante a legitimidade das decisões são antes garantias processuais atribuídas às partes e que são, principalmente, a do contraditório e a da ampla defesa, além da necessidade de fundamentação das decisões.

A construção participada da decisão judicial, garantida num nível institucional, e o direito de saber sobre quais bases foram tomadas as decisões dependem não somente da atuação do juiz, mas também do Ministério Público e fundamentalmente das partes e dos seus advogados.

---

23 HABERMAS, Jürgen. *Direito e democracia:* entre facticidade e validade. Trad. Flávio Beno Siebeneichler, Rio de Janeiro: Tempo Brasileiro, 1997, v. I, p. 308-309.

24 LEAL, Rosemiro Pereira. *Teoria geral do processo.* 2. ed. Porto Alegre: Síntese, 1999, p. 82.

25 MOREIRA, Luiz. *Fundamentação do direito em Habermas.* 2. ed. Belo Horizonte: Mandamentos, 2002, p. 144.

5. CONCLUSÃO

Portanto, o ato de decidir, no Estado Democrático de Direito, não pode ser exarado unilateralmente pela clarividência do juiz, dependente das suas convicções ideológicas, mas deve, necessariamente, ser *gerado na liberdade de participação recíproca, e pelo controle dos atos do processo.*[26]

No Estado Democrático de Direito, o juiz é apenas mais um componente necessário à efetiva prestação jurisdicional, mas não o único e não o principal. As partes, os membros do Ministério Público e os advogados são responsáveis, também, pela prestação da tutela jurisdicional. Nota-se por aí, que há um deslocamento do centro da prestação da tutela jurisdicional do juiz para o processo.

A participação em simétrica pariedade, garantindo o contraditório, a ampla defesa e a isonomia é que asseguram as partes, ao Ministério Público, aos advogados e ao juiz a efetiva prestação da tutela jurisdicional.

Deixou o advogado de ser a excrescência ou a simples facção litigante encarada na sua parcialidade obrigatória como elemento perturbador da veneranda serenidade do Juízo. É ele, agora, o próprio Juízo, numa das suas justaposições essenciais e impreteríveis, compondo e contrapondo, com o outro causídico que se lhe defronta, não apenas o contraditório processual, mas a própria jurisdição do Estado, que sem ele, e só com o magistrado, não seria a justiça, mas o arbítrio despótico e prepotente ou o dogma distribuído como mercê paternalista aos válidos ou favoritos das simpatias e inclinações pessoais do poder unipessoal judicante.

O Prof. J. J. Calmon de Passos *(Advocacia: O Direito de Recorrer à Justiça)* na VI Conferência da OAB, em 1976, realizada na Bahia, já assegurava que: "Cercear o advogado é cercear o cidadão. Limitar as prerrogativas do advogado é limitar as prerrogativas do cidadão. Constrangê-lo é constranger aquele".

Nesses termos, a modelagem contemporânea da função do advogado no paradigma democrático deve ganhar novos contornos. Não é ele mais um pedinte de prestação jurisdicional. Quem é indispensável à administração da Justiça não precisa pedir nada. O advogado não pede. Advoga.

[26] GONÇALVES, Aroldo Plínio. *Técnica processual e teoria do processo.* Rio de Janeiro: Aide, 1992, p. 188.

O pedinte, seja de que categoria for é sempre um subordinado, quando não, um subserviente. Este, com certeza não é o papel do advogado.[27]

O advogado é elemento garantidor do efetivo exercício do direito ao contraditório e da ampla defesa na estruturação dos procedimentos jurisdicionais, seja eles, ordinários, sumários, especiais ou extravagantes, bem como na realização da prestação jurisdicional.

Diante de tais considerações, merecem ter nova nomenclatura, por exemplo, o termo "petição inicial", que supõe submissão do advogado ao poder jurisdicional e que no Estado Democrático de Direito não se pode mais tolerar. Essa petição terá que ganhar uma nova nomenclatura que se coadune com o paradigma democrático. Inclusive, é necessário que se pare com o mal hábito de colocar sempre ao final de "petições" o termo "pede deferimento", parecendo que o advogado é algo semelhante a um *querubim*.

Sem o advogado, a construção da decisão judicial se constitui de ato ilegítimo pela falta de suporte constitucional, conforme estabelece o art. 133 e art. 1°. da CR/88, que determina a opção do Estado brasileiro pelo paradigma democrático de direito.

Nesse sentido, concluímos afirmando que o advogado no Estado Democrático de Direito é agente garantidor da democracia, da cidadania e da soberania, bem como aos direitos fundamentais.

A presença do advogado, no ato estatal de julgar, somente possível em processo constitucionalizado, não é superfluidade, mas necessidade da parte, em razão do cada vez mais acentuado tecnicismo jurídico que disciplina as relações do Estado com os indivíduos, sendo esta a razão da obrigatoriedade imposta no art. 133 da Carta Magna.[28]

Por tais razões, são manifestadamente inconstitucionais qualquer legislação infraconstitucional que permitam a dispensabilidade do advogado, por estar ferindo o art. 133 da CF/88, bem como o Estado Democrático de Direito.

---

[27] SARAIVA, Paulo Lopo. *O advogado não pede, advoga* – Manifesto de independência da advocacia brasileira. Campinas: Edicamp, 2002, p. 51-52.

[28] DIAS, Ronaldo Brêtas de Carvalho. Direito ao advogado. *Revista Jurídica Consulex*, ano VII, n. 150, 15 abr. 2003.

6. REFERÊNCIAS

CAPPELLETTI, Mauro; GARTH, Bryant. *Acesso à justiça*. Trad. Ellen Gracie Northfleet. Porto Alegre: Fabris, 1988.

CARVALHO NETO, Menelick de. Requisitos pragmáticos da interpretação jurídica sob o paradigma do Estado Democrático de Direito. *Revista de Direito Comparado*, Belo Horizonte: Mandamentos, 2000, v. 3.

CATTONI, Marcelo Andrade de Oliveira. Interpretação jurídica, processo e tutela jurisdicionais sob o paradigma do Estado Democrático de Direito. *Revista da Faculdade Mineira de Direito*. Belo Horizonte, v. 4, n. 7 e 8, p. 107, 1º. e 2º. sem. 2001.

CATTONI, Marcelo Andrade de Oliveira. O processo constitucional como instrumento da jurisdição constitucional. *Revista da Faculdade Mineira de Direito*. Belo Horizonte, v. 3, n. 5 e 6, p. 164-165, 1º. e 2º. sem. 2000.

CATTONI, Marcelo Andrade de Oliveira. *Devido processo legislativo*. Belo Horizonte: Mandamentos, 2000.

CATTONI, Marcelo Andrade de Oliveira. *Direito constitucional*. Belo Horizonte: Mandamentos, 2002.

DIAS, Ronaldo Brêtas de Carvalho. Direito ao advogado. *Revista Jurídica Consulex*, ano VII, n. 150, 15 abr. 2003.

GONÇALVES, Aroldo Plínio. *Técnica processual e teoria do processo*. Rio de Janeiro: Aide, 1992.

HABERMAS, Jürgen. *Direito e democracia:* entre facticidade e validade. Trad. Flávio Beno Siebeneichler, Rio de Janeiro: Tempo Brasileiro, 1997, v. I.

HABERMAS, Jürgen. Três modelos normativos de democracia. *Cadernos da Escola do Legislativo*, n. 3, jan./jun. 1999.

LEAL, Rosemiro P. Teoria geral do processo. 2. ed. Porto Alegre: Síntese, 1999.

LEAL, Rosemiro P. *Teoria geral do processo*. 4. ed. Porto Alegre: Síntese, 2001.

LEAL, Rosemiro P. *Teoria processual da decisão jurídica*. São Paulo: Landy, 2002.

MAMEDE, Gladston. *A advocacia e a Ordem dos Advogados do Brasil.* Porto Alegre: Síntese, 1999.

MOREIRA, Luiz. *Fundamentação do direito em Habermas.* 2. ed. Belo Horizonte: Mandamentos, 2002.

SARAIVA, Paulo Lopo. *O advogado não pede, advoga* – Manifesto de independência da advocacia brasileira. Campinas: Edicamp, 2002.

STRECK, Lenio Luiz. *Hermenêutica jurídica e(m) crise:* uma exploração hermenêutica da construção do Direito. 3. ed. Porto Alegre: Livraria do Advogado, 2001.

Responsabilidade Administrativa do Advogado Público ou "Parecerista"

Charles Fernando Vieira da Silva
Advogado

Antes de adentrar na abordagem relativa ao tema proposto acima, vale lembrar a dicção do artigo 133, *caput,* da nossa Carta Maior, o qual estabelece o seguinte:

> O Advogado é indispensável à administração da justiça, sendo inviolável por seus atos e manifestações no exercício da profissão, nos limites da lei.

Pois muito bem. Não raras vezes nos deparamos com situações nas quais advogados "pareceristas" são denunciados pelo Ministério Público por ato de improbidade administrativa, em virtude de terem emitido parecer jurídico a pedido da Administração Pública.

Ora, como veremos adiante, tal ato consubstancia verdadeiro atentado ao livre exercício da profissão, uma vez que o seu parecer é fruto de convencimento próprio e jurídico.

Além do mais, visa a dificultar o exercício da profissão de advogado, a qual, vale lembrar, possui inviolabilidade assegurada pela nossa Carta Magna (art. 133). Lado outro, também é curial registrar que esse direito não pode ser analisado de forma absoluta, tal como se fosse um salvo conduto, afastando a responsabilização do "parecerista" por todos os atos praticados no exercício de sua profissão.

É cediço que os pareceres jurídicos não integram o núcleo essencial do ato administrativo, posto que se trata de meras opiniões técnico-jurídicas emitidas pelo operador do Direito que, em última análise, não criam nem extinguem direitos, mas, apenas, orientam o administrador a tomar uma decisão no momento de praticar o ato administrativo, e somente o último poderia ser objeto de investigação sobre a sua legalidade (do ato administrativo propriamente dito)

Neste sentido é o escólio do sempre cauteloso jurista Celso Antônio Bandeira de Mello também assim nos esclarece:

> Os pareceres alocam-se no campo da administração *consultiva* e configuram atos que visam a informar, elucidar, questões a serem decididas por *outros* órgãos (...), *nada decidem*. Nada resolvem e também *não contêm em si nem* autorização para a prática de outros atos, *nem aprovação ratificação ou homologação deles.* Não é esta sua tipologia. São simplesmente juízos técnicos que elucidam as autoridades competentes para adotarem as providências de suas respectivas alçadas. Assim, não reproduzem o conceito literal apontado na lei para identificação de sujeitos passivos de ação popular. (...) Nada obstante, o parecer não poderá ser responsabilizado pelo ato profligado na ação popular a menos que haja incorrido em imperícia ou eventualmente em imprudência ou negligência ou - *pior que isto – em dolo.* (BANDEIRA DE MELLO, 1996, p. 63). (Grifos nossos).

A jurisprudência parece seguir a mesma linha doutrinária, tendo, inclusive, o Supremo Tribunal Federal já se manifestado a esse respeito:

> BRASIL. Supremo Tribunal Federal. Ementa: Constitucional. Administrativo. Tribunal de Contas. Advogado. Procurador. Parecer. C.F.,

> art. 70, parág. Único, art. 71, II, art. 133. Lei nº 8.906, de 1994, art. 2º, §3º, art. 7º, art. 32, art. 34, IX. I. – *Advogado de empresa estatal que, chamado a opinar, oferece parecer sugerindo contratação direta, sem licitação, mediante interpretação da lei das licitações. Pretensão do Tribunal de Contas da União em responsabilizar o advogado solidariamente com o administrador que decidiu pela contratação direita: impossibilidade, dado que o parecer não é ato administrativo, sendo, quando muito, ato de administração consultiva, que visa a informar, elucidar, sugerir providências administrativas a serem estabelecidas nos atos de administração ativa.* Celso Antônio Bandeira de Mello, "Curso de Direito Administrativo", Malheiros Ed., 13ª ed. p. 377. II. – O advogado somente será civilmente responsável pelos danos causados a seus clientes ou terceiros se decorrente de erro grave, inescusável, ou de ato ou omissão praticado com culpa, sem sentido largo: Código Civil, art. 159; Lei 8.906/94, art. 32. III. – Mandado de Segurança deferido. Mando de segurança 24073. Rui Berford Dias e outros versus Tribunal de Contas da União (Relator: Min. Carlos Velloso. Brasília, 06 de novembro de 2002. *DJ* 31.10.2003, p. 00015)". (Grifo nosso).

Daí o entendimento uníssono de que o parecer meramente opinativo e elucidativo, além de não vincular o administrador, não pode ser caracterizado como ato da Administração Pública.

Logo, o advogado e consultor jurídico não pode figurar no polo passivo de ações civis públicas por improbidade administrativa.

Apenas para reforçar o entendimento acima colacionado, vale a pela trazer à baila acórdão da lavra do eminente Ministro Joaquim Barbosa, do Supremo Tribunal Federal, também neste mesmíssimo sentido:

> BRASIL. Supremo Tribunal Federal. Ementa: Constitucional. Administrativo. Controle externo. Auditoria pelo TCU. Responsabilidade de procurador de autarquia por emissão de parecer técnico-jurídico de natureza opinativa. Segurança deferida. I. – Repercussões de natureza jurídico-administrativa do parecer jurídico: (i) quando a consulta é facultativa, a autoridade não se vincula ao parecer proferido, sendo que seu poder de decisão não se altera pela manifestação do órgão consultivo; (ii) quando a consulta é obrigatória, a autoridade administrativa se vincula a emitir o ato tal como submetido à consultoria, com parecer favorável ou contrário, e se pretender praticar o ato de fora diversa da apresentada à consultoria, deverá submetê-lo

> a novo parecer; (iii) quando a lei estabelece a obrigação de decidir à luz de parecer vinculante, essa manifestação de teor jurídica deixa de ser meramente opinativa e o administrador não poderá decidir senão nos termos da conclusão do parecer ou, então, não decidir. II. No caso de que cuidam os autos, o parecer emitido pelo impetrante não tinha caráter vinculante. Sua aprovação pelo superior hierárquico não desvirtua sua natureza opinativa, nem o torna parte de ato administrativo posterior do qual possa eventualmente decorrer dano ao erário, mas apenas incorpora sua fundamentação ao ato. III. Controle externo: É lícito concluir que é abusiva a responsabilização do parecerista à de uma alargada relação de causalidade entre seu parecer e o ato administrativo do qual tenha resultado dano ao erário. Salvo demonstração de culpa ou erro grosseiro, submetida às instâncias administrativo-disciplinares ou jurisdicionais próprias, não cabe a responsabilização do advogado público pelo conteúdo de seu parecer de natureza meramente opinativa. Mandado de segurança deferido. Mandado de segurança nº 24631. Sebastião Gilberto Mota Tavares versus Tribunal de Contas da União. (Relator: Min. Joaquim Barbosa. Brasília, 09 de agosto de 2007. *DJ* 01.02.2008, p. 00276).

Vale trazer à colação os ensinamentos de José dos Santos Carvalho Filho (2010, p. 151-152),: "Os pareceres consubstanciam opiniões, pontos de vista de alguns agentes administrativos sobre a matéria submetida à sua apreciação [...]".

O entendimento do nosso Egrégio Tribunal de Justiça não distou do citado acima, senão vejamos:

> EMENTA: Ação Civil Pública - Licitação - Projeto Arquitetônico - Inexigibilidade - Ato de Improbidade - Inocorrência - Demonstrada a singularidade do serviço e a especialização da empresa contratada, configura-se a hipótese de inexigibilidade de licitação, nos termos do artigo 25 da Lei nº 8.666/93. (Número do processo: 1.0210.02.005974-2/001(1), Relator: Carreira Machado, Relator do Acordão: Carreira Machado, Data do Julgamento: 16.12.2004, Data da Publicação: 02.03.2005).

Sobreleva destacar, ainda nesse mesmo contexto, que, na imensa maioria das vezes, o parecer oferecido pelo advogado não possui qualquer natureza vinculativa, ou seja, o administrador não ficou nem tampouco poderia ficar adstrito ao seu conteúdo.

Outrossim, considerando que o parecer do advogado parecerista é no sentido técnico-formal, não é forçoso dizer que a sua atuação se resume àquelas condutas próprias do seu ofício, cabendo-lhe portar-se com postura ética, conhecimento técnico e lealdade para com o ente político ou órgão público ao qual se vincula.

De sorte que, pouco interessa se a orientação dada pelo advogado é a melhor ou não. O importante é que o profissional tenha sido diligente e atuado com empenho em prol do interesse por ele representado.

Portanto, definitivamente, não se pode responsabilizar o advogado parecerista por qualquer vício existente em elementos essenciais do ato, tais como motivo, finalidade ou opção política.

Seja como for, quem decide e pratica o ato administrativo é o administrador público, sendo certo que ao advogado cabe apenas cumprir a tempo e modo sua tarefa *(múnus)*, emitindo sua opinião jurídica acerca do assunto questionado, de acordo com o seu *livre convencimento.*

Ora, o simples fato de o Ministério Público não concordar com o parecer do advogado e consultor jurídico não lhe confere o direito de instaurar procedimento judicial de improbidade administrativa em desfavor deste.

Vale lembrar, que o advogado é imune e inviolável por seus atos e manifestações, nos termos do que preconiza o § 3º, do artigo 2º, da Lei 8.906/94: "§ 3º - No exercício da profissão, o Advogado é inviolável por seus atos e manifestações, nos limites da Lei."

Seguindo esta linha de raciocínio, vale citar o artigo 6º, *caput,* da mesma Lei acima aludida.

> Art. 6º - Não há hierarquia nem subordinação entre Advogados, magistrados e membros do Ministério Público, devendo todos tratar-se com consideração e respeito recíprocos.

E mais, logo em seguida, no inciso I, do artigo 7º, da Lei 8.906/94, estabelece que são direitos do advogado: "exercer, com liberdade, a profissão em todo o território nacional;"

Assim, é relevante esclarecer que o papel do advogado em tais casos, se resume em opinar quanto à regularidade formal de determinado ato administrativo, *sendo as conclusões acerca do aspecto material, de responsabilidade do administrador.*

Ainda, o assessor jurídico é totalmente destituído de competência decisória, apenas firma parecer, passível de ser aceito ou não pela Administração.

Neste contexto, ao abordar os limites da improbidade administrativa em sua obra *O limite da improbidade administrativa: o direito dos administrados dentro Lei nº 8.429/92*, o renomado Roberto Gomes de Mattos, reforça o que aqui já foi dito:

> Não pode o parecerista ser alçado à condição de administrador público, quando emana um pensamento jurídico razoável, construído em fatos reais e com devido e necessário embasamento legal. Transportar o parecerista à condição de administrador público para fins de responsabilização,via ação de improbidade, por ele ter esposado posicionamento técnico embasado, é pura violação do art. 133 da CF. [...] Não é qualquer ato que dá azo à responsabilidade do Consultor Jurídico (advogado), pois é preciso tratar-se de erro grave, onde seja caracterizada a falha grosseira, com culpa. No caso de improbidade, somente a caracterização do dolo. (MATTOS, 2005, p. 74).

Portanto, quando o legislador utiliza, para efeitos de responsabilização, expressões do tipo "concorrer para o resultado" ou "participar de algum modo", não está ele dando ao intérprete a liberdade de aplicá-las em sua literalidade gramatical, sem o apropriado temperamento e adequação ao caso concreto.

De acordo com Rodolfo Camargo Mancuso:

> Expressões daquele gênero, não são *conceitos indeterminados,* que permitam abrir uma vala comum onde se vão amontoando, indiscriminadamente, os que deram *causa material* ao ato ou fato (deliberaram, determinaram, autorizaram, homologaram, pagaram) e os demais partícipes que intervieram *a outros títulos,* no exercício regular de profissão regulamentada. (MANCUSO, 2003, p. 500-526).

É bem verdade que o advogado público possui responsabilidades, entretanto, estas se limitam aos *atos privativos da advocacia* praticados em nome do Estado e no seu interesse.

Daí por que, nessas hipóteses, a competência para aferir sua eventual falta, num caso concreto, pertencerá, na forma e nos limites legais, à Ordem dos Advogados do Brasil e às Corregedorias das Procuradorias, não cabendo a nenhuma outra instância o exercício da atividade sobre as condutas ou trabalhos do advogado público, artigo 32, da Lei 8.906/94.

Por fim, é até escusado dizer que o direito não é uma ciência exata, razão pela qual está ele aberto a diversas interpretações, constituindo o parecer jurídico o exercício da garantia constitucional da liberdade de expressão (art. 5º, IV e IX, da Constituição Federal).

Para finalizar esse ensaio, é fundamental esclarecer e distinguir o parecer opinativo do parecer conhecido como "por encomenda" do gestor público, este sim, pode servir de fato gerador da responsabilidade administrativa.

Como restou amplamente fundamentado, o parecer de um advogado público é um ato opinativo, expedido de acordo com sua interpretação jurídica sobre determinado assunto, sem qualquer conteúdo decisório.

De sorte que sua atuação, de regra, não é suscetível de provocar responsabilização por ato de improbidade administrativa, o que somente pode ocorrer em um segundo momento, quando comprovado que o procurador do ente público operou em cumplicidade com o administrador, de forma dolosa, com o escopo de disfarçar uma ilegalidade.

Vejamos que o STJ já se posicionou quanto à necessidade de se comprovar a existência de situação excepcional (dolo) para a responsabilização do parecerista:

> É possível, em situações excepcionais, enquadrar o consultor jurídico ou o parecerista como sujeito passivo numa ação de improbidade administrativa. Para isso, é preciso que a peça opinativa seja apenas um instrumento, dolosamente elaborado, destinado a possibilitar a realização do ato ímprobo. Em outras palavras, faz-se necessário, para que se configure essa situação excepcional, que desde o nascedouro a má-fé tenha sido o elemento subjetivo condutor da realização do parecer. (REsp 1183504/DF, Rel. Ministro Humberto Martins, Segunda Turma, julgado em 18.05.2010, *DJe* 17.06.2010)

Portanto, a responsabilidade do "parecerista" pelo fato de ter sugerido mal somente pode ser atribuída se houver comprovação indiscutível de que agiu dolosamente, vale dizer, com o intuito predeterminado de cometer improbidade administrativa.

Seja como for, não me parece correto, atribuir responsabilidade solidária a servidores "pareceristas" quando opinam, sobre o aspecto formal ou substancial (em tese), como por exemplo, pela aprovação ou ratificação de contratos e convênios, exigência do artigo 38 da Lei 8.666/93.

Enfim, a responsabilidade do advogado "parecerista" não pode jamais ser atribuída por presunção e só se legitima no caso de conduta dolosa, como já afirmado, ou por erro grosseiro injustificável.

REFERÊNCIAS

BANDEIRA DE MELLO, Celso Antônio. 1996. (NÃO TIVE MAIORES INFORMAÇÕES ACERCA DA OBRA – ROGÉRIO SANTIAGO – GRIFEI)

CARVALHO FILHO, José dos Santos. *Manual de direito administrativo*. 23. ed., Rio de Janeiro: Lumem Juris, 2010.

MATTOS, Roberto Gomes de. *O limite da improbidade administrativa:* o direito dos administrados dentro Lei nº 8.429/92. Rio de Janeiro: América Jurídica, 2005.

MANCUSO, Rodolfo Camargo. Advocacia no setor público e responsabilidade funcional. *In*: GRAU, Eros Roberto; CUNHA, Sérgio Sérvulo da (Coord.). *Estudos de direito constitucional em homenagem a José Afonso da Silva*. São Paulo: Malheiros, 2003.

A Ética no Planejamento Tributário

Diego Abras Rodrigues
Advogado.

O Estado, ao cumprir as funções que lhe competem, insertas no art. 3º da Constituição Federal, e ao promover a manutenção de sua estrutura organizacional, acaba por se desfazer de grandes somas de dinheiro.

Ao se desprender de todo esse suntuoso montante de verbas o Estado precisa garantir a entrada de receitas em valor equivalente ou superior, sob pena de se colocar "no vermelho", o que acarretaria um endividamento desenfreado e o fim de nossa autonomia financeira.

Para garantir essa sustentabilidade, e se manter como autêntico provedor das necessidades coletivas, é que acaba praticando atividades econômicas diretamente, que geram as *receitas originárias*, e tributando os cidadãos contribuintes, gerando as chamadas *receitas derivadas.*

A cobrança dos tributos surge então como a principal fonte das receitas públicas, permitindo ao Estado zelar por, *v.g.*, nossa segurança, saúde e educação, principalmente. Uma certa parcela da população costuma alegar que as receitas geradas com o pagamento dos tributos são de valor muito alto em comparação com a contraprestação de fato exercida, referindo-se a um possível, e costumeiro, desvio de verbas públicas, o que acarreta numa desigualdade nessa relação Estado–Contribuinte, mas é para garantir a manutenção desse *status quo* que foram criados os Tribunais de Contas, dos Estados e da União.

E é nesse campo de conhecimento geral das vultosas arrecadações realizadas pelo Fisco que se consolida como cediço que a carga tributária suportada pelos brasileiros possui um valor muito elevado, correspondendo a uma parcela elevada do salário do contribuinte (pessoa física), do faturamento das empresas e, por consequência, do PIB nacional.

Entre todos os países emergentes, o Brasil é o que possui a carga tributária mais elevada, sendo, até mesmo, superior à do Japão e Estados Unidos. E com toda essa arrecadação, por meio da tributação, deveria o Estado fornecer aos seus governados a devida contraprestação, o que seria deveras lógico, mas, conforme já salientado anteriormente, muitos acreditam não ser o caso.

Inclusive, cumpre ressaltar que, em 2012, a carga tributária chegou a atingir a marca de 35,85% do Produto Interno Bruto – PIB brasileiro, um novo recorde, o que representa um aumento de 0,5 pontos percentuais em relação ao ano anterior.

Fica claro, então, que os tributos existentes no Brasil possuem grande relevância, seja para o bolso do contribuinte ou para a arrecadação dos entes governamentais. Para o primeiro, ao ceifar, em média, cerca de 1/3 (um terço) de todo o seu poder aquisitivo e, para o segundo, ao representar uma enorme parcela de toda a sua receita, já tendo superado, em 2012 e 2013, a marca de um trilhão de reais.

Não restam dúvidas, porém, que os tributos devem existir e de sua importância para o desenvolvimento do país, mas é a sua incidência que gera desconforto para os contribuintes, seja pela forma com que recaem sobre estes, pelo tamanho da parcela que correspondem de seus rendimentos ou pela diferença existente entre as cargas tributárias em diferentes regiões do território brasileiro.

Encurralado entre a obrigatoriedade, determinada por lei, de arcar com todos os tributos que lhe acometem e a vontade de se manter em atividade, seja ele pessoa física ou jurídica, é que tem cada vez mais o contribuinte procurado a ajuda de advogados especializados na seara tributária para realizar o dito planejamento tributário, objetivando, assim, amenizar, ou suavizar, a incidência de todos os tributos que o acabrunham.

Neste sentido, o planejamento tributário, também chamado de elisão fiscal ou planejamento fiscal, torna-se uma verdadeira medida de sobrevivência, tomada pelo contribuinte que almeja diminuir, zerar ou postergar o pagamento de determinados tributos.

E é assim, albergado pelos princípios constitucionais, que pode o contribuinte adotar práticas que tragam a diminuição ou a prorrogação do pagamento de todo e qualquer encargo tributário, cabendo ao advogado orientá-lo no sentido de realizar toda e qualquer alteração dentro da margem da estrita legalidade, praticando com excelência a *elisão* fiscal em detrimento da *evasão*, afinal esta última é sempre ilegal.

A palavra evasão, constantemente empregada no Direito Penal para designar a fuga de uma pessoa, e com origem do latim *evadere,* leva à seara do Direito Tributário um conceito similar ao empregado na área Penal, por se tratar, também, de uma espécie de fuga, mas neste caso do dever de arcar com determinada obrigação tributária.

Na denominada evasão fiscal há a clara presença da ação dolosa adotada pelo contribuinte. Este, ao tentar ceifar, diminuir ou retardar, o pagamento do tributo, pratica um ato revestido com dolo e comete um ato ilícito, podendo, inclusive, ser levado a responder por crimes contra a ordem tributária, conforme previsto na Lei 4.729, de 14 de julho de 1965, em seu art. 1º.

Surgem, então, a fraude e a sonegação como formas de se beneficiar somente o contribuinte em detrimento do estrito cumprimento das disposições legais, atraiçoando o Fisco, as leis e regulamentos fiscais, e atuando de forma ilegal e dolosa (consciente), com o claro intuito de se burlar a legislação, causando, portanto, prejuízo aos cofres públicos.

Corroborando com todo o entendimento acima exposto, temos o posicionamento do, *International Bureau of Fiscal Documentation* – IBFD[1] senão vejamos:

---

1 IBFD. *International Tax Glossary*. Amsterdam: IBFD,1988, p. 22 e 101.
Original: *Tax evasion. The term applied to the avoidance of tax by unlawful means, including the omission of taxable income or transactions from tax declarations, or the reduction of the amount properly due by fraudulent misstatement or misrepresentation.*

> Evasão Fiscal. Este termo é aplicado para a economia de impostos atingida por meios ilegais, incluindo-se nestes a omissão de renda tributável ou de transações realizadas das declarações de tributos, ou da redução da quantia devida por meios fraudulentos.

Ad argumentandum tantum, a Lei Complementar 104, de 10 de janeiro de 2001, incluiu em nosso Código Tributário Nacional, com o intuito de barrar a utilização de meios fraudulentos para a redução do montante de tributos devidos, o parágrafo único ao art. 116, *verbis*:

> Art. 116. Salvo disposição em contrário, considera-se ocorrido o fato gerador e existentes os seus efeitos:
>
> [...]
>
> Parágrafo Único. A autoridade administrativa poderá desconsiderar atos ou negócios jurídicos praticados com a finalidade de dissimular a ocorrência do fato gerador do tributo ou a natureza dos elementos constitutivos da obrigação tributária, observados os procedimentos a serem estabelecidos em Lei Ordinária.

Deve, então, a autoridade administrativa cumprir a sua função de zelar pelo patrimônio público, evitando que o contribuinte, imbuído de má-fé, pratique atos, ou abstenha-se de fazê-los, que venham a causar prejuízos aos cofres públicos. Desta forma, ficam os entes públicos incumbidos de proteger, assim, o interesse público presente na devida arrecadação.

Por outro lado, sob a forma legítima do planejamento tributário, está a elisão fiscal, esta que pode ser entendida como todo e qualquer procedimento lícito adotado pelo contribuinte com o intuito de diminuir, zerar ou postergar o adimplemento de determinada obrigação tributária.

Geralmente a elisão fiscal é um procedimento adotado pelo contribuinte antes da ocorrência *in concreto* do fato gerador da obrigação tributária, para, muitas vezes, evitar a ocorrência deste. Exige-se, portanto, que a obrigação não tenha sido gerada, já que, caso tivesse, estaria o contribuinte se esquivando do adimplemento desta e, portanto, realizando a famigerada evasão fiscal.

Por ser considerada como procedimento lícito, não havendo nenhuma previsão legal em contrário para a sua adoção, logicamente, a elisão fiscal surge como dever do administrador de empresas, principalmente das sociedades anônimas, para a correta e plena realização de suas atividades, podendo ser, inclusive, inferida da leitura dos arts. 153 e 154 da Lei 6.404, de 15 de dezembro de 1976, *in verbis*:

> Art. 153. O administrador da companhia deve empregar, no exercício de suas funções, o cuidado e diligência que todo homem ativo e probo costuma empregar na administração dos seus próprios negócios.
> Art. 154. O administrador deve exercer as atribuições que a lei e o estatuto lhe conferem para lograr os fins e no interesse da companhia, satisfeitas as exigências do bem público e da função social da empresa.

Resta clara, portanto, a diferença entre os dois institutos de planejamento tributário, o lícito e o ilícito. Sendo a evasão ocorrida após ou durante a ocorrência do fato gerador da obrigação tributária, com o objetivo de se esquivar de seu adimplemento, e a elisão ocorrida antes do acontecimento do fato gerador, com o objetivo de licitamente evitar a sua ocorrência ou diminuir o montante da obrigação tributária daí advinda.

E é nesse contexto da correta utilização do instituto do planejamento tributário que surge a função do advogado tributarista. Este com o claro dever de corretamente orientar o contribuinte acerca dos métodos e procedimentos a serem adotados, a fim de se evitar a violação de algum dispositivo legal.

Poderia o advogado, quando imbuído de má-fé, orientar o sujeito passivo da obrigação tributária, seja o contribuinte ou o responsável tributário, acerca dos meios possíveis de se esquivar do adimplemento do tributo havido, porém tal prática, assim que descoberta, pode acarretar no adimplemento da obrigação, acrescida de multa, juros e correção monetária, bem como a ocorrência do crime de sonegação fiscal, previsto no art. 1º da Lei 4.729 de 14 de julho de 1965.

Todavia, em patente contramão à prática antiética, deve o advogado atuar com o claro e exclusivo intuito de proteger o melhor interesse de seu cliente, abstendo-se de realizar práticas que atentem contra a ética, a moral e a honestidade.

Neste sentido, e por se mostrar como essencial à administração da Justiça, deve o advogado atuar ininterruptamente com decoro e boa-fé, preservando sempre a proteção da confiança. Ou seja, não importa se esteja atuando de forma comissiva ou omissiva, deve o advogado, sempre, preservar, em sua conduta, a independência, honestidade e lealdade, preservando, por consequência, a perpetuação da *bona fides*.

Mizabel Derzi, corroborando com todo o entendimento acima exposto, e ao tratar do conceito de boa-fé elaborado por Kreibich, manifesta-se no sentido da manutenção da boa-fé existente na confiança protegida:

> Em conclusão, Kreibich define o princípio da boa-fé como um princípio jurídico em geral (universal), válido para todas as áreas jurídicas, e sem restrições no Direito Tributário, sendo direito não escrito, que exige um comportamento leal e confiável de todos os envolvidos em uma relação jurídica concreta, e que, sendo ainda expressão da ideia de proteção da confiança no Direito Constitucional, através da segurança jurídica, decorre do Estado de Direito e da ideia de justiça, que lhe determinam o sentido.[2]

Deve, em suma, o causídico procurar sempre agir de forma a obter a proteção do melhor interesse de seus clientes, atuando de acordo com o Código de Ética e Disciplina da Ordem dos Advogados do Brasil, evitando que, ao agir de forma contrária, possa denegrir o seu caráter de essencialidade e indispensabilidade dos seus serviços, infamar a reputação da profissão ou, no pior dos casos, gerar irreparáveis prejuízos à sua clientela.

---

2 DERZI, Misabel Abreu Machado. A imprevisibilidade das decisões judiciais e suas consequências. *In*: PIRES, Adilson Rodrigues; TORRES, Heleno Taveira (Coord.). *Princípios de direito financeiro e tributário*. Estudos em homenagem ao Professor Ricardo Lobo Torres. Rio de Janeiro: Renovar, 2006, p. 961-992.

REFERÊNCIAS

DERZI, Misabel Abreu Machado. A imprevisibilidade das decisões judiciais e suas consequências. *In*: PIRES, Adilson Rodrigues; TORRES, Heleno Taveira (Coord.). *Princípios de direito financeiro e tributário*. Estudos em homenagem ao Professor Ricardo Lobo Torres. Rio de Janeiro: Renovar, 2006, p. 961-992.

IBFD. *International Tax Glossary*. Amsterdam: IBFD,1988, p. 22 e 101.

O Efeito Perverso da Súmula n. 111 do STJ em Prejuízo ao Segurado da Previdência

Edgar Marques Xavier
Advogado.
Especialista em Direito Público e Direito Constitucional.
Professor de Direito Constitucional.

1. A SÚMULA N. 111 DO STJ E A FIXAÇÃO DOS HONORÁRIOS SUCUMBENCIAIS EM AÇÕES PREVIDENCIÁRIAS

O Superior Tribunal de Justiça é o órgão do Poder Judiciário responsável, sobretudo, pela uniformização de entendimento acerca da legislação federal, conforme descrito no art. 105 da Constituição Federal brasileira.

Em 06.10.1994, a Terceira Seção daquela instância superior decidiu sobre o tema deste artigo, à época sumulando o entendimento no verbete n. 111 com o seguinte texto: "Os honorários advocatícios, nas ações previdenciárias, não incidem sobre as prestações vincendas".

Esse verbete foi alterado na seção de 27.09.2006 pela mesma Seção, modificando-se a redação para o texto atual, *in litteris*:

> Súmula n. 111. Os honorários advocatícios, nas ações previdenciárias, não incidem sobre as prestações vencidas após a sentença.

Em outras palavras, nas ações previdenciárias, a intelecção jurisprudencial da Súmula é a de que, havendo êxito do segurado, deverá o juiz fixar os *honorários de sucumbência* em porcentagem sobre as *prestações vencidas* devidas ao segurado liquidadas *até a prolação da sentença.*

Em síntese, o enunciado consagra o *termo final* da base de cálculo (apenas as vencidas/atrasadas devidas ao segurado até a prolação da sentença) sobre a qual incidirá a alíquota a ser fixada pelo juiz para a remuneração dos advogados pelo êxito na causa – honorários de sucumbência.

Evidentemente, que o verbete não alcança os honorários *contratuais* pactuados em instrumento autônomo e bilateral, entre o cliente e o advogado, eis que essa relação refoge ao âmbito da condenação judicial prolatada nos autos, a qual se dirige estreitamente à relação processual formada entre autor e réu, visando cominar ao vencido os ônus da sucumbência, nos moldes do que prevê o art. 20 do Código de Processo Civil.[1]

---

[1] Art. 20. A sentença condenará o vencido a pagar ao vencedor as despesas que antecipou e os honorários advocatícios. *Esta verba honorária será devida, também, nos casos em que o advogado funcionar em causa própria.*

§ 1º O juiz, ao decidir qualquer incidente ou recurso, condenará nas despesas o vencido.

§ 2º As despesas abrangem não só as custas dos atos do processo, como também a indenização de viagem, diária de testemunha e remuneração do assistente técnico.

§ 3º Os honorários serão fixados entre o mínimo de dez por cento (10%) e o máximo de vinte por cento (20%) sobre o valor da condenação, atendidos:

a) o grau de zelo do profissional;

b) o lugar de prestação do serviço;

c) a natureza e importância da causa, o trabalho realizado pelo advogado e o tempo exigido para o seu serviço.

Noutro norte, é de se salientar que a referida Súmula trata de um caso específico de fixação de sucumbência ("em ações previdenciárias"), de maneira a, *a priori,* afastar a aplicação do §4º do art. 20 do Código de Processo Civil, nos casos em que a entidade previdenciária foi pessoa jurídica de direito público (INSS, por exemplo).

2. OS HONORÁRIOS DE SUCUMBÊNCIA COMO VERBA ALIMENTAR DO ADVOGADO

Além das disposições específicas nos arts. 20 e seguintes do Código de Processo Civil a respeito da aplicação procedimental da verba honorária, o Estatuto da OAB (Lei n. 8.906/94) reserva um capítulo específico (arts. 22 a 26) sobre o tratamento dos *honorários,* o qual destaca aos mesmos, inclusive aos *de sucumbência,* as seguintes características, entre outras:

a) Autonomia.

b) Exclusividade.

c) Constitui crédito privilegiado em falência, procedimentos de recuperação, concurso de credores, insolvência civil e liquidação extrajudicial.

d) A decisão judicial que fixar ou arbitrar honorários e o contrato escrito que os estipular são títulos executivos.

No que pertine, destacamos:

> Art. 22. A prestação de serviço profissional assegura aos inscritos na OAB o direito aos honorários convencionados, aos fixados por arbitramento judicial e *aos de sucumbência.* [...]

---

§ 4º Nas causas de pequeno valor, nas de valor inestimável, naquelas em que não houver condenação ou for vencida a Fazenda Pública, e nas execuções, embargadas ou não, os honorários serão fixados consoante apreciação equitativa do juiz, atendidas as normas das alíneas a, b e c do parágrafo anterior.

§ 5º Nas ações de indenização por ato ilícito contra pessoa, o valor da condenação será a soma das prestações vencidas com o capital necessário a produzir a renda correspondente às prestações vincendas (art. 602), podendo estas ser pagas, também mensalmente, na forma do § 2º do referido art. 602, inclusive em consignação na folha de pagamentos do devedor.

> Art. 23. Os honorários incluídos na condenação, por arbitramento ou *sucumbência, pertencem ao advogado*, tendo este direito autônomo para executar a sentença nesta parte, podendo requerer que o precatório, quando necessário, seja expedido em seu favor.
> Art. 24. A decisão judicial que fixar ou arbitrar honorários e o contrato escrito que os estipular são títulos executivos e constituem crédito privilegiado na falência, concordata, concurso de credores, insolvência civil e liquidação extrajudicial. [...]
> § 3º *É nula qualquer disposição*, cláusula, regulamento ou convenção individual ou coletiva que *retire do advogado o direito ao recebimento dos honorários de sucumbência*. (Grifos nossos).

Tais características, aliadas ao que prevê o §1º do art. 100 da Constituição Federal, revestem os honorários de verba de natureza *alimentar*, eis que o advogado, inequivocadamente, necessita dela para a sobrevivência, sendo nula qualquer disposição (em sentido amplo, pode ser tanto legislação ou mesmo uma súmula elaborada por tribunais) que atente contra seu recebimento por parte do advogado.

Destaque-se ainda que a *autonomia* e a *exclusividade* permitem ao advogado a execução específica e segregada de qualquer outra verba (por exemplo do seu constituinte), conforme preconiza o §4º dos arts. 22 e 23 do EOAB.

Nessas condições, referida verba constitui, em *ultima ratio*, representação da própria dignidade humana do advogado, representando o "fruto" do trabalho por ele desempenhado (Constituição Federal, art. 1º, III e IV), o qual merece proteção especial por parte tanto do legislador, quanto (e sobretudo!) do aplicador do Direito, inclusive os magistrados.

3. A TUTELA ANTECIPADA EM AÇÕES PREVIDENCIÁRIAS (BENEFÍCIO DO SEGURADO) *VERSUS* A INCIDÊNCIA DA SÚMULA N. 111 DO STJ (PREJUÍZO DO ADVOGADO)

É indubitável que, em ações previdenciárias, o segurado aciona o Judiciário, regra geral, buscando a satisfação de um direito correlato ao recebimento de uma *verba alimentar* (benefícios previdenciários), com a qual garantirá sua subsistência.

E nesse aspecto, a morosidade judicial atual é um fator que acarreta ao segurado um *receio de dano irreparável ou de difícil reparação* (Código de Processo Civil, art. 273, inciso I), consistente justamente na ausência de recebimento do benefício previdenciário, aliada, por exemplo, a uma impossibilidade física de trabalhar (*v.g.*, benefícios decorrentes de acidentes de trabalho).

Nestes casos, instruindo a petição inicial com os documentos substancialmente relevantes (*prova inequívoca*) a convencer o julgador de uma *verossimilhança* aferida em um juízo de cognição sumária, *é dever profissional do advogado* pleitear ao cliente a *tutela antecipada* (Código de Processo Civil, art. 273, inciso I, c/c art. 461 e §§) visando o recebimento, *ab initio*, da verba alimentar (benefício previdenciário) devida ao segurado, enquanto o procedimento seguirá pelos hoje tortuosos e demorados caminhos da Justiça, a possibilitar ao juiz a cognição exauriente a respeito da causa de pedir deduzida em juízo, culminando na sentença.

Ocorre que, se o advogado *responsável* e *compromissado* cumpre seu "dever profissional" acima mencionado (e aqui queremos crer que o advogado não pode se afastar dessas diretrizes de sempre proporcionar a melhor solução ao cliente), e o juiz *defira* a tutela antecipada determinando imediatamente a implementação do benefício que fora sonegado ao segurado-autor, ao mesmo tempo, paradoxalmente, *isso implicará em brutal redução/anulação da verba sucumbencial devida, em virtude da aplicação da Súmula n. 111 do STJ.*

Essa é a razão do título deste artigo, eis que a atuação do advogado em prol de seu cliente (segurado-autor), pleiteando liminarmente a tutela antecipada, se concedida, implica, necessariamente, na redução da verba alimentar sucumbencial a ele devida, por conta da fixação da mesma nos moldes do que prevê a Súmula n. 111 do STJ, eis que uma vez implementado liminarmente o benefício devido ao autor, *não haverá parcelas atrasadas até a prolação da sentença a servir de base de cálculo para a sucumbência, malferindo mortalmente a verba alimentar do advogado.*

Consideremos um seguinte exemplo: o segurado procura o advogado em seu escritório dois dias após ter negado pelo INSS requerimento administrativo de aposentadoria por invalidez em decorrência de acidente de trabalho: caiu da escada no trabalho, ocasionando danos à coluna de maneira a ficar paraplégico. Prontamente, o advogado o atende e ingressa com a ação juntando toda a documentação necessária (laudos, exames, fotos, CAT (comunicação de acidente de trabalho), etc.) a comprovar a incapacidade laboral à luz da interpretação teleológica (CF, art. 1º, III) que se deve atribuir ao art. 42 da Lei n. 8.213/91, *pleiteando a tutela antecipada* para implementação *liminar* e *inaudita altera pars* do referido benefício (afinal, o segurado está sem trabalhar, e sem amparo financeiro para o sustento de sua família!).

Nesse caso, o juiz *defere a liminar (tutela antecipada),* determinando que o INSS implemente imediatamente o benefício. O processo segue, inclusive com a realização de perícia médica, a qual atesta a total incapacidade do autor-segurado e, ao final, prolata-se a sentença de procedência do pedido, concedendo definitivamente o aludido benefício ao segurado (com confirmação da tutela antecipada na sentença – Código de Processo Civil, art. 520, VII), e fixando-se os honorários de sucumbência ao advogado (que se dedicou com afinco e total compromisso ao *direito material* almejado por seu cliente, inclusive amparando-o da privação da verba alimentar) *nos moldes da Súmula n. 111 do STJ, em 10% sobre o valor das vencidas até a prolação da sentença.*

Em reexame necessário, a sentença é totalmente confirmada pelo Tribunal respectivo. Baixados os autos, após o trânsito em julgado, à instância de origem, na liquidação da sentença exsurge o *efeito perverso* de que tratamos neste artigo: *não haverá verba sucumbencial, eis que a porcentagem de 10% incidirá sobre base de cálculo praticamente nula (parcelas vencidas até a prolação da sentença), dado o ínfimo interregno que se deu entre a negativa do requerimento administrativo junto ao INSS e a concessão da tutela antecipada pleiteada cautelosamente pelo advogado.*

E pasmem! Tudo isso causado pela atuação diligente e compromissada do *infeliz* do advogado, que, ao lutar ferozmente pelo bem-estar de seu cliente pleiteando e lutando pela concessão da tutela antecipada (liminar), e sendo a mesma deferida, acaba por, paradoxalmente, ele próprio, sepultar sua verba sucumbencial.

E não se diga que o advogado não deverá nem pensar na outra hipótese: não pedir a tutela antecipada para que não seja prejudicado em sua verba sucumbencial. Isso porque, conforme demonstramos acima, a verba sucumbencial *também* reveste-se de natureza alimentar.

Queremos crer, no entanto, que o advogado, não importa em qual circunstância, nunca poderá deixar de envidar todos os esforços (inclusive lutar pela concessão de liminar) para o benefício de seu cliente, mesmo que isso o afete em sua verba sucumbencial. Contudo, será que aquele advogado que também pensa em preservar sua verba sucumbencial em ações previdenciárias, deixando de pedir a tutela antecipada em virtude da incidência da Súmula n. 111 do STJ, ao final, retirar-lhe o direito de percepção da verba sucumbencial condigna com o exercício de seu trabalho, age erroneamente??!!

Assim, genericamente, padece a Súmula n. 111 do STJ (aqui não levando em consideração a técnica constitucional dos atos que podem estar sujeitos à declaração de inconstitucionalidade) de uma *inconstitucionalidade, ilegalidade e até mesmo imoralidade circunstanciais*, eis que, em dados momentos (como o do exemplo acima), a mesma atenta frontalmente contra a percepção da verba sucumbencial pelo advogado, retirando o direito do mesmo ao recebimento.

A solução – dever do operador do Direito –, em nosso sentir, em casos assim, perpassa pela observância do venerado princípio da *razoabilidade/proporcionalidade*, a ser sopesado em ações previdenciárias em que há a concessão de tutela antecipada liminarmente, a fim de que, para que não se atente contra esse valor social do trabalho do advogado (honorários de sucumbência), o juiz possa, nesses casos, fixar a verba sucumbencial em valor certo (Código de Processo Civil, art. 20, §4º), afastando a aplicação da Súmula n. 111 do STJ, e mantendo-se em equilíbrio e conformidade constitucional o direito a percepção das duas verbas alimentares em questão: a devida ao segurado-autor (benefício previdenciário) e a devida ao advogado (sucumbência).

Cobrança de Verba Honorária Contratada e Exercício do Direito ao Protesto Cambial

Fabiana Machado Santiago

Advogada. ex-Auditora do Estado de Minas Gerais e ex-Diretora do IEPHA – Instituto Estadual do Patrimônio Histórico e Artístico do Estado de Minas Gerais.

Vinícius José Marques Gontijo

Doutor em Direito Comercial pela UFMG. Mestre em Direito Comercial pela UFMG. Professor nos cursos de mestrado e na graduação da Faculdade de Direito Milton Campos. Professor e coordenador do curso de pós-graduação lato sensu em Direito Empresarial da Faculdade de Direito Milton Campos. Professor nos cursos de graduação e pós-graduação *lato sensu* da PUC/MG. Ex-Professor substituto na Faculdade de Direito da UFMG e na Escola de Direito da Universidade Federal de Ouro Preto.

1. INTERRUPÇÃO DA PRESCRIÇÃO PELO PROTESTO CAMBIAL

1.1. Introdução

Seguindo a tradicional conceituação de Cesare Vivante,[1] o Código Civil brasileiro conceituou título de crédito com base em seus três princípios básicos ou características ou ainda, como preferem outros, atributos essenciais: a *cartularidade*, a *literalidade* e a *autonomia* (art. 887, CC).[2]

Considerando que todos eles são essenciais para a existência de um título de crédito, não se poderia afirmar, coerentemente, que haveria um deles que se sobreporia aos demais. Contudo, não causa estranheza quando se afirma que a autonomia se trata "de um dos princípios mais importantes do título de crédito, que surgiu a partir do século XIX, quando o título de crédito deixou de ser considerado mero documento probatório da relação causal, para ser entendido como documento *constitutivo de direito novo, autônomo, originário e inteiramente desvinculado da relação causal*".[3]

O entendimento da autonomia é foco central deste nosso articulado. A sua perfeita compreensão trouxe, na interpretação dos comandos do Código Civil de 2002, consequências diretas de grande impacto na aplicação e operacionalização dos títulos de crédito, não apenas atípicos, aos quais se aplicam o Digesto Substantivo, por força do art. 903 do CC,[4] mas também aos títulos de crédito típicos.

---

1 ASCARELLI, Tullio. *Teoria geral dos títulos de crédito*. Campinas: Red Livros, 1999, p. 43.

2 É perfeita a crítica formulada por Newton de Lucca, segundo a qual o texto legal peca por pretender "reproduzir fielmente" o conceito de título de crédito ditado por Cesare Vivante, mas faz uso da expressão *contido*, quando o correto seria *mencionado*, ou seja: o direito de crédito não é *contido* no título, mas, sim, *mencionado*. (DE LUCCA, Newton. *Comentários ao Código Civil*. Rio de Janeiro: Forense, 2003, v. 12, p. 125.), até porque os títulos de crédito não geram novação da obrigação que lhes é subjacente.

3 ROSA JÚNIOR, Luiz Emygdio F. da. *Títulos de crédito*. Rio de Janeiro: Renovar, 2000, p. 62.

4 COSTA, Wille Duarte. Títulos de crédito e o novo Código Civil. *Revista de Faculdade de Direito Milton Campos*. Belo Horizonte: Del Rey, 2001, v. 8, p. 105 *et seq*.

Ao aqui examinarmos a autonomia, traremos à apreciação sua aplicação aos chamados títulos de crédito típicos (tais como: nota promissória, cheque, duplicata e letra de câmbio), com a consequente interrupção da prescrição pelo protesto cambial (art. 202, III, CC).

1.2. A AUTONOMIA EM SEUS DOIS ASPECTOS

Considerando o objetivo deste trabalho proposto na introdução, interessa-nos o estudo do princípio da autonomia das obrigações cambiais, tomando-se em perspectiva seus dois aspectos.

Fran Martins[5] já atentava para o fato de que reiteradas vezes os operadores do Direito confundem *autonomia* com *abstração*. Esta é uma confusão comum, mas inadmissível, uma vez que se tratam de características diversas. Contudo, para que não pairem dúvidas conceituais na compreensão deste nosso artigo, demonstraremos a distinção entre a autonomia e a abstração, bem como demonstraremos os reais conteúdos da autonomia.

De fato, a autonomia está presente em todos os títulos de crédito, sendo-lhes mesmo essencial, enquanto a abstração é meramente incidental, na medida em que existem títulos de crédito, plenamente válidos, abstratos, e outros, também plenamente válidos, causais.

A abstração decorre do fato da lei que criou o título não lhe prever as causas de sua emissão ou saque, dessa sorte, como em direito privado o que não é proibido é permitido, o título poderá ser emitido ou sacado tendo como negócio jurídico subjacente[6] qualquer obrigação lícita, é o caso, por exemplo, do cheque, da nota promissória e da letra de câmbio. Por outro lado, o título de crédito causal é aquele em que a lei que o cria também prescreve os negócios jurídicos que lhe podem ser subjacentes, ou seja, a lei prescreve quais as obrigações que autorizam o saque ou emissão do título de crédito, é o caso, também como exemplos, da duplicata, do *warrant* e da cédula de crédito bancário.

---

5 MARTINS, Fran. *Títulos de crédito*. 13. ed., Rio de Janeiro: Forense, 2000, v. 1, p. 9-10.

6 Negócio jurídico subjacente, também conhecido como relação fundamental ou *causa debendi*.

A autonomia, por sua vez e como leciona João Eunápio Borges,[7] pode ser examinada sob dois aspectos, sendo que ambos nos interessam para o tema proposto: primeiro, a *autonomia* como o desprendimento da relação subjacente ou fundamental que originou o título. O título de crédito não gera novação e não representa apenas e tão-somente um documento comprobatório da relação subjacente, ou seja, da *causa debendi*. O título é obrigação diversa da que lhe é subjacente, é obrigação cartular, "embora conexa, é autônoma em relação àquela".[8]

Assim, se a origem do título de crédito é um contrato de mútuo ou uma prestação de serviços, esta relação jurídica que lhe é subjacente não se confunde com a própria cambial ou cambiariforme. As obrigações são autônomas, sendo que eventuais vícios deste negócio não contaminam o título de crédito e nem vice-versa.

Assim, a eventual nulidade do título de crédito não contamina automaticamente a validade do negócio jurídico que lhe é subjacente e, da mesma forma, ainda que este negócio seja viciado, tal vício não contamina automaticamente a validade do título de crédito.

A autonomia deve ser estudada também sob seu segundo aspecto,[9] que nada tem a ver com os negócios jurídicos que deram origem ao título, mas, sim, aos coobrigados cambiais. Como decorrência da autonomia, tem-se que cada signatário de um título de crédito tem uma relação jurídica cambial própria, exclusiva, que independe das dos demais coobrigados.

A partir da autonomia, os vícios que maculariam a obrigação de um dos coobrigados não se estendem às dos demais, da mesma maneira que as virtudes não aproveitariam. Cada signatário tem uma relação jurídica cambial *per si*.

Logo, cada um dos signatários de um título de crédito tem uma obrigação exclusiva, que independe da regularidade, da validade ou mesmo da existência da obrigação de outros signatários da mesma cambial ou

---

7 BORGES, João Eunápio. *Títulos de crédito*. 2. ed., 6. tir., Rio de Janeiro: Forense, 1976, p. 13 a 16.

8 BORGES, João Eunápio. *Títulos de crédito*. 2. ed., 6. tir., Rio de Janeiro: Forense, 1976, p.14.

9 BORGES, João Eunápio. *Títulos de crédito*. 2. ed., 6. tir., Rio de Janeiro: Forense, 1976, p.15.

cambiariforme. Não há relações acessórias, como se dá no direito civil comum. Aqui, a nulidade de uma obrigação não se estende às demais, nem mesmo quando a obrigação do avalizado é nula. Neste caso, a obrigação do avalista persiste sem qualquer reflexo (art. 32 da LUG), salvo, é claro, quando a nulidade não é da obrigação, mas do próprio título em razão de vício formal.

A autonomia, neste contexto geral, é bem sintetizada por Fran Martins, que leciona: "Desse modo, ao falar-se em *autonomia* deve-se entender que *autônomas* são as *obrigações*, resultantes do título, o que significa que uma obrigação não fica a depender de outra para ter validade".[10]

1.3. Interrupção da prescrição pelo protesto cambial

O art. 70 da Lei Uniforme de Genebra (LUG)[11] derrogou os prazos prescricionais para as ações cambiais no Brasil, que eram ditados pelo art. 52 do Decreto n. 2.044, de 31 de dezembro de 1908, reduzindo-lhes o tempo.[12]

"A prescrição tem como uma de suas características a possibilidade de ser suspensa ou interrompida; os casos de suspensão ou interrupção, não sendo matéria cambiária, regem-se pelo direito comum".[13]

Considerando o fato de que o art. 71 da LUG autoriza a interrupção da prescrição, mas a lei especial não menciona quais seriam as causas interruptivas da prescrição, externando omissão da lei especial, aplica-se, por força do art. 903 do Código Civil, a legislação comum, qual seja: o próprio Código Civil.

Assim, os casos de interrupção da prescrição dos títulos de crédito são ditados pela legislação comum, mas, naturalmente, a legislação cambial

10 MARTINS, Fran. *Títulos de crédito*. 13. ed., Rio de Janeiro: Forense, 2000, v. 1, p. 9.

11 A LUG foi introduzida no Brasil pelo Decreto n. 57.663, de 24 de janeiro de 1966, sendo seu Anexo I.

12 DÓRIA, Dylson. *Curso de direito comercial*. 7. ed., São Paulo: Saraiva, 1995, v. 2, p. 72.

13 BULGARELLI, Waldirio. *Títulos de crédito*. 18. ed., São Paulo: Atlas, 2001, p. 249. "A *prescrição* não se confunde com a *decadência* do direito, pois enquanto a prescrição atinge a ação, a decadência atinge o próprio direito. A decadência, pois, é a extinção do direito, por não ter o credor exercido o mesmo no prazo fixado na norma jurídica." (COSTA, Wille Duarte. *Títulos de crédito*. 3. ed., Belo Horizonte: Del Rey, 2007, p. 308.)

se orienta pela autonomia que se aplica a tais títulos, inclusive, no que se refere ao instituto da interrupção do prazo prescricional.

Como decorrência lógica do princípio da autonomia que informa os títulos de crédito, agora já mesmo positivado no Código Civil (art. 887), o art. 71 da LUG prescreve que a interrupção da prescrição levada a efeito contra um dos coobrigados não aproveita aos demais (cada coobrigado tem uma obrigação autônoma). Destarte, tem-se, por exemplo, a interrupção do prazo prescricional em relação ao devedor cambial direto não implicará necessariamente a interrupção da prescrição em relação aos devedores indiretos. Nesse sentido, já decidiu o Superior Tribunal de Justiça em acórdão assim ementado:[14]

> PRESCRIÇÃO. INTERRUPÇÃO. CÉDULA DE CRÉDITO RURAL. CAMBIAL. SOLIDARIEDADE. EMITENTE. AVALISTA. LEI UNIFORME.
> Em se tratando de títulos de crédito, nas relações existentes entre avalista e avalizado não se aplica a regra do direito comum (art. 176, § 1º, do Código Civil), em face da superveniência da Lei Uniforme, art. 71, que assim dispõe: 'A interrupção da prescrição só produz efeito em relação a pessoa para quem a interrupção foi feita.'
> A interrupção da prescrição operada contra o emitente não se estende ao seu avalista e vice-versa.
> Posicionamento da doutrina nacional, francesa e italiana sobre a Lei Uniforme.
> Precedentes jurisprudenciais.
> Recurso especial conhecido e provido.[15]

Como se trata de expressão literal de lei especial, que, como tal, afasta aplicação de lei geral, não diverge da jurisprudência a doutrina,[16] sendo que Waldo Fazzio Júnior é peremptório: "Ao estipular que a interrupção da prescrição só produz efeito em relação à pessoa para quem a interrup-

[14] Não são outros os precedentes jurisprudenciais colacionados por: COELHO, Fábio Ulhoa. *Código Comercial e legislação complementar anotados*. 6. ed., São Paulo: Saraiva, 2003, p. 363.

[15] STJ, REsp. 1.295/GO, 4ª T., j. 21/11/1989, v.u., rel. Min. Fontes de Alencar, *DJ* de 18/12/1989, p. 18.478.

[16] Cf. *verbi gratia*: REQUIÃO, Rubens. *Curso de direito comercial*. 23. ed., São Paulo: Saraiva, 2003, v. 2, p. 461. ALMEIDA, Amador Paes de. *Teoria e prática dos títulos de crédito*. 20. ed., São Paulo: Saraiva, 2001, p. 67-68.

ção foi feita, o art. 71 da Lei Uniforme sobre cambiais quer dizer que a interrupção operada contra um coobrigado não afeta os demais".[17]

Diante disso, constata-se que a interrupção do prazo prescricional deve se dar contra cada um dos coobrigados ou pelo menos em relação àqueles de quem se pretende exigir a obrigação cambial, sob pena de, em relação àquele contra quem ela não se deu, não haver a interrupção e, via de consequência, não aproveitar, fazendo, com o transcurso regular do prazo, extinguir-se o direito de ação.

Contudo, como já dissemos, a legislação cambial não trata das hipóteses de interrupção da prescrição, que são regidas pelo Código Civil.

O vigente Código Civil (Lei n. 10.406, de 10 de janeiro de 2002) estabelece no art. 202 as hipóteses de interrupção da prescrição, inovando em relação ao comando anterior quando determina que a interrupção somente se dará uma vez.

Inovou o Código de 2002, ainda, quando dispôs no inciso III do art. 202 que o protesto cambial é causa de interrupção do prazo prescricional.

Há muito, a jurisprudência havia consolidado o entendimento de que o simples protesto cambial não produziria como efeito a interrupção da prescrição da obrigação cambial. Isso gerou inclusive a edição da Súmula n. 153 pelo Supremo Tribunal Federal, com o seguinte teor: "Simples protesto cambiário não interrompe a prescrição".

Diante disso, somente o protesto judicial interrompia a prescrição da obrigação.[18] No entanto, reitere-se, na contramão do entendimento

[17] FAZZIO JÚNIOR, Waldo. *Manual de direito comercial*. 3. ed., São Paulo: Atlas, 2003, p. 411.

[18] À época da vigência do antigo Código Civil, Fran Martins lecionava: "Cumpre ressaltar, porém, que o protesto cambial não provoca a interrupção da prescrição, e sim o protesto judicial. O assunto foi bastante debatido na doutrina e a própria jurisprudência chegou a dividir-se, ora havendo decisões que admitiam a interrupção da prescrição pelo protesto cambial [Tribunal de Justiça de São Paulo – Ag. de Pet. n. 4.441, de 15.05.1936, *in Rev. dos Tribs.*, n. 101, p. 465.], ora outras a negando [Trib. de Justiça de São Paulo – Ag. de Pet. n. 76, de 03.03.1937, *Rev. dos Tribs.*, n. 108, p. 601.]. Chamado a pronunciar-se a respeito, o Supremo Tribunal Federal decidiu que 'simples protesto cambiário não interrompe prescrição' (Súmula n. 153).
Essa é, pois, a orientação atual da mais alta Corte de Justiça a respeito dessa importante matéria." (MARTINS, Fran. *Títulos de crédito*. 13. ed., Rio de Janeiro: Forense, 2000, v. 1, p. 273.)

jurisprudencial pacífico, o vigente Código Civil, no art. 202, inciso III, prescreveu que o protesto cambial interromperá o prazo prescricional.

Conforme já tivemos oportunidade de demonstrar,[19] o protesto cambial é a prova insubstituível da apresentação de um título de crédito, sendo que isso decorre do fato de serem as obrigações constantes das cambiais e cambiariformes quesíveis (*quérable*), cabendo, portanto, ao credor apresentá-las ao devedor e isso se comprova pelo protesto cambial.

Ora, sabidamente há diversas modalidades de protestos, mas o Código Civil considerou que apenas os protestos cambiais (art. 202, III) e judiciais (art. 202, II) interrompem a prescrição. Assim, por exemplo, o protesto especial para o pedido de falência, de que trata o art. 94 da Lei n. 11.101/2005 (Lei de Falência), não tem o condão de interromper a prescrição.[20]

Agora, tratando-se de protesto cambial, não cuidou o legislador de distinguir se o protesto se deu por falta de pagamento, de aceite ou qualquer outra modalidade.[21] Como princípio de hermenêutica, não compete ao intérprete distinguir onde o legislador, podendo, não o fez. Destarte, qualquer modalidade de protesto cambial viável servirá para a interrupção da prescrição.

Considerando a autonomia das obrigações cambiais, em que cada signatário do título tem uma relação própria e o prescrito no art. 71 da

---

19 GONTIJO, Vinícius Jose Marques. O protesto de título de crédito em que concordatário figura como devedor direto. *Revista da Faculdade de Direito Milton Campos*. Belo Horizonte: Del Rey, 2002, v. 9, p. 198.

20 O art. 34 da Lei de Cheques (Lei n. 7.357/1985) prescreve que a apresentação do cheque à câmara de compensação equivale à sua apresentação a pagamento. Ou seja, a apresentação do cheque à câmara equivale ao protesto, que é a prova da apresentação. Obviamente, a interrupção do prazo prescricional é norma excepcional e, com tal, merece interpretação restritiva. Logo, como o Código Civil previu que apenas o protesto judicial e o *cambial* interromperão a prescrição, e não outras modalidades de apresentação que o substituem, constata-se que a apresentação do cheque à câmara de compensação não interromperá a prescrição. Isso até porque é possível o protesto *cambial* de cheques, ao teor do comando do art. 6º da Lei n. 9.492/1997 (Lei de Protestos).

21 Não é possível conceber o protesto por falta de data, quando o título é sacado a certo termo de vista ou por falta de visto (art. 78 da LUG) como causas interruptivas da prescrição, na medida em que servem de prova da apresentação que visa a fixação do termo *a quo* para o vencimento do título de crédito, e, segundo o Princípio da *Actio Nata* a prescrição nasce com o direito de ação, se o título não era exigível, por não estar vencido, não poderia se falar no transcurso de prescrição e, consequentemente, na sua interrupção.

LUG, a interrupção da prescrição pelo protesto cambial somente poderá se dar no caso de o signatário houver sido intimado[22] do protesto, figurando no termo de lavratura e registro do protesto.

A despeito de se protestar o título e não a pessoa obrigada, havendo diversos devedores cambiais, o protesto cambial do título somente interromperá a prescrição em relação àqueles que foram expressamente intimados para o cumprimento da obrigação constante do título de crédito levado a protesto.

Intimado apenas o devedor direto (tais como: o emitente da nota promissória, o sacador do cheque, o aceitante na duplicata e na letra de câmbio), somente em relação a ele terá havido a interrupção da prescrição, mas não em relação aos demais coobrigados.

Para tanto, o art. 21, § 4º da Lei n. 9.492, de 10 de setembro de 1997,[23] determina que os devedores indicados por aquele que apresentou o título ao protesto ou pelo credor, como responsáveis pelo cumprimento da obrigação não poderão deixar de figurar no termo de lavratura e registro do protesto, devendo, naturalmente, para tanto, serem intimados.

Ora, considerando que os signatários de um título de crédito são coobrigados cambiais, sendo devedores solidários,[24] são responsáveis pelo adimplemento da obrigação e não se pode negar a faculdade do credor ou do apresentante do título de indicar cada um dos coobrigados, que deverá ser intimado e figurar no termo de lavratura e registro do protesto para que, também em relação a ele, ocorra a interrupção da prescrição.

Naturalmente, para que os devedores indiretos permaneçam coobrigados cambialmente é necessário que o protesto obrigatório tenha se dado no prazo legal, na medida em que se trata de protesto cambialmente

---

22 "A intimação consiste no ato de cientificação do devedor, que se encontra apontado no Tabelionato de Protestos um título seu, para a prática do ato de protesto". (WOLFFENBÜTTEL, Miriam Comassetto. *O protesto cambiário como atividade notarial*. São Paulo: Labor Júris, 2001, p. 40.)

23 Esta lei, como já consignamos, é chamada pela doutrina de "Lei de Protestos", por regulamentar o procedimento do protesto no Brasil.

24 João Eunápio Borges demonstra que as declarações cambiais têm em comum, dentre outros, a vinculação de todos os subscritores solidariamente ao pagamento da quantia constante do título de crédito. (BORGES, João Eunápio. *Títulos de crédito*. 2. ed., 6. tir., Rio de Janeiro: Forense, 1976, p. 51.)

obrigatório.[25] Assim, não é concebível a interrupção da prescrição em relação àquele contra o qual não há mais uma obrigação cambialmente exigível.

1.4. Conclusões

Ante o exposto, tem-se por corolário:

A autonomia pode ser compreendida sob dois aspectos: *a*) como o desprendimento do título de crédito em relação à obrigação que a originou, que lhe é subjacente ou fundamental; e *b*) em relação aos coobrigados, de tal maneira que a obrigação de um dos signatários do título de crédito não depende da de outro para ter validade.

O Código Civil de 2002 estabeleceu que o protesto cambial interromperá o prazo prescricional do título de crédito, sendo que, para tanto e em atenção à autonomia das obrigações cambiais, se faz necessária a intimação, pelo Cartório de Protestos, do obrigado cambial. A interrupção da prescrição deve se dar em relação a cada um dos coobrigados de quem se pretende exigir a adimplência da obrigação cambial, sob pena de não o fazendo, em relação àquele que não foi intimado do protesto, também não se haverá a interrupção da prescrição que seguirá seu transcurso normal, salvo se por outra razão se der a interrupção.

2. COBRANÇA DE VERBA HONORÁRIA CONTRATADA E EXERCÍCIO DO DIREITO AO PROTESTO CAMBIAL

O contrato de honorários advocatícios, segundo prevê o art. 22, da Lei Federal n. 8906/94, assegura ao advogado que tenha cumprido com todas as obrigações a que se comprometeu em contratação de prestação

[25] "O protesto constitui, portanto, elemento fundamental para o exercício do direito de regresso. Sem ele, dado o formalismo do direito cambiário, não é possível o detentor exercer seu direito contra os obrigados regressivos. Dele decai o credor, de nada lhe valendo a alegação de que apresentou o título por outros meios. Tudo isso evidentemente na hipótese de não haver a cláusula 'sem protesto', inserida na letra". (REQUIÃO, Rubens. *Curso de direito comercial.* 23. ed., São Paulo: Saraiva, 2003, v. 2. p. 436.)

de serviços entabulada por escrito com seu cliente, o direito de dele exigir, em juízo, a contraprestação lá ajustada.

Trata-se, pois, de espécie de contrato tipificado em lei formal, mas que, visto segundo os fins a que se destina sua celebração, constitui espécie do gênero "contrato de prestação de serviços".

Aplicáveis ao "contrato típico de prestação de serviços advocatícios", disciplinado na Lei Federal n. 8906/94, são todas as disposições normativas que lhe são afetas previstas no referido diploma legal e, naquilo que ele sobrevier omisso, nas demais normas e princípios afetos a direitos das obrigações que se encontrarem positivadas no seio do CCB/02.

Não se divisa que, trata-se de um "título executivo extrajudicial" passível de exequibilidade plena, a teor do que prescreve o conjunto normativo do art. 23, da Lei Federal n. 8906/94 c/c art. 585, VIII, do CPC.

Prescreve o art. 25, I, da Lei Federal n. 8906/94, que "...prescreve em 5 (cinco) anos a ação de cobrança de honorários, contado o prazo: I – do vencimento do contrato, se houver..."

Interpretação literal do preceito normativo inserto no art. 25, I, da Lei Federal n. 8906/94, induz ao intérprete da norma à falsa conclusão de que, existindo contratação escrita de prestação de serviços advocatícios, cuja contraprestação ajustada tenha se quedado inadimplida, que resta a seu credor valer-se de "ação de cobrança" ("letra" da lei), pelo procedimento ordinário ou sumário, para haver aquilo que tenha sido convencionado com seu cliente.

Entretanto, a interpretação literal da referida norma há de ceder espaço a uma interpretação teleológica dela, já que eventual prevalência da primeira sobre a segunda técnica de interpretação delas, conduziria ao absurdo de se imaginar que um "contrato de prestação de serviços advocatícios" seria o único, entre o gênero "contrato de prestação de serviços", que não comportaria exequibilidade forçada.

Visualizando que o "contrato típico de prestação de serviços advocatícios" é uma espécie do gênero "contrato de prestação de serviços", que também tem disciplina tipificada, só que no CCB/2002 (arts. 593 a 609 do CCB/2002), desarrazoado por completo é sequer imaginar que o contrato-espécie não comporte execução forçada das obrigações dele constantes, enquanto o contrato-gênero a comporte.

Para evitar que, da imprecisão terminológica do art. 25, I, da Lei Federal n. 8.906/94, redunde na perda da exequibilidade de um "contrato típico de prestação de serviços advocatícios" cuja contraprestação esteja líquida, certa e exigível no corpo do instrumento de ajuste, necessário é que a expressão "ação de cobrança" a que se refere a indigitada norma seja interpretada em sentido amplo, abarcando todas as formas com que o titular do direito de crédito pretender delas fazer uso para satisfazê-lo.

Tal como os demais títulos de crédito que têm sua executoriedade assegurada em leis formais que os conceberam, o "contrato típico de prestação de serviços advocatícios", via de regra, comporta "execução forçada" das obrigações nele inseridas, bastando que o titular do direito de crédito o apresente em juízo portando "ação de execução por quantia certa", que na dicção dos doutrinadores de escol, constitui a ação de que dispõe o credor, a ser deflagrada em face o devedor, para dele haver o crédito constante do título executivo que o lastreia.

Vê-se, sem maiores dificuldades, que a "ação de execução por quantia certa" fundada num "contrato de prestação de serviços advocatícios" em nada se difere de qualquer outra "ação de execução por quantia certa" fundada noutro título que, por lei formal, tenha sido atribuído força executiva (art. 585, VIII, do CPC).

Caberá ao devedor da verba honorária, quando executado, arguir em sede de "embargos do devedor" opostos com lastro nos arts. 736 e seguintes do CPC, todas as questões que reputar sejam úteis/necessárias à preservação de seus interesses.

Muitas vezes, o devedor de um "contrato de prestação de serviços advocatícios" deseja arguir, em defesa de seus interesses, que a prestação de serviços não foi efetuada "às inteiras", falecendo por conseguinte o direito do titular do direito de crédito nele inserido a faculdade de, valendo-se dele, título executivo, exigir a totalidade da contraprestação ajustada.

Ou seja: em muitas vezes, deseja o devedor de um "contrato de prestação de serviços advocatícios" valer-se da teoria do *exceptio non adimpleti contratus* (ou no melhor vernáculo, "exceção do contrato não cumprido" – arts. 476 e 477 do CCB/02) para se defender da pretensão executiva veiculada por seu patrono com lastro na contratação escrita entre eles firmada.

Exsurge aqui uma dúvida de todo arrazoada: quando ocorrente uma situação como esta, pode o devedor arguir em sede de "embargos do devedor", seja a execução forçada por ele embargada julgada nula (art. 618, I, do CPC), tendo em vista que o título executivo em espécie exequendo se revela inexigível, porque seu credor não cumpriu com sua obrigação antes de exigir a do devedor?

Outra dúvida: pode este devedor, se ocorrente uma situação como a acima narrada, exigir, nos "embargos do devedor" seja o titular do direito de crédito remetido à via cognitiva, para que o Estado-juiz proceda ao arbitramento de verba honorária condizente com a quota parte do serviço advocatício contratado por escrito, que ele, causídico, executou?

Para que se responda a estes dois questionamentos, antes disso é preciso perquirir se para exequibilidade plena de um "contrato típico de prestação de serviços advocatícios", exige o legislador que a "ação de execução por quantia certa" seja instruída com algo além do que o instrumento contratual...

Acaso se siga por esta trilha de raciocínio, estaria o intérprete da norma condicionando a exequibilidade de um título que a Lei Federal n. 8906/94 conferiu "força executiva" (atendendo o que preceitua o art. 585, VIII, do CPC) a pré-requisitos de exequibilidade não previstos na indigitada norma.

Não obstante, óbvio que o credor de um *contrato típico de prestação de serviços advocatícios* só <u>*deva*</u> se valer da via executiva para *cobrar* (letra do art. 25, da Lei Federal n. 8906/94), acaso esteja ciente e consciente de que prestou todo o serviço contratado para com seu cliente, tal fato não inibe que eventual credor de verba honorária contratada por escrito, cujos serviços tenham sido executados ou "pelas metades", ou de "forma defeituosa" que seja, possa se valer da "*via executiva*" para, na via cognitiva dos "embargos do devedor", chegar ao *quantum debeatur*...

E, não inibe, porque não exige a Lei Federal n. 8906/94 que, para uso da "via executiva", ou "de cobrança", como diz seu art. 25, o credor de um "contrato de prestação de serviços advocatícios" instrua sua pretensão com documento além do que o próprio título executivo que lastreia seu pleito.

Aplicável, *in casu,* o princípio de direito comercial expresso no velho brocardo latino segundo o qual *nula executio sine titulo* (ou no melhor vernáculo, "não há execução sem título").

Quando acima se disse que ressoa "...que o credor de um "contrato típico de prestação de serviços advocatícios" só *deva* se valer da via executiva para "cobrar" ("letra" do art. 25, da Lei Federal n. 8906/94), acaso esteja ciente e consciente de que prestou todo o serviço contratado para com seu cliente...", tal afirmativa teve o condão apenas de entremostrar que para quem pretende se valer da "via executiva" para exercer seu direito creditício, de todo recomendável é que ele use o meio processual adequado para que possa ele chegar ao resultado útil perseguido com maior facilidade.

Não obstante isto tudo, *pode* um credor de um "contrato típico de prestação contrato de serviços advocatícios", cujos serviços tenham sido prestados "pelas metades", ou de "forma defeituosa", valer-se da "via executiva" que ordinariamente não comportaria ser transformada em "via de cognição" ampla, porque inexiste qualquer disposição na Lei Federal n. 8906/94 que imponha ao titular do direito de crédito, para valer-se da "via executiva", instruir sua pretensão com a comprovação de que adimpliu tudo quanto ele, advogado, contratou com seu cliente.

Há, sem sombra de dúvidas, uma grande diferença entre o *poder* de que dispõe o titular de um direito de crédito desta natureza de valer-se da "via executiva" apenas porque a Lei Federal n. 8906/94 não lhe impõe a comprovação de que cumpriu sua parte no contrato, como condicionante ao direito de exercer a cobrança judicial daquilo que contratou, abstratamente considerado, num instrumento de ajuste, para com seu cliente, com o juízo valorativo de que este credor, hipoteticamente considerado, *deve* exercer esta faculdade que a lei lhe confere, mesmo com risco de ao final ter de renovar sua pretensão por outra via processual que comporte cognição ampla.

Idêntica discussão se entreabre quando um determinado credor de um "contrato de prestação de serviços advocatícios" deseja, antes de ajuizar a "ação de execução por quanta certa", promover o protesto do citado título junto ao tabelionato de protesto da comarca eleita no instrumento de ajuste para dirimir os conflitos de interesses derivados da contratação.

Tal qual ocorre na situação jurídica antes declinada, haverá também neste caso um conflito entre o *poder* e o *dever* para quem é o titular do direito de crédito, pois tal qual no caso anteriormente descrito, não é da essência da formação deste título executivo extrajudicial, que ele venha a ser protestado, se a contraprestação nele ajustada não sobrevier paga *oportuno tempore*...

O titular de um direito de crédito expresso num "contrato típico de prestação de serviços advocatícios" há de refletir quanto ao uso do instrumento do protesto, através do tabelionato de registro de protesto, como uma ferramenta hábil a que ele consiga chegar na satisfação de seu crédito mais rápido possível.

A reflexão, aqui, é quanto à proporcionalidade e razoabilidade dos meios por ele empregados para exercer seu direito de crédito, já que ordinariamente não precisaria ele protestar o título para lhe conferir exequibilidade plena.

Fala-se isto, porque afora para interromper o prazo prescricional, em princípio não teria este credor uma justificativa plausível para assim se comportar, fato que facilitaria eventual "sustação do protesto" pelo devedor e, consequentemente, retardaria ainda mais seu acesso ao crédito expresso no título.

Isto, porque o protesto cambial foi concebido no direito positivo brasileiro, ordinariamente, para assegurar o direito de regresso daquele que, sendo obrigado indireto de um determinado título, promove o seu pagamento e pretende exercer seu direito de regresso contra os demais coobrigados indiretos do título.

Inexiste, entretanto, na Lei Federal n. 9492/97 (a chamada "lei do protesto de títulos de crédito") vedação a que um título executivo qualquer, seja levado a protesto, para fins personalíssimos do titular de seu direito de crédito...

E, inexistindo proibição na Lei Federal n. 9492/97 a que um título executivo que ordinariamente não esteja sujeito a protesto obrigatório para sua formação, ainda assim seja protestado por vontade subjetiva de seu titular, a conclusão a que se chega é que o ato jurídico do protesto neste caso é permitido, por imposição aí do princípio da legalidade, que se encontra insculpido no art. 5º, II, da CR/88, segundo o qual "ninguém será obrigado a fazer ou deixar de fazer alguma coisa senão em virtude de lei".

Não obstante o exercício do direito ao protesto do título esteja dentro da órbita do *poder* de seu titular, já que inexiste proibição legal a que ele assim se comporte para abreviar seu acesso ao crédito nele inserido, o exercício deste *poder* deve ser sempre objeto de profunda reflexão por parte de seu titular.

Em especial após o advento do CCB/2002, que tem na "boa-fé objetiva" um dos pilares das relações civis que sobrevieram regradas.

Indaga-se: Será atentatório ao princípio da "boa-fé objetiva" o fato de o titular de um direito de crédito expresso num contrato que, ordinariamente, não precisa ser protestado para ganhar exequibilidade, valha-se do ato registral do protesto para pressionar o devedor ao adimplemento do crédito nele inserido?

A articulista deixa aqui para os leitores esta pergunta, cônscia de que existem argumentos pró e contra a quem, munido de um "contrato de prestação de serviços advocatícios", deseja protestá-lo com o escopo finalístico de pressionar o devedor ao adimplemento mais rápido da obrigação de pagar quantia certa lá contratada, que devem ser amadurecidos por toda a comunidade jurídica sopesando os valores dos verbos *poder*, em contraste com o verbo *dever*, tendo em mira que nem tudo que está dentro da órbita do poder subjetivo de determinada pessoa sua execução, deve ser necessariamente executado, já que deve haver um equilíbrio entre o direito subjetivo e, os meios a que seu titular pode deles se valer, com menor onerosidade possível ao devedor (por imposição do art. 620 do CPC), para chegar à satisfação de seu crédito.

3. REFERÊNCIAS

ALMEIDA, Amador Paes de. *Teoria e prática dos títulos de crédito*. 20. ed., São Paulo: Saraiva, 2001.

ASCARELLI, Tullio. *Teoria geral dos títulos de crédito*. Campinas: Red Livros, 1999.

BORGES, João Eunápio. *Títulos de crédito*. 2. ed., 6. Tir., Rio de Janeiro: Forense, 1976.

BULGARELLI, Waldirio. *Títulos de crédito*. 18. ed., São Paulo: Atlas, 2001.

COELHO, Fábio Ulhoa. *Código Comercial e legislação complementar anotados*. 6. ed., São Paulo: Saraiva, 2003.

COELHO, Fábio Ulhoa. *Curso de direito comercial*. 6. ed., São Paulo: Saraiva, 2002, v. 1.

COELHO, Fábio Ulhoa. *Manual de direito comercial*. 14. ed., São Paulo: Saraiva, 2003.

COSTA, Wille Duarte. *Títulos de crédito*. 3. ed., Belo Horizonte: Del Rey, 2007.

COSTA, Wille Duarte. Títulos de crédito e o novo Código Civil. *Revista da Faculdade de Direito Milton Campos*. Belo Horizonte: Del Rey, 2001. v. 8. p. 105.

DE LUCCA, Newton. *Comentários ao novo Código Civil*. Rio de Janeiro: Forense, 2003, v. 12.

DÓRIA, Dylson. *Curso de direito comercial*. 7. ed., São Paulo: Saraiva, 1995, v. 2.

FAZZIO JÚNIOR, Waldo. *Manual de direito comercial*. 3. ed., São Paulo: Altas, 2003.

GONTIJO, Vinícius José Marques. O protesto de título de crédito em que concordatário figura como devedor direto. *Revista da Faculdade de Direito Milton Campos*. Belo Horizonte: Del Rey, 2002, v. 9, p. 198.

MARTINS, Fran. *Títulos de crédito*. 13. ed., Rio de Janeiro: Forense, 2000, v. 1.

REQUIÃO, Rubens. *Curso de direito comercial*. 23. ed., São Paulo: Saraiva, 2003, v. 2.

ROSA JÚNIOR, Luiz Emygdio F da. *Títulos de crédito*. Rio de Janeiro: Renovar, 2000.

SANTOS, Moacyr Amaral. *Primeiras linhas de direito processual civil*. 14. ed., São Paulo: Saraiva, 1991, v. 2.

THEODORO JÚNIOR, Humberto. *Curso de direito processual civil*. 10. ed., Rio de Janeiro: Forense, 1993, v. 2.

WOLFFENBÜTTEL, Miriam Comassetto. *O protesto cambiário como atividade notarial*. São Paulo: Labor Júris, 2001.

Clientes: O Desafio da Jovem Advocacia

Fabiano Valadares Pires Camargos

Especialista pela Pós-Graduação *Lato Sensu* em Direito Processual do Instituto de Educação Continuada na Pontifícia Universidade Católica de Minas Gerais — IEC PUC Minas. Bacharel em Direito pela Escola Superior Dom Helder Câmara — ESDHC. Advogado.

Todos os anos, milhares de advogados são inseridos no mercado, tendo como principal desafio, a partir de então, conseguir clientes para seu escritório, contudo, tal desafio necessita ser cumprido em observância ao Código de Ética do Advogado. O Código de Ética do Advogado foi instituído com o objetivo de conduzir o advogado por princípios que construa sua consciência profissional conduzindo-se por imperativos que reafirmem a indispensabilidade do advogado para a Justiça.

Não obstante, o advogado recém-formado percebe, no início de carreira, um grande abismo entre as normas do Código de Ética do Advogado e a verdadeira conduta dos advogados já estabelecidos na advocacia, além da OAB não tomar medidas capazes de assegurar o cumprimento do Código de Ética. Assim sendo, o este artigo propõe uma reflexão com base em um dos principais desafios da jovem advocacia, a formação de clientela, sob a análise da real conduta praticada pelos advogados já estabelecidos no mercado, bem como o posicionamento da OAB diante do desrespeito frontal ao Código de Ética.

Todo calouro do curso de Direito, que já tem em mente o desejo de, ao final dos cinco longos anos da graduação, seguir a carreira de advogado, tem como principal objetivo dedicar-se ao máximo àquelas disciplinas que reputa serem essenciais para o exercício da advocacia. Esses alunos que sonham em exercer a advocacia, função essencial à Justiça, tendem a focar nas disciplinas que mais se adequam aos seus objetivos na advocacia, ou seja, buscam sempre a perfeição para a compreensão do direito naqueles ramos que lhes são mais familiares, sejam do direito privado ou do direito público.

Apesar do esforço diário para conhecer cada vez mais aquelas disciplinas que, ao seu entender, ser-lhe-ão mais úteis no ramo da advocacia que almejam, vivem ainda com o fantasma da aprovação no Exame de Ordem, requisito essencial para quem pretende seguir a advocacia. Hoje, com aprovações em torno de 18%, os estudantes de Direito, que sonham em exercer a advocacia, primeiramente vivem o pesadelo das provas objetivas e subjetivas do Exame de Ordem.

Vencidas as etapas da graduação e aprovação no Exame de Ordem, o que a princípio seria o principal desafio para aqueles que pretendem advogar, surge o primeiro desafio após o recebimento da carteira profissional da OAB, qual seja, dar os primeiros passos na carreira idealizada por tantos anos.

Nesse momento, o jovem advogado, idealizador de um mundo menos desigual, e seguro de que poderá promover a paz social, mediante os seus relevantes serviços, vê-se diante de uma longa caminhada na qual, já nos primeiros metros, mostra-lhe dois caminhos distintos: entrar em um grande escritório ou corajosamente montar o seu próprio escritório para, aos poucos, construir sua carreira na advocacia.

Pelo tema proposto, tratar-se-á apenas das dificuldades enfrentadas pelo jovem advogado que opta por montar o seu próprio escritório sozinho ou em conjunto com colegas também jovens advogados.

Durante o curso de Direito, sempre conhecemos aqueles alunos, hoje, jovens advogados, que nos corredores diziam gostar mais desta ou daquela matéria e por isso dedicavam mais tempo ao estudo delas, entretanto, independentemente do ramo do Direito escolhido, a maioria desses jovens advogados não se atentaram ao principal desafio e digo principal, pois, é o desafio que todo jovem advogado que escolheu montar seu próprio escritório terá que enfrentar, ou seja, conseguir o primeiro cliente, depois o segundo, terceiro, enfim, conseguir se estabelecer no mercado.

Ora, quantas vezes percebemos alunos focando no Direito Penal, no Direito Civil ou no Direito do Trabalho, desejando militar nestas áreas, enquanto esquecem que antes de desenvolverem uma boa tese ou defesa precisam mesmo é de um cliente em potencial para demonstrarem os conhecimentos adquiridos. Por outro lado, não se pode responsabilizar o jovem advogado que, durante o curso direcionou seus esforços para o Direito Material ou mesmo o Direito Processual, esquecendo que estes conhecimentos só podem ser exteriorizados mediante a existência de um cliente em potencial que deseje confiar sua causa ao jovem advogado.

O grande dilema é como esperar que o este jovem desenvolvesse durante o curso a capacidade de conseguir clientes, já que tal tema é tratado com pouca frequência, para não dizer que nunca é tratado nas salas de aula.

Muitas vezes, esses alunos têm uma ideia do assunto quando estudam o Código de Ética, mas com respeito aos que pensam o contrário, tal Código traz apenas limitações aos jovens advogados, expondo um texto inadequado para os tempos atuais, um conjunto de normas que constroem uma falsa ideia de que o mercado respeita rigorosamente o que está disposto nelas.

Enquanto os jovens advogados tentam seguir o Código de Ética, grandes escritórios possuem equipe altamente preparada para o desenvolvimento do famoso *marketing* jurídico, e muitas vezes desrespeitam frontalmente este Código para conseguirem, a qualquer custo, multiplicar o número de ações promovidas pelo escritório.

O maior símbolo do desrespeito ao Código de Ética são os "laçadores", aquelas pessoas que têm como trabalho conseguir clientes para os escritórios. Esses "laçadores", na maioria das vezes, possuem mais valor do que o próprio jovem advogado, que trabalha nesses escritórios que se utilizam desta prática para conseguir clientes.

Tal prática não é novidade para ninguém, pois, esses marqueteiros do Direito marcam presença até mesmo dentro dos fóruns, divulgando os serviços de advocacia como verdadeiros vendedores de emagrecedores, do tipo: "quer entrar na justiça? Pergunte-me como".

Mas esta prática não é a única que vai de encontro ao nosso Código de Ética, pois além desta existem anúncios em jornais e panfletos prometendo o "tesouro perdido", além, é claro, do famoso advogado "tele sena", aquele que dá o resultado de todas as causas de hora em hora em qualquer meio de comunicação.

Pois bem, poderíamos citar inúmeras práticas passíveis de punição por desrespeito ao Código de Ética quando o assunto é conseguir um cliente, mas por questões de otimização, trazemos à reflexão apenas estas que são corriqueiras e de conhecimento de todos, profissionais ou não do Direito.

O que na verdade não se pode admitir diante este cenário desanimador para os jovens advogados que se veem entre a cruz e a espada, ou entre o Código de Ética e a permanência no mercado, é a inércia da Ordem dos Advogados do Brasil, que convive diariamente com todas essas afrontas ao Código de Ética sem tomar uma posição que realmente defina a questão.

Se por um lado, a OAB permite tais práticas como se as aceitasse sem qualquer arrepio, por outro deveria manter um mínimo de coerência, alterando, ou pelo menos adequando o Código de Ética às novas tendências. Assim, poderiam ser definidas novas regras, mais transparentes e justas a todos os advogados.

Enquanto a OAB não promover as mudanças necessárias, harmonizando as práticas e condutas dos escritórios na busca do cliente, os jovens advogados deverão desenvolver um meio-termo para conseguirem se manter na advocacia diante da concorrência desleal e aceita tacitamente pela Ordem dos Advogados do Brasil.

O jovem advogado, que passou os cinco anos do curso de Direito focado apenas nos estudos das matérias e na aprovação do Exame de Ordem, deverá compreender que o Direito só existe como meio de proteção e desenvolvimento do convívio em sociedade, sendo certo afirmar que o Direito só existe enquanto existir uma sociedade e, desta forma, o advogado que pretende seguir carreira na advocacia privada deverá se inserir nesta sociedade, de forma a conhecer não apenas pessoas, mas também a sua realidade, os seus problemas e anseios.

Desta forma, o jovem advogado precisa estar próximo à sociedade, aumentando e fortalecendo a sua rede de relacionamentos de forma a divulgar de forma respeitosa os seus serviços, pouco a pouco, até que a referência dos seus clientes torne-se suficiente para que se estabeleça na advocacia com dignidade e reconhecimento pelos trabalhos prestados.

Para tanto, o jovem advogado deverá ir além dos seus contatos pessoais como amigos e familiares para buscar potenciais clientes. Deverá trabalhar o seu *networking*, pois os novos relacionamentos vão permitir a divulgação dos seus serviços com indicação de novos clientes; ainda se mostra relevante para o aperfeiçoamento do modo de divulgação dos seus serviços a participação em associações e atividades de classe para obter visibilidade pessoal e profissional; faz-se necessária, também, a participação em cursos de aperfeiçoamento, onde poderá conhecer novos advogados e daí firmar novas parcerias.

Só assim, o jovem advogado poderá construir, aos poucos, uma carreira de forma sólida e digna de respeito perante a sociedade e os colegas de profissão.

A Indispensabilidade do Advogado à Luz do Modelo Constitucional de Processo – Fundamentos basilares para a legitimação da função jurisdicional no Estado Democrático de Direito

Fábio Moreira Santos

Mestrando em Direito do Trabalho pelo Programa de Pós-graduação em Direito da PUC Minas. Advogado militante.

Guilherme Henrique Lage Faria

Mestrando em Direito Processual pelo Programa de Pós-graduação em Direito da PUC Minas. Advogado militante.

1. INTRODUÇÃO

A partir da promulgação da Constituição brasileira de 1988, sobretudo em razão do disposto nos arts. 1º, *caput*, 5º, incisos II, XXXV, LIV, LV e 93, inciso IX, ficou evidenciada a adoção de um novo paradigma[1] neste país, o Estado Democrático de Direito, além do estabelecimento de bases estruturantes (direitos e garantias fundamentais) para uma constitucionalização do processo.[2]

Essa mudança paradigmática permitiu o aprofundamento de estudos em teoria do processo que buscam ofertar uma releitura constitucionalizada das matrizes teóricas que influenciaram (e ainda influenciam) a doutrina, a jurisprudência, como também o próprio legislador.

A questão problemática se assenta, justamente, nessa resistência aos ganhos obtidos com o mencionado paradigma procedimental democrático, na medida em que a figura do juiz (agente público julgador) permanece atrelada ao dever de *fazer justiça,* com base em experiências pessoais, conhecimentos especializados, bom senso e prudente arbítrio na solução dos conflitos, vale dizer, como verdadeiro protagonista de um processo

---

1 No que tange aos paradigmas, Ronaldo Brêtas de Carvalho Dias aduz que no Estado Democrático de Direito estes "devem ser compreendidos como sistemas jurídico-interpretativos consistentes, concebidos e estudados pela teoria do Estado e pela teoria constitucional, no sentido técnico de verdadeiros complexos de ideias, princípios e regras juridicamente coordenados, relacionados entre si por conexão lógico-formal, informadores da moderna concepção de Estado e reveladores das atuais tendências científicas observadas na sua caracterização e estruturação jurídico-constitucional." (2012, p. 57) Em referência à noção de paradigmas defendida por Brêtas, André Del Negri assim se posiciona: "sustenta-se que a palavra paradigma, rediscutida por Ronaldo Brêtas de Carvalho Dias, foi ressemantizada como 'sistemas jurídico-normativos consistentes' (...) por direcionar os estudos jurídicos de Teoria do Estado e da Constituição, e não apenas de Filosofia da Ciência como demonstrou Thomas Kuhn." (2008, p. 27).

2 André Del Negri esclarece que: "No Brasil, com a Constituição de outubro de 1988, um novo marco teórico foi instituído e a partir daí o denominado Estado de Direito Democrático (art. 1º, CB/88), apresentou um projeto de democracia estruturado por princípios de direitos fundamentais, com aplicação imediata (art. 5º, 1º, da CB/88), e uma operacionalidade posta à disposição do cidadão (eixo desse projeto), entendido como construtor e reconstrutor do seu próprio ordenamento jurídico, por intermédios de procedimentos de participação popular e ações processuais constitucional". (2009, p.101). Como afirma Marcelo Campos Galuppo, baseando-se na obra de Lênio Streck: "A Constituição de 1988 é o marco mais importante em nossa história recente (STRECK, 2007, p. 310-311) de um projeto que transcende ao próprio momento de promulgação do texto da Constituição e que lhe dá sentido normativo, de um projeto que é muito anterior, que vem se desenvolvendo, ainda que sujeito a tropeços, a atropelos, há muito tempo." (2004, p.246).

que ainda é concebido (incorretamente) como *instrumento* da jurisdição a serviço da paz social.

Diante dessa resistência, ocasionadora de um verdadeiro sincretismo paradigmático, foram promulgadas inúmeras legislações infraconstitucionais que dispensam participação do advogado na representação das partes em juízo, atribuindo a estas capacidade postulatória para defender seus direitos sozinhas no exercício da atividade jurisdicional (*jus postulandi)*.

A titulo exemplificativo, pode-se mencionar alguns exemplos de legislação ordinária que dispensam a presença do advogado nos processos, tais como os arts. 791 e 839 da Consolidação das Leis do Trabalho, art. 2º da Lei n. 7.244, de 23.07.1968, nas ações de alimentos, e art. 9º, da Lei 9.099, de 26.09.1999, nos Juizados Especiais Cíveis.

Ocorre que, de acordo com o art. 5º, LV, da Constituição Federal de 1988, aos litigantes na esfera judicial e administrativa será assegurado o direito ao exercício da ampla defesa e do contraditório para a defesa de seus interesses, com todos os meios e recursos a ela inerentes.

Com efeito, para assegurar o efetivo cumprimento da referida garantia constitucional, a Carta Magna de 1988, em seu art. 133, determina como essencial a participação do advogado em todas as esferas do Poder Judiciário e administrativo, por considerá-lo indispensável à administração da Justiça.

Assim, percebe-se que de acordo com Constituição, apenas haverá o cumprimento das garantias processuais abrangidas pelo devido processo legal se houver a participação efetiva do advogado no processo.

Por consectário, faremos neste artigo um enfrentamento desta possibilidade de dispensa da participação do advogado nos processos, em níveis de uma processualidade democrática, sem interferência de ideologias ou doutrinas arcaicas que nada contribuem para o desenvolvimento do Direito Processual e, consequentemente, para a sociedade.

2. O MODELO CONSTITUCIONAL DE PROCESSO – FUNDAMENTOS BASILARES PARA A LEGITIMAÇÃO DA FUNÇÃO JURISDICIONAL NO ESTADO DEMOCRÁTICO DE DIREITO

A decadência do positivismo é emblematicamente associada ao declínio dos regimes do fascismo na Itália e do nazismo na Alemanha.

Os referidos movimentos políticos ascenderam ao poder dentro do quadro da legalidade vigente, promovendo a barbárie em nome da lei. Os principais acusados de Nuremberg invocaram o estrito cumprimento da lei e a obediência a ordens emanadas do Führer para justificar suas ações.

Com o fim da Segunda Guerra Mundial, a ideia de um ordenamento jurídico indiferente a valores éticos e da lei como estrutura meramente formal já não eram mais aceitáveis.

A superação histórica do jusnaturalismo e o fracasso político do positivismo abriram caminho para um conjunto amplo e ainda inacabado de reflexões acerca do direito, sua função social e sua interpretação. O pós-positivismo é a designação provisória e genérica de um ideário difuso, no qual se incluem na definição das relações entre valores, princípios e regras, aspectos da chamada *nova hermenêutica constitucional* e a teoria dos *direitos fundamentais*, edificada sobre o fundamento da dignidade humana. (SILVA, 2005, p. 278-279).

A valorização dos princípios, sua incorporação, explícita ou implícita, pelos textos constitucionais e o reconhecimento pela ordem jurídica de sua normatividade fazem parte desse ambiente de reaproximação entre direito e ética.[3]

Alexy (2008, p. 144) ressalta que os direitos fundamentais que tiveram maior significado no início da idade moderna convertem-se em um dos indicadores deste progresso histórico e núcleo de legitimidade dos sistemas democráticos. Surgem direitos e exigências que os colocam, desde a sua formação inicial, como instrumento para limitar o poder absoluto.

André Del Negri (2009, p. 332) salienta que os direitos fundamentais sãos aqueles que servem de fundamento aos demais direitos, e, em sendo direitos, mesmo que fundamentais, devem estar garantidos por lei, só que não uma lei qualquer, mas sim uma lei que, como eles, também deve ser "matriz de todas as demais, uma Lei fundamental, que fundamenta as outras, da qual todas decorrem". Esta Lei fundamental é a Constituição.

---

3 "Do mesmo modo que o positivismo fracassou, o modelo puro de princípios também foi rejeitado porque ele não leva a sério as regulações adotadas pela Constituição. Quando duas formas puras e antagônicas não são aceitáveis, deve-se considerar a possibilidade de uma forma mista ou combinada, ou seja, de um modelo combinado. Um tal modelo é o modelo de regras e princípios, que surge da ligação entre um nível de princípios e um nível de regras." (ALEXY,2008, p. 135)

Neste contexto, segundo doutrina de Virgílio Afonso da Silva (2005, p. 273), as normas constitucionais conquistaram o *status* pleno de normas jurídicas, dotadas de imperatividade, estando aptas a tutelar todas as situações que contemplam. Mais do que isso, a Constituição[4] passa a ser a lente através da qual se leem e se interpretam todas as normas infraconstitucionais.

O ponto de partida do intérprete passa a ser sempre os princípios constitucionais,[5] que são o conjunto de normas que espelham a ideologia da Constituição, seus postulados básicos e seus fins.

Celso Antônio Bandeira de Mello, transcrito por Barroso (2009, p. 157), salienta que, dado sua elementar importância para a instituição da ordem jurídica, violar um princípio é muito mais grave do que transgredir uma norma. A desatenção ao princípio implica ofensa não apenas a um específico mandamento obrigatório, mas a todo o sistema de comandos. É a mais grave forma de ilegalidade ou inconstitucionalidade, porque representa insurgência contra todo o sistema, subversão de seus valores fundamentais.

Em sua principal dimensão operativa, dirigem-se os princípios ao Estado, condicionando a atuação de suas funções, pautando a interpretação e aplicação de todas as normas jurídicas vigentes. Estes princípios funcionam como limites interpretativos máximos, neutralizando, por conseguinte, o subjetivismo voluntarista dos sentimentos pessoais e das conveniências políticas, reduzindo a discricionariedade do aplicador da norma e impondo-lhe o dever de motivar seu convencimento.[6]

Atento à dimensão operativa dos princípios constitucionais, bem como à inexorável vinculação das funções do Estado a seus preceitos, José Alfredo de Oliveira Baracho ressalta que:

---

4 "As constituições não representam somente o complemento do Estado de Direito através da extensão do princípio da legalidade a todos os Poderes, incluindo o legislativo; são também um programa político para o futuro, porque impõem a todos os poderes imperativos negativos e positivos como fonte de sua legitimação, porém também, e sobretudo, de deslegitimação." (STRECK, 2013, p. 113)

5 Segundo os ensinamentos de Luís Roberto Barroso "Dito de forma sumária, os princípios constitucionais são as normas eleitas pelo constituinte como fundamento ou qualificações essenciais da ordem jurídica que institui." (2009, p. 155):

6 Para Luís Roberto Barroso: "Por força da Supremacia Constitucional, nenhum ato jurídico, nenhuma manifestação de vontade pode subsistir validamente se for incompatível com a Lei Fundamental." (2009, p. 165)

> [...] se a judicatura é tida como poder, para aplicar as leis, surge um novo sentido, alcance e importância em termos da Constituição, devido à existência de um conjunto de direitos, princípios e valores aos quais a lei está sujeita. [...] Os direitos constitucionais não são simples normas programáticas não vinculantes, ou direitos fundamentais "vazios", mas constitui de conformidade com a prescrição expressa em "direitos diretamente aplicáveis. (2006, p. 311).

Neste espeque, Humberto Theodoro Júnior (2009, p. 234) ressalta que a segunda metade do século XX viria exigir da revisão constitucional dos povos democráticos um empenho de aprofundar a intimidade das relações entre o direito constitucional e o processo,[7] já que os direitos fundamentais deixaram de ser objeto de simples declarações e passaram a constituir objeto de efetiva implantação por parte do Estado Democrático de Direito.

No Brasil, diante a promulgação da Constituição de 1988[8] e a instauração do Estado Democrático de Direito,[9] com a consequente outorga

---

7 Segundo doutrina de José Alfredo de Oliveira Baracho: "A aproximação entre Constituição e processo gera o surgimento do Direito Constitucional Processual ou Direito Processual Constitucional, como preferem outros: a condensação metodológica e sistemática dos princípios constitucionais do processo toma o nome de Direito Processual Constitucional. Não se trata de um ramo autônomo do Direito Processual, mas sim uma colocação científica, de um ponto de vista metodológico e sistemático, do qual se pode examinar o processo em suas relações com a Constituição. O Direito Processual Constitucional abrange, de um lado, a tutela constitucional dos princípios fundamentais da organização judiciária e do processo; de outro lado, a jurisdição constitucional".(1984, p. 125-126).

8 André Del Negri (2009, p. 101) esclarece que: "No Brasil, com a Constituição de outubro de 1988, um novo marco teórico foi instituído e, a partir daí, o denominado Estado de Direito Democrático (art. 1º, CB/88) apresentou um projeto de democracia estruturado por princípios de direitos fundamentais, com aplicação imediata (art. 5º, 1º, da CB/88), e uma operacionalidade posta à disposição do cidadão (eixo desse projeto), entendido como construtor e reconstrutor do seu próprio ordenamento jurídico, por intermédio de procedimentos de participação popular e ações processuais constitucionais". Como afirma Marcelo Campos Galuppo (2004, p. 246), baseando-se em uma reflexão de Streck: "A Constituição de 1988 é o marco mais importante em nossa história recente (STRECK, 2007, p. 310-311) de um projeto que transcende ao próprio momento de promulgação do texto da Constituição e que lhe dá sentido normativo, de um projeto que é muito anterior, que vem se desenvolvendo, ainda que sujeito a tropeços, a atropelos, há muito tempo".

9 Lenio Streck aduz que o Estado Democrático de Direito "Trata-se de um Estado resultante de um determinado padrão histórico de relacionamento entre o sistema político e a sociedade civil, institucionalizado por meio de um ordenamento jurídico-constitucional desenvolvido e consolidado em torno de um conceito de poder público em que se diferenciam a esfera

do poder ao povo (parágrafo único do art. 1º da CF/88), o processo deixa de ser mera relação jurídica entre as partes e o juiz,[10] sendo alçado ao patamar de instrumento constitucional de garantia e implementação de direitos fundamentais.

Com efeito, para Marcelo Andrade Cattoni de Oliveira (2009, p. 242-243), a Constituição de 1988 resgataria o espírito das Constituições de 1891, de 1934 e 1946, no seu compromisso com a noção clara ao constitucionalismo de governo limitado, democraticamente eleito e comprometido com os direitos fundamentais.

Por conseguinte, evidencia-se que o Estado Democrático de Direito se assenta em dois pilares: a *democracia* e os *direitos fundamentais.* (STRECK, 2013, p. 123) Não há democracia sem o respeito e a realização dos direitos fundamentais, e não há direitos fundamentais sem democracia.

O Poder Democrático, nos termos da Constituição de 1988, é exercido por representantes do povo, o que (obviamente) não implica em sua exclusão, haja vista que, com a outorga do poder ao povo pela Carta Magna, tem-se por indispensável a participação deste nos atos decisórios. Nas palavras de Cattoni de Oliveira:

> Há uma diferença técnico-conceitual entre representação e substituição que aqui é pertinente [...] Representar é agir em nome alheio na defesa de direitos ou interesses alheios; substituição é agir em nome próprio na defesa de direitos ou interesses alheios. A questão é que a representação não implica necessariamente, como no caso da substituição, exclusão do representado do processo. O problema, portanto, de se confundir representante e substituto é o de se entender erroneamente que a representação, ao contrário de mediar, viabilizar institucionalmente a participação do representado no processo deliberativo,

---

pública e o setor privado, os atos de império e os atos de gestão, o sistema político-institucional e o sistema econômico, o plano político-partidário e o plano político-administrativo, os interesses individuais e o interesse coletivo." (2013, p. 109-110).

10 A esse respeito, André Cordeiro Leal observa que, "não obstante as inúmeras mudanças pelas quais passou essa teoria, até hoje vários autores da doutrina brasileira ainda adotam, sem as necessárias ressalvas, o conceito de processo traçado por Bülow" (2002, p. 82). No mesmo sentido, André Del Negri observa que a Teoria do Processo como Relação Jurídica de Bülow é um "retrato de como o Direito Processual pode ser usado nas ditaduras para atingir os seus fins", ressaltando que tal teoria "ainda é revitalizada na contemporaneidade", (2011, p. 34)

exclui essa participação, com consequências obviamente desastrosas do ponto de vista democrático. (2009, p. 49)

A democracia exige respeito à Constituição. No momento em que admitimos a existência de um novo paradigma de direito, o Estado Democrático surgido a partir do segundo pós-guerra, temos, ao mesmo tempo, de admitir que o direito alcançou um elevado grau de autonomia. Consequentemente, a moral, a política e a economia, escopos metajurídicos utilizados para balizar a aplicação do direito no paradigma do Estado Social, não mais podem determinar a correção da aplicação do direito. (STRECK, 2013, p. 120-121)

Portanto, em consonância com os ensinamentos de Lênio Streck (2013, p. 112), tem-se de forma inequívoca que um ato contrário a Constituição é um ato de poder ilegítimo. A constituição determina a autoridade que o povo atribui ao governo, e, ao fazê-lo, estabelece limites. Qualquer exercício de autoridade por parte do Estado que vá além desses limites passa a ser um ato de "poder ilegítimo".

Em consonância com o paradigma do Estado Democrático de Direito, a Constituição Federal de 1988 consolidaria o processo como *garantia constitucional*[11] do povo contra os atos de poder ilegítimo do Estado, por meio da consagração de princípios de direito processual que se implementam por intermédio da observância das garantias processuais-constitucionais. (BARACHO, 1999, p. 90)

Destarte, a Constituição passa a visualizar o processo como meio de baliza e influência na formação dos provimentos jurisdicionais, legislativos

---

[11] Nessa seara, Flaviane de Magalhães Barros aduz que, "em uma perspectiva que toma como marco o Estado Democrático de Direito, através de sua compreensão procedimentalista (Habermas, 1997), é possível sustentar a noção de processo como garantia constitucional, principalmente se formos levar a sério o texto constitucional de 1988 e partir para uma interpretação do processo constitucionalmente adequada. Nesse contexto, à compreensão do processo como garantia pode-se agregar a noção de modelo constitucional de processo, que teve uma proposição inicial feita para o processo civil italiano por Andolina e Vignera (1997), mas aqui apropriada para um modelo de processo e para a construção de uma teoria geral do processo, que supera sua vinculação estrita aos institutos da Jurisdição, Ação e Processo e se constitua sobre uma base constitucional fundada nos princípios do processo." (2009, p. 333).

e administrativos, de modo a efetivar a percepção democrática de que este deve viabilizar a participação,[12] o controle e a legitimação dos provimentos em formação por aqueles que irão a estes se submeter.

O processo constitucional coloca-se, assim, ao centro de toda a estrutura de atuação das garantias constitucionais (ANDOLINA, 1997, p. 63-69), sendo, por conseguinte, o instrumento pelo qual se dá o exercício de todas as funções do Estado, em especial, a função jurisdicional,[13] e se garantem, nos termos analisados, direitos de participação do povo (*sujeito constitucional)*[14] e condições procedimentais que possibilitam a geração legítima do provimento decisório. (CATTONI DE OLIVEIRA, 2000, p. 161-169)

Contudo, para que o Processo consiga alcançar sua finalidade de controle,[15] legitimação[16] e fiscalização dos atos do Estado pelo povo

---

12 "O processo assegura um espaço de participação política a seus sujeitos. Não se presta, tão-somente, ao exercício jurisdicional do Estado. Os cidadãos (no processo judicial) ou seus representantes (no processo legislativo) utilizam-no para fim diverso à jurisdição: neste aspecto, o processo é meio de implementação da democracia, permitindo uma comunidade de intérpretes do direito." (ARAÚJO, 2003, p. 120-121)

13 A partir dessas premissas, Ronaldo Brêtas de Carvalho Dias leciona que a *função jurisdicional*, dentro de uma concepção estruturante do Estado Democrático de Direito, "é atividade-dever do Estado, prestada pelos órgãos competentes indicados no texto da Constituição, somente exercida sob petição da parte interessada (direito de ação) e mediante a garantia do devido processo constitucional. Em outras palavras, a jurisdição somente se concretiza por meio de processo instaurado e desenvolvido em forma obediente aos princípios e regras constitucionais, dentre os quais avultam o juízo natural, a ampla defesa, o contraditório e a fundamentação dos pronunciamentos jurisdicionais baseada na reserva legal, como o objetivo de realizar imperativa e imparcialmente os preceitos das normas componentes do ordenamento jurídico". (2012, p. 32).

14 Para André Del Negri, o sujeito constitucional é o "sujeito do discurso constitucional, representado pelo somatório das reivindicações dialeticamente empregadas numa relação com o outro em sociedade, cujo reconhecimento somente será alcançado "quando lhe for assegurada a condição de protagonista das decisões mediante compartilhamento decisório (discurso que vincula todos os atores humanos que estão reunidos pelo mesmo conjunto de normas constitucionais)". São, portanto, os cidadãos-intérpretes/coautores legitimados que vão "reivindicar a sua identidade no discurso de fundamentação pela teoria do Processo Constitucional". (2011, p. 30)

15 Italo Andolina ressalta que "A ordem democrática impõe que a cada poder corresponda uma responsabilidade, e que, por isso, cada poder (recte: o exercício de cada poder) seja objeto do controle correlato." (1997, p. 63).

16 A adoção do paradigma procedimental do Estado Democrático de Direito representa exatamente o esforço de implementação de um arcabouço normativo-principiológico suficiente ao enfrentamento da crise de legitimidade na formação dos provimentos decisórios, vinculando

(*Legitimado ao Processo*),[17] este deve estar revestido de todas as garantias[18] processuais elencadas na Lei Maior, em atendimento ao que a doutrina moderna denomina de *Modelo Constitucional de Processo*.[19]

Nessa linha de pensamento, considera Baracho que as garantias constitucionais (garantias fundamentais) são meios desenvolvidos pela técnica jurídica moderna, de sorte a controlar a regularidade constitucional dos atos estatais em geral (gênero) e do ato jurisdicional (espécie) em particular. A mais importante dessas garantias processuais constitucionais é o *devido processo legal*, que, sob interpretação lógico-sistemática das normas do art. 5º, incisos II,[20] XXXV, XXXVII, LII, LIV, LV e LXXVIII,

sua produção ao discurso lógico-argumentativo-discursivo procedimental do processo, como elemento de legitimação decisória através do atendimento aos direitos fundamentais e garantias processuais-constitucionais.

17 Nas palavras de Rosemiro Pereira Leal, "O 'legitimado ao processo' no paradigma do Estado brasileiro é o que tem acesso (pro-acesso-processo), por um direito fundante de seu próprio sujeito, à fruição de uma linguagem jurídica que lhe seja autoincludente, como parceiro (parte), de um sistema normativo. Sem essa base (direito fundamental à existência humana, ao ensino, ao autoesclarecimento) como dignidade mínima, não há vida-humana e liberdade, isto é, não se abre a todos possibilidade de construção de sentido entre formas de vida (ampla defesa em suas jurídicas possibilidades contraditoriais na criação compartilhada da existência como coexistência." (2009, p. 291)

18 "Em razão desse relacionamento tão íntimo com os direitos fundamentais do indivíduo ou com a liberdade, é que as garantias constitucionais se tornaram uma espécie de escudo contra os desvios (abusos ou arbitrariedades) do Estado. Sem as garantias constitucionais o direitos contidos no texto constitucional tornar-se-iam normas inócuas, caindo no vazio das esferas abstratas, deixando de propiciar em termos de eficácia a fruição completa das liberdades humanas. De nada valeriam os direitos ou as declarações de direitos se não houvesse pois as garantias constitucionais para fazer reais e efetivos esses direitos." (BONAVIDES, 2002, p. 532).

19 Mais uma vez, valemo-nos dos ensinamentos de Rosemiro Pereira Leal, para quem, "os estudos do processo como instituição constitucionalizada apta a reger, em contraditório, ampla defesa e isonomia, o procedimento, como direito-garantia fundamental [...] no entanto, só recentemente é que, sob a denominação de 'modelo constitucional' do Processo, ficou explícito, [...] que o Processo, em seus novos contornos teóricos na pós-modernidade, apresenta-se como necessária instituição constitucionalizada que pela principiologia do instituto constitucional do devido processo legal que compreende os princípios da reserva legal, ampla defesa, isonomia e contraditório, converte-se em direito-garantia." (2012, p. 88).

20 No que tange ao Princípio da Reserva Legal, André Del Negri ressalta que, no Estado Democrático de Direito, atendendo à finalidade garantístico-constitucional do processo, "o projeto legislativo obedece a uma estrutura legislativa (procedimento)

do art. 93, incisos IX e X, e dos arts. 133 e 134, todos da Constituição Federal, deve ser interpretado como um *bloco aglutinante e compacto de vários direitos e garantias fundamentais e inafastáveis ostentado pelas pessoas nas relações com o Estado.* (BRÊTAS, 2012, p. 73)

Por consectário, no paradigma do Estado Democrático de Direito, a função jurisdicional é atividade-dever do Estado, prestada pelos órgãos competentes indicados no texto da Constituição, somente exercida mediante a garantia do *devido processo constitucional.*[21] (BRÊTAS, 2012, p. 32).

Nessa perspectiva, não mais se poderia afirmar a jurisdição como atividade do juiz no exercício do poder-dever de dizer o direito e aplicá-lo ao caso concreto, mas, sim, como resultado lógico da atividade discursivo-procedimental dos sujeitos do processo a partir de argumentos previamente inseridos no ordenamento jurídico (Princípio da Reserva Legal).[22]

---

juridicamente preordenada por normas infraconstitucionais (Lei Complementar), Regimentais e Constitucionais. Portanto, para que este Procedimento se desenvolva com validade e transforme-se em genuíno Processo deverão estar presentes na preparação do provimento (Lei) os princípios do contraditório, ampla defesa e isonomia (art. 5º, inciso LV, da CB/88). Ausentes um desses pressupostos constitucionais, o Processo converte-se em mero Procedimento." (2008, p. 125-126)

21 Com o fito de evitar quaisquer interpretações deturpadas da correta acepção do Devido Processo Constitucional, valemo-nos das elementares lições de Calmon de Passos, o qual aduz que "devido processo constitucional jurisdicional, cumpre esclarecer, para evitar sofismas e distorções maliciosas, não é sinônimo de formalismo, nem culto da forma pela forma, do rito pelo rito, sim um complexo de garantias mínimas contra o subjetivismo e o arbítrio dos que têm o poder de decidir. Exige-se, sem que seja admissível qualquer exceção, a prévia instituição e definição da competência daquele a quem se atribua o poder de decidir ocaso concreto (juiz natural), a bilateralidade da audiência (ninguém pode sofrer restrição em seu patrimônio ou em sua liberdade sem previamente ser ouvido e ter direito a oferecer suas razões), a publicidade (eliminação de todo procedimento secreto e da inacessibilidade ao publico interessado de todos os atos praticados no processo), a fundamentação das decisões (para permitir a avaliação objetiva e crítica da atuação do decisor) e o controle dessa decisão (possibilitando-se, sempre, a correção da ilegalidade praticada pelo decisor e sua responsabilização pelos erros inescusáveis que cometer). Dispensar ou restringir qualquer dessas garantias não é simplificar, desformalizar, agilizar o procedimento, privilegiando a efetividade da tutela, sim favorecer o arbítrio em benefício do desafogo de juízes e tribunais. Favorece-se o poder, não os cidadãos, dilata-se o espaço dos governantes e restringe-se o dos governados. E isso se me afigura a mais escancarada antidemocracia que se pode imaginar." (1999, p. 69-70)

22 "Aceitar passivamente a ideia de que um processo possa ser objetivo, ou seja, não contraditório, viola inteiramente a concepção de democracia radical da proposta crítico-deliberativa de Habermas (1997), alternativa entendida como mecanismo

Para André Del Negri, a Jurisdição deve ser tida como atividade construída pelas partes processuais "a partir dos conteúdos da lei, uma vez que ele (o juiz), servidor por dever funcional do povo e das normas constitucionais, não tem as chaves construtivas de um Direito espontaneamente surgido de sua lei íntima (especial sensibilidade ao decidir)". (2008, p.105)

Assim, a jurisdição deve resultar da atividade discursivo-argumentativa desenvolvida pelas partes no *iter* procedimental, pautada sobre a inafastável observância do contraditório, haja vista ser este elemento essencial da dimensão pragmático-dialética da *instrumentalidade técnica*[23] do processo de obtenção do provimento decisório.

Álvaro Ricardo de Souza Cruz (2004, p.246) aduz que o contraditório dinâmico compõe a racionalidade procedimental que afasta uma visão solipsista do julgador. Por conseguinte, "na aplicação do direito, o juiz haverá de trabalhar com um discurso organizado em forma contraditória, concedendo simétrica igualdade de participação às partes na formação da decisão".

Não obstante, além de sua inafastável influência na formação do provimento, o contraditório constitui verdadeira garantia de *não surpresa,*[24] que impõe ao julgador o dever de provocar o debate acerca de todas as questões do processo, impedindo que em "solitária onipotência", ou

de construção e solidificação do regime democrático num país desenvolvido como o Brasil. [...] Assim, o processo é necessariamente um procedimento subjetivo, sujeito ao devido processo legal, contraditório e ampla defesa (art. 5º, LV da CF/88), sem o que perde sua legitimidade democrática." (CRUZ, 2004, p. 371)

23 Aroldo Plínio Gonçalves defende a instrumentalidade técnica, que garante um processo que "[...] se constitua na melhor, mais ágil e mais democrática estrutura para que a sentença que dele resulta se forme, seja gerada, com a garantia da participação igual, paritária, simétrica, daqueles que receberão os seus efeitos." (1992, p. 171)

24 Para Dierle José Coelho Nunes, "a assunção dessa concepção normativa do princípio do contraditório permitiria a instauração de uma renovada perspectiva isonômica de sua atuação processual [...] Esta não buscaria uma identidade entre as funções desempenhadas por todos os sujeitos processuais, mas, sim, o estabelecimento da ótica da consideração e da interdependência entre eles, uma vez que, na hipótese de assunção da concepção deontológica do contraditório como garantia de influência, assegura-se uma correção normativa (procedimental) das decisões, que mitigará o uso de argumentos estratégicos de viés autoritário, persuasivo, e se permitirá que, na intensa maioria das situações, somente argumentos normativos (decorrentes do debate) sejam utilizados no momento da fundamentação." (2008, p. 239)

pautado em seu "senso inato de justiça", aplique normas ou embase a decisão sobre fatos completamente estranhos à dialética processual.

Humberto Theodoro Júnior (2009, p. 252-253) assevera que de modo algum poderia ser tolerada uma decisão surpresa, decisão fora do contraditório, de sorte que o provimento sempre será fruto do debate das partes, e o juiz motivará sua decisão em cima dos argumentos extraídos das alegações dos litigantes, seja para acolhê-las, seja para rejeitá-las.

É desse sistema dialético que nasce o dever de fundamentar as decisões impostas ao juiz pelo art. 93, IX da Constituição Feral de 1988.

Aliado ao contraditório, a doutrina processual-democrática elenca ainda mais dois *princípios institutivos*[25] que compõem a base normativa (mínima) do modelo constitucional de processo, a saber, a ampla defesa e a isonomia.

A ampla defesa, garantia processual inerente ao devido processo legal, implementa-se nos limites do procedimento em contraditório.

Urge indispensável salientar que sua amplitude não supõe infinitude de produção da defesa a qualquer tempo, haja vista que, em atendimento ao Princípio da Reserva Legal, esta deverá se exercer no tempo e modo processual oportunizado na lei.

A seu turno, Rosemiro Pereira Leal (2001, p. 89) preconiza que a defesa "há de ser ampla, porque não pode ser estreitada (comprimida) pela sumarização do tempo a tal ponto de excluir a liberdade de reflexão cômoda dos aspectos de sua produção eficiente".

A ampla defesa se dá, portanto, nos limites previstos no ordenamento jurídico-constitucional. Esta previsão, porém, não pode comprimir a produção das alegações e provas a ponto de transformar a participação processual em mera falácia. Com efeito, é indispensável restar assegurada a efetiva participação das partes na formação do provimento decisório

---

25 Referindo-se aos Princípios Institutivos do Processo, Marcelo Cunha de Araújo salienta que estes são "características mínimas do contexto normativo procedimental que o configuram como o direito-garantia fundamental. [...] Princípios basilares e fundamentais (que fazem parte da fundação, da estrutura) do processo. [...] Conferem ao processo sua característica única: de direito-garantia fundamental, historicamente conquistado, de assegurador de um espaço político de participação do cidadão na aplicação do direito." (2003, p. 101).

(dialeticidade), por mais célere que seja o procedimento aplicado ao caso concreto.

Contudo, segundo as elementares lições de Marcelo Cunha de Araújo, "não basta ao complexo normativo de características procedimentais próprias prever uma alteração de posições subjetivas em contraditório, com limites espaço-temporais satisfatórios de produção de alegações e provas (ampla defesa)" (2003, p. 136). É necessária a associação de uma terceira característica essencial que complementa e garante o espaço democrático assegurado pelo processo, qual seja, a isonomia.

A isonomia vincula a forma de variação das demais características do processo. Não basta haver a possibilidade para a produção de alegações e provas, de forma alternada entre as partes do processo, nos limites previstos no complexo normativo processual. É imprescindível que esta dinâmica contraditória de ampla defesa se dê de forma isonômica. (ARAÚJO, 2003, p. 136-137)

Para Rosemiro Pereira Leal, isonomia é:

> Referente lógico-jurídico indispensável do procedimento em contraditório (processo), uma vez que a liberdade de contradizer no processo equivale à igualdade temporal de dizer e contradizer para a construção, entre partes, da estrutura procedimental. A asserção de que há de se dar tratamento igual a iguais e desigual a desiguais resulta em tautologia inominável, porque, na estruturação do procedimento, o dizer e contradizer, em regime de liberdade assegurada em lei, não se operam pela distinção jurisdicional do economicamente igual ou desigual. O direito ao processo não tem conteúdos de criação de direitos diferenciados pela disparidade econômica das partes, mas é direito assegurado de igualdade de participação construtiva no procedimento. (2001, p. 88-89)

Assim sendo, a ampla defesa, aliada ao contraditório, bem como à isonomia, são bases que a Constituição Federal, em seu art. 5º, LV, institui não só para o desenvolvimento, mas, em especial, para atribuição de validade ao processo. Na ausência de alguma dessas garantias constitucionais, o processo convola-se em mero procedimento.

No entanto, ressalta-se que a implementação dos princípios institutivos do processo no paradigma procedimental do Estado Democrático de Direito reivindica técnica apurada do operador, haja vista que, para efetivar o contraditório dinâmico, como metodologia de influência direta na formação do provimento decisório, bem como para implementação da ampla defesa em simétrica paridade entre as partes (isonomia), faz-se indispensável a participação do advogado, haja vista ser este o profissional tecnicamente capacitado para representar a parte em juízo na defesa de seus direitos.

Com efeito, atento à importância deste profissional para a garantia de proteção e defesa dos direitos fundamentais das partes no processo, a Constituição Federal de 1988 estabelece em seu art. 133 que o advogado é indispensável à administração da Justiça.

Ronaldo Brêtas (2012, p. 39) assevera que, em algumas hipóteses, a função jurisdicional exercida pelo Estado é chamada de *administração da justiça*, expressão criticada por Rosenberg, Fazzalari e Fernández Hierro, com a irrestrita adesão do autor, porque destituída de qualquer sentido técnico.

Contudo, é preciso entender que administração da justiça nada mais é do que a função jurisdicional (ou jurisdição) exercida obrigatoriamente pelo Estado em processo afeiçoado às garantias constitucionais. (BRÊTAS, 2012, p. 40) Em suma, o que a Constituição prescreve é a garantia fundamental de defesa técnica das partes, assegurando a presença e atuação obrigatória (e indispensável) do advogado, representando as partes e defendendo-lhes os direitos, em qualquer processo no qual o Estado esteja desempenhando a atividade jurisdicional.

José Cretella Júnior (1989, p. 3.343-3.344) ressalta que "administrar a justiça é julgar", atividade do Estado denominada jurisdição e somente prestada no processo.

Nesta senda, Rosemiro Pereira Leal (2011, p. 70-72) observa que a jurisdição só pode ser realizada pelo devido processo constitucional, este, definindo-se pela coexistência dos princípios da ampla defesa e do contraditório, incluindo-se, no primeiro, necessariamente, o direito ao advogado.

Corroborando com o presente entendimento encontram-se os ensinamentos de Juliana Pinto Coelho Ferreira, que defende que "a ampla defesa somente poderá ser efetivada mediante o patrocínio do advogado, para atuar em nome da parte, vez que este conta com a aptidão técnica necessária para lidar com as diversas situações que surgirem durante o curso do processo" (2008, p. 512).

Com efeito, Ronaldo Brêtas de Carvalho Dias (2012, p. 40) ressalta que neste mesmo sentido encontra-se o conteúdo normativo do art. 24.2 da Constituição espanhola de 1978:

> Todos têm direito ao juiz ordinário determinado previamente pela lei, à defesa e assistência de advogado, a ser informados da acusação contra si deduzida, a um processo público sem dilações indevidas e com todas as garantias, a utilizar os meios de provas adequadas à sua defesa, a não prestar declarações contra si próprios, a não confessarem culpados e à presunção de inocência.

Dado sua inquestionável proximidade com as premissas teóricas do modelo constitucional de processo brasileiro, a referida norma da Constituição espanhola, que, segundo Ronaldo Brêtas serviu de fonte inspiradora para a Constituição Federal de 1988, foi bem qualificada por Baracho como "síntese de pressupostos e cláusulas constitucionais de defesa da cidadania, considerada processualmente". (BRÊTAS, 2012, p. 40)

Diante destas considerações, Ronaldo Brêtas conclui, acertadamente, que:

> Nos processos, qualquer um do povo (parte) tem de estar representado por advogado frente ao Estado, representação que traduz direito de cidadania das pessoas, direito a uma defesa técnica, sendo esta a recomendação constitucional que o misoneísmo dos juízes e tribunais brasileiros, infelizmente, algumas vezes, faz com que seja sumariamente ignorada. (2012, p. 40).

A presença do advogado no ato estatal de julgar, somente possível por intermédio do processo, não é superfluidade, mas necessidade da parte, em razão do cada vez mais acentuado tecnicismo jurídico que disciplina as relações do Estado com as pessoas, bem como entre estas em si, daí a recomendação do art. 133 da Constituição Federal de 1988.

Nesta senda, torna-se cristalino que a participação do advogado passa a ser requisito *sine qua non* de validade da atividade procedimental desenvolvida em contraditório na formação do provimento jurisdicional, haja vista ser garantia processual decorrente da ampla defesa, princípio institutivo do processo no paradigma do Estado Democrático de Direito.

Ademais, considerando a dimensão democrático-constitucional do processo no paradigma do Estado Democrático de Direito, como meio de defesa, garantia e implementação de direitos fundamentais plenamente exigíveis, conforme disposto no § 1º do art. 5º da CF/88, considerando, ainda, que a efetivação dos referidos direitos fundamentais se dá, em consonância com o modelo constitucional de processo, mediante o pleno atendimento às garantias processuais dispostas na Lei Maior, bem como considerando, por fim, a diretriz normativa dos princípios e normas constitucionais no exercício das funções do Estado, torna-se inquestionável a impossibilidade de efetivação da atividade jurisdicional sem a presença do advogado.

Por isso, relevantes considerações são feitas por Carlos Henrique Soares sobre o assunto, ao perceber que o advogado é:

> Agente garantidor da legitimidade da decisão judicial, uma vez que é o mesmo juridicamente capaz de estabelecer um diálogo técnico-jurídico que permite a construção do provimento em simétrica paridade, garantindo o contraditório, a ampla defesa, bem como o controle da jurisdição. (2004, p. 173-174)

Em suma, ainda segundo Carlos Henrique Soares, no Estado Democrático de Direito, o advogado é "agente garantidor da democracia, da cidadania e da soberania, bem como dos direitos fundamentais". (2004, p. 174).

Por essas razões, são manifestamente inconstitucionais as regras da legislação ordinária que dispensam a presença do advogado nos processos, por exemplo, arts. 791 e 839 da Consolidação das Leis do Trabalho, art. 2º da Lei n. 7.244, de 23.07.1968, nas ações de alimentos, e art. 9º, da Lei 9.099, de 26.09.1999, nos Juizados Especiais Cíveis. (BRÊTAS, 2012, p. 41).

Infelizmente, apontadas normas continuam a ser aplicadas nos processos, porque, conforme doutrina de Lênio Luiz Streck, falta-nos um "sentimento constitucional concretizante". Tivéssemos tal sentimento, prossegue o autor, poderíamos desenvolver "um labor avassalador, pelo qual as leis infraconstitucionais seriam simplesmente devassadas a partir de uma implacável hermenêutica constitucional", ou seja, uma "verdadeira filtragem constitucional", o que, à evidência, não tem ocorrido no Brasil durante todos estes anos de vigência da Constituição Federal de 1988. (2009, p. 5-6).

A instituição do processo não tem outras finalidades que não a preparação do provimento decisório sob estrita observância do devido processo legal. Assim, tem-se, por conseguinte, que qualquer tentativa de mitigação (ou supressão) das garantias processuais-constitucionais do povo ocasionará lesão ao modelo constitucional de processo, carecendo a decisão, por conseguinte, de legitimidade democrática.[26]

Lênio Streck (2013, p.121) ressalta que a democracia corre perigo se a aplicação do direito pelos tribunais é feita sem uma adequada teoria da decisão judicial, a qual, por seu turno, deve se efetivar, no Estado Democrático de Direito, à luz do devido processo constitucional.

Por consectário, o processo, como espécie de procedimento com características mínimas definidas no texto constitucional, é uma estrutura normativa sequencial de atos visando um provimento estatal. O processo não é mero instrumento do provimento, qualquer que seja sua espécie (legislativo, judicial ou administrativo). Como estrutura em sequência, o provimento (decisão) é parte do processo, sendo seu último ato. Dizer que a jurisdição é finalidade do processo é simplificação errônea (e inconstitucional) da realidade: o provimento jurisdicional é ato final do processo judicial, devendo, dessa forma, ser pautado, em consonância com o modelo constitucional de processo, na estrita observância dos preceitos do devido processo legal, assegurando ao jurisdicionado a influência direta em seu resultado, tornando, portanto, indispensável a participação do advogado, sob pena de lesão ao exercício da ampla defesa e do contraditório em sua plenitude.

[26] Paulo Bonavides, ressaltando o inafastável respeito às garantias processuais-constitucionais como meio de legitimação decisória aduz que "nunca porém deve ficar deslembrado que as garantias constitucionais legitimam sempre a ação do Estado, uma vez que sua presença ou intervenção se faz em prol da sustentação, integridade e observância dos direitos fundamentais." (2002, p. 534).

3. CONSIDERAÇÕES FINAIS

Percebe-se que o exercício da função jurisdicional no paradigma do Estado Democrático de Direito, dado a dimensão normativa dos princípios constitucionais, exige o respeito às garantias processuais dispostas na Lei Maior, entre as quais ressalta-se o devido processo legal, que, sob interpretação lógico-sistemática das normas do art. 5º, incisos II, XXXV, XXXVII, LII, LIV, LV e LXXVIII, do art. 93, incisos IX e X, e dos arts. 133 e 134, todos da Constituição Federal, deve ser interpretado como um bloco aglutinante e compacto de vários direitos e garantias fundamentais e inafastáveis ostentados pelas pessoas nas relações com o Estado.

À luz dos referidos artigos da Constituição brasileira, ficou evidenciado que ao magistrado é defeso atuar além dos conteúdos normativos, seja a que título for, não sendo democraticamente sustentável qualquer possibilidade de solipsismo, discricionariedade, protagonismo ou estabelecimento de qualquer condição privilegiada ao agente público julgador em detrimento dos destinatários (que são os verdadeiros legitimadores) dos atos jurisdicionais: as partes.

A partir de estudos crítico-científicos amparados no modelo constitucional de processo, buscou-se demonstrar que, no Estado Democrático de Direito, a função jurisdicional deve ser prestada segundo o devido processo constitucional, mediante a rigorosa observância do princípio do devido processo legal na regência do contraditório, da ampla defesa, da isonomia, da fundamentação lógica dos provimentos jurisdicionais e da inafastável garantia de julgamento em bases normativas prévias (reserva legal) para a construção do ato decisório final. Somente a partir dessas premissas de legitimidade decisória poderá ser obtida uma decisão democrático-constitucional nos processos jurisdicionais.

Tais garantias processuais, conforme preconizado no próprio texto constitucional, só serão asseguradas quando cumpridas as exigências constitucionais dos pressupostos de existência e validade do processo, entre eles, a participação indispensável do advogado, por se tratar de garantia inerente à ampla defesa, princípio institutivo do processo.

Ao advogado é atribuída à capacidade postulatória por ser detentor dos conhecimentos relativos aos deveres, faculdades e ônus processuais, estando apto a exercer em plenitude a ampla defesa e o contraditório, na defesa dos interesses de seu constituinte.

Somente com a participação do advogado é que a parte terá resguardado seus direitos fundamentais e garantias processuais elencadas na Constituição, entre elas, o pleno exercício da ampla defesa, que requer elevado conhecimento técnico, assegurando ao jurisdicionado a influência direta no resultado do provimento em construção.

Constatou-se, ao fim deste estudo, que o eixo da jurisdição não pode mais estar centrado na figura do julgador, mas, sim, no procedimento processualizado que respeitará os direitos e garantias fundamentais dos destinatários dos atos jurisdicionais, revestindo de total inconstitucionalidade quaisquer disposições normativas contrárias às premissas constitucionais, em especial, aquelas presentes na legislação infraconstitucional que permite a supressão da participação do advogado no processo.

Com efeito, é preciso reconhecer o avanço teórico-discursivo do modelo constitucional de processo.

Merece destaque, por derradeiro, que o *processo* não mais pode ser visto como um mero *instrumento* da jurisdição. Este instituto vai muito além desta ultrapassada concepção. É indispensável que se entenda que o processo é uma instituição constitucionalizada e estruturada sob o pleno exercício da *cidadania* e da *democracia*, instituição esta garantidora do exercício democrático dos direitos fundamentais previamente estabelecidos pela Constituição de 1988, e, em sendo o advogado agente garantidor da democracia, da cidadania e dos direitos fundamentais, inexorável se mostra a indispensabilidade de sua participação, sob pena de ilegitimidade democrática da atividade jurisdicional.

O estudo de tais questões é tarefa de monumental importância para a efetiva construção e contínuo desenvolvimento do Estado Democrático de Direito, sempre no sentido de buscar uma argumentação que melhor se amolde ao eixo teórico da democracia.

4. REFERÊNCIAS

ANDOLINA, Italo. O papel do processo na atuação do ordenamento constitucional e transnacional. Trad. Oreste Nestor de Souza Laspro. *Revista de Processo*, São Paulo, v. 87, p.63-69, jul./set. 1997.

ALEXY, Robert. *Teoria dos direitos fundamentais*. Trad. Virgílio Afonso da Silva. São Paulo: Malheiros, 2008.

ARAÚJO, Marcelo Cunha de. *O novo processo constitucional*. Belo Horizonte: Mandamentos, 2003.

BARACHO, José Alfredo de Oliveira. *Processo constitucional*. Rio de Janeiro: Forense, 1984.

BARACHO, José Alfredo de Oliveira. Teoria geral do processo constitucional. *Revista da Faculdade Mineira de Direito*, Belo Horizonte, v. 2, n. 3 e 4, , 1º e 2º sem. 1999.

BARACHO, José Alfredo de Oliveira. *Processo constitucional:* aspectos contemporâneos. Belo Horizonte: Fórum, 2006.

BARROS, Flaviane de Magalhães. O modelo constitucional de processo e o processo penal: a necessidade de uma interpretação das reformas do processo penal a partir da Constituição. *In*: MACHADO, Felipe Daniel Amorim; CATTONI DE OLIVEIRA, Marcelo Andrade (Coord.). *Constituição e processo:* a contribuição do processo ao constitucionalismo brasileiro. Belo Horizonte: Del Rey, 2009.

BARROSO, Luís Roberto. *Interpretação e aplicação da Constituição*. 7. ed. rev. São Paulo: Saraiva, 2009.

BONAVIDES, Paulo. *Curso de direito constitucional*. 13. ed. rev. atual. São Paulo: Malheiros, 2002.

BRÊTAS, Ronaldo de Carvalho Dias. *Processo constitucional e Estado Democrático de Direito*. 2. ed. Belo Horizonte: Del Rey, 2012.

CALMON DE PASSOS, José Joaquim. *Direito, poder, justiça e processo*: julgando os que nos julgam. 2. tir. Rio de Janeiro: Forense, 1999.

CATTONI DE OLIVEIRA, Marcelo Andrade. O processo constitucional como instrumento da jurisdição constitucional. *Revista da Faculdade Mineira de Direito,* Belo Horizonte, v. 3, n. 5 e 6, p. 161-169, 1º e 2º sem. 2000.

CATTONI DE OLIVEIRA, Marcelo Andrade. A legitimidade democrática da Constituição da República Federativa do Brasil: uma reflexão sobre o projeto constituinte do Estado Democrático de Direito no marco da teoria do discurso de Jürgen Habermas. *In*: GALUPPO, Marcelo Campos (Coord.). *Constituição e democracia*: fundamentos. Belo Horizonte: Fórum, 2009.

CATTONI DE OLIVEIRA, Marcelo Andrade. A súmula Vinculante n. 4 do STF e o "Desvio" Hermenêutico do TST: notas programáticas sobre a chamada "nova configuração" da jurisdição constitucional brasileira nos vinte anos da Constituição da República. *In*: MACHADO, Felipe Daniel Amorim; CATTONI DE OLIVEIRA, Marcelo Andrade (Coord.. *Constituição e processo*: a contribuição do processo ao constitucionalismo brasileiro. Belo Horizonte: Del Rey, 2009.

CRETELLA JÚNIOR, José. *Comentários à Constituição de 1988*. Rio de Janeiro: Forense Universitária, 1989.

CRUZ, Álvaro Ricardo de Souza. *Jurisdição constitucional democrática*. Belo Horizonte: Del Rey, 2004.

DEL NEGRI, André. *Controle de constitucionalidade no processo legislativo:* Teoria da legitimidade democrática. Belo Horizonte: Fórum, 2008.

DEL NEGRI, André. *Teoria da Constituição e do direito constitucional*. Belo Horizonte: Forum, 2009.

DEL NEGRI, André. *Processo constitucional e cecisão interna corporis*. Belo Horizonte: Fórum, 2011.

FERREIRA. Juliana Pinto Coelho; CASTRO, João Antonio Lima (Coord.). *Releitura constitucional dos Juizados Especiais Cíveis. Direito Processual*: Estudos no Estado Democrático de Direito. Belo Horizonte: PUC Minas, Instituto de Educação Continuada, 2008.

GALUPPO, Marcelo Campos (Coord). *Constituição e democracia:* fundamentos. Belo Horizonte: Del Rey, 2004.

GONÇALVES, Aroldo Plínio. *Técnica processual e teoria do processo*. Rio de Janeiro: Aide, 1992.

LEAL, André Cordeiro. *O contraditório e a fundamentação das decisões no direito processual democrático*. Belo Horizonte: Mandamentos, 2002.

LEAL, Rosemiro Pereira (Coord.) *Estudos continuados de teoria do processo*. Porto Alegre: Síntese, 2001, v. II.

LEAL, Rosemiro Pereira. Modelos processuais e Constituição democrática. *In*: MACHADO, Felipe Daniel Amorim; CATTONI DE OLIVEIRA, Marcelo Andrade (Coord.). *Constituição e processo:* a contribuição do processo ao constitucionalismo brasileiro. Belo Horizonte: Del Rey, 2009.

LEAL, Rosemiro Pereira. *Teoria geral do processo*. 11. ed. Rio de Janeiro: Forense, 2012.

NUNES, Dierle José Coelho. *Processo jurisdicional democrático*. Curitiba: Juruá, 2008.

SILVA, Virgílio Afonso da (Org). *Interpretação constitucional*. São Paulo: Malheiros, 2005.

SOARES, Carlos Henrique. *O advogado e o processo constitucional*. Belo Horizonte: Decálogo, 2004.

STRECK, Lenio Luiz. *Jurisdição constitucional e decisão jurídica*. 3. ed. São Paulo: Revista dos Tribunais, 2013.

STRECK, Lenio Luiz. Hermenêutica, Constituição e processo, ou de "como discricionariedade não combina com democracia: um contraponto da resposta correta". *In*: MACHADO, Felipe Daniel Amorim; CATTONI DE OLIVEIRA, Marcelo Andrade (Coord.). *Constituição e processo*: a contribuição do processo ao constitucionalismo brasileiro. Belo Horizonte: Del Rey, 2009.

THEODORO JÚNIOR, Humberto. Constituição e processo: desafios constitucionais da reforma do processo civil no Brasil. *In*: MACHADO, Felipe Daniel Amorim; CATTONI DE OLIVEIRA, Marcelo Andrade (Coord.). *Constituição e processo:* a contribuição do processo ao constitucionalismo brasileiro. Belo Horizonte: Del Rey, 2009.

Inquérito Policial – Do acesso aos autos por parte do Advogado

Fábio Piló

Advogado Criminalista Pós-graduado pela Universidade Cândido Mendes/RJ. Mestrando em Direito Ambiental pela Escola Superior Dom Helder Câmara/BH.

1. INTRODUÇÃO

Este artigo é destinado aos estudantes de Direito e aos advogados em geral, tanto criminalistas, que diariamente se submetem às decisões das autoridades policiais no sentido de autorizar ou não o acesso do advogado aos autos do Inquérito Policial, também aos guerreiros que se aventuram esporadicamente no ambiente criminal e àqueles que se interessam pelo tema, mesmo sem atuarem na área.

Trarei à baila este importante tema, demonstrando a necessidade de observância dos princípios constitucionais da legalidade, ampla defesa, contraditório e devido processo legal por parte da autoridade policial, conceituando o instituto em debate, elucidando as dúvidas quanto ao caráter inquisitorial e sigiloso do Inquérito Policial e colacionando as legislações aplicáveis ao caso, inclusive a Súmula Vinculante n. 14 do STF, que normatizou referido acesso aos autos por parte do advogado constituído.

O intuito aqui é mostrar que o acesso por parte do advogado aos autos do Inquérito Policial não se traduz em um favor por parte deste, mas sim em um direito assegurado pela legislação e pelo Pleno do Supremo Tribunal Federal àquele.

2. DIREITOS FUNDAMENTAIS CONSTITUCIONAIS

2.1. Legalidade

É direito do investigado que o Inquérito Policial seja revestido de legalidade.

A observância de requisitos legais se faz necessária, como, por exemplo, a necessidade de se relatar o Inquérito no tempo previsto em lei processual penal, a necessidade em se investigar de forma legal, observando requisitos insertos em legislação extravagante, etc.

Lembrando que um Inquérito Policial não se traduz apenas por um Auto de Prisão em Flagrante, quando há investigado preso de tal forma, mas sim, principalmente, em um procedimento administrativo complexo, que deve fazer nascer a justa causa do autor da ação penal, seja ele o promotor de Justiça, seja o querelante.

Assim sendo, o advogado acaba por ser o fiscal do Inquérito Policial, cabendo a este a observância de sua legalidade para que os demais direitos fundamentais sejam observados quando dessa fase pré-processual.

2.2. Ampla defesa

O investigado, ao contrário do que muitos pensam, tem direito, sim, à ampla defesa quando da fase inquisitorial.

Bons exemplos de formas de manifestação da ampla defesa se dariam por um pedido de liberdade provisória, revogação de uma prisão preventiva ou temporária e, até mesmo, pela utilização do *habeas corpus*, que é uma garantia fundamental do direito à liberdade.

No entanto, o livre acesso aos autos se mostra essencial aos casos acima.

2.3. Contraditório

Muitos leitores podem estar se perguntando o porquê de se falar em contraditório em um artigo que trata de Inquérito Policial. O que muitos não sabem é que ao procedimento pré-processual, denominado Inquérito Policial, aplica-se, sim, o direito fundamental do contraditório, eis que muitas provas são produzidas com a anuência do Poder Judiciário, como, por exemplo, as provas irrepetíveis, bem como várias outras decisões também passam pelo crivo do Judiciário.

Sobre o tema, trago o seguinte julgado, utilizado quando da confecção da Súmula Vinculante n. 14 do Supremo Tribunal Federal:

> Princípio do contraditório e inquérito policial.
>
> 'O inquérito não possui contraditório, mas as medidas invasivas deferidas judicialmente devem se submeter a esse princípio, e a sua subtração acarreta nulidade.
> Obviamente não é possível falar-se em contraditório absoluto quando se trata de medidas invasivas e redutoras da privacidade. Ao investigado não é dado conhecer previamente – sequer de forma concomitante – os fundamentos da medida que lhe restringe a privacidade. Intimar o investigado da decisão de quebra de sigilo telefônico tornaria inócua a decisão.
> Contudo, isso não significa a ineficácia do princípio do contraditório. Com efeito, cessada a medida, e reunidas as provas colhidas por esse meio, o investigado deve ter acesso ao que foi produzido, nos termos da Súmula Vinculante n. 14. Os fundamentos da decisão que deferiu a escuta telefônica, além das decisões posteriores que mantiveram o monitoramento devem estar acessíveis à parte investigada no momento de análise da denúncia e não podem ser subtraídos da Corte, que se vê tolhida na sua função de apreciar a existência de justa causa da ação penal.

Trata-se de um contraditório diferido, que permite ao cidadão exercer um controle sobre as invasões de privacidade operadas pelo Estado. Inq 2.266' (DJe 13.3.2012) – Relator Ministro Gilmar Mendes – Tribunal Pleno.

2.4. Devido processo legal

O devido processo legal, no Inquérito Policial, é, sim, garantido, eis que, correndo junto ao contraditório, são de suma importância para casos excepcionais, como a necessidade de colheita de provas irrepetíveis, por exemplo, a oitiva de uma testemunha que esteja quase em óbito.

No caso em tela, há de se observar o devido processo de oitiva por parte dos interessados, inclusive pelo patrono do acusado.

Ademais, o devido processo legal se transmuda em devido procedimento legal, oportunidade em que este pode até vir a se confundir com a legalidade.

3. INQUÉRITO POLICIAL

Tratarei neste tópico das questões principais inerentes ao conhecimento de um Inquérito Policial, como sua conceituação, natureza jurídica, valor probatório, aplicação dos direitos fundamentais constitucionais inerentes, valor das provas obtidas no procedimento préprocessual, das diferenças entre segredo de justiça e sigilo e sobre os personagens que possuem o direito ao acesso aos autos do Inquérito Policial.

3.1. Conceito

Sobre o conceito de Inquérito Policial, temos que é possível conceituá-lo como o complexo de diligências (atos investigatórios) produzidas pela polícia judiciária, seja civil estadual ou civil federal, com o intuito de investigar as infrações penais e colher elementos suficientes e necessários à propositura da ação penal. Seu *animus* é a apuração das infrações penais da sua autoria, consoante art. *4º* do *CPP*.

São características do Inquérito Policial:

Sigiloso: art. *20* do *CPP* "Necessário à elucidação do fato ou exigido pelo interesse da sociedade". Esse artigo não é aplicado ao advogado do investigado, a exceção será no caso de investigação de absoluto sigilo, como por exemplo, interceptação telefônica.

– Oficioso (inciativa *ex officio*): tomando conhecimento da prática de crime de ação penal pública, em razão do dever que o Estado tem de exercer o *jus puniendi*, fica a autoridade policial obrigada a instaurar o respectivo inquérito policial (art. 24 do CPP). Atenção aqui, pois em caso de ação penal privada ou pública condicionada a representação, não há que se falar em oficiosidade.

– Indisponível: instaurado o Inquérito Policial, esse não mais poderá ser paralisado ou arquivado por iniciativa da própria autoridade policial (art. 17 do CPP), que deverá continuar nas investigações até o fim, quando, então, deverá remetê-lo ao Poder Judiciário, onde o representante do *Parquet* fará a *opinio delicti*.

– Oficialidade: sendo a repressão criminal função essencial e exclusiva do Estado, esse deverá criar órgãos para esse fim. Em síntese: os órgãos encarregados da persecução criminal devem ser oficiais. Assim, as investigações preliminares, nos crimes de ação pública, deverão ser feitas pela Polícia Judiciária (art. 144 da CF), e a interposição da ação deverá ser feita pelo Ministério Público (art. 129, I da CF), dois órgãos oficiais do Estado.

– Escrito: art. *9º* do *Código de Processo Penal* – "As peças do Inquérito Policial serão processadas e reduzidas a escrito ou datilografadas e, neste caso, rubricadas pela autoridade".

– Ausência de rito próprio: não há um rito específico a ser seguido pelo delegado de Polícia no curso do Inquérito Policial, ou seja, não há obrigatoriedade de se observar certa sequência procedimental, podendo e devendo a autoridade decidir o que será melhor para as investigações. Claro que o Auto de Prisão em Flagrante, por exemplo, deve seguir a ordem ditada na lei, sob pena de perder seu poder coercitivo.

– Dispensável: outras fontes de investigações poderão servir de base para a instauração penal, não obrigatoriamente o Inquérito Policial. Exemplos: as CPIs, os Inquéritos Civis, os Inquéritos Policias Militares (IPMs) etc.

– Inquisitivo: quer dizer que no Inquérito Policial não há, em regra, contraditório e ampla defesa, ou seja, não são aplicados os princípios constitucionais em tela, observando-se os direitos fundamentais inerentes à pessoa humana. O Inquérito Policial, *grosso modo*, é mera colheita de provas.

– Intranscendente: não pode, a atividade persecutória, passar da pessoa do indiciado. Assim, é totalmente inaceitável, sequestrar o filho do investigado para fazer com que o mesmo apareça.

Desta forma, conclui-se que a real finalidade do inquérito policial é angariar elementos necessários e suficientes que possibilitem a convicção do Ministério Público, para que um de seus promotores de Justiça ofereça a inicial acusatória ou o ofendido ofereça a queixa-crime. Os elementos de convicção são: materialidade do fato e indícios de autoria, possibilitando que o titular da ação penal inaugure os autos da faze processual.

3.2. Natureza jurídica

É procedimento escrito, investigatório, administrativo, inquisitório e preparatório da ação penal.

3.3. Segredo de Justiça x Sigilo nas investigações

O advogado não pode confundir os importantes institutos em comento, eis que, apesar de parecidos, principalmente aos olhos do leigo, são completamente distintos, tanto no que se refere à conceituação quanto ao momento de decretação de cada um deles.

Sobre o segredo de justiça, temos a seguinte manifestação do STJ, exarada no RMS 28949:

> A publicidade dos atos processuais é mais do que uma regra, é uma garantia importante para o cidadão, na medida em que permite o controle dos atos judiciais por qualquer indivíduo integrante da sociedade. Ela está prevista na Constituição Federal, em seu artigo 5º, dedicado às garantias individuais, e também tem previsão legal no Código de Processo Civil (CPC), nos artigos 155 e 444.

"A publicidade gera a oportunidade não só de conhecimento, mas, sobretudo, de controle, na forma legal, de decisões, o que é inerente ao processo legal e à própria essência do Estado de Direito, pois se trata de serviço público, vale dizer, para o público, primordial", avalia o ministro Arnaldo Esteves Lima, do Superior Tribunal de Justiça (STJ), ao discorrer sobre o tema.

Tamanha é a importância da publicidade que o ordenamento brasileiro considera nulos os atos realizados sem a observância dessa garantia processual, com exceção das hipóteses de sigilo legalmente permitidas (Constituição Federal, artigo 93, IX, e Código de Processo Civil, artigo 155).

Entretanto, existem situações em que o sigilo interessa ao próprio cidadão, para resguardar-lhe aspectos muito importantes, nos quais a publicidade poderia ferir sua intimidade. O segredo de Justiça é decretado justamente nessas situações, em que o interesse de possibilitar informações a todos cede diante de um interesse público maior ou privado, em circunstâncias excepcionais. O segredo de Justiça se baseia em manter sob sigilo processos judiciais ou investigações policiais, que normalmente são públicos, por força de lei ou de decisão judicial. Segundo Esteves Lima, ele deve ocorrer apenas em casos excepcionais, quando se questiona, em juízo, matéria que envolva a intimidade das pessoas ou, ainda, nos casos de sigilos de comunicação, fiscais e de dados, conforme prevê a própria Constituição da República (artigos 5º e 93).

"Em tais casos, justifica-se a publicidade restrita aos atores do processo, considerando-se que, em última análise, preserva-se a própria dignidade das partes envolvidas, pois não seria justo que questões pessoais fossem desnudadas ao grande público. Em síntese, o interesse, aí, é, primordialmente, particular, o que torna válido e, mais do que isso, legítimo aplicar a exceção, que é o sigilo processual, em detrimento da regra, que é quase absoluta, da sua ampla publicidade", afirma o ministro.

No fundo, o legislador resguarda a intimidade do indivíduo e também a integridade da família. Não faz sentido, por exemplo, levar ao conhecimento público toda a intimidade de um casal que enfrenta uma separação litigiosa e/ou disputa a guarda dos filhos. Esse tipo de demanda tem, geralmente, interesse somente para as partes do processo. Ainda que assim não seja, eventual interesse de terceiros fica suplantado pela necessidade de preservar a intimidade dos envolvidos."

Portanto, em relação ao momento de decretação do segredo de justiça, temos que este somente será decretado em fase processual, ou seja, quando já inaugurada a fase judicial.

Portanto, em relação ao Inquérito Policial, não há que se falar em segredo de justiça, mas, sim, em sigilo das investigações.

Sobre o sigilo, temos que o Código de Processo Penal apresenta a seguinte previsão:

> Art. 20. A autoridade assegurará no inquérito o sigilo necessário à elucidação do fato ou exigido pelo interesse da sociedade.
>
> Parágrafo único. Nos atestados de antecedentes que lhe forem solicitados, a autoridade policial não poderá mencionar quaisquer anotações referentes a instauração de inquérito contra os requerentes, salvo no caso de existir condenação anterior.

O sigilo aqui mencionado refere-se ao resguardo das informações contidas nos autos perante terceiros não interessados, como advogados sem procuração, imprensa, familiares e demais pessoas não previstas em lei.

Na mesma linha, admite-se o sigilo para o advogado, somente no momento da coleta de prova, da diligência, pois o inquérito não está sob a égide do princípio constitucional do contraditório, ao contrário, obedece ao princípio inquisitorial. Tal admissão não alcança o resultado da diligência que é inserido no autos do inquérito, para o qual, estará assegurado o exame do advogado.

Enfim, após a juntada aos autos do Inquérito das provas e diligências, o acesso por parte do advogado constituído não deve ser obstado.

Sobre o tema, temos o seguinte julgado, utilizado quando da confecção da Súmula Vinculante n. 14 do STF:

> **Direito de acesso a diligências concluídas** "O que não se revela constitucionalmente lícito, segundo entendo, é impedir que o investigado (ou o réu, quando for o caso) tenha pleno acesso aos dados probatórios, que, já documentados nos autos (porque a estes formalmente incorporados), veiculem informações que possam revelar-se úteis ao conhecimento da verdade real e à condução da defesa da pessoa investigada ou processada pelo Estado,

> não obstante o regime de sigilo excepcionalmente imposto ao procedimento de persecução penal ou de investigação estatal. Tenho enfatizado, nesta Suprema Corte, em inúmeras decisões, que o fascínio do mistério e o culto ao segredo não devem estimular, no âmbito de uma sociedade livre, práticas estatais cuja realização, notadamente na esfera da persecução instaurada pelo Poder Público, culmine em ofensa aos direitos básicos daquele que é submetido, pelos órgãos e agentes do Poder, a atos de investigação [...]". HC 113.548 MC (*DJe* 18.5.2012) – Relator Ministro Celso de Mello – Decisão Monocrática.
>
> "Consoante se depreende das informações prestadas pelo Juízo de Direito da 1ª Vara Criminal do Foro da Comarca de Alvorada/RS, os reclamantes tiveram amplo acesso aos elementos já devidamente formalizados nos autos do procedimento, com a ressalva das medidas de interceptação telefônica em curso, o que, a princípio, não implica violação ao enunciado da Súmula Vinculante 14 do Supremo Tribunal Federal.
>
> Assim, ao menos em uma análise preliminar, entendo não configurado o necessário requisito do fumus boni iuris, porquanto este Supremo Tribunal Federal é firme no sentido de que o advogado regularmente constituído tem, de fato, o direito de pleno acesso aos autos de persecução penal, ainda que em regime de sigilo; contudo, tal prerrogativa não inclui as informações e providências investigatórias ainda em curso. [...]" Rcl 13.642 MC (*DJe* 25.5.2012) – Relator Ministro Gilmar Mendes – Decisão Monocrática.

A doutrina aborda tal questão, no livro *Comentários ao Novo Estatuto da Advocacia e da OAB*, de Paulo Luiz Netto Lôbo, que leciona:

> Os incisos XIII a XVI, do art. 7º, minudenciam as hipóteses mais comuns do direito de acesso e exame de inquéritos e processos judiciais ou administrativos findos ou em andamento e documentos, com ou sem procuração, nos órgãos públicos ou judiciários. A única restrição é quando estejam em regime de sigilo, previsto em lei. O direito de ter vista do processo é mais abrangente do que o de simples exame. Pressupõe o patrocínio da causa e é imprescindível para seu desempenho. Em nenhuma hipótese pode ser obstado, nem mesmo em regime de sigilo. A obstrução é crime, inclusive

por abuso de autoridade, além da responsabilidade civil do infrator desse preceito legal.

Nesse diapasão inexiste sigilo decretado pela autoridade policial, em Inquérito, por absoluta ausência de previsão legal para tanto. O que se espera e se admite é que a autoridade diligencie para, nos casos que reclamam sigilo, que tal seja observado perante todos, menos perante o advogado.

3.4. Direito de acesso aos autos do Inquérito Policial

Neste tópico, dúvidas corriqueiras sobre quem pode e quem não pode acessar os autos do Inquérito Policial serão sanadas.

3.4.1. Por parte do investigado

Pergunta-se: O investigado pode livremente chegar à Delegacia de Polícia e solicitar acesso aos autos para fotocopiá-lo?

Não há vedação legal para tanto. A linha de pensamento neste caso deve partir de uma análise da situação perante os direitos constitucionalmente previstos.

Portanto, levando-se em conta o direito à ampla defesa e ao contraditório, temos que concluir pela legitimidade do investigado em acessar os autos do Inquérito.

Outra hipótese se mostra quando temos um investigado advogando em causa própria, o que faria com que a Súmula Vinculante n. 14, bem como o Estatuto da OAB legitimassem o seu livre acesso aos autos.

3.4.2. Por parte da vítima

Pois bem, como sabemos, a legislação pátria traz como modalidades de ação penal a pública (condicionada e incondicionada) e a privada (comum e subsidiária), além da requisição. Pois bem, a ação penal privada possui como autor a própria vítima, ou seu cônjuge, ascendente, descendente ou irmão, sendo que todos possuem interesse legal e legítimo em acessar os autos do Inquérito.

Portanto, conclui-se que, não apenas a vítima, mas também os familiares acima citados possuem legitimidade para acessar os autos do Inquérito Policial.

3.4.3. Por parte dos advogados

Apesar de entender de forma diversa, ainda que não tenha procuração, pode o advogado ter acesso aos autos de Inquérito Policial, pois nos termos do inciso XIV do artigo 7º da Lei n. 8.906/94, é direito do advogado "examinar em qualquer repartição policial, mesmo sem procuração, autos de flagrante e de inquérito, findos ou em andamento, ainda que conclusos à autoridade, podendo copiar peças e tomar apontamentos" (Estatuto da OAB).

3.4.3.1. Advogado formalmente constituído x advogado sem procuração

Aqui há que se falar em acesso aos autos do Inquérito Policial por parte daquele advogado não constituído formalmente, o que se faz por meio de procuração com poderes específicos.

Entretanto, segundo entendimento jurisprudencial, vale ressaltar que se no curso do Inquérito Policial for decretada a quebra do sigilo bancário ou fiscal do investigado, impõe-se a necessidade de procuração em favor do advogado para acesso aos autos.

Esse é o entendimento dominante, apesar de não ser a minha interpretação pessoal acerca do teor da Súmula Vinculante n. 14 do Supremo Tribunal Federal.

Referida Súmula deixa clara essa conclusão, quando diz que "É direito do defensor, *no interesse do representado,* ter acesso amplo aos elementos de prova que, já documentados em procedimento investigatório realizado por órgão com competência de polícia judiciária, digam respeito ao exercício do direito de defesa".

Portanto, por ter o Inquérito como uma de suas características o sigilo, somente o advogado constituído pode acessar os autos em comento, além de apenas este demonstrar interesse plausível e justificado em conhecer o teor dos autos, lembrando que o entendimento dominante é no sentido de livre acesso ao advogado, mesmo que sem procuração.

Contudo, pergunta-se: há previsão legal para que o advogado acesse o preso, inclusive para que seja constituído formalmente? A resposta vem incerta no inciso III do artigo 7º do Estatuto da OAB, senão vejamos:

> Art. 7º. São direitos do advogado:
> [...]
> III – comunicar-se com os seus clientes, pessoal e reservadamente, mesmo sem procuração quando esses se acharem presos, detidos ou recolhidos em estabelecimentos civis ou militares, ainda que considerados incomunicáveis;

4. LEGISLAÇÃO

A legislação pátria traz diversas previsões acerca do direito do advogado de acessar os autos do Inquérito Policial.

Algumas previsões normativas devem ser interpretadas com bastante atenção, eis que podem levar o leitor ao erro.

Como norte de tudo, temos o artigo 133 da Magna Carta de 1988, que versa:

> Art. 133. O advogado é indispensável à administração da justiça, sendo inviolável por seus atos e manifestações no exercício da profissão, nos limites da lei.

Ademais, temos a previsão incerta no artigo 7º do Estatuto da OAB, lei Federal n. 8.906/94, que assegura ao advogado o acesso aos autos judiciais ou administrativos de qualquer natureza, *ipsis litteris*:

> Art. 7º. São direitos do advogado:
> [...]
> XV – ter vista dos processos judiciais ou administrativos de qualquer natureza, em cartório ou na repartição competente, ou retirá-los pelos prazos legais;

A previsão incerta no Código de Processo Civil, subsidiariamente aplicada ao Processo Penal, prevê que:

> Art. 155. Os atos processuais são públicos. Correm, todavia, em segredo de justiça os processos:
> I – em que o exigir o interesse público;
> II – que dizem respeito a casamento, filiação, separação dos cônjuges, conversão desta em divórcio, alimentos e guarda de menores. (Redação dada pela Lei n. 6.515/77).
> Parágrafo único. O direito de consultar os autos e de pedir certidões de seus atos é restrito às partes e a seus procuradores. O terceiro, que demonstrar interesse jurídico, pode requerer ao juiz certidão do dispositivo da sentença, bem como de inventário e partilha resultante do desquite.

Aqui, temos de ter muita atenção, eis que o artigo supracitado traz o termo "os atos processuais são públicos". Devemos lembrar que o Inquérito Policial não é um ato processual, mas sim um procedimento administrativo não obrigatório, que serve de base para a propositura da ação penal, ou seja, um procedimento pré-processual.

A mesma fundamentação acima vale para o preconizado no artigo 5º da Constituição, em seu inciso LX, diz que:

> Art. 5º. [...]
> LX – a lei só poderá restringir a publicidade dos atos processuais quando a defesa da intimidade ou o interesse social o exigirem;

Por fim, mas não menos importante, temos o texto inserido na Súmula Vinculante n. 14 do Supremo Tribunal Federal, que normatiza, com o intuito de dirimir qualquer dúvida existente, o acesso aos autos do Inquérito por parte do advogado, *ipsis litteris*:

> Súmula Vinculante n. 14:
> "É direito do defensor, no interesse do representado, ter acesso amplo aos elementos de prova que, já documentados em procedimento investigatório realizado por órgão com competência de polícia judiciária, digam respeito ao exercício do direito de defesa."

A Súmula Vinculante em questão, aprovada por 9 dos 11 ministros do STF, veio como um marco, dirimindo as dúvidas e o autoritarismo existente por parte de delegados de Polícia, que insistiam em obstruir o acesso aos autos do Inquérito por parte dos advogados, o que violava princípios fundamentais constitucionais como o da ampla defesa e do contraditório.

5. NEGATIVA DE ACESSO AOS AUTOS DO INQUÉRITO

A Constituição da República estabeleceu no artigo 133, *verbis*:

> Art. 133. O advogado é indispensável à administração da justiça, sendo inviolável por seus atos e manifestações no exercício da profissão, nos limites da lei.

Assim sendo, no que se refere ao vilipêndio do exercício da advocacia, a Lei n. 4.898, de 9.12.1965, que regulamenta o direito de representação e o processo de Responsabilidade Administrativa, Civil e Penal, nos casos de abuso de autoridade, na alínea j do artigo 3º, aduz que constitui abuso de autoridade qualquer atentado "aos direitos e garantias legais assegurados ao exercício profissional", acarretando penalizações administrativa e penal, de forma autônoma ou cumulada.

Sem prejuízo de sanções civis, penais ou administrativas em desfavor da autoridade policial que porventura impeça o exercício de direito, a negativa de autorizar a entrevista reservada do detido com seu defensor ou o acesso aos autos do Inquérito Policial autoriza a impetração de mandado de segurança com pleito liminar, com fundamento no artigo 5.º, LXIX, da Constituição da República de 1988 e no artigo 1.º e seguintes da Lei Federal n. 1.533/51.

A doutrina clareia o alcance deste dispositivo, na obra de Gilberto Passos de Freitas e Vladimir Passos de Freitas, em que lecionam que "referida alínea origina-se do Projeto 741/72, do deputado José Alves. Seu objetivo é assegurar o livre exercício profissional. Ainda que a inovação tenha sido criada visando o exercício da advocacia, a verdade é que o texto alcança todas as profissões regulamentadas. Cuida-se de norma penal em branco, uma vez que para existir o atentado é necessário que haja direitos e garantias previstos em lei específica. Vale dizer, norma complementar deve dispor sobre as garantias da profissão. E se infringida por terceiro, poderá surgir o abuso, sujeitando-se o agente à punição".[1]

6. CONCLUSÃO

Sendo o Inquérito Policial um procedimento inquisitivo, muitos concluem pela inexistência de direitos constitucionalmente previstos ao procedimento, mas vale lembrar que o Inquérito está, sim, abarcado pelos princípios da legalidade, ampla defesa, contraditório, devido processo legal, no caso, revestido também em devido procedimento legal, como, por exemplo, na necessidade de se observar os requisitos necessários para que seja deferida uma interceptação telefônica.

O Inquérito, como uma fase pré-processual que o é, de suma importância para que o representante do Ministério Público tenha elementos suficientes para propor a ação penal ou o querelante apresente a sua queixa-crime deve ser realizado, observando-se a estrita legalidade em seus procedimentos, pois a não observância da dita legalidade, seja não observando o contraditório, excepcionalmente deferido ao procedimento, seja vilipendiando direitos fundamentais do investigado, pode vir a ensejar danos ao processo como um todo.

Ante tudo o que foi exposto neste articulado, mesmo sendo o Inquérito um ato de natureza inquisitorial e sigiloso é possível se concluir que a real finalidade do Inquérito Policial é angariar elementos necessários e suficientes que possibilitem a convicção do Ministério Público, para que um de seus promotores de Justiça ofereça a inicial acusatória ou o ofendido ofereça a queixa-crime, mas, como dito, observando-se os princípios constitucionais inerentes às partes.

Ademais, concluo que o direito de acesso aos autos do Inquérito Policial é amplo, seja por parte da vítima (ou um de seus representantes), pelo acusado e por parte do advogado, seja constituído ou não, apesar de entender que apenas o advogado formalmente constituído possui legitimidade para acessar referido conglomerado de documentos, pelas razões já abordadas em momento oportuno, está previsto na nossa Carta maior

---

1 FREITAS, Gilberto Passos de; FREITAS, Vladimir Passos de. *Abuso de autoridade*. 4. ed., São Paulo: Revista dos Tribunais, 1991, p. 48.

de 1988, em legislação federal, qual seja o Código de Processo Penal e no Estatuto da OAB, bem como inserido no rol de súmulas vinculantes do Supremo Tribunal Federal, qual seja a Súmula Vinculante n. 14.

A Constituição da República estabeleceu no artigo 133 *verbis*: "O advogado é indispensável à administração da justiça, sendo inviolável por seus atos e manifestações no exercício da profissão, nos limites da lei".

Assim, o vilipêndio ao direito de acesso aos autos do Inquérito faz com que surja em favor do advogado a legitimidade para a impetração de mandado de segurança com pedido liminar, com fundamento no artigo 5.º, LXIX, da Constituição Federal e no artigo 1.º e seguintes da Lei Federal n. 1.533/51, além de acarretar, em desfavor da autoridade policial, a prática de crime de Abuso de Autoridade, nos termos do tipo penal previsto na letra "j" do artigo 3º da Lei 4.898/65.

7. REFERÊNCIAS

www.planalto.gov.br/ccivil_03/decreto-lei/del3689.htm

www.planalto.gov.br/ccivil_03/leis/l5869.htm

www.planalto.gov.br/ccivil_03/decreto-lei/del2848.htm

www.planalto.gov.br/ccivil_03/leis/l8906.htm

www.planalto.gov.br/ccivil_03/constituicao/constituicao.htm

http://www.stf.jus.br/portal/jurisprudencia/menuSumario.asp?sumula=1230

http://www.stj.jus.br/portal_stj/publicacao/engine.wsp?tmp.area=398&tmp.texto=99567

http://www.conjur.com.br/2009-fev-22/tribunais-nao-superiores-vem-garantindo-acesso-inquerito

http://jus.com.br/artigos/1127/estatuto-da-advocacia-e-a-atividade-policial

A Importância do Empreendedorismo no Atual Momento da Advocacia

Felippe Figueiredo Diniz

Advogado sócio do escritório Amorim,
Bracher e Diniz Advogados.

O advogado recém-formado tem como principais opções de carreira o ingresso no setor público, a atuação em departamento jurídico de empresa, colaboração em escritório de advocacia ou a fundação de seu escritório próprio. Embora a prática do empreendedorismo seja essencial em qualquer área de atuação, destaco nesse artigo a importância das práticas empreendedoras em escritórios de advocacia.

Inicialmente, há de se destacar o conceito da palavra empreendedor, que é considerado aquele profissional inovador que modifica, com sua forma de agir, qualquer área do conhecimento humano. Geralmente, é utilizada para designar o fundador de uma empresa ou entidade, que construiu tudo com muito trabalho, criando o que ainda não existia.

Enquanto em outras profissões a prática de empreendedorismo é bastante estimulada nos bancos acadêmicos, o estudante de Direito, em sua grande maioria, é obrigado a repetir fórmulas ultrapassadas, e acaba direcionando sua formação para os concursos públicos e para aprovação no exame da OAB.

Além disso, a profissão do advogado é presa a antigos tradicionalismos e encontra-se bastante engessada pelo Estatuto da OAB, que por ser bastante antigo e ultrapassado sufoca cada vez mais o surgimento de empreendedores na advocacia.

Diante de tais fatos, é muito comum que grande parte dos advogados que iniciam novos negócios jurídicos sejam técnicos competentes em suas áreas, mas com pouca qualificação na gestão de negócios.

Aquela figura romântica do advogado recém-formado que inaugura seu modesto escritório, com pouco recurso, e espera seus clientes baterem à porta está ultrapassada. Se o jovem advogado tem a intenção de fundar uma banca competitiva, ele deve saber que esse passo exige bem mais do que conhecimento jurídico.

O novo empreendedor jurídico tem que enfrentar dilemas de difícil condução, deparando-se diariamente com oportunidades e ameaças, tendo que, rapidamente, decidir o que fazer diante das mesmas. Os desafios de um escritório jurídico exigem, cada vez mais, atitudes e práticas diferenciadas e inovadoras.

É necessário ainda ter coragem para arriscar na busca do novo, ou seja, ter espírito empreendedor para identificar e explorar as novas oportunidades de mercado. Certamente, a inovação e o espírito empreendedor são características fundamentais das empresas que estão se destacando no mercado.

Infelizmente, essas características, além de não serem ensinadas nas faculdades de Direito, nem sempre nascem com os advogados. Daí a necessidade de serem desenvolvidas, obrigatoriamente, por todos aqueles que pretendem conquistar o sucesso na advocacia.

Seria perfeito que fosse possível, de uma hora para outra, decidir tornar-se um homem de negócios. Infelizmente não é. Além da necessidade de uma brusca mudança comportamental é preciso ainda alterar a forma de encarar a profissão que abraçou. Não basta ser apenas um técnico competente, é preciso desenvolver outras áreas de interesse e novas formas de interagir com o mercado.

Entre várias mudanças e posturas necessárias, destaco a importância de que além de possuir boa técnica jurídica e focar em áreas específicas do Direito é preciso desenvolver ou aprimorar a sua capacidade de gestor e empreendedor.

Procurar desenvolver competências de comunicação, relacionamento interpessoal, liderança, habilidade de negociação, criatividade, trabalho em equipe e buscar se interar cada vez mais sobre o mundo dos negócios é também um diferencial.

Imprescindível ainda participar de associações e entidades de classe que congreguem seus principais clientes-alvo, desenvolver parcerias e relacionamentos tanto com profissionais de áreas correlatas como com profissionais de áreas diversas de sua atuação.

Promover eventos e ministrar palestras com objetivos informativos junto aos clientes em potencial, publicar artigos informativos em *sites*, jornais e revistas sobre temas de interesse de seu público, e lecionar em faculdades também pode trazer destaque ao profissional. É importante que todas estas ações estejam de acordo com o Código de Ética da OAB.

O advogado empreendedor é aquele que tem iniciativa, busca oportunidades, é independente e autoconfiante. Correr riscos calculados, estabelecer metas e buscar informações sobre o mercado, clientes e concorrentes devem ser também características desse profissional.

Geralmente, o fracasso nos novos empreendimentos ocorre principalmente porque os futuros empresários se baseiam em suposições e premissas falsas para justificar a montagem do novo negócio. É muito comum iniciar um novo negócio sem a preparação adequada para o novo desafio. De fato, muitos novos negócios surgem a partir de momentos de empreendedorismo, sem uma base sólida que justifique o novo empreendimento.

Um grande erro de alguns profissionais é acreditar que montar um novo negócio é garantia de um emprego, em que eles mesmos sejam o próprio patrão, e que definam o próprio salário, horário de trabalho e escolham realizar apenas as tarefas que mais lhes interessam, delegando a outras pessoas as demais funções e responsabilidades.

A criação de um escritório jurídico bem-sucedido exige que os novos empreendedores elaborem um plano de negócio com base em um modelo eficaz, que possa atender às expectativas e necessidades tanto dos sócios do novo empreendimento quanto do mercado e do público-alvo a que se destina.

Além da elaboração de um plano de negócio bemformatado, é preciso que os sócios entendam a necessidade de desenvolver continuamente o novo negócio. O empreendedor não pode confundir a empresa com um emprego, em que, com o tempo, começa a agir de forma rotineira e acomodada. Ao contrário, todo empreendimento de sucesso precisa ser inovador e flexível o suficiente para se adaptar, continuamente, aos desafios do mercado, e às expectativas dos clientes.

O advogado terá que trabalhar duro, muitas vezes além das tradicionais 8 horas diárias e conviver ainda com épocas de receita variável. Por isso, além de ter muita persistência, deve ser capaz de compreender ao máximo todas as nuances do seu negócio.

O negócio exigirá que todas as atividades, ações, funções e responsabilidades sejam bem elaboradas, prevendo as mais diversas situações do dia a dia. O plano de negócio também deverá prever vários cenários de mercado, tanto do ponto de vista da economia em geral quanto em relação aos concorrentes. Agindo assim, o novo empreendedor, dificilmente, será pego desprevenido em situações adversas.

Uma vez que todas as atividades, funções e responsabilidades do novo empreendimento estejam bem formuladas e distribuídas, a tendência é que o novo escritório funcione de forma previsível. Nesse caso, sobrará mais tempo e energia dos sócios para pensar em desenvolver o negócio continuamente, e para se dedicarem às funções para as quais os advogados estão mais bem preparados, que é a atividade jurídica.

É necessário ter a consciência que no mercado atual da advocacia, mais arriscado do que inovar é ficar inerte perante as constantes mudanças no mundo. E o mundo jurídico muda a cada minuto. Cada dia que passa, somos compelidos a romper com o passado da segurança profissional da advocacia, e enfrentar a competição acirrada do mercado. O sucesso somente pode ser conquistado com estratégia, ousadia e coragem.

Uma vez que o mercado, os gostos e expectativas dos clientes mudam continuamente um empreendimento de sucesso precisa acompanhar as tendências e evoluir.

É preciso reinventar seu negócio a cada período de tempo, inovar e explorar oportunidades, desenvolver aptidões e atender seguidamente as novas expectativas dos clientes. A mudança deve se tornar parte da rotina, pois a estagnação do escritório gera perda de motivação, de criatividade e da paixão pela profissão.

Tenha em mente que se você não for o responsável pela implementação de uma nova ideia, alguém invariavelmente o será. O empreendedorismo deve ser consequência da visualização de uma oportunidade, da crença de que há espaço para novos conceitos.

Aliado ao conhecimento técnico, o advogado, que pretende ter uma carreira de sucesso, precisa ter, acima de tudo, um perfil empreendedor, tanto na gestão do seu próprio negócio como para se destacar e buscar inovações dentro de departamentos jurídicos de empresas ou como colaborador em escritórios.

É muito comum encontrarmos advogados que foram empreendedores e inovadores no início da profissão, quando eram obrigados a "se virar", para viabilizar seu escritório e com o passar do tempo ficaram acomodados e o empreendimento acabou perdendo o vigor e se tornando um escritório obsoleto e pouco lucrativo.

Talvez o grande mérito do empreendedor jurídico seja conseguir unir pessoas com um objetivo comum e fazê-las compartilhar e acreditar em sua visão. Praticar o espírito empreendedor é incorporar ao dia a dia da organização uma cultura de busca de oportunidades, de forma sistemática. Essa tarefa é bastante complexa, pois empreendedorismo significa mudanças contínuas, o que, em geral, força pessoas e organizações a saírem da "zona de conforto". Essa prática obriga as organizações a superarem a acomodação natural de todo empreendimento.

Muitas vezes podemos imaginar a ocorrência de conflitos entre o estabelecimento de métodos de gestão rígidos e o emprego do empreendedorismo, uma vez que o espírito empreendedor foge totalmente de padrões e rotinas.

Contudo, é preciso ter em mente que é altamente necessário, para o sucesso continuado de qualquer empreendimento, que a organização incorpore em sua essência um processo de melhoria contínua, ou seja, mudanças sistemáticas, com o objetivo de buscar a excelência em todas as atividades fins do escritório.

São muitos os desafios do jovem advogado ao iniciar seu escritório, e por isso é essencial que ele tenha em mente que o fazer mais do que o habitual e ordinário é o mínimo para buscar o crescimento de seu empreendimento. De nada adianta um escritório perfeitamente estruturado se não existe no mesmo espírito empreendedor e de cumplicidade entre os seus membros.

Não quer dizer, necessariamente, que aqueles advogados que tomarem todos estes cuidados verão seu escritório prosperar velozmente. Contudo, certamente, estes cuidados aumentam muito as chances de sucesso e reconhecimento.

Certo é que os escritórios de sucesso e que, principalmente, conseguem perpetuar o seu crescimento são bem geridos e formados por profissionais proativos, especializados e impregnados com a missão e valores de sua sociedade advocatícia, adaptando-se continuamente às rápidas mudanças e exigências do mercado.

A Idoneidade Moral como Requisito para Inscrição como Advogado

Flávia Pires Veloso Melo

Pós-graduada em Direito de Empresa pela Universidade Gama Filho. Graduada em Direito pela Universidade Fumec. Advogada e pesquisadora.

O Estatuto da Ordem dos Advogados do Brasil (Lei n. 8.096 de 4 de julho de 1994) prevê em seu artigo 8º[1] os requisitos para inscrição do

[1] Art. 8º Para inscrição como advogado é necessário:
I – capacidade civil;
II – diploma ou certidão de graduação em direito, obtido em instituição de ensino oficialmente autorizada e credenciada;
III – título de eleitor e quitação do serviço militar, se brasileiro;
IV – aprovação em Exame de Ordem;
V – não exercer atividade incompatível com a advocacia;
VI – idoneidade moral;
VII – prestar compromisso perante o conselho.
§ 1º O Exame da Ordem é regulamentado em provimento do Conselho Federal da OAB.

bacharel em Direito como advogado. De todos os requisitos, destaca-se que a lei exige que o pretenso advogado tenha idoneidade moral.

E mais, ressalta o Estatuto que a falta de idoneidade deve ser declarada por conselho que, com pelo menos dois terços dos votos, assim entenda, observado o processo disciplinar, além de assegurar que condenado por crime infame, salvo reabilitação judicial, não atende ao requisito da idoneidade moral.

Tal requisito é uma novidade na lei de 1994, já que não era requisito no Estatuto anterior, Lei n. 4.215/63, que previa[2] apenas a exigência de não ter o candidato *sido condenado por sentença transitada em julgado em processo criminal, salvo por crime que não importe em incapacidade moral.*

Mas o que seria afinal idoneidade moral?

---

§ 2º O estrangeiro ou brasileiro, quando não graduado em direito no Brasil, deve fazer prova do título de graduação, obtido em instituição estrangeira, devidamente revalidado, além de atender aos demais requisitos previstos neste artigo.

§ 3º A inidoneidade moral, suscitada por qualquer pessoa, deve ser declarada mediante decisão que obtenha no mínimo dois terços dos votos de todos os membros do conselho competente, em procedimento que observe os termos do processo disciplinar.

§ 4º Não atende ao requisito de idoneidade moral aquele que tiver sido condenado por crime infamante, salvo reabilitação judicial.

2 Art. 48. Para inscrição no quadro dos advogados é necessário:

I – capacidade civil;

II – diploma de bacharel ou doutor em Direito, formalizado de acordo com a lei (art, 57);

III – certificado de comprovação do exercício e resultado do estágio, ou de habilitação no Exame de Ordem (arts. 18, inciso VIII, letras "a" e "'b" e 53);

IV – título de eleitor e quitação do serviço militar, se for brasileiro;

V – não exercer cargo função ou atividades incompatíveis com a advocacia, (arts. 82 a 86);

VI – não ter sido condenado por sentença transitada em julgado em processo criminal, salvo por crime que não importe em incapacidade moral;

VII – não ter conduta, incompatível com o exercício da profissão (art. 110, parágrafo único);

Parágrafo único. Satisfazendo os requisitos deste artigo, o estrangeiro será admitido à inscrição nas mesmas condições estabelecidas para os brasileiros no seu país de origem, devendo exibir diploma reavaliado, quando não formado no Brasil.

Idoneidade[3] é descrita pelo Dicionário Aurélio como substantivo feminino que indica qualidade do que é idôneo; capacidade, competência, aptidão. Já a moral[4] é descrita como adjetivo de acordo com os bons costumes; que é próprio para favorecer os bons costumes; relativo ao espírito; intelectual (por oposição ao físico, ao material).

Com isto, podemos dizer que a idoneidade moral implica na capacidade de agir de acordo com os bons costumes, ou ainda o conjunto de qualidades que se recomendam para uma boa reputação.

Analisando este conceito como requisito para inscrição como advogado, pode-se dizer que é esperado de um candidato a advogado que sua conduta seja de acordo com a ética, que se trate de uma pessoa digna, honrada, séria e que tenha vida idônea. E mais, que zele pela dignidade da profissão e por sua conduta de boa-fé, atuando com lealdade, veracidade, decoro e honestidade, como estabelecido no Código de Ética[5] aprovado pelo Conselho Federal da OAB.

"A reputação que o advogado leva para o fórum com ele voltará para a sua casa. Jamais haverá meia reputação. Ela existirá ou não, da mesma forma que entre a verdade e a mentira não haverá meio termo", destacou Aristoteles Atheniense[6] sobre a advocacia nos tribunais.

Pois bem, há poucos anos, exigia a seccional mineira que o candidato a estagiário e, da mesma forma, o candidato a advogado, trouxesse com sua documentação pessoal para sua inscrição, assinatura de outros advogados que lhe atestassem a idoneidade moral pretendida pela lei. Era uma simples declaração, preenchida em formulário próprio da OAB/MG, mas que significava que o candidato conhecia outros advogados que atestavam sua boa conduta.

Provavelmente, em grande parte dos casos esta declaração era feita por amigos, parentes e até mesmo professores, mas ainda assim não perdia a função de expor o candidato à avaliação de seus futuros pares, ainda que tal avaliação fosse generosa e suspeita.

---

3 Disponível em: <http://www.dicionariodoaurelio.com/Idoneidade.html> Acesso em: 5 dez. 2013.

4 Disponível em: <http://www.dicionariodoaurelio.com/Moral.html> Acesso em: 5 dez. 2013.

5 Disponível em: <http://www.oab.org.br/arquivos/pdf/LegislacaoOab/codigodeetica.pdf> Acesso em: 5 dez. 2013.

6 Discurso proferido no lançamento do livro *Advocacia nos Tribunais*, fev. 2012.

Esta exigência não existe mais. Atualmente, basta a entrega da documentação pessoal, após aprovação na prova e prestado o compromisso. A dispensa da declaração nos leva à conclusão de que a OAB, ao mínimo a OAB/MG, presume a idoneidade moral dos bacharéis que se candidatam à profissão. Alternativa esta melhor do que admitir que a autarquia descumpra a lei sem qualquer justificativa.

Considerada a presunção, é forçoso reconhecer que a sociedade não coaduna deste entendimento. Até mesmo a classe dos advogados, da qual foi exigido o cumprimento da declaração sobre sua idoneidade moral, da qual me incluo, entende de maneira diversa.

Pode-se pensar que a exigência caiu por terra ao mesmo tempo em que houve a proliferação de faculdades de Direito em todo o país, mas por outro lado, neste mesmo momento, é que deveria se cercar ainda mais a classe para que a função social atribuída ao advogado não fosse destinada a qualquer um, principalmente a um que não cumprisse a exigência legal.

Isto porque, justamente com a proliferação de cursos, as instituições de ensino se tornaram cada vez mais técnicas, preparando seus alunos para aprovação no Exame da Ordem ou em concursos públicos. As instituições de ensino jurídico se afastam do Direito enquanto ciência e deixam de estimular o pensamento crítico, livre e que deveria ser próprio do *campus* universitário.

Maria Cecília Máximo Teodoro,[7] em análise à formação universitária dos magistrados assegurou:

> [...] não é tarefa da universidade oferecer ao Poder Judiciário magistrados prontos e acabados, tampouco garantir sua idoneidade e integridade ética e intelectual. Apesar de o Judiciário ser o único dos poderes a recrutar integrantes obrigatoriamente egressos de uma faculdade de direito, a presunção de uma formação jurídica e ética suficiente para prover os quadros da magistratura não é absoluta.

As mesmas afirmações podem ser feitas sobre a formação dos advogados.

---

[7] TEODORO, Maria Cecília Máximo. *O juiz ativo e os direitos trabalhistas*. São Paulo: LTr, 2011, p. 138.

As faculdades não preparam alunos em que se garante a *idoneidade e integridade ética e intelectual*.

Aqui deve ser ressaltado que não são apenas os cursos de Direito que enfrentam a entrega do conhecimento de forma técnica. Este é um estímulo de toda a sociedade imediatista e acumuladora, características do capitalismo.

O pensar, refletir e questionar está cada dia mais distante dos jovens universitários. A demanda do mercado em se formar rápido, para imediatamente se matricular em cursos preparatórios, seja para o Exame da Ordem ou de concursos públicos, perde-se do que deveria ser a base de uma graduação.

Faltam na formação os valores sociais, essenciais para a formação de um advogado que lida diariamente com a vida de pessoas comuns.

Sem saber ao certo sobre sua escolha, o formado vê-se pressionado a ser aprovado no Exame de Ordem, como se esta fosse a conclusão do curso de Direito.

Muito embora as faculdades assim promovam, a vida e carreira de advogado demandam mais que um simples impulso. Demandam idoneidade moral e mais, vocação para enfrentar a cada dia um novo processo, um novo julgamento, uma nova realidade. E saber exercer sua função cumprindo a função social que lhe foi atribuída.

De forma alguma aqui se afirma que a vida de advogado é a conclusão do curso de formação em Direito, mesmo porque o curso atende como requisito dos mais diversos cargos públicos. Contudo, a escolha da carreira de advogado não pode ser a consequência de uma falta de opção.

É preciso voltar a pensar, refletir e nas razões que motivaram a escolha, e se tal escolha acompanha o que a profissão exige como requisito, legal, diga-se de passagem.

O mercado está repleto de advogados que buscam a mercantilização de seus serviços, e que insaciáveis por ganhar uma causa, afastam-se da busca pela Justiça, jurada. A própria sociedade reconhece os advogados com certo preconceito. Ou não seria preconceito?

Celso Soares[8] publicou artigo em que traz a reflexão de que a sociedade reconhece o advogado com desdém e para ele torce o nariz.

[8] SOARES, Celso. Por que a má-fé persegue o advogado. *In*: Discriminação. RENAULT, Luiz Otávio; VIANA, Márcio Túlio; CANTELLI, Paula Oliveira (Coord.). 2. ed. São Paulo: Ltr, 2010, p. 260.

Completa ele: "Geralmente, ele é visto como um malandro cheio de lábia, malícia e boa conversa, espécie de abutre que se alimenta da carniça do conflito social, sempre pronto a esfolar o cliente com a cobrança de gordos honorários e a trapacear na ânsia de vencer a causa".

Se assim é percebido pela sociedade, cabe ao advogado lutar pela recuperação e/ou construção de sua imagem. E que esta seja a transparência de sua conduta, que, por sua vez, deve cumprir o requisito de idoneidade moral.

Santo Ivo, o patrono dos advogados dizia: "Jura-me que a sua causa é justa e eu a defenderei gratuitamente". Conta a história, que este era um advogado tão puro e honesto que foi reconhecido como Santo, dado o ineditismo de sua conduta.

Por óbvio, a advocacia honesta e ética não se confunde com prestação de serviços de forma gratuita. Até mesmo porque em atuação não onerosa, pode o advogado faltar com ética e com a moral. E, muito pelo contrário, honorários em preço vil também configuram infração ética.[9]

O que não pode ser deixado de lado é o requisito da idoneidade moral, e mais o compromisso firmado quando do recebimento da carteira, que deveria ser lembrado a todo momento, por todos advogados.

Aliás, ei-lo:

> Prometo exercer a advocacia com dignidade e independência, observar a ética, os deveres e prerrogativas profissionais e defender a Constituição, a ordem jurídica do Estado Democrático, os direitos humanos, a justiça social, a boa aplicação das leis, a rápida administração da justiça e o aperfeiçoamento da cultura e das instituições jurídicas.

[9] Art. 41. O advogado deve evitar o aviltamento de valores dos serviços profissionais, não os fixando de forma irrisória ou inferior ao mínimo fixado pela Tabela de Honorários, salvo motivo plenamente justificável.

Da Responsabilidade Objetiva do Estado por Ofensa Proferida por Magistrado a Advogado em Ato Jurisdicional

Francis Vanine de Andrade Reis

Advogado. Professor de Direito Civil e Direito Processual Civil na Graduação do Curso de Direito da Faculdade Pitágoras – Divinópolis. Professor de Teoria Geral do Processo da Pós-Graduação em Direito do Trabalho da Faculdade Pitágoras – Divinópolis. Especialista em Direito Empresarial pela FADOM e Mestre em Direito Processual pela PUC MINAS.

1. INTRODUÇÃO

Infelizmente, tem sido comum a atuação desrespeitosa de parcela da magistratura no trato ao advogado, com, inclusive, inclusão de críticas à capacidade profissional destes em atos jurisdicionais. Este ensaio tem como objetivo a análise da ilicitude de tal conduta, bem como o apontamento do meio legal para reparação dos danos sofridos pelos causídicos, em ações de responsabilidade civil dirigida contra o ente federativo ao qual o ofensor esteja vinculado.

Para tanto, num primeiro momento, será analisado o conteúdo do dever de urbanidade exigido do magistrado em seu trato com os envolvidos no processo judicial, bem como o local adequado para inserção de críticas à atuação do advogado. Posteriormente, será analisada a ocorrência de dano moral presumido em face da identificação de ofensa à honra do profissional da advocacia, para, ao final, fixar a responsabilidade objetiva do Estado na reparação dos danos sofridos.

2. DO DEVER DE URBANIDADE DA MAGISTRATURA

Segundo expressa previsão do art. 35, IV, da Lei Complementar 35/1979 (Lei Orgânica da Magistratura Nacional), é dever do magistrado tratar a todos aqueles que estejam atuando no processo com urbanidade, texto este também reproduzido no art. 145, IV, da LODJ-MG (Lei Complementar 59/2001). Este é também o teor do disposto no art. 22 do Código de Ética da Magistratura, o qual exige do magistrado atitudes de respeito para com os advogados que litigam no processo, bem como a utilização de linguagem polida.

Por fim, ainda no mesmo sentido, a expressa previsão do art. 6º, parágrafo único, da Lei 8.906/1994, ao explicitar a ausência de hierarquia entre magistratura e advocacia, com exigência de respeito e consideração recíprocos, e tratamento compatível com a dignidade desta função essencial à administração da Justiça (art. 133, da CF).

Urbanidade, segundo Francisco Fernandes (1993), significa civilidade, polidez e cortesia. Logo, envolve o tratamento gentil e amável para com o próximo, educado e sensato. Este é um dever essencial para a judicatura, seja porque previsto expressamente na lei, seja porque inafastável para a consecução dos escopos metajurídicos da jurisdição, a saber: a pacificação social e a educação pelo processo.

Ora, se o magistrado tem o dever de pacificar o conflito, salvo melhor juízo, a sentença deve ser um ato jurídico cuja linguagem esclareça às partes a melhor solução para o conflito apresentado, solução esta que enfrente e julgue a validade das hipóteses traçadas pelas partes nas teses da petição inicial e defesa, buscando, portanto, seu cumprimento por legitimação do ato. A decisão judicial, mais do que um ato de força imperativa, deve ser um ato jurídico que busque resolver o conflito pelo esclarecimento das partes em face da conduta mais correta a ser adotada no caso concreto, não havendo qualquer espaço para crítica pessoal ou à atuação profissional no ato decisório, até porque isso não é objeto da *res iudicium in deducta.*

Há que se destacar, ainda, que o descumprimento de tal dever, que ocorre com o chamado "excesso de linguagem" ou em sua "impropriedade", importa, em tese, na necessidade de punição disciplinar do magistrado, na forma do art. 41, da LOMAN e no art. 147 da LC 59/2001-MG.

3. DO MEIO LEGAL À CRÍTICA À ATUAÇÃO DO ADVOGADO NO PROCESSO

Se o magistrado tem a intenção de apresentar crítica pessoal ao advogado, ou à sua atuação processual, possui meio próprio para tanto. O julgador, buscando análise institucional para inaptidão profissão do advogado, na forma do art. 72, *caput,* da Lei 8.906/1994, deve, mediante ofício, representar junto ao Tribunal de Ética e Disciplina da Subseção na qual está inscrito o advogado para a instauração de processo administrativo sigiloso, para fins de apuração de eventual infração profissional, tal como a tipificada no art. 34, XXIV, do Estatuto da OAB.

A utilização de tal expediente evita, assim, o escândalo público que uma acusação judicial de inépcia profissional causa ao advogado, até porque, no procedimento administrativo, poderá exercer seu direito de ampla defesa, o que é vedado em se tratando de imputação de inapetência em decisão judicial. Esta equivale, portanto, a uma condenação sumária em face da opinião pública, sem qualquer direito de defesa.

4. DO DANO MORAL *IN RE IPSA* PELO TRATAMENTO INJURIOSO AO ADVOGADO

A depender do conteúdo e do tom das críticas apresentadas em decisão judicial, o advogado pode ter, inclusive, ofendido seu direito da personalidade. Pode se citar, como exemplo, o caso do advogado gaúcho João Batista Bottini Scarpetta, o qual recebeu indenização de R$ 20.000,00 (vinte mil reais) da União, por ter sido ofendido por magistrada do trabalho, em sentença judicial na qual constaram as seguintes expressões:[1]

> 'Ainda que pudesse ser relevada a absoluta inaptidão na construção desta inicial, do pedido não decorre causa e efeito, [...]' (*sic* - fl. 40)
> 'Não deixa de ter alguma razão o reclamado quando propugna pela decretação de inépcia da inicial. A insólita peça é reveladora de confusas ideias, sem dúvida, e sua construção não recomenda o advogado patrocinador da causa, denotando o seu total despreparo para o exercício da advocacia.' (*sic* - fl. 41)
> 'Credita-se muito desse verdadeiro emaranhado ao patrocinador da causa e isso fica visível. É extremamente penosa a missão de manter a leitura atenta sobre quaisquer das peças do processo por ele firmadas. Realmente é uma tortura diante da calamitosa desinformação deste profissional. Tivesse ele um mínimo de habilidade e cuidado exigíveis de um profissional e a redação de suas peças podia ser melhor entendida.' (*sic* - fls. 44/45)

Na situação acima citada, o advogado teve sua honra achincalhada pela magistrada, porquanto lhe foi imputada inapetência profissional.

Injúria é compreendida hodiernamente como ofensa à dignidade ou decoro da vítima, consistente em adjetivações negativas à personalidade

---

[1] ADMINISTRATIVO. RESPONSABILIDADE CIVIL. DANO MORAL. SENTENÇA TRABALHISTA OFENSIVA A ADVOGADO. – Não é lícito ao juiz, extravasando os limites da apreciação técnica, manifestar-se sobre os advogados e sua atuação no feito em termos agressivos à dignidade pessoal e, indiretamente, da advocacia e da própria Justiça. – Responsabilidade da União pelo evento. (TRF4, AC 2000.71.07.003552-4, Quarta Turma, Relator Valdemar Capeletti, *DJ* 19/03/2003). Anota-se a decisão regional foi confirmada no STJ no julgamento monocrático do REsp 932.847/RS. Os trechos acima citados foram extraídos do acórdão cuja ementa foi transcrita nesta nota.

ou qualidade de ordem moral e intelectual que constituem a autoestima e fundamento do respeito que o meio social dispensa ao indivíduo. É nesse sentido a clássica lição de Luis Régis Prado (2002, p. 248):

> A nota característica da injúria é a exteriorização do desprezo e desrespeito, ou seja, consiste em um juízo de valor negativo, apto a ofender o sentimento de dignidade da vítima. Pode-se fazer referência às condições pessoais do ofendido (*v.g.* corpo, bagagem cultural, moral) ou à sua qualificação social ou capacidade profissional. [...].

Adjetivar o trabalho do advogado, de maneira agressiva e gratuita, totalmente divorciada com a solução da lide, tem o condão de ferir a moral do ofendido. Acoimar a conduta profissional de inepta envolve achincalhamento da imagem perante os clientes do advogado e comunidade jurídica em que atua, situação esta suficiente para demonstração da ocorrência de injúria pela desqualificação profissional da vítima.

Há que se destacar que, conforme a melhor interpretação para o texto do art. 953, parágrafo único, do CCB, em se tratando de ofensa à honra subjetiva da vítima, o dano moral é presumido. É neste sentido, a mais abalizada doutrina de Rui Stoco (2011, p. 921):

> A sua transgressão e ofensa, antes de causar qualquer dano material já pressupõe ofensa moral. Não há calúnia, difamação ou injúria sem que o comportamento ultrajante tenha poder de atingir a honra e a imagem da pessoa, como partes substanciais do direito de personalidade. Ofender a honra é o mesmo que ofender a moral ou o patrimônio subjetivo da pessoa. E, nesse caso, basta o comportamento ultrajante para caracterizar a ofensa moral, independentemente de qualquer comprovação.
>
> Portanto, a calúnia, a difamação e a injúria podem eventualmente não causar dano material, mas só terão existência e estarão caracterizadas se causarem ofensa à honra, pois esta é o seu substrato. E desonrar é o mesmo que desmoralizar. A desmoralização, por sua vez, é fonte do dano moral e com ele se confunde.
>
> Então, se o dano moral é decorrência lógica e natural da ofensa à honra, dispensa comprovação, ou seja, emerge *in re ipsa* do agravo sofrido e será sempre devido. Caso, além do dano moral, se identifique e comprove prejuízo de ordem patrimonial em razão do mesmo

> comportamento ofensivo, então se impõe a cumulação das reparações, cabendo ressaltar a sobrevivência e atualidade da Súmula 37 do STJ.

No mesmo sentido, Sérgio Cavalieri Filho destaca o caráter *in re ipsa* do dano moral,[2] o que confirma que, criticada a atuação do advogado do processo, de maneira divorciada do julgamento da lide, sua honra é afetada e o dano presumido deve ser indenizado.

5. DA RESPONSABILIDADE OBJETIVA DO ESTADO POR ATO DE MAGISTRADO EM OFENSA À HONRA DO ADVOGADO

Extravasando os limites da atuação jurisdicional pelo excesso de linguagem capaz de gerar a imputação do ato ilícito pela ofensa ao dever de urbanidade, bem como configurado o dano pela ofensa à honra objetiva do advogado ao criticar sua competência profissional, resta, agora, a análise da legitimidade do Estado para reparação do dano perpetrado.

Na forma do art. 37, §6º, da CF, o Estado responde, objetivamente, pelos danos provocados pelos atos de seus agentes praticarem no exercício de suas funções.

Em primeiro lugar, o magistrado é agente público por ser agente político vinculado à União ou Estados-Membros da Federação, sendo o

2 "Entendemos, todavia, que por se tratar de algo imaterial ou ideal, a prova do dano moral não pode ser feita através dos mesmos meios utilizados para a comprovação do dano material. Seria uma demasia, algo até impossível, exigir que a vítima comprove a dor, a tristeza ou a humilhação através de depoimentos, documentos ou perícia; não teria ela como demonstrar o descrédito, o repúdio ou o desprestígio através dos meios probatórios tradicionais, o que acabaria por ensejar o retorno à fase da irreparabilidade do dano moral em razão de fatores instrumentais. Neste ponto a razão se coloca ao lado daqueles que entendem que o dano moral está ínsito na própria ofensa, decorre da gravidade do ilícito em si. Se a ofensa é grave e de repercussão, por si só já justifica a concessão de uma satisfação de ordem pecuniária ao lesado. Em outras palavras, o dano moral existe *in re ipsa*; deriva inexoravelmente do próprio fato ofensivo, de tal modo que, provada a ofensa, ipso facto está demonstrado o dano moral à guisa de uma presunção natural, de uma presunção *hominis* ou *facti*, que decorre das regras de experiência comum; provado que a vítima teve o seu nome aviltado, ou a sua imagem vilipendiada, nada mais ser-lhe-á exigido provar, por isso que o dano moral está *in re ipsa*; decorre inexoravelmente da gravidade do próprio fato ofensivo, de sorte que, provado o fato, provado está o dano moral.". (Cavalieri Filho, 2012, p. 97).

dispositivo em questão perfeitamente aplicável. Em segundo lugar, ao decidir, o julgador está exercendo função estatal para qual foi investido, o que configura a presença do segundo requisito legal. Em terceiro, destaca-se que, ao perpetrar ofensas à capacidade profissional de advogado, o agente estatal está cometendo ato comissivo, tudo a ensejar a aplicação da responsabilidade objetiva, por ter o constituinte adotado a teoria do risco administrativo na construção da responsabilidade civil do Estado. Essa foi, inclusive, a tese adotada pelo precedente alhures citado.

Ademais, há que se destacar que a jurisprudência do STF[3] não tem admitido, inclusive, o acionamento judicial direto do agente público, devendo a parte dirigir sua pretensão contra o Estado e este, em ação regressiva, comprovando dolo ou fraude, na dicção do art. 133, I, do CPC, buscar ressarcimento junto ao provocador direto do dano.

6. CONCLUSÃO

Pelo exposto, percebe-se que se julgador, desbordando-se de sua função judicante, passa a adjetivar negativamente o trabalho do advogado, fica configurado o excesso de linguagem, a qualificar o ato como ilícito por ofensa ao dever de urbanidade. Assim, a depender do teor da ofensa, pode ser configurada injúria em facc da imputação de inapetência profissional do advogado, o que configura ofensa presumida à honra objetiva, a autorizar o acionamento do Estado para reparação dos danos morais suportados pelo advogado.

[3] Recurso extraordinário. Responsabilidade objetiva. Ação reparatória de dano por ato ilícito. Ilegitimidade de parte passiva. 2. Responsabilidade exclusiva do Estado. A autoridade judiciária não tem responsabilidade civil pelos atos jurisdicionais praticados. Os magistrados enquadram-se na espécie agente político, investidos para o exercício de atribuições constitucionais, sendo dotados de plena liberdade funcional no desempenho de suas funções, com prerrogativas próprias e legislação específica. 3. Ação que deveria ter sido ajuizada contra a Fazenda Estadual – responsável eventual pelos alegados danos causados pela autoridade judicial, ao exercer suas atribuições -, a qual, posteriormente, terá assegurado o direito de regresso contra o magistrado responsável, nas hipóteses de dolo ou culpa. 4. Legitimidade passiva reservada ao Estado. Ausência de responsabilidade concorrente em face dos eventuais prejuízos causados a terceiros pela autoridade julgadora no exercício de suas funções, a teor do art. 37, § 6º, da CF/88. 5. Recurso extraordinário conhecido e provido. (RE 228977, Relator(a): Min. NÉRI DA SILVEIRA, Segunda Turma, julgado em 05.03.2002, *DJ* 12.04.2002 PP-00066 EMENT VOL-02064-04 PP-00829).

Ressalta-se, por fim, em face ao estado atual da jurisprudência do STF, a impossibilidade de acionamento direto do agente público, devendo a vítima dirigir sua pretensão ao ente estatal, que responderá objetivamente em face da adoção pelo constituinte da teoria do risco administrativo.

7. REFERÊNCIAS

CAVALIERI FILHO, Sérgio. *Programa de responsabilidade civil.* 10. ed. São Paulo: Atlas, 2012.

FERNANDES, Francisco. *Dicionário brasileiro globo.* 31. ed. São Paulo: Globo, 1993.

PRADO, Luis Régis. *Curso de direito penal brasileiro.* 2. ed. São Paulo: Revista dos Tribunais, 2002, v. 2.

STOCO, Rui. *Tratado de responsabilidade civil*: doutrina e jurisprudência. 8. ed. São Paulo: Revista dos Tribunais, 2011.

Sócio de Serviços e Sociedades de Advogados

Gustavo Henrique de Souza e Silva

Advogado. Mestre em direito pela Universidade Federal de Minas Gerais. Sócio da José Anchieta da Silva Advocacia – JASA.

Manuela Porto Ribeiro

Advogada. Pós-Graduada em Direito Tributário pela Escola de Direito do Estado de São Paulo da Fundação Getúlio Vargas – FGV. Sócia da José Anchieta da Silva Advocacia – JASA.

1. INTRODUÇÃO

O objetivo deste artigo é analisar a figura das quotas de serviços, notadamente sua utilização como modelo organizacional no âmbito das sociedades de advogados.

Para tanto, discorreremos sobre os principais aspectos conceituais do referido instituto, ressaltando as peculiaridades e a complexidade daquelas sociedades no contexto atual.

Nesta linha, abordar-se-á as principais formas de organização de escritórios de advocacia existentes, ressaltando, a nosso sentir, as vantagens proporcionadas pela utilização do modelo de sócios de serviços sobre os demais.

2. SÓCIO DE SERVIÇO – ASPECTOS CONCEITUAIS

A figura do sócio de serviço encontra lastro legal no artigo 997, inciso V, do Código Civil, que dispõe:

> Art. 997. A sociedade constitui-se mediante contrato escrito, particular ou público, que, além de cláusulas estipuladas pelas partes, mencionará:
> (...)
> V – as prestações a que se obriga o sócio, cuja contribuição consista em serviços.[1]

A origem do instituto remonta à sociedade de capital e indústria, cuja previsão encontrava-se nos já revogados artigos 317 a 324 do Código Comercial.[2]

---

1 Lei n. 556, de 25 de junho de 1850. Código Comercial. *Diário Oficial [da República Federativa do Brasil]*, Brasília, Distrito Federal, 25 jun. 1850. Brasília, Disponível em: <http://www.planalto.gov.br/ccivil_03/Leis/LIM/LIM556.htm>. Acesso em: 4 ago. 2014.
Note-se que "O serviço a ser prestado pelo sócio não é valorado, não integra o capital social". (MACHADO, 2002, p. 224).

2 O referido artigo 317 assim definia este tipo de sociedade "Art. 317 – Diz-se sociedade de capital e indústria aquela que se contrai entre pessoas, que entram por uma parte com os fundos necessários para uma negociação comercial em geral, ou para alguma operação mercantil em particular, e por outra parte com a sua indústria somente. O sócio de indústria não pode, salvo convenção em contrário, empregar-se em operação alguma comercial estranha à sociedade; pena de ser privado dos lucros daquela, e excluído desta". Lei n. 556, de 25 de junho de 1850. Código Comercial. *Diário Oficial [da República Federativa do Brasil]*, Brasília, Distrito Federal, 25 jun.

Em síntese, a essência desta modalidade de sociedade consiste na exceção à regra geral[3] de que o sócio deve contribuir para composição do capital social, seja em moeda corrente, seja com outros bens patrimoniais, permitindo-se que tal colaboração se dê mediante sua força produtiva.

Como consequência desta peculiaridade, a lei veda ao sócio de serviço desempenhar atividades estranhas à atividade social, sob pena de ser privado dos resultados a serem auferidos ou, até, de ser dela (da sociedade) excluído.[4]

Tal regra admite exceções, seja mediante contratação que exclua esta vedação, seja mediante interpretação mais ponderada desta imposição.

Neste último caso, admite-se aos sócios de serviço, mesmo que não expressamente pactuado, a realização de atividades estranhas aos interesses sociais, desde que tais empresas não venham a colidir com os interesses da sociedade, prejudicando-a.[5]

1850. Brasília, Disponível em: <http://www.planalto.gov.br/ccivil_03/Leis/LIM/LIM556.htm>. Acesso em: 4 ago. 2014.

3 Prevista no mesmo artigo 997, inciso III, no qual se estabelece que do contrato de constituição das sociedades deve constar "capital da sociedade, expresso em moeda corrente, podendo compreender qualquer espécie de bens, suscetíveis de avaliação pecuniária". Lei n. 10.406, de 10 de janeiro de 2002. Institui o Código Civil. *Diário Oficial [da República Federativa do Brasil]*, Brasília, Distrito Federal, 10 jan. 2002, Disponível em: <http://www.planalto.gov.br/ccivil_03/Leis/2002/L10406compilada.htm>. Acesso em: 4 ago. 2014.

4 Neste sentido o artigo 1006 do Código Civil dispõe: "Art. 1.006. O sócio, cuja contribuição consista em serviços, não pode, salvo convenção em contrário, empregar-se em atividade estranha à sociedade, sob pena de ser privado de seus lucros e dela excluído" Lei n. 10.406, de 10 de janeiro de 2002. Institui o Código Civil. *Diário Oficial [da República Federativa do Brasil]*, Brasília, Distrito Federal, 10 jan. 2002, Disponível em: <http://www.planalto.gov.br/ccivil_03/Leis/2002/L10406compilada.htm>. Acesso em: 4 ago. 2014. Sobre o tema, a doutrina esclarece que "O sócio deverá prestar o serviço especialmente declarado no contrato, somente executando o que estiver estipulado de modo expresso no contrato social". (DINIZ, 2005, p. 599).

5 Nesta linha, a nosso sentir, a melhor doutrina "Esta norma não é de aplicação absoluta. Pode a pessoa dedicar-se a outras atividades, desde que não haja prejuízo à sociedade da qual seja sócio de serviço". (INSTITUTO DOS ADVOGADOS DE MINAS GERAIS, Enunciados do Código Civil de 2002. p. 235).

Outro ponto relevante quanto à regulamentação legal dos sócios de serviço é que estes, ao contrário dos sócios de capital, não participam dos prejuízos, apenas dos lucros.[6]

Tal disposição nos parece acertada, na medida em que se a própria lei está a dispensar que esta modalidade de sócio participe, de forma pecuniária, da composição do capital, com muito mais razão este também deve ser dispensado de sua (do capital) recomposição, até porque, mesmo no caso de perda, já terá havido a contribuição mediante os serviços.[7]

3. A SOCIEDADE DE ADVOGADOS – PRINCIPAIS ESPECIFICIDADES

A regulamentação das sociedades de advogados está prevista na Lei n. 8.906, de 4 de julho de 1994 – Estatuto da Advocacia e da Ordem dos Advogados do Brasil, mais especificamente em seus artigos 15 a 17,[8] bem como nos artigos 37 a 43 do Regulamento Geral do Estatuto da Advo-

---

6 Sobre o tema o artigo 1007 do Código Civil determina que "Art. 1.007. Salvo estipulação em contrário, o sócio participa dos lucros e das perdas, na proporção das respectivas quotas, mas aquele, cuja contribuição consiste em serviços, somente participa dos lucros na proporção da média do valor das quotas". Registre-se que a redação final do artigo, no sentido de que a participação dos lucros dos sócios de serviço seriam "na proporção da média do valor das quotas nos parece confusa e de difícil compreensão, inclusive para se concluir se podem ou não os sócios de serviço ter participação nos lucros desproporcional às suas quotas, como é possível aos sócios de capital, caso assim seja estipulado.

7 "Havendo sócio de serviço, este não há de responder pelas perdas, porque já terá contribuído para a sociedade com seu serviço. Enfim, não se há de exigir reparação de capital àquele a quem a lei admitiu contribuísse com serviço". (INSTITUTO DOS ADVOGADOS DE MINAS GERAIS, Enunciados do Código Civil de 2002. p. 235).

8 Tais sociedades apenas adquirirão personalidade jurídica, nos termos do artigo 15, §1º, da Lei n. n. 8.906/94, "com o registro aprovado dos seus atos constitutivos no Conselho Seccional da OAB em cuja base territorial tiver sede". Lei n. 8.906, de 04 de julho de 1994. *Estatuto da Advocacia e A Ordem dos Advogados do Brasil (OAB)***.** Brasília, Disponível em: <http://www.planalto.gov.br/ccivil_03/Leis/L8906.htm>. Acesso em: 04 ago. 2014. Mesmo sentido, artigo 7.º do Provimento n. 112. CONSELHO FEDERAL DA ORDEM DOS ADVOGADOS DO BRASIL. Provimento n. 112, de 10 de setembro de 2006. *Provimento 112/2006*. Brasília, Disponível em: <http://www.oab.org.br/util/print?numero=112/2006&print=Legislacao &origem= Provimentos>. Acesso em: 04 ago. 2014.

cacia e da Ordem dos Advogados do Brasil, datado de 16 de agosto de 1994, e no Provimento n. 112, do Conselho Federal da mesma entidade, este datado de 10 de julho de 2006.

Entre as especificidades das sociedades de advogados, cabe ressaltar, para os fins deste artigo, que: (i) não podem apresentar forma ou características mercantis; (ii) seu objeto deve ser, exclusivamente, a prestação de serviços de advocacia; e (iii) todos os sócios devem ser, necessariamente, advogados aptos ao exercício da profissão.[9]

É fato, ainda, que cada advogado somente pode participar de uma sociedade com sede ou filial na mesma área territorial do Conselho Seccional na qual o referido profissional está inscrito.[10]

Ademais, no âmbito das sociedades de advogados, ao contrário do que acontece na maioria dos demais modelos societários, as atividades profissionais privativas de advogados[11] são exercidas em nome próprio,[12] sendo certo, ainda, que os profissionais respondem, pessoal e ilimitadamente, pelos danos causados no exercício da advocacia a título de dolo ou culpa.[13]

---

9 Lei n. 8.906/94: "Art. 16. Não são admitidas a registro, nem podem funcionar, as sociedades de advogados que apresentem forma ou características mercantis, que adotem denominação de fantasia, que realizem atividades estranhas à advocacia, que incluam sócio não inscrito como advogado ou totalmente proibido de advogar". Mesmo sentido, artigo 2.º, incisos II e X, do Provimento n. 112.

10 Artigo 15, §4.º, da Lei n. 8.906/94 e artigo 2.º, inciso XIV, do Provimento n. 112.

11 Lei n. 8.906/94: "Art. 1º São atividades privativas de advocacia: I – a postulação a órgão do Poder Judiciário e aos juizados especiais; II – as atividades de consultoria, assessoria e direção jurídicas. § 1º Não se inclui na atividade privativa de advocacia a impetração de *habeas corpus* em qualquer instância ou tribunal. § 2º Os atos e contratos constitutivos de pessoas jurídicas, sob pena de nulidade, só podem ser admitidos a registro, nos órgãos competentes, quando visados por advogados. § 3º É vedada a divulgação de advocacia em conjunto com outra atividade".

12 Regulamento Geral: "Art. 37. Os advogados podem reunir-se, para colaboração profissional recíproca, em sociedade civil de prestação de serviços de advocacia, regularmente registrada no Conselho Seccional da OAB em cuja base territorial tiver sede. Parágrafo único. As atividades profissionais privativas dos advogados são exercidas individualmente, ainda que revertam à sociedade os honorários respectivos". Mesmo sentido artigo 6.º do Provimento n. 112.

13 Lei n. 8.906/94: "Art. 17. Além da sociedade, o sócio responde subsidiária e ilimitadamente pelos danos causados aos clientes por ação ou omissão no exercício da advocacia, sem prejuízo da responsabilidade disciplinar em que possa incorrer.

Além destas especificidades normativas, importante ressaltar que o exercício da advocacia não exige grande investimento financeiro para o seu exercício, já que o principal capital necessário é de natureza intelectual e não monetário.

Esta circunstância, a nosso sentir, facilita a adoção, no âmbito das sociedades de advogados, do instituto das quotas de serviço, na medida em que torna mais fácil a compatibilização entre a contribuição monetária, que será provida pelos sócios de capital, com a contribuição de força produtiva a ser aportada pelos sócios de serviços.

Especificamente no tange às quotas de serviço no âmbito das sociedades de advogados, a matéria encontra-se regulamentada no artigo 2.º, inciso XIII, do Provimento n. 112 do Conselho Federal da Ordem dos Advogados do Brasil, que diz:

> Art. 2º O Contrato Social deve conter os elementos e atender aos requisitos e diretrizes indicados a seguir:
> (...)
> XIII – não se admitirá o registro e arquivamento de Contrato Social, e de suas alterações, com cláusulas que suprimam o direito de voto de qualquer dos sócios, podendo, entretanto, estabelecer quotas de serviço ou quotas com direitos diferenciados, vedado o fracionamento de quotas[14].

Destarte, a possibilidade de utilização das quotas de serviço pelas sociedades de advogado não viola quaisquer das suas especificidades, mas, ao contrário, está expressamente prevista no âmbito normativo da própria Ordem dos Advogados do Brasil.

Regulamento Geral: "Art. 40. Os advogados sócios e os associados respondem subsidiária e ilimitadamente pelos danos causados diretamente ao cliente, nas hipóteses de dolo ou culpa e por ação ou omissão, no exercício dos atos privativos da advocacia, sem prejuízo da responsabilidade disciplinar em que possam incorrer". Mesmo sentido artigo 2.º, inciso XI, do Provimento n. 112.

14 CONSELHO FEDERAL DA ORDEM DOS ADVOGADOS DO BRASIL. Provimento n. 112, de 10 de setembro de 2006. *Provimento 112/2006*. Brasília, Disponível em: <http://www.oab.org.br/util/print?numero=112/2006&p rint=Legislacao &origem= Provimentos>. Acesso em: 4 ago. 2014.

4. A COMPLEXIDADE DAS SOCIEDADES DE ADVOGADOS

Como se pôde perceber da análise do arcabouço normativo inerente às sociedades de advogados, a prestação de serviços advocatícios, apesar de ser atividade econômica cuja finalidade deve ser auferir resultados, é tratada de forma especial, valorizando-se o aspecto pessoal da atuação do advogado.

Este tratamento diferenciado nos parece ser, de fato, o mais adequado, justamente em razão das características inerentes à prestação de serviços desta natureza, em que o cliente estará a confiar ao seu advogado a defesa de sua liberdade, de sua cidadania ou de seu patrimônio. Assim, o contato pessoal entre cliente e advogado é, na maioria das vezes, essencial, consistindo em relação profissional de extrema confiança.

Por outro lado, a complexidade dos conflitos que demandam a atuação jurídica na sociedade moderna, plural e democrática, é cada vez maior e, via de consequência, também o é o ordenamento existente para solucionar, de forma racional, tais disputas.

Neste sentido, é cada vez mais incomum a atuação do advogado como profissional isolado, sendo necessário a sua reunião em sociedades onde são somadas as *expertises* de cada profissional, de modo a oferecer ao mercado um pacote de serviços mais completo, bem como para usufruir de benesses fiscais.[15]

---

15 Com a vigência da Lei Complementar n. 147, que amplia o Simples Nacional – regime simplificado de tributação –, para abranger, entre outros segmentos, a advocacia. A possibilidade de adesão ao Simples representa significativo incentivo à formalização dos profissionais em sociedades, na medida em que, além da simplificação contábil, enseja significativa redução da carga tributária. A título de exemplo, no regime de lucro presumido, as sociedades de advogados têm carga tributária de, aproximadamente, 11,33% (onze vírgula trinta e três por cento) e os advogados autônomos, tributados pelo Imposto de Renda Pessoa Física, ficam sujeitos a alíquotas de até 27,5% (vinte e sete vírgula cinco por cento). Sobre o tema: COÊLHO, Marcus Vinicius Furtado. Número de escritórios deve crescer seis vezes com advocacia no Simples. *Valor Econômico.* São Paulo, 1º ago. 2014. Legislação. Disponível em: <http://www.valor.com.br /legislacao/3634930/numero-de-escritorios-deve-crescer-seis-vezes-com-advocacia-no-simples?utm_source=newsletter_manha&utm_medium=01082014&utm_term=numero+de+escrito-

Esta realidade faz como que o contexto interno das referidas sociedades também seja cada vez mais complexo, reunindo profissionais cujo tempo de experiência profissional, área de atuação e metodologia de trabalho são distintos.

Destarte, no âmbito das sociedades de advogados tem-se uma aparente dicotomia, já que, se de um lado, há de haver entre os sócios características homogêneas o suficiente para justificar a sua reunião naquele ente coletivo,[16] de outro, *interna corporis*, pode haver uma certa heterogeneidade entre os seus componentes.

Tais circunstâncias ensejam dificuldades, por exemplo, no estabelecimento da remuneração de cada profissional, já que há de se levar em consideração aspectos como maturidade profissional, formação acadêmica e intelectual, capacidade de captação de clientes, rentabilidade da respectiva área de atuação, funções efetivamente desempenhadas no exercício da advocacia, realização de atividades administrativas e gerenciais no âmbito da sociedade, dentre outros.

5. PRINCIPAIS MODELOS DE ORGANIZAÇÃO APLICÁVEIS ÀS SOCIEDADES DE ADVOGADOS

A atuação de um advogado no âmbito de uma sociedade pode se dar, basicamente, sobre três formas: (i) empregado; (ii) associado; ou (iii) sócio.

No primeiro caso, a relação entre o advogado e a sociedade será regida pelas regras da Consolidação das Leis do Trabalho – CLT,[17] observando-se as regras especiais estabelecidas nos artigos 18 a 21 do Estatuto, Lei n. 8.906/94, e artigos 11 a 14 do Regulamento Geral.

---

rios+deve+crescer+seis+vezes+com+advocacia+no+simples&utm_campaign=informativo&NewsNid=3629472#ixzz398wWXP7v>. Acesso em: 4 ago. 2014.

16 Neste sentido, não nos parece haver dúvidas de que a sociedade de advogados é, na sua essência, uma sociedade de pessoas e não de capital, havendo a necessidade do denominado *affectio societates*. Sobre o tema a doutrina "São sociedades de pessoas aquelas que se constituem *intuito personae*, isto é, em razão do relacionamento que os sócios possuem entre si; os vínculos de amizade, de conhecimento e de parentesco é que levam os sócios a reunir seus esforços para o empreendimento comum". (GONÇALVES NETO, 2002, p. 41).

17 BRASIL. Decreto-lei n. 5.452, de 1º de maio de 1943. Aprova a consolidação das Leis do Trabalho. *Diário Oficial [da República Federativa do Brasil]*, Brasília, Distrito Federal, 1º maio 1943. Disponível em: <http://www.planalto.gov.br/ccivil_03/decreto-lei/Del5452compilado.htm>. Acesso em: 4 ago. 2014.

Nestas hipóteses, a remuneração no profissional se dará, essencialmente, mediante pagamento de salário.[18]

Este modelo traz, na nossa visão, algumas dificuldades na sua implementação.

A primeira delas quanto à rígida e engessada legislação trabalhista, destacando-se, no que tange à sociedade de advogados, a limitação quanto à jornada de trabalho.[19]

Até em razão da natureza dos serviços advocatícios, o estrito respeito a jornada predefinida pode prejudicar o desempenho dos serviços, já que o profissional não tem controle sobre sua agenda, na maioria das vezes influenciada pela pauta das autoridades, que orientam a realização de audiências, julgamentos e despachos, ou, ainda, pelas demandas e urgências da sua clientela, notadamente realização de reuniões, em que se dá o essencial contato pessoal.

Além disso, na medida em que o profissional empregado não está inserido no ambiente societário, certamente pode haver uma menor integração entre este e a sociedade e vice-versa.

Ademais, o modelo de advogado empregado dificulta, também, a implementação de mecanismos de participação nos resultados, que ficará limitada às hipóteses Participação nos Lucros e Resultados – PLR, aplicáveis aos empregados de forma geral.[20]

---

18 Há previsão de salário mínimo especial e de recebimento de honorários de sucumbência, artigos 19 e 21 da Lei n. 8.906/94.

19 Lei n. 8.906/94: "Art. 20. A jornada de trabalho do advogado empregado, no exercício da profissão, não poderá exceder a duração diária de quatro horas contínuas e a de vinte horas semanais, salvo acordo ou convenção coletiva ou em caso de dedicação exclusiva. § 1º Para efeitos deste artigo, considera-se como período de trabalho o tempo em que o advogado estiver à disposição do empregador, aguardando ou executando ordens, no seu escritório ou em atividades externas, sendo-lhe reembolsadas as despesas feitas com transporte, hospedagem e alimentação. § 2º As horas trabalhadas que excederem a jornada normal são remuneradas por um adicional não inferior a cem por cento sobre o valor da hora normal, mesmo havendo contrato escrito. § 3º As horas trabalhadas no período das vinte horas de um dia até as cinco horas do dia seguinte são remuneradas como noturnas, acrescidas do adicional de vinte e cinco por cento".

20 A distribuição da PLR poderá ser feita, no máximo, duas vezes durante o ano civil e nunca no mesmo trimestre (§ 2º, art. 3º, da Lei n. 10.101/00) e deve observar certos requisitos: "Art. 2º A participação nos lucros ou resultados será objeto de

Há que se considerar, ainda, o alto custo fiscal e previdenciário, tanto para sociedade quanto para o advogado empregado.

O salário do advogado será tributado pelo Imposto de Renda, à alíquota variável, de acordo com a faixa salarial, de 7,5% (sete e meio por cento) a 27,5% (vinte e sete e meio por cento), uma parte sendo retida diretamente pela sociedade.

Tabela Progressiva para o cálculo mensal do Imposto sobre a Renda da Pessoa Física a partir do exercício de 2015, ano-calendário de 2014.

Base de cálculo mensal em R$	**Alíquota %**	**Parcela a deduzir do imposto em R$**
Até 1.787,77	-	-
De 1.787,78 até 2.679,29	7,5	134,08
De 2.679,30 até 3.572,43	15,0	335,03
De 3.572,44 até 4.463,81	22,5	602,96

negociação entre a empresa e seus empregados, mediante um dos procedimentos a seguir descritos, escolhidos pelas partes de comum acordo: I – comissão paritária escolhida pelas partes, integrada, também, por um representante indicado pelo sindicato da respectiva categoria; II – convenção ou acordo coletivo. § 1º Dos instrumentos decorrentes da negociação deverão constar regras claras e objetivas quanto à fixação dos direitos substantivos da participação e das regras adjetivas, inclusive mecanismos de aferição das informações pertinentes ao cumprimento do acordado, periodicidade da distribuição, período de vigência e prazos para revisão do acordo, podendo ser considerados, entre outros, os seguintes critérios e condições: I – índices de produtividade, qualidade ou lucratividade da empresa; II – programas de metas, resultados e prazos, pactuados previamente. Brasil. Lei n. 10.101, de 19 de dezembro de 2000. Dispõe sobre a participação dos trabalhadores nos lucros ou resultados da empresa e dá outras providências. *Diário Oficial [da República Federativa do Brasil]*, Brasília, Distrito Federal, 19 dez. 2000 Disponível em: <http://www.planalto.gov.br/ccivil_03/leis/l10101.htm>. Acesso em: 4 ago. 2014.

Acima de 4.463,81	27,5	826,15

Fonte: Receita Federal

Além do Imposto de Renda, o advogado receberá o seu salário já com o desconto da Contribuição Previdenciária que lhe incumbe, que varia de 8% (oito por cento) a 11% (onze por cento), dependendo da faixa salarial.

TABELA VIGENTE Tabela de contribuição dos segurados empregado, empregado doméstico e trabalhador avulso, para pagamento de remuneração a partir de 1º de Janeiro de 2014	
Salário-de-contribuição (R$)	Alíquota para fins de recolhimento ao INSS (%)
até 1.317,07	8,00
de 1.317,08 até 2.195,12	9,00
de 2.195,13 até 4.390,24	11,00

Fonte: Previdência Social

A sociedade, além de pagar o salário e realizar as retenções legais que lhe são impostas, deverá recolher a Contribuição Previdência que lhe incumbe, à alíquota de 20% (vinte por cento), acrescida de 1% (hum por cento), para o financiamento dos benefícios concedidos em razão do grau de incidência de incapacidade laborativa decorrente dos riscos ambientais do trabalho.[21]

[21] Este acréscimo à Contribuição Previdenciária Patronal será de 1% (risco leve), 2% (risco médio) ou 3% (risco grave) e incide sobre o total das remunerações pagas, devidas ou creditadas, a qualquer título, durante o mês, aos segurados empregados e trabalhadores avulsos prestem serviços à pessoa jurídica. O enquadramento nos correspondentes graus de risco é de responsabilidade da empresa, que deverá fazê-lo mensalmente, com base na atividade econômica preponderante, observando a Relação de Atividades Preponderantes e Correspondentes Graus de Risco contida no Anexo V do Decreto 3.048, de 1999. Os serviços advocatícios

No caso do advogado empregado, além desses aspectos fiscais, sobrelevam também aspectos trabalhistas, portanto, será ônus da sociedade, ainda, a contribuição para o Fundo de Garantia do Tempo de Serviço em valor que corresponde a 8% (oito por cento) do salário, o pagamento do décimo-terceiro salário e do adicional de férias.

O que o advogado empregado eventualmente receber a título de PLR também será tributado pelo Imposto de Renda, de forma exclusiva e separada do salário, à alíquota de 7,5% (sete e meio por cento) a 27,5% (vinte e sete e meio por cento), dependendo da faixa recebida, que é diferente daquela faixa do Imposto de Renda devido em razão da percepção de salário.

PARTICIPAÇÃO NOS LUCROS
TABELA DE TRIBUTAÇÃO EXCLUSIVA NA FONTE

VALOR DO PLR ANUAL (EM R$)	ALÍQUOTA	PARCELA A DEDUZIR DO IR (EM R$)
de 0,00 a 6.000,00	0%	-
de 6.000,01 a 9.000,00	7,5%	450,00
de 9.000,01 a 12.000,00	15%	1.125,00
de 12.000,01 a 15.000,00	22,5%	2.025,00
acima de 15.000,00	27,5%	2.775,00

Fonte: Receita Federal

No caso dos advogados associados, a relação está regulamentada no artigo 39[22] do Regulamento Geral, bem como nos artigos 2º, inciso XIV, 8º, incisos III e IV, §§ 2º e 3º e 12, todos do Provimento n. 112 do Conselho Federal,[23] ambos da Ordem dos Advogados do Brasil.

estão classificados nesse Decreto como risco leve.

22 "Art. 39. A sociedade de advogados pode associar-se com advogados, sem vínculo de emprego, para participação nos resultados. Parágrafo único. Os contratos referidos neste artigo são averbados no registro da sociedade de advogados". *Regulamento Geral do Estatuto da Advocacia e da OAB.* Brasília, Disponível em: <http://www.oab.org.br/content/pdf/legislacaooab/regula mentogeral.pdf>. Acesso em: 4 ago. 2014.

23 "Art. 8º Serão averbados à margem do registro da sociedade e, a juízo de cada Conselho Seccional, em livro próprio ou ficha de controle mantidos para tal fim: (...) III – os ajustes de sua

Registre-se que o modelo de associação pode ser entre advogados e sociedades de advogados, ou entre sociedades de advogados. Neste último caso, a associação não pode implicar em coparticipação societária entre as associadas, já que somente advogados, pessoas naturais, podem ser sócios de sociedades de advogados.

No caso da associação, a remuneração se dará mediante participação nos resultados, tal como estabelecido no contrato de associação.

Ressalte-se, entretanto, que referida participação não se trata de distribuição de lucros, pois esta possibilidade é restrita aos sócios, sendo certo que a relação de associação não se confunde com relação societária.

Também este modelo, embora amplamente utilizado na prática, sob nossa inteligência, traz algumas desvantagens.

Assim como no caso dos advogados empregados, continua a não existir um vínculo societário entre as partes, dificultando, portanto, uma maior integração entre os profissionais.

Especificamente no que tange à remuneração, neste modelo há grande dificuldade em se estabelecer parcela fixa, na medida em que não pode haver pagamento de salário (exclusivo para advogados empregados) ou de pró-labore (exclusivo para advogados sócios), sendo certo que a participação nos resultados há de ser sempre variável, na medida em que depende da existência deste.

Neste ponto, ressalte-se que as regras do artigo 39 do Regulamento Geral, bem como artigo 8º, inciso II, do Provimento n. 112,

associação com advogados, sem vínculo de emprego, para atuação profissional e participação nos resultados; IV – os ajustes de associação ou de colaboração com outras Sociedades de Advogados; (...) § 2º Os Contratos de Associação com advogados sem vínculo empregatício devem ser apresentados para averbação em 3 (três) vias, mediante requerimento dirigido ao Presidente do Conselho Seccional, observado o seguinte: I – uma via ficará arquivada no Conselho Seccional e as outras duas serão devolvidas para as partes, com a anotação da averbação realizada; II – para cada advogado associado deverá ser apresentado um contrato em separado, contendo todas as cláusulas que irão reger as relações e condições da associação estabelecida pelas partes. § 3º As associações entre Sociedades de Advogados não podem conduzir a que uma passe a ser sócia de outra, cumprindo-lhes respeitar a regra de que somente advogados, pessoas naturais, podem constituir Sociedade de Advogados". Provimento n. 112 da Ordem dos Advogados do Brasil. (CONSELHO FEDERAL DA ORDEM DOS ADVOGADOS DO BRASIL).

deixam claro que a remuneração destes profissionais deve-se dar mediante "participação nos resultados".

Sob o prisma do advogado associado, este modelo tem, na nossa visão, mais duas grandes desvantagens.

A primeira delas consiste no fato de que, como todo advogado, responde o associado ilimitadamente pelos danos causados, por ação ou omissão, no exercício da advocacia,[24] entretanto, por não estar integrado no contexto societário,[25] este profissional pode ficar excluído de mecanismos que a sociedade utilize para prevenir estes riscos, contratação de seguros ou políticas de provisionamento de receitas, por exemplo.

Ademais, mesmo não compondo a sociedade, também se aplica ao associado a vedação de participar, sob esta rubrica, de mais de uma sociedade de advogados, com sede ou filial na mesma base territorial do Conselho Seccional onde está registrado, diminuindo, assim, suas possibilidades de atuação profissional.[26]

Por fim, também sob o prisma fiscal, o modelo de associação tem algumas desvantagens.

Embora o associado não seja abrangido pelos encargos trabalhistas citados para o advogado empregado, todo o valor recebido em remuneração será tributado pelo Imposto de Renda e pelas Contribuições incidentes.

O associado deverá recolher, também, o Imposto sobre Serviços – ISS a um valor fixo ou a uma alíquota aplicada sobre um valor fixo, conforme estabelecido pelo Município competente para a tributação. Para o

24 Artigos 17 da Lei n. 8.906/94, 40 do Regulamento Geral e II, inciso XI do Provimento n. 112 da Ordem dos Advogados do Brasil. (CONSELHO FEDERAL DA ORDEM DOS ADVOGADOS DO BRASIL).

25 Apesar disso, o contrato de associação deve ser devidamente averbado na OAB. Neste sentido, artigo 12 do Provimento número 112 que diz: "Art. 12. O Contrato de Associação firmado entre Sociedades de Advogados de Unidades da Federação diferentes tem a sua eficácia vinculada à respectiva averbação nos Conselhos Seccionais envolvidos, com a apresentação, em cada um deles, de certidões de breve relato, comprovando sua regularidade".

26 Provimento n. 112: "Art. 2º O Contrato Social deve conter os elementos e atender aos requisitos e diretrizes indicados a seguir: (...) XIV – o mesmo advogado não poderá figurar como sócio ou como advogado associado em mais de uma Sociedade de Advogados, com sede ou filial na mesma base territorial dos respectivos Conselhos Seccionais;".

associado pessoa jurídica, o valor a pagar varia de acordo com o número de profissionais que possui.

No caso do associado pessoa natural, perceberá sua remuneração mediante a emissão de Recibo de Pagamento Autônomo – RPA, sobre a qual incidirá a alíquota de 7,5% (sete e meio por cento) a 27,5% (vinte e sete e meio por cento) de Imposto de Renda,[27] bem como Contribuição Previdenciária, que deverá ser recolhida sob a rubrica de Contribuinte Individual, correspondente ao percentual de 11% (onze por cento).[28]

Já o associado pessoa jurídica, receberá mediante a emissão de Nota Fiscal de Prestação de Serviços, sobre a qual incidirá Imposto de Renda à alíquota de 15% (quinze por cento),[29] Contribuição Social sobre o Lucro Líquido – CSLL, à alíquota de 9% (nove por cento), Contribuição ao Programa de Integração Social – PIS e Contribuição para o Financiamento da Seguridade Social – COFINS, às alíquotas de 0,65% (zero vírgula sessenta e cinco por cento) e de 3% (três por cento), respectivamente.[30]

À sociedade incumbirá a retenção de parte do Imposto de Renda devido pelo associado, na qualidade de substituta tributária.

Percebe-se, portanto, que este modelo acaba onerando excessivamente a figura do associado.

---

27 Aplica-se a mesma Tabela de Tributação Exclusiva na Fonte.

28 Neste caso, tal contribuição deverá ser retida pela sociedade.

29 A parcela do lucro real que exceder ao resultado da multiplicação de R$20.000,00 (vinte mil reais) pelo número dos meses do respectivo período de apuração sujeita-se à incidência de adicional, à alíquota de 10% (dez por cento). Lei n. 9.249/95, art. 3º. Lei n. 9.249, de 26 de dezembro de 1995. Altera a legislação do imposto de renda das pessoas jurídicas, bem como da contribuição social sobre o lucro líquido, e dá outras providências. *Diário Oficial [da República Federativa do Brasil]*, Brasília, Distrito Federal, 26 dez. 1995 Disponível em: http://legislacao.planalto.gov.br/legisla/legislacao.nsf/b110756561cd26fd03256ff500612662/3bf4c468bbd77f7d032569fa0069dbb4?OpenDocument. Acesso em: 4 de ago. 2014.

30 Regime de recolhimento cumulativo, que é o regime mais utilizado pelas sociedades de advogados. Se a sociedade optar pelo regime de apuração do Imposto de Renda pelo lucro real, o regime de recolhimento do PIS/CONFIS será o não cumulativo e as alíquotas corresponderão, respectivamente, à 1,65% (um vírgula sessenta e cinco por cento) e 7,6% (sete vírgula seis por cento).

6. SÓCIOS DE SERVIÇOS E SOCIEDADES DE ADVOGADOS – VANTAGENS

Sob o prisma societário, tanto os sócios de capital quanto os sócios de serviços compõem a sociedade na qualidade de efetivos integrantes.

Sobre este ponto, registre-se, inclusive, que embora a gestão da sociedade deva ser exercida pelos sócios de capital, está preservado o direito dos sócios de serviço ao voto, notadamente no que tange às questões referentes ao exercício profissional da advocacia.[31]

A diferença é a forma de contribuição para composição do patrimônio social, já que, enquanto um contribuiu com capital ou bens patrimoniais, o outro o fez com sua capacidade produtiva.[32]

Para além desta questão conceitual normativa, sob o ponto de vista gerencial e administrativo, considerando a circunstância inerente às sociedades de advogados, que não exigem tanto investimento financeiro para sua atuação, a diferença entre os sócios de capital e de serviço pode considerar outros aspectos.

Assim, seriam sócios de capital os advogados fundadores da sociedade, com mais tempo de atuação profissional, com capacidade intelectual e produtiva mais amadurecida, com maior potencial de captação de clientes, com funções de gestão estratégica da banca, dentre outras qualidades a serem definidas diante das especificidades de cada sociedade.

Já os sócios de serviço seriam os advogados mais jovens profissionalmente ou, ainda, ligados a uma área em desenvolvimento na banca, por exemplo.

Todavia, e como primeira grande vantagem deste modelo, destacamos que há, de fato, um vínculo societário entre os profissionais, permitindo entre eles, independentemente das suas características individuais, uma atuação mais próxima e integrada, o que, via de regra, reflete em uma prestação de serviços mais eficiente.

---

31 Sobre o direito a voto do sócio de serviço, o próprio artigo 2.º, inciso XIII, do Provimento n. 112.

32 As quotas de serviços devem ser criadas no Contrato Social, com respectivo registro na OAB, assim como estabelece o artigo 15 da Lei n. 8.906/94.

Além disso, em havendo vínculo societário, sob o prisma da remuneração, permite-se que tanto os sócios de capital quanto os sócios de serviço possam perceber verbas fixas, a título de pró-labore, bem como verbas variáveis, a título de distribuição de lucros.[33]

O estabelecimento da verba de pró-labore, a ser pago mensalmente em conjunto com a folha de pagamento dos funcionários, dá-se por deliberação societária, podendo ser formalizado em ata de reunião de sócios.

Já a previsão da distribuição de lucros, cujo estabelecimento é mais complexo, pode ser objeto de regulamentação mediante acordo de quotistas,[34] em que restarão definidas as regras para sua quantificação e distribuição.

Os sócios de capital poderão estabelecer o percentual do resultado que será revertido para os sócios de serviço, além de como este percentual será dividido entre os próprios profissionais que estão enquadrados nesta categoria.

Assim, este modelo permite, também entre os próprios sócios de serviço, estabelecer remunerações variáveis diferenciadas, considerando, mais uma vez, critérios de amadurecimento profissional, tempo de casa, área de atuação, assim como se fez quando da distinção entre sócios de capital e de serviço.

Este mecanismo de dupla valoração, se bem administrado, pode ser importante ferramenta para a gestão da sociedade, na medida em que permite ao gestor, mediante critérios de meritocracia, individualizar de forma mais adequada a remuneração de cada profissional à sua efetiva contribuição para a sociedade.

---

[33] É fato que essa possibilidade de versatilidade quanto às hipóteses de remuneração tem uma consequência prática importante. Normalmente a remuneração fixa representa um peso maior no caso dos advogados mais jovens (sócios de serviço) sendo a parcela variável mais relevante para os profissionais experientes (sócios de capital). SELEM, Lara. *Remuneração de Advogados e Sócios em Sociedades de Advogados*. S. L.: Selem, Bertozzi & Consultores Associados, 2012. 43 *slides*, color. Disponível em: <http://pt.slideshare.net/laraselem/remunerao-de-advogados-e-s-cios-lara-selem-netsalas>. Acesso em: 4 ago. 2014.

[34] "O acordo de quotistas é um negócio jurídico de Direito Privado, regido pelas normas gerais do Direito Civil, relativo aos direitos das obrigações" sua finalidade é "regulamentar as relações pessoais e patrimoniais dos sócios e de equilíbrio do poder de controle dentro da sociedade". (ROCHA, 2011, p. 60).

Outra vantagem deste modelo sobre o de associação se revela na medida em que tais regras de participação nos lucros ficam mais reservadas, já que são definidas em acordo de quotistas, documento interno da sociedade, cujo registro externo é desnecessário.

Já no contrato de associação, a regra de participação no resultado deve constar do contrato, cuja averbação é obrigatória, podendo haver exposição de informações estratégicas à sociedade.[35]

Outro ponto benéfico dos sócios de serviço é que este modelo permite a distribuição mensal de lucros,[36] mediante a regular elaboração da Demonstração de Resultados no Exercício – DRE,[37] em que se demonstrará o resultado obtido operacionalmente no mês anterior. Este modelo é vedado, por exemplo, ao caso do advogado empregado.

Sob o prisma do profissional enquadrado como sócio de serviço, é fato que tal modelo, diante da sua integração ao ambiente societário, também tem a vantagem de permitir seja ele beneficiado pelas políticas adotadas pela sociedade quanto à proteção de eventuais danos que podem ser causados no exercício da profissão.

Ademais, nesta modalidade, o advogado, principalmente os iniciantes, estarão isentos do risco patrimonial da atividade, na medida em que sua participação se limita aos lucros, não havendo possibilidade participação nos prejuízos.

É fato, ainda, que, integrando o contexto social, certamente o despenho de suas funções será melhor acompanhado pelos sócios de capital,

---

[35] Artigo 12 do Provimento n. 112.

[36] Artigo 2.º, inciso XVI, do Provimento n. 112.

[37] A Demonstração do Resultado do Exercício – DRE tem por objetivo apresentar de forma vertical e resumida o resultado apurado em determinado período, normalmente, de doze meses, podendo ser mensal. Na determinação da apuração do resultado do exercício, serão computados: a) as receitas e os rendimentos ganhos no período; e b) os custos, despesas, encargos e perdas, pagos ou incorridos, correspondentes a essas receitas e rendimentos. A elaboração da DRE é obrigatória para fins societários e fiscais (artigo 187 da Lei n. 6.404/76). Lei n. 6.404, de 15 de dezembro de 1976. Art. 187. *Demonstração do Resultado do Exercício.* Disponível em: <http://www.planalto.gov.br/ccivil_03/leis/l6404consol.htm>. Acesso em: 4 ago. 2014.

facilitando o acompanhamento de sua evolução profissional e possibilitando, até, seu aproveitando, no futuro, como sócio de capital.

Também sobre os aspectos fiscais, o modelo de sócios de serviço traz vantagens quanto aos demais.

Como já visto, neste contexto, o profissional pode receber a sua remuneração em uma parte fixa (pró-labore) e outra variável (distribuição de lucros).

Havendo o pagamento de pró-labore, somente sobre ele incidirá o Imposto de Renda, nas alíquotas de 7,5% (sete e meio por cento) a 27,5% (vinte e sete e meio por cento),[38] e a Contribuição Previdenciária, que deverá ser recolhida sob a rubrica de Contribuinte Individual, correspondente ao percentual de 11% (onze por cento).[39]

A parte variável, que corresponde à distribuição de lucros da sociedade, será tributada exclusivamente na própria sociedade,[40] que possui carga tributária menor.[41]

Também o ISS será recolhido no âmbito da sociedade, em valor fixo ou mediante aplicação de alíquota sobre valor fixo, variável de acordo com o número de profissionais e com o Município tributante.

Observa-se, portanto, que este modelo permite que a sociedade não seja onerada em termos fiscais e trabalhistas e favorece, também, ao advogado sócio de serviço, cujo valor variável é recebido sem a necessidade de nova tributação.

Por fim, é necessário ressaltar que a quota de serviço, conceitualmente, não possui valor patrimonial, razão pela qual a forma de distribuição da participação desses sócios deverá utilizar a base monetária das quotas do capital social e critérios bem definidos pelos sócios.[42]

---

[38] Aplica-se a mesma Tabela de Tributação Exclusiva na Fonte.

[39] Também neste caso com retenção pela sociedade.

[40] A legislação brasileira estabelece, no art. 10 da Lei n. 9.249/1995, isenção de Imposto de Renda aos dividendos recebidos pelos sócios de pessoas jurídicas.

[41] Estimados em 11,33% (onze vírgula trinta e três por cento), estimava esta que considera os tributos federais e o regime de apuração do IR no lucro presumido.

[42] De acordo com o artigo 1.007, nas sociedades simples, "Salvo estipulação em contrário, o sócio participa dos lucros e das perdas, na proporção das respectivas quotas, mas aquele, cuja contribuição consiste em serviços, somente participa dos lucros na proporção da média do valor das quotas." A redação da norma não permite inferir, com segurança, se a possibilidade de estipulação em contrário – distribuição de lucros em proporção distinta das quotas

7. CONCLUSÃO

Conclui-se que o estabelecimento das quotas de serviço e sua efetiva implementação no ambiente das sociedades de advogados, respeitadas as regras aplicáveis à espécie, pode consistir em mecanismo eficiente e moderno para estruturação das bancas de advocacia.

Além de ser instituto versátil quanto à gestão dos serviços e da respectiva remuneração dos profissionais pode, ainda, ensejar benefícios de ordem fiscal relevantes.

Destarte, acreditamos tratar-se de solução muitas vezes adequadas à gestão das sociedades de advogados em toda a sua complexidade, embora ainda pouco utilizada na prática.

8. REFERÊNCIAS

BRASIL. MINISTÉRIO DA PREVIDÊNCIA SOCIAL. *Central de Serviços do Segurado:* Formas de Contribuição. 2014. Disponível em: <http://www.previdencia.gov.br/inicial-central-de-servicos-ao-segurado-formas-de-contribuicao-empregado/>. Acesso em: 4 ago. 2014.

BRASIL. Secretaria da Receita Federal. *Alíquotas do Imposto sobre a Renda Retido na Fonte – a partir do exercício de 2012.* Disponível em: http://www.receita.fazenda.gov.br/aliquotas/ContribFont2012a2015.htm. Acesso em : 4 ago 2014.

BRASIL. Secretaria da Receita Federal. *Solução de consulta n. 140*, de 1º de outubro de 2009. Disponível em: http://www.apet.org.br/consulta_tributaria/pdf/consulta_apet_27_10_09_2.pdf. Acesso em: 4 ago. 2014.

BRASIL. Decreto n. 3048, de 06 de maio de 1999. Aprova o Regulamento da Previdência Social, e dá outras providências. *Diário Oficial [da República Federativa do Brasil],* Brasília, Distrito Federal, 6 maio 1994. Disponível em: *h*ttp://www.planalto.gov.br/ccivil_03/decreto/D3048.htm. Acesso em: 4 ago. 2014.

atribuídas – alcança apenas a participação dos sócios de capital ou se alcançaria, também, a participação dos sócios de serviço. No sentido de que também a forma de distribuição aos sócios de serviços poderá ser estipulada pelos sócios, vide a Solução de Consulta n. 140, da Secretaria da Receita Federal de Minas Gerais.

BRASIL. Decreto-lei n. 5.452, de 1º de maio de 1943. Aprova a consolidação das Leis do Trabalho. *Diário Oficial [da República Federativa do Brasil]*, Brasília, Distrito Federal, 1º maio 1943. Disponível em: <http://www.planalto.gov.br/ccivil_03/decreto-lei/Del5452compilado.htm>. Acesso em: 4 ago. 2014.

BRASIL. Lei n. 10.101, de 19 de dezembro de 2000. Dispõe sobre a participação dos trabalhadores nos lucros ou resultados da empresa e dá outras providências. *Diário Oficial [da República Federativa do Brasil]*, Brasília, Distrito Federal, 19 dez. 2000 Disponível em: <http://www.planalto.gov.br/ccivil_03/leis/l10101.htm>. Acesso em: 4 ago. 2014.

BRASIL. Lei n. 10.406, de 10 de janeiro de 2002. Institui o Código Civil. *Diário Oficial [da República Federativa do Brasil]*, Brasília, Distrito Federal, 10 jan. 2002, Disponível em: <http://www.planalto.gov.br/ccivil_03/Leis/2002/L10406compilada.htm>. Acesso em: 4 ago. 2014.

BRASIL. Lei n. 6.404, de 15 de dezembro de 1976. Art. 187. Demonstração do Resultado do Exercício. *Diário Oficial [da República Federativa do Brasil]*, Brasília, Distrito Federal,15 dez. 1976. Disponível em http://www.planalto.gov.br/ccivil_03/leis/l6404consol.htm>. Acesso em: 4 ago. 2014.

BRASIL. Lei n. 12.832, de 20 de junho de 2013. Altera dispositivos das Leis nos 10.101, de 19 de dezembro de 2000, que dispõe sobre a participação dos trabalhadores nos lucros ou resultados da empresa, e 9.250, de 26 de dezembro de 1995, que altera a legislação do imposto de renda das pessoas físicas. *Diário Oficial [da República Federativa do Brasil]*, Brasília, Distrito Federal, 20 jun. 2013. Disponível em: <http://www.planalto.gov.br/ccivil_03/_Ato2011-2014/2013/Lei/L12832.htm>. Acesso em: 4 ago. 2014.

BRASIL. Lei n. 9.249, de 26 de dezembro de 1995. Altera a legislação do imposto de renda das pessoas jurídicas, bem como da contribuição social sobre o lucro líquido, e dá outras providências. *Diário Oficial [da República Federativa do Brasil]*, Brasília, Distrito Federal, 26 dez. 1995 Disponível em: http://legislacao.planalto.gov.br/legisla/legislacao.nsf/b110756561cd26fd03256ff500612662/3bf4c468bbd77f7d032569fa0069dbb4?OpenDocument. Acesso em: 4 de ago. 2014.

BRASIL. Lei n. 556, de 25 de junho de 1850. Código Comercial. *Diário Oficial [da República Federativa do Brasil]*, Brasília, Distrito Federal,25 jun. 1850. Brasília, Disponível em: <http://www.planalto.gov.br/ccivil_03/Leis/LIM/LIM556.htm>. Acesso em: 4 ago. 2014.

BRASIL. Lei n. 8.906, de 4 de julho de 1994. Dispõe sobre o Estatuto da Advocacia e A Ordem dos Advogados do Brasil (OAB). *Diário Oficial [da República Federativa do Brasil]*, Brasília, Distrito Federal, 4 jul. 1994. Disponível em: <http://www.planalto.gov.br/ccivil_03/Leis/L8906.htm>. Acesso em: 4 ago. 2014.

BRASIL. Lei complementar n. 147, de 7 de agosto de 2014. Altera a Lei Complementar n. 123, de 14 de dezembro de 2006, e as Leis n. 5.889, de 8 de junho de 1973, 11.101, de 9 de fevereiro de 2005, 9.099, de 26 de setembro de 1995, 11.598, de 3 de dezembro de 2007, 8.934, de 18 de novembro de 1994, 10.406, de 10 de janeiro de 2002, e 8.666, de 21 de junho de 1993; e dá outras providências. *Diário Oficial [da República Federativa do Brasil]*, Brasília, Distrito Federal, 7 ago. 2014. Disponível em: http://www.planalto.gov.br/ccivil_03/leis/lcp/Lcp147.htm. Acesso em: 8 ago.2014.

COÊLHO, Marcus Vinicius Furtado. Número de escritórios deve crescer seis vezes com advocacia no Simples. *Valor Econômico.* São Paulo, 1º ago. 2014. Legislação. Disponível em: <http://www.valor.com.br/legislacao/3634930/numero-de-escritorios-deve-crescer-seis-vezes-com-advocacia-no-simples?utm_source=newsletter_manha&utm_medium=01082014&utm_term=numero+de+escritorios+deve+crescer+seis+vezes+com+advocacia+no+simples&utm_campaign=informativo&NewsNid=3629472#ixzz398wWXP7v>. Acesso em: 4 ago. 2014.

CONSELHO FEDERAL DA ORDEM DOS ADVOGADOS DO BRASIL. Provimento n. 112, de 10 de setembro de 2006. *Provimento 112/2006.* Brasília, Disponível em: <http://www.oab.org.br/util/print?numero=112/2006&p rint=Legislacao &origem= Provimentos>. Acesso em: 4 ago. 2014.

CONSELHO FEDERAL DA ORDEM DOS ADVOGADOS DO BRASIL. *Regulamento Geral do Estatuto da Advocacia e da Oab.* Brasília, Disponível em: <http://www.oab.org.br/content/pdf/legislacaooab/regula mentogeral.pdf>. Acesso em: 4 ago. 2014.

DINIZ, Maria Helena. *Código Civil anotado.* 11. ed. São Paulo: Saraiva, 2005. 1.838 p.

GONÇALVES NETO, Alfredo de Assis. *Lições de direito societário:* regime vigente e inovações do novo código civil. São Paulo: Juarez de Oliveira, 2002. 282 p.

INSTITUTO DOS ADVOGADOS DE MINAS GERAIS. *Enunciados do Código Civil de 2002.* Belo Horizonte: Instituto dos Advogados de Minas Gerais, 2005.

MACHADO, Antonio Claudio da Costa. *Código de Processo Civil interpretado:* artigo por artigo, parágrafo por parágrafo. 7. ed. São Paulo: Manole, 2008. 1.670 p.

ROCHA, *Acordo de quotistas nas sociedades limitadas.* Belo Horizonte: Arraes Editores, 2011. 210 p.

SELEM, Lara. *Remuneração de advogados e sócios em sociedades de advogados.* S. L.: Selem, Bertozzi & Consultores Associados, 2012. 43 *slides*, color. Disponível em: <http://pt.slideshare.net/laraselem/remunerao-de-advogados-e-scios-lara-selem-netsalas>. Acesso em: 4 ago. 2014.

O Advogado e a Relação de Emprego

Ivan Carlos Caixeta

Mestre e Professor de Direito e Processo do Trabalho. Advogado Trabalhista. Sócio-Fundador do Escritório de Advocacia Chalup & Caixeta Advogados Asso*ciados.*

Trata-se de breves considerações sobre o advogado e a relação de emprego, em especial quando a prestação dos serviços do profissional do Direito ocorre nos escritórios de advocacia ou mesmo em parceria entre colegas.

Na verdade, o tema, apesar de não ser novo, continua sendo objeto de discussões no âmbito da Justiça do Trabalho que, por sua vez, também não sinaliza uma interpretação consolidada capaz de servir de norte para aqueles que se envolvem em tal polêmica.

Assim, nestas modestas linhas, pretende-se suscitar uma reflexão sob alguns aspectos que poderão contribuir para as eventuais discussões específicas e, portanto, subsidiar os colegas que se deparam com o tema.

Na verdade, esta relação é por demais comum nos escritórios de advocacia e, quando ocorre o rompimento podem vir à tona discussões que levam ao Judiciário Trabalhista o desfecho, cujo resultado tem sido desagradável e constrangedor para o bom convívio da classe.

Assim, a abordagem será exatamente a tentativa de suscitar entre colegas que se organizam em sociedade (Escritórios de Advocacia) e que utilizam, em parceria, da prestação dos serviços de outro advogado, este, geralmente, recém-formado.

Importante deixar claro que, ao abordar este tema, não se está aviltando ou negando ao recém-formado a sua dignidade mínima como trabalhador, e nem a marginalização deste, porque iniciante na nobre carreira.

Inegavelmente, a Legislação Trabalhista, em especial a velha Consolidação das Leis do Trabalho (CLT), é uma importante conquista e que deve ser comemorada, porque protege minimamente qualquer pessoa que vende sua força física ou intelectual para outrem e em proveito deste.

Contudo, há que se fazer uma reflexão sobre alguns aspectos em que a prestação de serviços possui contornos e especificidades inerentes ao próprio prestador e seus efeitos.

É cediço que o instituto "relação de emprego" e a "relação jurídica entre advogados" têm em comum a prestação de serviços para alguém.

Portanto, vale a pena fazer algumas considerações sobre o tema específico "relação de trabalho", como gênero.

Assim, temos reconhecidamente o conceito de relação de emprego como aquela consistente na relação jurídica de natureza contratual que tem como sujeitos o empregador e o empregado, e, por consequência, como objeto, o trabalho subordinado, continuado e assalariado.

Como se pode observar, o Direito do Trabalho cuida da relação de emprego, pois as outras relações escapam, de modo geral, ao seu campo de incidência.

Os elementos conceituais clássicos que caracterizam a relação de emprego são: trabalho prestado por pessoa física, de forma não eventual, mediante remuneração e subordinação.

Com estes elementos, forma-se o próprio contrato de trabalho, cuja definição se encontra disposta no art. 442, da CLT, *in verbis*: "[...] é o acordo tácito ou expresso correspondente à relação de emprego".

Assim sendo, a distinção entre relação de trabalho e relação de emprego (esta última = contrato de trabalho) repousa no fato de que a relação de trabalho compreende um conceito mais abrangente.

Extrai-se, pois, que toda relação de emprego cujo contrato esteja em execução é uma relação de trabalho, mas o inverso não é verdadeiro.

O Professor Amauri Mascaro Nascimento,[1] ao abordar os requisitos legais da definição de emprego (arts. 2º e 3º da CLT), consigna o seguinte:

> PESSOA FÍSICA – Empregado é *pessoa física* ou natural. Não é possível empregado pessoa jurídica. A proteção da lei destinada ao ser humano que trabalha, à sua vida, saúde, integridade física, lazer. Não é preciso ressaltar que esses valores existem em função da pessoa natural. Não são bens jurídicos tuteláveis nas pessoas jurídicas.
> CONTINUIDADE – Empregado é um *trabalhador não eventual*. Aqui as discussões são de duas ordens. Primeira, saber quais são os critérios que indicam quando o trabalho é não eventual, o que implica o estudo da diferença entre empregado e trabalhador eventual, que será feito em item separado. Em princípio, trabalhador não-eventual é aquele que exerce uma atividade de modo permanente. Porém, são necessárias diversas outras explicações. Segunda, saber se a lei trabalhista deve proteger o trabalhador eventual.
> SUBORDINAÇÃO – Empregado é um trabalhador cuja atividade é exercida sob *dependência* de outrem para quem ela é dirigida. Nossa lei usa a palavra "dependência". No entanto, em lugar dela, generalizou-se hoje outra expressão, a palavra "subordinação", de maior importância, uma vez que permite dividir dois grandes campos de trabalho humano: o trabalho subordinado e o trabalho autônomo. Empregado é um trabalhador subordinado. Se o trabalhador não é subordinado, será considerado trabalhador autônomo, não empregado. Situações híbridas, nas quais a atividade está situada numa fronteira entre a subordinação e autonomia, levam a doutrina italiana a criar uma figura intermediária, a *parassubordinação* para casos, por exemplo, como do vendedor ou representante comercial autônomo. A CLT é aplicável a empregados e não é aplicável a trabalhadores autônomos, como já vimos.

1 NASCIMENTO, Amauri Mascaro. *Iniciação ao direito do trabalho*. 34. ed. São Paulo: LTr, 2009, p.163-165.

> SALÁRIO – Empregado é um *trabalhador assalariado*, portanto, alguém que, pelo serviço que presta, recebe uma retribuição. Caso os serviços sejam executados gratuitamente pela sua própria natureza, não se configurará a relação de emprego. Há um exemplo sempre citado para elucidar esse ponto. Uma freira que gratuitamente presta serviços num hospital, levando lenitivo religioso aos pacientes, não será considerada empregada do hospital, porque a sua atividade é exercida sem salário, por força da sua natureza e fins. Alguns autores dão uma dimensão maior a esse requisito do salário, preferindo dizer que só haverá relação de emprego se o contrato for oneroso. Querem dizer com *onerosidade* a reciprocidade de deveres das partes O dever do empregado é prestar os serviços. O dever do empregador é pagar os salários.

Veja-se que o autor não difere dos demais que tratam deste tema, uma vez que a doutrina está pacificada no sentido de que a relação de emprego é *contratual.*

A Teoria Geral do Direito nos ensina que a relação jurídica é uma espécie de relação social acolhida numa estrutura normativa, isto é, informada pela ordem jurídica.

A relação de trabalho é, assim, aquela relação jurídica em que alguém presta serviços a outrem, sem que estejam presentes os cinco elementos fático-jurídicos caracterizadores da relação de emprego.

A relação de emprego é uma relação de trabalho em que alguém presta serviços, estando subordinado a outrem, de modo continuado e mediante salário.

A distinção destes institutos, "data vênia" de entendimento contrário, não é simples, em especial quando se avalia as decisões da Justiça do Trabalho.

É que, as decisões, naquela Especializada, pouco têm considerado as peculiaridades que envolvem a relação de um advogado no Escritório de Advocacia e a parceria entre os colegas.

Por isso, merece uma abordagem quanto a estas especificidades dos serviços de advocacia prestados por advogado a outro, seja o tomador o escritório ou a pessoa física de outro profissional do Direito.

Há, pois, que, em relação ao advogado nestas condições, que se debater, com mais profundidade, os requisitos dos artigos 2º e 3º da CLT.

Assim, a interpretação dos requisitos previstos nas normas acima citadas merece reflexão diversa daquela que vem-se constatando nos tribunais regionais do Trabalho,[2] a saber:

> Minas Gerais – TRT 3ª Região:
> RELAÇÃO DE EMPREGO – ADVOGADO EMPREGADO – SUBORDINAÇÃO JURÍDICA – A caracterização da subordinação jurídica envolvendo o profissional advogado não pode ser analisada com o mesmo rigor em relação aos contratos de trabalho em geral, tendo em vista a natureza eminentemente intelectual que envolve o exercício da profissão em relevo, acrescendo-se que nem mesmo o vínculo laboral pode retirar a isenção técnica e reduzir a independência funcional inerentes à advocacia (art. 18 da Lei nº 8.906/94), bastando que haja a participação integrativa do advogado na dinâmica das atividades de sua empregadora, como ocorrido na hipótese. (TRT 3ª R. – RO 1000/2011-134-03-00.7 – Rel. Des. Sebastiao Geraldo de Oliveira – *DJe* 05.09.2012 – p. 64, v. 99).
> ADVOGADO CORRESPONDENTE – VÍNCULO DE EMPREGO – INEXISTÊNCIA – Para a caracterização do vínculo de emprego necessária se faz a presença de todos aqueles requisitos previstos pelo art. 3º do Estatuto Consolidado, quais sejam: subordinação jurídica, onerosidade, não eventualidade e pessoalidade. Ainda que se encontrem presentes os três últimos elementos, o vínculo empregatício não será reconhecido se inexistente a subordinação jurídica - Pedra de toque na relação de emprego. É o que ocorre no caso de profissionais autônomos, contratados para a prestação de serviços jurídicos, como advogados correspondentes, para atuar em audiências e em determinadas cidades, assim como na elaboração de peças processuais para empresas diversas. (TRT 3ª R. – RO 1254/2011-152-03-00.7 – Rel. Juiz Conv. Vicente de Paula M. Junior – *DJe* 01.10.2012 – p. 146)v98
>
> São Paulo – TRT 2ª Região:
> *TRT-2 - RECURSO ORDINÁRIO RO 1640200744302001 SP 01640-2007-443-02-00-1 (TRT-2)*
> Data de publicação: 15.06.2010
> Ementa: VÍNCULO EMPREGATÍCIO. ADVOGADO. Ainda que fosse comum o advogado atuar como profissional liberal e de forma

[2] Extraído do *Juris Síntese* DVD, mar./abr. 2013.

autônoma, não se descarta a possibilidade dele ser empregado. Assim, necessária a produção de prova a fim de comprovar os elementos necessários à configuração da relação de emprego,quais sejam, subordinação, pessoalidade, onerosidade,permanência ou não eventualidade. Recurso a que se dá provimento, a fim de reconhecer a ocorrência de cerceamento de produção de prova. (Número: 20100531525, 2ª TURMA 15.06.2010)

Rio Grande do Sul – TRT 4ª Região:

RECURSO ORDINÁRIO DA RECLAMADA – RELAÇÃO DE EMPREGO – ADVOGADO – Correta a sentença ao reconhecer a relação de emprego entre o reclamante e a reclamada, sociedade de advogados, considerando que, ao contrário do alegado na defesa, o trabalho foi prestado em proveito dela, reclamada, em caráter pessoal, não eventual, com percepção de salário e subordinação jurídica. Recurso não provido. RECURSO ORDINÁRIO DO RECLAMANTE – ART. 20 DA LEI 8.906/94 – A jornada de trabalho especial, prevista no art. 20 da Lei 8.906/94, é aplicável quando não há dedicação exclusiva por parte do advogado - Empregado, o que não é o caso dos autos. Submissão do reclamante à jornada de trabalho de 8 (oito) horas e à carga horária semanal de 40 (quarenta) horas. Recurso não provido. (TRT 4ª R. – RO 0064800-05.2009.5.04.0028 – 8ª T. – Rel. Juiz Conv. Wilson Carvalho Dias – *DJe* 06.03.2012, v.98).

VÍNCULO DE EMPREGO – ADVOGADO – ÔNUS DA PROVA – Admitida a prestação de serviços sob natureza diversa da relação de emprego, incumbe à demandada provar o fato modificativo do direito vindicado pelo autor. Inteligência dos artigos 818 da CLT e 333, II, do CPC PEDIDO DE DEMISSÃO. VALIDADE – EMPREGADA GESTANTE – Cabe à empregada provar a existência de vício de vontade capaz de anular o ato jurídico praticado - Pedido de demissão, a teor dos arts. 818 da CLT e 333 do Código de Processo Civil. HORAS EXTRAS – ÔNUS DA PROVA – O empregador que conta com menos de dez empregados não está obrigado a manter registros de horário de seus empregados, incumbindo ao empregado o ônus da prova de labor além da jornada legal. (TRT 4ª R. – RO 0001401-65.2010.5.04.0028 – 4ª T. – Rel. Des. Ricardo Tavares Gehling – *DJe* 06.08.2012. v97)

Distrito Federal – TRT 10ª Região:

[...] RELAÇÃO DE EMPREGO – ADVOGADO – CARACTERIZAÇÃO – VALORAÇÃO DA PROVA – PRINCÍPIO DA LIVRE PERSUASÃO RACIONAL – Impõe-se desmistificar a figura do advogado - Profissional liberal - Infenso à regra do art. 3º da Consolidação, seja porque prevista no Estatuto da Advocacia a figura do advogado-empregado (arts. 18 a 21), seja pela evolução nas relações de trabalho. Assim, o exercício do conhecimento técnico tanto pode se dar de forma autônoma como nos termos do art. 3º da CLT. No caso concreto, a valoração do conjunto probatório - Nele incluídas as provas orais e documentais - Ratifica a atuação profissional da Reclamante em favor de grupo econômico, na qualidade de advogada, no gerenciamento de departamento jurídico localizado nas dependências físicas de uma delas, mediante subordinação jurídica, inclusive com a participação em audiência trabalhista na qualidade de preposta e assunção do encargo de fiel depositária. Confirmados os requisitos do art. 3º da CLT. Relação de emprego reconhecida (CLT, art. 9º). Recursos ordinários conhecidos e parcialmente providos. (TRT 10ª R. – RO 00991-2005-016-10-00-4 – 3ª T. – Relª Juíza Márcia Mazoni Cúrcio Ribeiro – J. 10.05.2006).

Campinas-SP – TRT 15ª Região:

RELAÇÃO DE EMPREGO – Advogado empregado. Subordinação. A subordinação do advogado empregado não deve ser entendida como aquela que reduz sua independência profissional inerente ao exercício da advocacia em relação aos interesses de seu empregador, mas sim como sua adequação às regras meramente organizacionais e administrativas da empresa. Pelo menos essa é a inteligência que se extrai do art. 18 do Estatuto da OAB (Lei nº 8.906/94). Logo, é possível haver típica relação contratual trabalhista de advogado empregado, mesmo que ele venha a patrocinar ações de terceiros, desde que fique comprovada sua dependência quanto ao uso dos escritórios e dos equipamentos pertencentes a seu verdadeiro empregador. (TRT 15ª R. – Proc. 1589/03 – (3484/05-PATR) – 9ª C. – Rel. Juiz Gerson Lacerda Pistori – *DOESP* 11.02.2005).

Goiás – TRT 18ª Região:

> RELAÇÃO DE EMPREGO – ADVOGADO – EMPREGADO DE SINDICATO – NÃO CONFIGURAÇÃO – "Advogado. Sindicato. Vínculo de emprego. Não é empregado o advogado que, com autonomia e relativa impessoalidade, presta assistência judiciária aos trabalhadores em nome do sindicato, mormente sendo remunerado apenas pelos honorários da sucumbência." (TRT 18ª R. – RO 01518-2004-002-18-00-7 – Rel. Juiz Saulo Emídio dos Santos – *DJGO* 10.11.2005)

O grande incentivador para esta reflexão reside nas diferenças entre o empregado e os demais trabalhadores, em especial aquele que presta serviços advocatícios, tendo em vista a sua qualidade.

Lembrando Aluysio Sampaio,[3] tem-se que autônomo é a pessoa que, embora prestando serviço em caráter permanente, não está obrigado a cumprir ordens do recebedor dos serviços.

Apesar de afeiçoar de fácil compreensão estas características, não raro alguns colegas serem surpreendidos com ações trabalhistas, cujo objeto principal é o pedido de reconhecimento da relação de emprego decorrente da prestação de serviços desta natureza.

Muitas vezes, a jurisprudência caminha numa direção que nem sempre reflete a melhor interpretação do Direito, daí o interesse para se buscar novas provocações junto ao Judiciário Trabalhista sobre este tema.

Importante ressalvar que não se pretende, com estas considerações, alterar o art. 18 da Lei 8.906/94, pois esta norma dirige-se à figura do advogado empregado, ou seja, a opção que o Estatuto da OAB dispõe para aqueles que, sem dúvida, pretendem a relação de emprego.

O que se persegue nestas linhas, portanto, é o enfoque na relação jurídica de prestação de serviços pelo profissional do Direito no âmbito de um escritório de advocacia ou regime de parceria entre colegas.

Lembre-se, de logo, que a OAB/MG disponibiliza no seu sítio modelo de Contrato de Prestação de Serviços, frequentemente utilizado pelos

---

3 SAMPAIO, Aluysio Mendonça. *Dicionário de direito do trabalho*. 4. ed. São Paulo: LTr, 1993.

escritórios, o qual menciona que o objetivo é estabelecer regras de convivência, distribuição e rateio de honorários entre a SOCIEDADE e o advogado ASSOCIADO, no exercício da advocacia, conforme artigos 39 e 40 do Regulamento Geral do Estatuto da Advocacia e da Ordem dos Advogados do Brasil.

O referido instrumento menciona tratar-se de uma colaboração recíproca na prestação dos serviços profissionais, bem como para organização do expediente e resultados patrimoniais daí decorrentes.

Por isso, a indagação que se faz é a seguinte: *A celebração deste instrumento, por si só, espanca eventual discussão sobre a existência de relação de emprego entre o escritório e o advogado que presta serviços nestas condições?*

A resposta que aqui se está considerando é NÃO, tendo em vista o objetivo desta reflexão.

E o "não" a esta resposta é exatamente porque as interpretações contidas nos julgados não sinalizam segurança jurídica quanto ao instrumento firmado entre as partes e, portanto, confirma se tratar de matéria não pacificada no âmbito da Justiça do Trabalho.

Assim, neste caso, comporta fazer outra indagação: *Por que o instrumento não tem sido considerado suficiente para definir a natureza jurídica da relação diversa daquela prevista no art. 3º da CLT?*

A resposta pode ser explicada pela interpretação que a Justiça do Trabalho vem consignando nos julgados, uma vez que há ausência de outra referência legal no nosso Estatuto. Assim, aquela Especializada vem aplicando a regra geral, ou seja, a clássica interpretação que se verifica a qualidade da relação a partir dos pressupostos da relação de emprego independentemente da *qualidade do prestador dos serviços.*

Visível, pois, a necessidade de se criar norma especial para disciplinar relação específica, tendo em vista a qualidade e especificidade que decorre da prestação de serviços advocatícios.

CONCLUSÃO

A matéria é complexa, tendo em vista que se trata de tema de apelo social e arraigado no princípio da proteção ao hipossuficiente, sem sequer relativizá-lo em face de determinadas especificidades de profissionais, cuja realidade é visível quanto à qualidade do prestador dos serviços.

Importante destacar que não se está discriminando uma categoria, mas reconhecendo que a prestação dos serviços por um advogado autônomo possui peculiaridades e especificidades e, em razão destas, deve se entender que o tratamento é desigual porque se dirige a desiguais.

Os arestos que aqui foram colacionados por amostragem, indicam que a Justiça do Trabalho não vem levando em consideração estas peculiaridades da relação de prestação de serviços dos advogados no âmbito dos escritórios ou entre colegas, adotando interpretação clássica, ou seja, limitando-se a aferir os requisitos dos artigos 2º e 3º da CLT.

Percorrer o caminho da mudança deste entendimento jurisprudencial nos parece pouco produtivo, sobretudo porque o sistema processual trabalhista se mostra muito rígido em relação à aplicação do direito material.

Concluiu-se, pois, pela urgente necessidade de maiores reflexões, objetivando obter ações políticas e concretas que contemplem a solução desta lacuna, a partir da demonstração das especificidades laborais que representam a realidade da dinâmica da prestação dos serviços do advogado autônomo.

Pode o Juiz Aplicar a Penalidade de Má-Fé ao Advogado?

Ivan Mercedo Moreira

Advogado. Graduação pela Faculdade Mineira de Direito da PUC/MG, especialista em Direito Comercial, Empresarial e Securitário, ex-Diretor Jurídico de instituição financeira / empresas coligadas e Sócio Fundador da Ivan Mercêdo Moreira Sociedade de Advogados.

1. INTRODUÇÃO

Temos visto, recentemente, inúmeras condenações de advogados, como litigantes de má-fé, porque teriam, eventualmente, se "associado" ou "agido em conluio" com o seu cliente para causar prejuízo à outra parte ou para enganar o juiz.

Existem condenações em processos no qual o advogado ajuizou diversas demandas em face do mesmo contrato, em processo no qual o advogado opôs exceção de suspeição de juiz, em processo no qual o juiz entendeu que os pedidos estavam fora da realidade e em processos em que se entende que o advogado estava protelando o andamento do feito. Este artigo vai tentar responder se o advogado pode ser condenado desta maneira.

2. O ADVOGADO PERANTE A CONTITUIÇÃO E O ESTATUTO DA ADVOCACIA

Segundo o preceito contido no artigo 133, da Constituição Federal pátria, "o advogado é indispensável à administração da justiça, sendo inviolável por seus atos e manifestações no exercício da profissão, nos limites da lei".

O preceito constitucional mostra a importância do advogado perante o ordenamento jurídico pátrio, na medida em que reconhece a importância do advogado na própria administração da Justiça.

Já o Estatuto da Advocacia (Lei 8.906/94) reforça esta posição, quando estabelece em seus artigos 2º (em que o *caput* repete o texto constitucional, 6º (*Não há hierarquia nem subordinação entre advogados, magistrados...*), parágrafo único (*as autoridades, os servidores públicos e os serventuários da justiça devem dispensar ao advogado, no exercício da profissão, tratamento compatível com a dignidade da advocacia e condições adequadas ao seu desempenho*) e 7º (*São Direitos do advogado*), em que dentre o que dispõe se destacam os incisos I (*exercer, com liberdade, a profissão em todo o território nacional*), II (*a inviolabilidade de seu escritório, bem como de seus instrumentos de trabalho, de sua correspondência escrita, eletrônica, telefônica e telemática, ...*) e XI (*reclamar, verbalmente ou por escrito, perante qualquer juízo, tribunal ou autoridade, contra a inobservância de preceito de lei, regulamento ou regimento*).

O mesmo Estatuto prevê, em seu artigo 31, que o advogado "deve proceder de forma que o torne merecedor de respeito e que contribua para o prestígio da classe e da advocacia" completando que "o advogado, no exercício da profissão, deve manter independência em qualquer circunstância" e não deve ter "receio de desagradar a magistrado ou a qualquer autoridade, nem de incorrer em impopularidade".

Estes preceitos visam garantir, ao advogado, toda a independência necessária para que possam defender, por todos os meios legais, os interesses de seus clientes, não se sujeitando a pressões, intimidações ou ameaças, de quem quer que seja.

3. A INVIOLABILIDADE DO ADVOGADO

É certo que essa inviolabilidade não é absoluta.

Ainda que alguns excessos, sempre no exercício da profissão, sejam admitidos, a inviolabilidade constitucional não alcança, por exemplo, o crime de calúnia, a lesão corporal causada por agressão física ou a humilhação pública.

Nos crimes de injúria e difamação, a imunidade só será absoluta se as ofensas guardarem correlação direta com o direito defendido em juízo.

Há de ser considerada, também, a possibilidade de o advogado, se agiu com culpa ou dolo, ter que indenizar o seu próprio cliente, conforme previsto no próprio Estatuto da Advocacia, sem se esquecer de que, no caso do advogado ter causado a condenação de seu cliente por lide temerária, este terá, contra aquele, direito à ação regressiva.

4. DAS CONDENAÇÕES

Acontece que temos visto advogados serem condenados, solidariamente com seus clientes, nas penas dos artigos 17 e 18 de Código de Processo Civil, o que se afigura impossível, pelo menos da forma como tem sido feita.

A uma, por que as penas dos referidos artigos 17 e 18, do Código de Processo Civil só podem ser aplicadas às partes.

É o que se depreende do título da Seção II, do CPC, em que estes artigos estão contidos, que reza, textualmente: "Da Responsabilidade das *Partes* por Dano Processual". (Grifo nosso).

Igualmente, o artigo 16, do mesmo CPC, reza que "responde por perdas e danos aquele que pleitear de má fé, *como autor, réu ou interveniente*". (Grifo nosso).

Como se vê, à luz do Código de Processo Civil, somente as partes podem ser condenadas como litigantes de má-fé ou por ato atentatório à dignidade da Justiça.

A duas, porque o parágrafo único, do artigo 32, do Estatuto da Advocacia e da Ordem dos Advogados do Brasil, estabelece que "em caso de lide temerária, o advogado será solidariamente responsável com seu cliente, desde que coligado com este para lesar a parte contrária, *o que será apurado em ação própria*". (Grifo nosso).

Aliás, este tem sido o entendimento da jurisprudência pacífica do Egrégio Superior Tribunal de Justiça:

> A responsabilização solidária do advogado, nas hipóteses de lide temerária, ocorrerá somente após a verificação da existência de conluio entre o cliente e seu patrono, a ser apurada em ação própria. A condenação ao pagamento da multa por litigância de má fé deve ser limitada às partes, pois o profissional da advocacia está sujeito exclusivamente ao controle disciplinar da Ordem dos Advogados do Brasil. (STJ, 3ª. Turma, Embargos Declaratórios em Mandado de Segurança n. 201/0044528-7, Relatora Ministra Nancy Andrigui, julgado em 10.08.2010, *DJU* 20.08.2010). (Grifos nossos).

A três, porque a condenação do advogado, sem o manejo da ação própria acima mencionada, implicaria no mais absurdo cerceamento de defesa.

É o que se depreende do disposto nos incisos LIV (*ninguém será privado da liberdade ou de seus bens sem o devido processo legal*) e LV (*aos litigantes, em processo judicial ou administrativo, e aos acusados em geral são assegurados o contraditório e ampla defesa, com os meios e recursos a ela inerentes*) da Constituição Federal.

O pior é que alguns juízes, de forma absolutamente ilegal, teimam em condenar advogados em processos nos quais sequer são parte e sem lhes dar qualquer chance de defesa, já que inexiste ação própria para apurar o eventual conluio ou associação do advogado com seu cliente e, consequentemente, não dada, ao causídico, a oportunidade de apresentar defesa, negar o fato e, eventualmente apresentar provas neste sentido.

5. DA PROVA E SUAS CONSEQUÊNCIAS

Vale lembrar que, nos termos do disposto no artigo 333, do CPC, o ônus da prova cabe àquele que a alegar, ou seja, aquele que disser, em petição inicial, que o advogado está agindo em conluio ou associado ao seu cliente, para lhe causar prejuízo, terá que provar o que está dizendo.

Outra questão a ser sopesada é a de que a parte que acusar o advogado e não provar o que disse, estará sujeita a eventual ação penal, por crimes como calúnia, injúria ou difamação, além de responder, na esfera cível, por eventuais perdas e danos, inclusive morais.

Ousamos afirmar que até o Estado, ou a União, estariam sujeitos à reparação de danos acima noticiada, na medida em que se comprova má-fé ou dolo do julgador, que, por sua parte, responderá ao Estado ou União regressivamente, sem prejuízo de responder também criminalmente.

6. DA INDEPENDÊNCIA DO ADVOGADO

Conforme acima exposto, o advogado não pode se curvar, em hipótese alguma, quando estiver na defesa do direito de seu cliente. O advogado tem a obrigação de ser independente e veemente, ainda que sua atitude venha a desagradar juízes ou outras autoridades.

Aliás, o Supremo Tribunal Federal já decidiu que "nada pode justificar o desrespeito às prerrogativas que a própria Constituição e as leis da República atribuem ao Advogado, pois o gesto de afronta ao estatuto jurídico da Advocacia representa, na perspectiva de nosso sistema normativo, um ato de inaceitável ofensa ao próprio texto constitucional e ao regime das liberdades públicas nele consagrado." (STF – MS 23.576 MC/DF, *DJ* de 7.12.1999).

Os direitos do advogado são amplos, estão enumerados no art. 7º do Estatuto da Advocacia e vão desde o simples exame de processos ou inquéritos até poder dirigir-se diretamente a magistrados nas salas e gabinetes de trabalho, independentemente de horário previamente marcado.

E o advogado, não pode, sob qualquer pretexto, abrir mão de suas prerrogativas, devendo lutar incansavelmente pelos seus direitos, pena de enfraquecimento de toda a classe.

7. CONCLUSÃO

1) É possível o advogado ser condenado nas penas dos artigos 17 e 18 do Código de Processo Civil, bem como em perdas e danos, desde que exista ação própria, com exercício da ampla defesa, para este fim.

2) Não é possível o advogado ser condenado, nas mesmas penas, em decisão no processo no qual não é parte e da maneira como temos visto.

A Decisiva Intervenção do Advogado Tributarista no Processo Administrativo Tributário

Jair Marques da Silva Júnior

Pós-graduando em Direito Tributário pelo IBET – Instituto Brasileiro de Estudos Tributários. Advogado.

1. INTRODUÇÃO

O advogado tributarista, no exercício de seu ofício, tem larga alçada para atuar em nome e defesa dos sujeitos passivos que figurem na relação obrigacional tributária. Este trabalho não objetiva esgotar as mais diferentes incumbências atribuídas ao advogado que milita no Direito Tributário mas, apenas, dissertar de forma breve acerca da atuação deste notável profissional na esfera administrativa.

2. PROCESSO ADMINISTRATIVO TRIBUTÁRIO

O processo administrativo ou, como preferem alguns, "procedimento administrativo", tem como premissa precípua o exercício do controle da legalidade dos atos administrativos. Em se tratando de processo administrativo tributário, nos interessam os atos administrativos que se traduzam em notificação, lançamento do crédito tributário ou aplicação de penalidades em desfavor do sujeito passivo tributário. Estes, em suma, são os atos que se desencadeiam em uma fase anterior à judicial, visto que sucedem na seara administrativa tributária. Isto não significa dizer que, obrigatoriamente ter-se-á a ocorrência prévia do processo administrativo, haja vista que o sujeito passivo pode, inclusive, dispor desta fase para adentrar tão somente na judicial. Sobre o tema, elucida com maestria Paulo de Barros Carvalho:[1]

> [...] procedimento administrativo é a conjugação de atos e termos, organizados harmonicamente, para obtenção de resultado que consiste num ato expressivo e final da vontade do Estado, enquanto Poder Público, no desempenho de suas funções administrativas.

Na fase administrativa, interessa verificar se os atos praticados pela Administração Pública são legítimos ou se padecem de vícios que acarretem nulidades. Saliente-se, contudo, que as razões que ensejam a instauração do processo administrativo nem sempre se darão em decorrência dos atos praticados unicamente pela Fazenda Pública, mas também por atos praticados pelo contribuinte, haja vista a possibilidade de o sujeito passivo levar ao Fisco a apuração de tributo e pagamento deste para ulterior homologação. Este é apenas um exemplo. Também não se quer dizer que o procedimento administrativo se presta apenas a verificar erros.

---

[1] CARVALHO, Paulo de Barros. *Direito tributário, linguagem e método*. 2. ed. São Paulo: Noeses, 2008, p. 784-785.

Seguimos a corrente que considera que os órgãos administrativos estão investidos de jurisdição, apesar de se tratar de *jurisdição administrativa.* Diz-se que exerce jurisdição porquanto os tribunais administrativos visam à solução dos conflitos estabelecidos em decorrência das impugnações apresentadas pelos administrados. Ademais, ainda que não seja jurídica, trata-se de atuação estatal. Não se trata de uma jurisdição absoluta, já que mesmo diante da derradeira decisão prolatada em última instância administrativa, não será formada coisa julgada material, porquanto poderá haver interposição de recurso na seara judicial. Todavia, é possível o encerramento do conflito no decurso do processo administrativo e, se neste caso, constatar-se a invalidade do lançamento tributário, deixará o contribuinte de enfrentar os desgastes comuns de um processo judicial. Eis aí não a única, mas uma das vantagens de composição de conflitos ainda no campo administrativo tributário.

3. SOBRE A ATUAÇÃO DO ADVOGADO TRIBUTARISTA NA ESFERA ADMINISTRATIVO-TRIBUTÁRIA

O Estatuto da Ordem dos Advogados do Brasil, Lei Federal n. 8.906 de 1994, dispõe em seu artigo 1º, inciso I, que é atividade privativa de advocacia "a postulação a qualquer órgão judicial do Poder Judiciário e aos juizados especiais". Neste viés, a legislação em vigor que trate de processo administrativo em qualquer âmbito trata da capacidade postulatória do contribuinte e prevê o acompanhamento do advogado como mera faculdade, vez que o aludido dispositivo somente prevê a obrigatoriedade de atuação do patrono nos processos judiciais. A título de exemplo veja o que disposto na Lei n. 9.784/1999 que trata do processo administrativo no âmbito da Administração Pública Federal:

> Art. 3º O administrado tem os seguintes direitos perante a Administração, sem prejuízo de outros que lhe sejam assegurados:
> (...)
> IV – fazer-se assistir, *facultativamente,* por advogado, salvo quando obrigatória a representação, por força de lei. (Grifo nosso)

Preliminarmente, leve-se em conta que o processo administrativo tributário é regido por princípios próprios e outros comuns a todas as outras espécies de processos. Contudo, justamente por autorizar a dispensa da intervenção do patrono, o processo administrativo tributário rege-se por princípios como o do informalismo, da ampla defesa, do contraditório e, obviamente, pelo devido processo legal. Em verdade, a dispensa do advogado na esfera administrativa causa reflexos diretos na qualidade técnica e na eficiência da defesa apresentada causando, não raras vezes, prejuízos consideráveis ao contribuinte. Nesta esteira, preciosas são as lições de Deonísio Koch:[2]

> Todavia, mesmo que a legislação seja silente nesta questão da capacidade postulatória, é importante a qualidade técnica da pessoa que assume a tarefa de fazer a defesa tributária diante dos tribunais administrativos, tanto escrita como oral, feita em plenário, sob pena de o contribuinte ser prejudicado em seus direitos. Recomenda-se sempre o advogado, naturalmente. Na sua impossibilidade, que seja uma pessoa com conhecimento na área específica pertinente à matéria objeto da defesa.

Todo processo jurisdicional (administrativo ou judicial) é composto por atos e procedimentos próprios e, por se darem no âmbito de um Estado de Direito devem observar criteriosamente as regras previstas em lei. Sobre este aspecto possui o advogado maior e mais completa capacidade técnica e domínio dos procedimentos de defesa cabíveis ao sujeito passivo da relação tributária que se veja inserido no conflito processual. Possui o advogado o rigor técnico necessário para a condução do processo da forma mais conveniente. É ele, advogado tributarista, quem leva aos órgãos e tribunais administrativos os elementos de defesa necessários e organizados de forma categórica de modo a conferir ao patrocinado maior probabilidade de êxito. As defesas, como se sabe, não se restringem apenas a defesas documentais, mas são características as sustentações orais realizadas nos tribunais administrativos como forma a complementar os argumentos jurídicos levados ao processo. Ademais, possui o advogado tributarista o domínio da linguagem técnica pela qual se rege, afinal, processo nada mais é do que a sistematização da linguagem. Ainda sobre

---

[2] KOCH, Deonísio. *Processo administrativo tributário e lançamento*. São Paulo: Malheiros, 2012, p. 85-86.

os tribunais administrativos há de se recordar que são órgãos diretamente vinculados ao Ministério da Fazenda e, por conseguinte, relativamente parciais. As turmas julgadoras dos recursos administrativos são compostas de conselheiros altamente capacitados, sendo uns representantes do Fisco e outros representantes dos contribuintes o que não significa dizer que os representantes irão proferir votos favoráveis aos representados. No entanto, o voto de qualidade, prolatado pelo presidente da seção, representante do Fisco, é, por diversas vezes, decisivo. Não se quer dizer que seja um voto tendencioso, pelo contrário, os votos devem e são fundamentados de acordo com a legislação em vigor, inclusive com estrita observância aos princípios norteadores do processo administrativo tributário. Contudo, aqui, sem sombra de dúvidas, cabe maior empenho do advogado do contribuinte, justamente em razão da parcialidade relativa de que são dotados estes tribunais.

O texto constitucional eleva a participação do advogado na composição de conflitos ao *status* de imprescindibilidade:

> Art. 133. O advogado é indispensável à administração da justiça, sendo inviolável por seus atos e manifestações no exercício da profissão, nos limites da lei.

Desta forma, vê-se que a própria Constituição vincula a efetividade da justiça à intervenção da figura do advogado. Notadamente, a justiça deve prevalecer sobre qualquer aspecto ou circunstância, inclusive no processo administrativo tributário. "Injustiças" que porventura ocorram no processo administrativo tributário ocasionarão ou o pagamento indevido de tributos ou a falta de recolhimento de tributos devidos aos cofres públicos.

4. CONCLUSÃO

Apesar de não obrigatória a participação do advogado no âmbito do processo administrativo tributário, sua intervenção será decisiva e imprescindível na medida em que este respeitável profissional é dotado do conhecimento e linguagem técnica devidamente apropriados à melhor condução da defesa. A aferição da legalidade relativamente aos atos administrativos praticados pelo Fisco é atividade que carece da contribuição do advogado do contribuinte, sob pena de malferir o conceito de "administração da justiça" expressamente previsto na Constituição da República Federativa do Brasil.

A Posição do Advogado em Face ao Princípio do *Jus Postulandi* na Justiça do Trabalho

João Eduardo de Rezende Dutra Júnior

Advogado.

A advocacia se apresenta no contexto social como um dos componentes propulsores da atividade jurisdicional, especificamente institucionalizada no artigo 133 da Constituição Federal de 1988, inserido no capítulo "das funções essenciais à justiça", e ratificada pelo artigo 2º da Lei 8.906 de 1994, em que ambas as redações expressam que "o advogado é indispensável para a administração da justiça".

A indispensabilidade do advogado nos litígios judiciais consagrou a profissão na Carta Magna devido a sua grande relevância dentro de um contexto social, defendendo o interesse dos cidadãos sob uma perspectiva técnico-jurídico, representando-os junto aos órgãos jurisdicionais, com a finalidade de solucionar litígios.

Neste sentido, exsurge a necessidade de uma análise acerca do advogado sob uma óptica profissional, a começar pelos requisitos fundamentais para o exercício de suas atividades, que vão desde a diplomação em curso universitário até a sua inscrição nos quadros do órgão de representação da classe, neste caso correspondente à Ordem dos Advogados do Brasil – OAB.

O cumprimento das formalidades supracitadas acima habilita o advogado para o devido exercício, caracterizando a sua função, bem como profissionalizando a sua atividade que é ofertada no mercado de trabalho, por meio de serviços de natureza autônoma, resguardados sob uma perspectiva técnica de atuação que lhe confere a capacidade postulatória.

Inserido neste mesmo contexto e concorrendo com as prerrogativas constitucionais conferidas ao advogado, o principio do *jus postulandi* exsurge na esfera jurisdicional com a finalidade de garantir acessibilidade, tanto do empregado quanto ao empregador, na Justiça do Trabalho, dispensando o acompanhamento de um procurador, bem como conferindo às partes a capacidade postulatória, sem que reclamante e reclamado sejam obrigados a constituir advogado para praticar atos no processo.

Emoldurado no artigo 791 da Consolidação das Leis do Trabalho – CLT, o principio do *jus postulandi* foi recepcionado pela Carta Magna, que, apesar de promulgada 45 anos após a aprovação das normas que regulam as relações individuais e coletivas de trabalho, não derrogou o princípio *supra*, deixando no ordenamento jurídico brasileiro o conflito entre normas responsáveis pela controvérsia de leis que geram uma problemática estendida na esfera prática e didática.

A partir de aspectos críticos e das perspectivas, há quem defenda que o principio do *jus postulandi* é a principal maneira de viabilizar o acesso do trabalhador à Justiça, tendo em vista que, por ser a parte hipossuficiente da relação trabalhista e do quadro social, suas condições de contratar um advogado são bem limitadas, donde o fato de se ter que despender recursos financeiros para buscar na via judicial direitos suprimidos pode se tornar, para a grande maioria da classe, algo inviável.

Sua permanência no ordenamento jurídico brasileiro é defendida também sob uma óptica da condição social de determinadas regiões do país, principalmente nas mais subdesenvolvidas, onde a grande maioria dos trabalhadores não possui acesso à educação e informações das condições mínimas acerca de seus direitos e deveres dentro da relação laboral, o que, consubstanciado com a inexistência de um número suficiente de advogados nestas regiões, inviabiliza ainda mais o acesso do trabalhador à Justiça.

Outro ponto sustentado por aqueles que defendem o *jus postulandi* é baseado na interpretação do princípio da informalidade, que compreendido em conjunto com o dispositivo acostado no artigo 840 da CLT, cria um mecanismo que reforça ainda mais o acesso do trabalhador à Justiça, tendo em vista a dispensa de formalidade junto à primeira instancia judicial.

Corroborando com essas teses defensivas, grande parte dos doutrinadores defende o princípio do *jus postulandi*, sob a fundamentação de que este mecanismo é o mais eficaz para possibilitar o acesso do trabalhador à Justiça, assim como ressalta o Ministro José Roberto Freire Pimenta em passagem transcrita em destaque:

> É preciso observar, no entanto, que a possibilidade de atuar em juízo pessoalmente tem sido tradicionalmente considerada como uma das mais importantes medidas de ampliação do acesso à justiça para os jurisdicionados em geral e uma das notas características positivas da própria Justiça laboral, sendo no mínimo paradoxal que as pequenas causas de valor até 20 (vinte) salários mínimos, que nos Juizados Especiais Cíveis também não contam com o patrocínio obrigatório de advogados (art. 9º da Lei nº 9.099/95), passem a exigi-lo apenas porque passaram para a competência material da Justiça do Trabalho. Ademais, não se pode ignorar que até antes da promulgação da Emenda Constitucional nº 45/04, em todas as causas não decorrentes da relação de emprego que já tramitavam na Justiça do Trabalho por força de norma legal expressa, sempre foram pacificamente tidos por aplicáveis tanto o disposto no caput do art. 791 da CLT quanto o referido entendimento jurisprudencial sobre honorários advocatícios, sendo de se questionar se haveria motivos suficientes para tão significativa alteração.[1]

1 PIMENTA, José Roberto Freire. A nova competência da Justiça do Trabalho para lides não decorrentes da relação de emprego: aspectos processuais e procedimentais. *Revista do Tribunal Superior do Trabalho,* Porto Alegre, RS, v. 71, n. 1, p. 118-149, jan./abr. 2005.

Por outro lado, analisando a questão sob uma perspectiva prática, cabe frisar que, defronte à complexidade do Direito Material do Trabalho e do Processo do Trabalho, existe uma grande dificuldade da parte postular em juízo sem a assistência de um advogado, tendo-se em vista que a ausência de conhecimento técnico, além de reduzir a probabilidade de êxito do reclamante na sua demanda, acarreta, paralelamente, dificuldade do órgão julgador em conduzir o processo.

Nesta senda, pontua-se que as dificuldades supracitadas agravam ainda mais a condição de hipossuficiência do reclamante na condução do seu processo, já que, uma vez sem a técnica processual e material, sua pretensão carece de fundamentação e, na maioria das vezes, não é pautada na prática de atos efetivos para a concretização do devido processo legal.

Com a promulgação da Emenda Constitucional n. 45, de 2004, a complexidade de atuação da Justiça do Trabalho aumentou ainda mais no tocante ao direito material, já que o dispositivo legal atribui como competência da Justiça do Trabalho o processamento e julgamento de causas de outra natureza, mas que são oriundas da relação de trabalho, como por exemplo, ações possessórias e indenizações em virtude de dano moral ou material decorrentes do vínculo empregatício.

Além das questões técnicas que concernem à atuação na Justiça do Trabalho, atenta-se para o período atual de transição operacional referente à implantação do Processo Judicial Eletrônico – PJE, que implica em um sistema de tramitação eletrônica de processos judiciais, acessível apenas para aqueles que possuem habilitação e capacitação, podendo ser advogados ou partes que postulam em causa própria.

Mais uma vez esbarramos em uma questão antagônica do *jus postulandi* no tocante à questão prática de atuação processual, já que com a digitalização dos processos o pré-requisito para postular no Processo Judicial Eletrônico – PJE consiste no fato de o advogado, ou da parte que postula em causa própria, possuir uma ferramenta que exerce a função de assinatura pessoal em ambientes virtuais, o certificado digital, e ser capacitado tecnologicamente para operar o sistema.

Tudo isso exige tanto do advogado quanto da parte que postula em causa própria a realização de cursos de capacitação tecnológica para atuar junto ao sistema operacional digital, bem como o pagamento de taxas e anuidades para a habilitação e manutenção do seu cadastro junto ao banco de dados.

Ou seja, além de exigir que pessoas leigas proponham suas reclamações por meio de um peticionamento estruturado, subdivido em narrativa fática, fundamentação e pedidos, que observem prazos e impugnem de forma concisa a fim de combater o que foi contraposto à sua pretensão, que formulem perguntas e questionem testemunhas em audiência e que recorram corretamente nos momentos precisos, em que o próprio especialista tem dúvidas, o reclamante agora deverá ser detentor de uma capacitação tecnológica para operar um sistema processual digitalizado e ser cadastrado e mantenedor dentro de um banco de dados que implica no adimplemento de taxas e anuidades.

Tal situação contraria diretamente os princípios norteadores da Justiça do Trabalho, bem como os pilares que fundamentam o próprio princípio do *jus postulandi*, uma vez que, na prática, as condicionantes e pré-requisitos para atuação do reclamante em causa própria agravam ainda mais a condição de hipossuficiente já presumida defronte ao processo judicial, sendo algo utópico concebermos uma atuação eficiente e benéfica sem a presença de um advogado o representando.

Isso sem contar com a possibilidade da ausência completa de procuradores em situações excepcionais, onde reclamante e reclamada passam a atuar sem a devida assistência de advogados, desencadeando em um procedimento desamparado do mínimo de formalidade ou ordem técnica para enquadrar o ordenamento jurídico à situação em litígio que, por fim, obtém um provimento inadequado que, na maioria das vezes, não supre o dano auferido pelo trabalhador.

Analisando essa situação a partir de uma perspectiva prática, o doutrinador Mauro Schiavi exemplifica em sua obra por meio da seguinte passagem:

> Nossa experiência prática com o *jus postulandi* na Justiça do Trabalho não nos anima a defendê-lo, pois, quando as duas partes estão sem advogado, dificilmente a audiência não se transforma numa discussão entre reclamante e reclamado por desentendimentos pessoais alheios ao processo e dificilmente se consegue conter os ânimos das partes.[2]

[2] SHIAVI, Mauro. *Manual de direito processual do trabalho*. 3. ed. São Paulo: LTR, 2010, p. 301.

Tais dificuldades asseveram ainda mais a importância elevada pela Constituição Federal no tocante à indispensabilidade do advogado, que aplicada dentro do contexto jurisdicional resulta em uma atuação guarnecida de uma perspectiva técnica, profissional e eficiente, obtendo um resultado pretendido e adequado para cada demanda.

Ocorre que, apesar das controvérsias geradas pelo principio do *jus postulandi*, bem como as contraposições feitas, atualmente a questão encontra-se disciplinada pela Súmula 425 do Tribunal Superior do Trabalho – TST, cuja redação limitou a atuação estabelecida pelo artigo 791 da CLT apenas às Varas do Trabalho e Tribunais do Trabalho, não alcançando a ação rescisória, ação cautelar, o mandado de segurança e os recursos de competência do Tribunal Superior do Trabalho.

Sendo assim, conclui-se que, a partir do posicionamento majoritário da doutrina em conjunto com os dispositivos legais que regem a matéria e entendimentos sumulados, o artigo 133 da CR/88 deve ser interpretado em consonância com o artigo 791 da CLT, devendo ambos coexistirem no ordenamento jurídico brasileiro, em que as suas respectivas aplicações deverão ser pautadas nos princípios norteadores do Direito.

Todavia, diante das questões práticas pontuadas em desfavor do *jus postulandi,* que acarretam desvantagens para o trabalhador, a atuação processual do reclamante sem representação deve ser desestimulada no cenário jurisdicional, devendo o Estado, por meio de seus órgãos competentes em conjunto com os sindicatos de categorias, fornecer meios e recursos para suprir as dificuldades dos trabalhadores em ter acesso à Justiça, por meio da prestação de serviços de assistência judiciária.

REFERÊNCIAS

PIMENTA, José Roberto Freire. A nova competência da Justiça do Trabalho para lides não decorrentes da relação de emprego: aspectos processuais e procedimentais. *Revista do Tribunal Superior do Trabalho*, Porto Alegre, RS, 2005.

SHIAVI, Mauro. *Manual de direito processual do trabalho*. 3. ed. São Paulo: LTR, 2010.

A Simplificação da Linguagem Jurídica e o Artigo 45 do Código de Ética da OAB

Jorge Moisés Júnior
Advogado.

Percebe-se, nos últimos tempos, um indispensável – mas nem tão intenso, como deveria – movimento pela simplificação da linguagem jurídica, provocado por entidades ligadas ao meio jurídico.

A meu ver, essa simplificação é fundamental, porque, por meio dela, também, pode-se exercitar a aproximação do Poder Judiciário e do jurisdicionado que, ainda, andam tão distantes um do outro, como a Terra de Plutão.

Nesse movimento, o advogado deve ter papel fundamental, eis que, representando a parte que o contrata, é ele quem leva, em forma de petição, o caso concreto ao Poder Judiciário. E, ao fazê-lo, deve se lembrar, sempre, do que está consagrado no artigo 45 do Código de Ética da Ordem dos Advogados do Brasil.

Segundo aquele dispositivo, "impõe-se ao advogado lhaneza, emprego de linguagem escorreita e polida, esmero e disciplina na execução dos serviços".

Veja-se que a palavra "lhaneza", embora desconhecida da maioria e de pronúncia que não é das mais simples, ironicamente tem o significado de simplicidade, franqueza, sinceridade, lisura.

E simplicidade na linguagem é sinônimo de boa comunicação. Quanto mais simples for a linguagem, melhor e mais rapidamente o advogado se fará entender.

Não é em vão, portanto, que nosso Código de Ética recomenda a simplicidade no emprego da linguagem.

Contudo, na prática, principalmente no meio jurídico, o que se vê, como regra, é uma enorme dificuldade em cultuar a simplicidade no falar e no escrever.

Entre várias palavras, os profissionais tendem a escolher a mais complicada – e normalmente a de mais desagradável sonoridade – quando a escolha deveria recair sobre a mais simples. Entre várias construções de frases, tende-se a construir a mais longa e complexa, deixando-se de lado a frase mais curta, que traduziria, de forma muito mais clara, aquilo que se quis dizer.

E o curioso é perceber que essa linguagem empolada, e por que não dizer embolada, tem sido usada, também, pelos mais novos, sejam estagiários ou entre aqueles que acabaram de se formar.

Presenciei outro dia, no balcão de uma secretaria, inesquecível cena. O que ouvi e observei depois, na reação dos servidores que atenderam ao jovem advogado ou estagiário que a proporcionou, foi algo que, num primeiro momento, causou um susto, mas que se tornou engraçadíssimo no momento seguinte.

O jovem de terno se aproxima do balcão, entrega o informador jurídico ao servidor que o atende e manifesta a própria vontade, solenemente, tal como um chefe de cerimonial do Vaticano:

– "Eu queria compulsar estes autos".

O servidor arregala os olhos e diz àquele jovem:

– "Han?"

Nesse momento, e custando a controlar a vontade de rir, olhei para os rostos dos servidores ao fundo da secretaria e todos balançavam a cabeça de um lado ao outro, reprovando o difícil palavreado do jovem profissional.

E percebendo que o servidor não havia entendido as palavras, tomei a liberdade de dizer a ele:

– "O colega disse que quer ver esses autos."

Responde o servidor, diante de minha intervenção:

– "Ahhhh, bom!!!"

Isso é uma pequena amostra do que temos visto em petições, recursos, sentenças, pareceres e sustentações orais, a evidenciar que o profissional do Direito tem extrema dificuldade de se comunicar da maneira mais simples. Ouvi dizer, outro dia, que nós, do ramo jurídico, não podemos dizer "a vaca já foi para o brejo". Preferimos dizer que "o exemplar bovino fêmea já se dirigiu ao terreno alagadiço". Não diremos nunca "isso é conversa mole para boi dormir", mas sim "isso é prosopopeia flácida para acalentar bovino". Nunca diremos "meu constituinte não estava bêbado", mas sim que ele "não estava sob efeito etílico".

Falar e escrever de forma simples, nada tem a ver com falta de técnica. Pelo contrário, o profissional conseguirá ser mais técnico quanto mais simples for sua linguagem. É espantoso como, em algumas peças, muitas vezes escritas por jovens profissionais, podemos ver a linguagem chata, ininteligível e cheia de expressões do tempo em que o arco íris era preto e branco.

Excelente trabalho promovido pelo Tribunal de Justiça do Rio Grande do Sul (*Entendendo a Linguagem Jurídica*) observa, em apresentação, o desembargador Carlos Alberto Bencke, então presidente do Conselho de Comunicação Social do Tribunal de Justiça:

> O Direito sempre foi considerado ciência hermética, reservada para os iniciados nas suas lides. Nenhuma novidade em se tratando de especialização em um ramo do conhecimento humano, como também o são a Medicina, a Engenharia ou a Economia. No entanto, à

> medida que estas ciências passaram a trabalhar rente à população, abriram-se e democratizaram sua linguagem àqueles que dela necessitam.
>
> Com o Direito deve acontecer o mesmo, mas com um grau de dificuldade maior. Os advogados peticionam para o juiz que assim os entende; o promotor exara parecer e o direciona também para o juiz; e, finalmente, o juiz decide para os advogados, para o promotor e para o Tribunal.
>
> Enfim, as palavras ficam num mesmo círculo e, de rigor, ninguém necessita pedir explicações sobre o real sentido daqueles termos técnicos utilizados. Lembremo-nos, todavia, que o Direito não pertence aos lidadores do Direito, mas sim às partes, geralmente pessoas leigas nos assuntos jurídicos.
>
> Com a abertura cada vez maior dos julgamentos – públicos na sua essência – a imprensa passou a realizar a cobertura dos processos que dizem respeito mais de perto aos interesses da sociedade. Daí esbarrou nos termos técnicos e nas dificuldades de passar uma informação inteligível para o seu público consumidor. Por isso, a ideia de passarmos esse glossário, com as principais expressões utilizadas nas decisões judiciais.

Assim, na busca da simplificação da linguagem jurídica, os operadores do Direito não podem perder de vista que os destinatários da prestação jurisdicional são as partes no processo. Não são advogados, nem os juízes, nem promotores.

O Jornal do Senado, em edição de 26.06.2012, publicou interessante matéria de Márcio Maturana, com o título *Termos rebuscados atrapalham a compreensão de sentenças judiciais e textos do Direito*, na qual traça fiel retrato do juridiquês que inviabiliza a melhor comunicação entre operadores do Direito.

Nessa matéria, destacam-se seguintes trechos:

> Em vez de cadeia, "ergástulo público". No lugar de viúvo, "consorte supérstite". E cheque não, mas sim "cártula chéquica". Palavras do nosso idioma estranhas e desconhecidas, entrecortadas por expressões e citações em latim, uma língua morta, tornam incompreensíveis muitas sentenças judiciais e outros textos do Direito. O costume de inviabilizar a comunicação existe não só entre juízes, mas também

entre advogados e outros profissionais da área. A orientação pela informação clara e compreensível, porém, cresce bastante entre os próprios magistrados e pode ser "oficializada" no projeto de novo Código de Processo Civil, que deve voltar ao Senado em agosto, após alterações na Câmara dos Deputados.

[...] A iniciativa foi motivada depois que uma pesquisa do Ibope encomendada pela própria AMB revelou que a população brasileira se incomodava não só com a lentidão dos processos na Justiça, mas também com a linguagem hermética, prolixa e pedante (sem grifos).

[...]

Mais do que servir como uma ferramenta para afastar e dominar a situação, como disse Taques, os termos incompreensíveis num raciocínio tortuoso acabam agredindo a própria Constituição federal, lei máxima do país, na opinião do juiz André Nicolitt, que também atua como professor de Direito na Universidade Cândido Mendes e na Universidade do Estado do Rio de Janeiro (UERJ).

— A linguagem rebuscada e inacessível viola os princípios constitucionais do acesso à Justiça e da publicidade. É um exercício de poder, uma violência simbólica para mostrar erudição e autoridade. Numa cultura jurídica menos autoritária, teremos uma linguagem mais acessível. O uso de termos incompreensíveis ao cidadão comum não é uma prática apenas de magistrados, pois muitos advogados também fazem isso. Sem bons argumentos, tentam impressionar com jargões e frases de efeito. Mas tudo não passa de uma cortina de fumaça: muito barulho por nada — afirmou o juiz.

[...]

Apesar de muitos dos atuais jovens profissionais de Direito defenderem uma linguagem mais clara nos tribunais, Nicolitt não percebe nas faculdades onde dá aulas nenhuma inquietação sobre esse problema entre a futura geração de advogados e juízes.

— Os alunos chegam muito passivos, na expectativa de aprender, e acabam aceitando o que lhes é apresentado. Na formação dos profissionais de Direito, esse costume é ruim porque cria um mundo distante da realidade. Parece que todo mundo vive ali, dentro daqueles limites e sem referenciais com o mundo exterior. Isso ainda é bem forte no ambiente acadêmico — lamentou o professor.

O bom humor contra o "juridiquês" também está presente no artigo que o ex-presidente da AMB, desembargador Rodrigo Collaço, escreveu aos juízes em 2005 na Tribuna do Direito para defender a simplificação da linguagem jurídica. O primeiro parágrafo é assim:

> "O vetusto vernáculo manejado no âmbito dos excelsos pretórios, inaugurado a partir da peça *ab ovo*, contaminando as súplicas do petitório, não repercute na cognoscência dos frequentadores do átrio forense. *Ad excepcionem* o instrumento do remédio heróico e o *jus laboralis*, onde o *jus postulandi* sobeja em beneplácito do paciente (impetrante) e do obreiro. Hodiernamente, no mesmo diapasão, elencam-se os empreendimentos *in judicium specialis,* curiosamente primando pelo rebuscamento, ao revés do perseguido em sua prima gênese".
>
> Quem com ferro fere com ferro será ferido, diz o adágio popular.

Nirlene da Consolação Oliveira, em excelente trabalho intitulado *Linguagem Jurídica e acesso à Justiça*, consegue retratar bem a questão:

> Os termos técnicos, englobados no que se denomina terminologia jurídica, são signos que remetem a situações e conceitos específicos do Direito, criados com o objetivo de dar ao texto jurídico, clareza, precisão e objetividade. Em outra faceta, os recursos de ornamentação e rebuscamento presentes na linguagem jurídica, dentre os quais destacam-se o arcaísmo, o preciosismo, o latinismo, o vocabulário erudito, as citações doutrinárias e as expressões laudatórias, têm, igualmente, seus objetivos, motivação e consequências.
>
> [...]
>
> Ao fazer essa afirmação, o que Reale faz entender é que a linguagem jurídica é um código e nunca um instrumento de comunicação. Esta visão de Reale traz implicitamente a ideia de que, como código, a linguagem é utilizada por apenas aqueles que o conhecem, e que esse código é fechado a inovações, pois, segundo o doutrinador, no livro citado, diz que é natural que as ciências tenham "a sua maneira própria de expressar-se".
>
> [...]
>
> O problema da terminologia jurídica reside não onde a relação de oposição é necessária, mas sim, quando entre palavras com o mesmo significado, escolhe-se aquela menos conhecida da maioria das pessoas para materializar o texto oral ou escrito. São exemplos o uso de termos e expressões tais como *de cujus, ex tunc,* outorga uxória, vício redibitório, trânsito em julgado, comodato, erga omnes, os quais podem ser substituídos por expressões mais conhecidas, sem que haja prejuízo na relação semântica.

> Se a função do Direito contemporâneo é a resolução de conflitos, buscando métodos lógicos e eficazes, primando por princípios e valores necessários ao bem-estar coletivo, não se justifica o uso de um vocabulário que vá apartar ao contrário de harmonizar direitos e garantias fundamentais.
> [...]
> Arcaísmo é o uso de palavras e expressões obsoletas. No universo jurídico, são palavras que a memória coletiva dobrou e guardou, e que, com frequência, pulam dos espessos dicionários para exibir sua cara amarrotada em muitos textos e, com propriedade, nos textos jurídicos. Em uma matéria intitulada "Juridiquês no banco dos réus"[22], a jornalista Bia Arrudão trouxe a exemplo palavras e expressões arcaicas tais como exordial, excelso sodalício, ergástulo público, o Supremo Pretório, dentre outras.
> Aqueles que utilizam tais palavras consideram que o texto ganha feições eruditas e carimbo de sabedoria. Há ainda quem considere tal uso um recurso estilístico e outros, na mais notória ignorância, veem como uma necessidade para dar ao texto clareza e precisão.
> A presença de palavras e expressões arcaicas está normalmente combinada com uma produção textual prolixa e truncada, o que compromete sobremaneira a compreensão do texto. Não raro, peças jurídicas apresentam expressões, em estilo semelhantes a alvazir de piso: o juiz de primeira instância; aresto doméstico: alguma jurisprudência do tribunal local; autarquia ancilar: Instituto Nacional de Previdência Social (INSS); caderno indiciário: inquérito policial; cártula chéquica: folha de cheque; consorte virago: esposa; digesto obreiro: Consolidação das Leis do Trabalho (CLT); ergástulo público: cadeia; exordial increpatória: denúncia (peça inicial do processo criminal); repositório adjetivo: Código de Processo, seja Civil ou Penal.
> [...]
> Assim, o rebuscamento, a bajulação, os excessos de ornamentação presentes na linguagem jurídica revelam, como regras do jogo, uma postura de servilismo e reverência, comuns nas relações hierárquicas de poder e nas sociedades fundadas na desigualdade.[1]

Buscar a simplificação do linguajar jurídico é, portanto, dever do advogado, nos termos do artigo 45 do Código de Ética, muito embora

---

1 OLIVEIRA, Nirlene da Consolação. *Linguagem Jurídica e acesso à Justiça.* Disponível em: <www.kennedy.br/revistadedireito>.

muitos colegas não tenham ainda atentado para isso. Ser técnico nada tem a ver com falar e/ou escrever difícil, com ser pernóstico, não é buscar a palavra desusada, em prejuízo da mais simples. "Entre duas palavras, escolha sempre a mais simples" e "entre duas palavras simples, escolha sempre a mais curta.", ensinou *Paul Valéry*. Tanto mais eficiente será o advogado quanto melhor ele conseguir se comunicar. E a boa comunicação exige simplicidade e não complicação, objetividade e não devaneio. A simplicidade reforça a eloquência. O pedantismo afasta a eficiência e cansa o julgador.

Daí a necessidade de se observar o artigo 45 do Código de Ética da OAB, em busca da simplificação da linguagem jurídica, de forma que esta se compatibilize com o Direito moderno, que exige objetividade e eficiência, promovendo melhor aproximação entre cliente e advogado e entre jurisdicionado e o Poder Judiciário, sem o que não se pode falar no ideal de Justiça.

A Representação da Parte por Advogado no Juizado Especial

Júlio César Girundi Diamantino
Advogado.

A representação jurídica nos Juizados Especiais tem-se tornado cada dia mais complicada para os advogados que lidam com o rito sumaríssimo da Lei 9.099/95. Por isso é necessário que os advogados deem início a essa discussão, a fim de aperfeiçoar a matéria, buscando soluções criativas para as atuais conjecturas.

Sobre a representação processual no JESP, o que mais causa desconforto aos advogados neste microssistema são as consolidações jurisprudenciais que dispõem que a parte deve comparecer fisicamente nos atos processuais e não pode ser representada por advogado.

É o caso, pois, dos Enunciados do Fórum Nacional dos Juizados Especiais (FONAJE) de n. 20 e 141. Veja-se:

> 20 - O comparecimento pessoal da parte às audiências é obrigatório. A pessoa jurídica poderá ser representada por preposto.
> 141- A microempresa e a empresa de pequeno porte, quando autoras, devem ser representadas, inclusive em audiência, pelo empresário individual ou pelo sócio dirigente.

Ocorre que esse entendimento formal, rigoroso e que exige o comparecimento físico da parte, independente da presença do advogado, desvirtua dos princípios basilares do Juizado Especial, que é, sobretudo, a realização de acordo (art. 2º, da Lei 9.099/95).

Assim, o sistema instrumental da Lei 9.099/95, que foi criado com o intuito de ser menos formal que o Código de Processo Civil, está mais formalístico que o seu concorrente. Atualmente, nos Juizados Especiais, se o advogado comparecer em audiência de conciliação sem a presença do seu cliente, mesmo que tenha poderes específicos para transigir, será decretada sumariamente a contumácia ou revelia, com extinção do processo e condenação em custas (art. 51, Lei. 9.099/95).

Isto é, mesmo que advogado do autor compareça em audiência, com poderes específicos de representar e para transigir, o processo será extinto naquele ato, pela falta da presença física do autor.

Não é demais lembrar, mas "a procuração para o foro em geral habilita o advogado a praticar todos os atos judiciais, em qualquer juízo ou instância, salvo os que exijam poderes especiais" (§ 2º, do art. 5º, do Estatuto da Advocacia).

A aplicação da contumácia, a extinção do processo e, na maioria das vezes, a condenação em custas, é sumária e sem prazo para regularização. Nota-se aí, pois, o rigor e o formalismo com que atualmente os magistrados dos Juizados Especiais lidam com a questão da representação processual.

Em contrapartida, o CPC – procedimento mais formal e rigoroso – obriga ao magistrado a abrir prazo razoável para regularização da irregularidade, para, só depois, serem tomas medidas drásticas, tais como contumácia, revelia ou nulidade dos atos.

A propósito, "verificando a incapacidade processual ou a irregularidade da representação das partes, o juiz, suspendendo o processo, marcará prazo razoável para ser sanado o defeito" (art. 13, do CPC) e "não sendo cumprido o despacho dentro do prazo, se a providência couber: ao autor, o juiz decretará a nulidade do processo; ao réu, reputar-se-á revel; ao terceiro, será excluído do processo". Colhe-se do dispositivo legal que a abertura de prazo para a regularização não se trata de liberalidade do magistrado, mas, sim, de uma obrigação processual. Atente-se, pois, para o verbo marcar.

Portanto, mesmo que se vislumbre alguma irregularidade na representação processual, o magistrado é obrigado a marcar prazo razoável para a sua regularização. A decretação sumária de contumácia, com consequente extinção do processo e condenação em custas, é medida extrema, que até mesmo o CPC repudia.

Assim, o inciso I, do art. 51, da Lei dos Juizados, só deve ser aplicado quando o autor não comparecer ou ninguém o representar. O fato de estar representado por advogado demonstra a sua presença no ato processual, mantendo o caráter pessoal, que inibe a aplicação do inciso I, do art. 51.

Por sua vez, mesmo que prevaleça o entendimento formal de que a representação está irregular, de maneira nenhuma o magistrado poderá decretar a contumácia sumariamente no ato da audiência, pois estará obrigado a marcar prazo razoável para a regularização da aludida irregularidade, por força subsidiaria do art. 13, do CPC.

Logo, a decretação de contumácia ou revelia, sem que seja aberta a possibilidade de regularização, é, além de ilegal, desarrazoada, desproporcional e díspare dos princípios que regem o Juizado Especial.

Ademais, a contumácia, ou a revelia, deve ser aplicada aos sujeitos da relação processual, que se mantêm inertes à marcha processual. Ora, aquele que se faz representar, outorgando procuração a um advogado, age positivamente perante os atos processuais obrigacionais, cumprindo o seu ônus procedimental. Deste modo, a aplicação das penalidades por inércia não serve àquele que age positivamente, utilizando de mecanismos legais – procuração e mandado.

Além do mais, exalta-se o princípio da instrumentalidade das formas, em que se deve reputar válido todos os atos que, mesmo realizados de forma contrária a lei, foram suficientes para atender às suas finalidades. Eis o art. 154, do CPC, que legitima esse modo de operar:

> Art. 154. Os atos e termos processuais não dependem de forma determinada senão quando a lei expressamente a exigir, reputando-se válidos os que, realizados de outro modo, lhe preencham a finalidade essencial.

O próprio microssistema instrumental dos Juizados Especiais também repetiu essa disposição no art. 13:

> Os atos processuais serão válidos sempre que preencherem as finalidades para as quais forem realizados, atendidos os critérios indicados no art. 2º desta Lei.
>
> § 1º Não se pronunciará qualquer nulidade sem que tenha havido prejuízo.

De mesmo modo, é a orientação da 2ª Turma Recursal/SC:

> "[...] alegada extinção do processo com fulcro no art. 51, I, da Lei 9.099/1995. A autora que não compareceu à audiência de conciliação. Preliminar afastada. Não há que se extinguir o processo, estando a parte validamente representada na sessão conciliatória por uma pessoa a quem a autora outorgou poderes específicos para ao aludido ato. A teor do art. 154, CPC, reputam-se válidos os atos processuais que, realizados de outro modo, lhe preencham a finalidade essencial [...](AC 2.071/2001, Blumenau. Rel. Juiz Francisco Oliveira Neto, j. 21.05.2002).

Em assim sendo, mesmo que se entenda inválida a representação processual, os atos devem ser aproveitados se atenderem a sua destinação, sem causar prejuízos às partes.

Passo seguinte, faz-se necessário expor o art. 331, do CPC:

> Art. 331. Se não ocorrer qualquer das hipóteses previstas nas seções precedentes, e versar a causa sobre direitos que admitam transação, o juiz designará audiência preliminar, a realizar-se no prazo de 30 (trinta) dias, para a qual serão as partes intimadas a comparecer, podendo fazer-se representar por procurador ou preposto, com poderes para transigir. (Redação dada pela Lei n. 10.444, de 2002).

Na Lei n. 9.099/95, não há disposições legais como estas, principalmente quanto à pessoa física. Apenas que "o réu, sendo pessoa jurídica ou titular de firma individual, poderá ser representado por preposto credenciado, munido de carta de preposição com poderes para transigir, sem haver necessidade de vínculo empregatício" (art. 9º, § 4º).

Consigna-se, a propósito, que a Lei n. 10.444/02, que modificou a redação do art. 331, do CPC, é mais atual que a Lei n. 9.099/95, demonstrando que o entendimento da modernidade é diferente da atual conjectura do sistema do JESP.

O rito mais formal do CPC dispensa a presença física da pessoa, mantendo, mesmo assim, a pessoalidade, por meio da representação por procurador.

Poder-se-ia articular que o Juizado Especial priva pela pessoalidade e, por isso, essa busca desenfreada pelo comparecimento físico da parte. Contudo, ser representado por advogado não tira o caráter pessoal do comparecimento aos atos processuais. O comparecimento pessoal da parte não quer dizer que ela mesma tenha que estar fisicamente presente no ato processual. A não ser, é claro, em atos como o depoimento pessoal, em que a parte não pode ser representada.

Lembra-se que até mesmo atos extremamente pessoais podem ser realizados pelo procurador (art. 653 ao 692, do CC/02), sem, contudo, perder o seu caráter de pessoalidade. É o caso, pois, do casamento – ato mais solene e formal existente, que aceita a sua realização por meio de procuração (art. 1.542, CC/02).

Demais disso, a imposição da presença física da parte nos atos do Juizado, impossibilitada de ser representada por advogado, também fere o princípio da Inafastabilidade do Judiciário.

Para tanto, é preciso lembrar que há determinadas profissões que exigem o comparecimento constante da pessoa nas atividades. Há também pessoas que trabalham viajando, em que suas agendas de tarefas nunca serão compatíveis com os horários dos atos processuais – caminhoneiros, representantes comerciais etc. Por fim, ainda, há pessoas que padecem de limitações físicas para comparecer em juízo: idosos, cadeirantes, enfermos etc.

O acesso à Justiça deve ser real e não formal. E o procedimento, de maneira alguma, deve ser militarizado ao ponto de inibir o acesso do jurisdicionado, seja representado ou não.

Deste modo, enrijecer a representação processual ainda fere o princípio constitucional da apreciação de lesão ou ameaça de direito pelo Poder Judiciário (art. 5º, XXXV, CF/88), pois exclui parcela da população, que não poderá comparecer fisicamente aos chamados de audiência.

Conclui-se, portanto, que o atual entendimento dos Juízes e Turmas Recursais, quanto à representação processual, é incompatível com a moderna forma de instrumentalizar o direito das partes.

É equivocado desconsiderar a procuração do advogado, eis que fere inúmeras disposições já consolidadas, bem como a razoabilidade e infinitos princípios constitucionais.

Deve-se, portanto, modificar a atual conjectura dos Juizados Especiais, para se possibilitar a representação pessoal das partes por advogado, sem que, com isso, perca a pessoalidade.

Sustentação Oral

Luiz Fernando Valladão Nogueira

Advogado. Professor de Direito Processual Civil. Procurador do Município de Belo Horizonte/MG. Autor do livro "Recursos em Processo Civil" editado pela Del Rey.

1. CONSIDERAÇÕES INICIAIS

O tema proposto para este capítulo – sustentação oral – é extremamente interessante. A despeito disso, é pouco estudado, até porque muitos o consideram de índole extremamente prática, o que dispensaria um estudo metódico a seu respeito.

Todavia, é preciso romper com esta visão pragmática sobre o instituto da sustentação oral. Isto porque, embora a experiência profissional seja, de fato, importante na construção de uma boa sustentação oral, é indispensável situá-la, também, no campo legal e doutrinário.

Este é o objetivo deste capítulo derradeiro, ou seja, estudar a sustentação oral em todas as suas nuances, de forma a ajudar o profissional da advocacia quando este se incumbir de ocupar a tribuna.

A sustentação oral, em que pese ser às vezes vulgarizada e outras tantas vezes literalmente ignorada, é a síntese mais pura do exercício da advocacia. De fato, é naquele pequeno instante reservado ao advogado, que o referido profissional tem que mostrar o seu poder de convencimento, e de forma objetiva e prática. A sua manifestação oral pode nada alterar. Contudo, conforme for a sua eficiência, poderá ser apta a mudar a sorte de um julgamento!

No momento atual, em que há um volume insuportável de processos nos tribunais submetidos à avaliação dos magistrados, é imprescindível que o advogado saiba proferir uma sustentação oral que dê verdadeiro destaque ao caso concreto. Com efeito, seja pelo referido volume exagerado de recursos e processos, seja pela tendência, imposta pela própria legislação, de julgamentos massificados, a atuação do advogado deve estar cada vez mais voltada à tentativa de mostrar o diferencial que está a marcar aquele caso concreto que lhe foi confiado por seu constituinte.

Não se pode desconsiderar, outrossim, outro aspecto: os votos são produzidos, na sua esmagadora maioria, pelos assessores dos magistrados, ainda que sob a orientação destes, o que significar haver uma tendência à impessoalidade nas decisões. Ora, a melhor forma de mitigar esta característica atual das decisões judiciais está no contato direto do julgador com os advogados das partes, momento em que lhe são repassadas informações relevantes (por isto, diga-se de passagem, a obrigação dos juízes receberem os advogados, em seus gabinetes – art. 7º, inciso VIII, Lei 8.906/94). E, em se tratando de julgamentos colegiados, este contato se dá, com maior ênfase, pela sustentação oral, momento em que os julgadores podem ser alertados sobre pontos que lhe parecem relevantes, mas que assim não foram encarados por seus assessores.

O fato é que a sustentação oral traz a forte percepção às partes, de que os seus interesses foram debatidos, à exaustão. Em outras palavras, a sustentação oral, independente mesmo do resultado prático que possa trazer, acarreta credibilidade ao próprio Poder Judiciário.

Tendo em vista a importância da oralidade, mormente em tempos atuais, é de imaginar-se que a sustentação oral tenha previsão legal destacada. Sim, isto é verdade e, como será visto no tópico seguinte, trata-se de verdadeira etapa processual, facultada aos advogados das partes, e que, portanto, merece estudo aprofundado.

2. AS HIPÓTESES DE CABIMENTO DE SUSTENTAÇÃO ORAL NORMATIZAÇÃO DO TEMA: CONSTITUIÇÃO FEDERAL E NORMAS INFRACONSTITUCIONAIS

2.1. O TEMA SOB A ÓTICA CONSTITUCIONAL

Penso que a sustentação oral é a materialização, em parte, de quatro pilares da Constituição Federal: o devido processo legal; a ampla defesa; o contraditório; e a indispensabilidade do advogado.

Realmente, o texto constitucional assegura que "ninguém será privado da liberdade ou de seus bens sem o devido processo legal" (inc. LIV, art. 5º), sendo que "aos litigantes, em processo judicial ou administrativo, e aos acusados em geral são assegurados o contraditório e ampla defesa, com os meios e recursos a ela inerentes" (inc. LV, art. 5º).

Isto significa, em rápida síntese, que o nosso processo, como instrumento de aplicação do direito pelo Judiciário aos casos concretos, deve ter uma amplitude tal, discriminada nas normas infraconstitucionais, que assegure aos litigantes a exposição de seus argumentos fáticos e jurídicos. E esta possibilidade de defesa deve ocorrer de maneira que, em todas as etapas processuais, haja um debate, pelo qual seja permitido aos litigantes o confronto de ideias e teses.

E, para que esta dialética se opere com maior tecnicismo, foi eleito como representante do jurisdicionado, no âmbito processual, o advogado. Por isto mesmo, a Constituição Federal quis assegurar que este porta-voz do cidadão seja indispensável, em todas as etapas em que o Estado-Juiz estiver a se manifestar (art. 133 – "O advogado é indispensável à administração da justiça...").

Ora, esta indispensabilidade, assegurada com *status* constitucional, não pode ser ignorada em qualquer etapa do processo. A sustentação oral, ante esta realidade jurídica, deve ser facultada em todo e qualquer julgamento colegiado!

A publicidade que se quer, ainda no âmbito constitucional, às decisões proferidas pelo Judiciário (art. 93, inc. IX, CF), só será real, caso a presença do advogado, inclusive com sua manifestação oral, seja garantida. Não condiz com o Estado Democrático de Direito a prolação de decisões, sem que seja facultada a prévia manifestação dos advogados das partes!

2.2 O CABIMENTO DE SUSTENTAÇÃO ORAL EM TODO E QUALQUER RECURSO E PROCESSO

Tendo em vista esta imprescindibilidade do advogado, não é de estranhar-se que a Lei 8.906/04, apelidada de Estatuto da Advocacia e da OAB, tenha, por razões óbvias, assegurado-lhe "sustentar oralmente as razões de qualquer recurso ou processo, nas sessões de julgamento, após o voto do relator, em instância judicial ou administrativa, pelo prazo de quinze minutos, salvo se prazo maior for concedido" (art. 7º, inc. IX).

É importante ressaltar que, ao contrário do que muitos defendem, esta garantia de sustentação oral em qualquer processo ou recurso não foi suspensa por decisão do Supremo Tribunal Federal. Na verdade, o que foi tido como inconstitucional é o direito do advogado sustentar, depois do voto do relator. No mais, o dispositivo da Lei 8.906/94 continua incólume e em plena vigência.

A ADIN 1.127/DF, julgada pelo STF, não chegou a arguir a inconstitucionalidade desta possibilidade de sustentação oral em todos os processos e recursos. O pleito formulado na inicial desta ADIN, neste particular, cingiu-se à apontada faculdade do advogado sustentar depois do voto do relator. Por isso, como é natural, o Supremo não se manifestou, em sede de controle abstrato de constitucionalidade, a respeito do direito do advogado à sustentação oral em todo processo e recurso.

Vale conferir, aliás, parte da ementa do acórdão relacionado ao processo antes mencionado, em que restou decidido que "a sustentação oral pelo advogado, após o voto do relator, afronta o devido processo legal, além de causar tumulto processual, vez que contraditório se estabelece entre as partes".

Portanto, é obrigação dos magistrados facultar a sustentação oral aos advogados, em todo e qualquer processo e recurso, nas sessões de julgamento.

Não se ignora, aqui, haver previsão no art. 554 do Código de Processo Civil, no sentido de que será facultada a sustentação oral, "se o recurso não for de embargos declaratórios ou de agravo de instrumento".

Acontece que, a teor da Lei de Introdução às normas do Direito Brasileiro, a lei posterior revoga a anterior, "quando regule inteiramente a matéria de que tratava a lei anterior" ou quando com ela for "incompatível" (art. 2º, § 1º). Isto significa que a Lei 8.906/94, versando sobre as prerrogativas dos advogados, revogou em parte o art. 554 CPC, na medida em que deu maior amplitude ao instituto da sustentação oral, assegurando-lhe em qualquer recurso ou processo. Vale dizer: mesmo nos embargos declaratórios e nos agravos é permitida a sustentação oral ao advogado.

Ora, não se pode falar na indispensabilidade do advogado, muito menos nas garantias do devido processo legal, do contraditório e da ampla defesa, sem a adoção do raciocínio que agora se está a defender. E nem vale utilizar argumentos de ordem supostamente prática, no sentido de que as pautas de julgamentos demorariam em se esgotar, ante o número exagerado de sustentações orais. É que os agravos, com as limitações impostas ao seu processamento pelo art. 522 CPC ("lesão grave e de difícil reparação"), só serão julgados pelo colegiado, na forma de instrumento, se a situação for grave, o que recomenda, por óbvio, a intervenção oral do advogado. E, em se tratando de embargos declaratórios nos tribunais, trata-se de chance derradeira do colegiado, tendo em vista as conhecidas limitações de acesso aos recursos especial e extraordinário, para corrigir injustiças cometidas por decisões anteriores, devendo, com maior razão, ser dada a palavra ao profissional da advocacia.

Eis lúcido posicionamento doutrinário sobre a matéria:

> Sustentação Oral nos recursos de embargos de declaração e agravo de instrumento: Entendemos que a norma processual não prevalece frente ao inciso LV do art. 5º da CF, tratando do princípio do contraditório e da ampla defesa, já que a permissibilidade destinada aos advogados das partes, para que sustentem as razões pelas quais defen-

> dem o provimento ou o improvimento das espécies, é técnica afeta ao Estado de Direito, como primado constitucional. O tema se mostra mais relevante na medida em que observamos que o agravo de instrumento é um dos recursos mais importantes na dinâmica processual, tendo sido transformado numa espécie de instrumento híbrido, sendo metade recurso (o de agravo) e metade ação, diante da possibilidade do relator deferir liminar em favor do recorrente (intitulada pelo legislador atribuição de efeito suspensivo ou tutela recursal). (MONTENEGRO FILHO, 2007, p. 619).
> Descumprimento da norma e consequência processual: Na hipótese de o presidente da sessão não franquear a palavra ao advogado da parte, quando era a hipótese, entendemos que o processo é nulo desse momento em diante, exceto se o julgamento for proferido em favor da parte que teve a palavra cassada, evidenciada a ausência de prejuízo, como condição para o reconhecimento de qualquer nulidade processual. (MONTENEGRO FILHO, 2007, p. 619).

Portanto, defende-se, aqui, a absoluta pertinência de ser concedida a palavra ao advogado, em qualquer recurso e mesmo nos processos de competência originária dos tribunais. E, neste contexto, afirma-se, com o devido respeito, serem contrários à lei federal e à Constituição Federal os regimentos internos dos tribunais que limitam a sustentação oral a apenas algumas espécies de recursos e processos.

Destaque-se, por fim, pertinente acréscimo feito por Theotônio Negrão (2011, p. 742), relacionado ao cabimento de sustentação oral em reexame necessário:

> É de se entender que o vocábulo "recurso", previsto no art. 554 do Estatuto Processual Civil, deve ser interpretado em sentido amplo, a abranger a remessa necessária prevista no art. 475 e, por consequência, abarcar a possibilidade de sustentação oral por ocasião do julgamento do reexame necessário (STJ-RF 377/297: 2ªT., REsp 493.862, um voto vencido).

Feitas as ponderações acima desenvolvidas, deve-se retornar ao art. 554 CPC, o qual assegura a sustentação oral aos advogados, após a leitura do relatório pelo relator do processo ou recurso. Já o Código de Processo Penal prevê igual possibilidade no paragráfo único do art. 610.

Naturalmente que outros detalhamentos do procedimento em estudo serão feitos pelos regimentos internos dos tribunais.

3. OBJETO E LIMITES DA SUSTENTAÇÃO ORAL

3.1. As razões do recurso e a sustentação oral

É interessante que o Estatuto da OAB, na mesma linha do que está previsto no Código de Processo Civil, permite ao advogado sustentar as "razões do recurso". Esta previsão pode levar à irracional conclusão de que o advogado deverá ocupar a tribuna para repetir os mesmos argumentos do arrazoado que já produziu em peça escrita. Penso, contudo, que tal irracionalidade não pode prevalecer!

É que, se é verdade que o princípio dispositivo veda ao juiz e ao tribunal examinar questões não arguidas pelas partes, não menos certo é que, observados os limites da lide, pode e deve o magistrado aplicar os dispositivos legais que entender pertinentes, assim como considerar as circunstâncias e os fatos que julgar apropriados, independentemente de arguição das partes. Lembre-se que "no julgamento da lide caber-lhe-á aplicar as normas legais; não as havendo, recorrerá à analogia, aos costumes e aos princípios gerais de direito" (art. 126 CPC). E mais: "O juiz apreciará livremente a prova, atendendo aos fatos e circunstâncias constantes dos autos, ainda que não alegados pelas partes; mas deverá indicar, na sentença, os motivos que lhe formaram o convencimento" (art. 131 CPC). (Grifo nosso).

Portanto, o tribunal, no julgamento de determinado recurso ou processo, pode se fundar em circunstâncias dos autos e fundamentos jurídicos, até então não alegados pelas partes. E, se assim ocorre, com mais razão poderá o advogado, quando de sua sustentação oral, desde que observados os limites da lide, inovar em arguição quanto a fatos já constantes dos autos e fundamentos jurídicos que sirvam para justificar sua tese.

No processo penal, em que é viável até mesmo a concessão de *habeas corpus* de ofício pelo tribunal (art. 654, § 2º CPP – "Os juízes e os tribunais têm competência para expedir de ofício ordem de *habeas corpus*, quando no curso de processo verificarem que alguém sofre ou está na iminência de sofrer coação ilegal"), esta inovação na sustentação oral é, com mais razão, admissível.

Esta amplitude de defesa no âmbito penal, inclusive, afeta os limites da própria devolutividade do recurso de apelação.

Com efeito, toda arguição que seja para beneficiar o réu pode ser feita, mesmo depois de produzida a apelação. Eis a jurisprudência sobre o tema:

> A apelação criminal tem efeito devolutivo amplo, não ficando o órgão julgador circunscrito as razoes apresentadas pelo recorrente. (STF. HC 70561/RS. Relator Min. Marco Aurélio. 26.04.1994)
>
> Esta Corte tem entendido como regra geral, que é possível, em se tratando de apelação, a apreciação em habeas corpus de matéria não levantada na petição de interposição recursal e/ou não enfrentada pelo v. acórdão que a julgou, em razão da amplitude do efeito devolutivo daquele recurso. (STJ. HC 34253/SP. Relator Min. Felix Fischer. 08.11.2004).
>
> No processo penal, à exceção das decisões provenientes do Tribunal do Júri, a apelação devolve à instância recursal originária o conhecimento de toda a matéria impugnada, ainda que não tenha sido objeto de julgamento pelo Juiz singular. (STJ. HC 165789/MG. Relator Min. Og Fernandes. 28.06.2011).

3.2. Questões conhecíveis de ofício e a sustentação oral

Deve-se refletir, também, sobre a viabilidade de o advogado, quando da sustentação oral, arguir questões que poderiam, até mesmo, ser conhecidas de ofício.

O que acontece é que, a rigor, as partes estão presas ao fenômeno da preclusão (art. 473, CPC), bem como aos limites da lide e ao princípio dispositivo (arts. 2º e 128, CPC). Então, se determinada questão não está devolvida ao tribunal, por inércia mesmo da parte recorrente, não poderá ser ela arguida da tribuna, no momento da sustentação oral.

Isto é verdade, mas comporta mitigação!

Com efeito, há matérias e questões conhecíveis de ofício, como é o caso da ausência de pressupostos de constituição e desenvolvimento válido do processo, da perempção, litispendência e coisa julgada, e da carência de ação (art. 267, § 3º, CPC). De igual forma, assim ocorre com as chamadas nulidades absolutas (art. 245, parágafo único, CPC). Outro exemplo, entre vários, pode ser lembrado na figura dos pressupostos de admissibilidade dos recursos, que devem ser examinados, de ofício, pelos tribunais.

Ora, este conhecimento de ofício pelo tribunal, como é fácil de deduzir, autoriza o advogado a sustentar tais questões e matérias, ainda que pela primeira vez, em sua sustentação oral. Uma vez que é dado ao julgador conhecê-las de ofício, com mais razão pode o advogado provocar o conhecimento, quando de sua manifestação derradeira.

Voltando ao processo penal, deve-se insistir que, excluindo aquelas questões que se sujeitam à preclusão, todas as demais que possam beneficiar o réu estão inseridas no efeito devolutivo do recurso (sempre observadas, naturalmente, as etapas processuais nas quais estão vinculados os recursos). Ora, ante o princípio da ampla defesa e a viabilidade aqui já mencionada de concessão de *habeas corpus* de ofício pelos tribunais, toda matéria que possa beneficiar o réu pode ser conhecida pelo tribunal. E – vale insistir – com mais razão, pode ser arguida pelo advogado, quando de sua sustentação oral.

Assim é que, por exemplo, ainda que não arguido no recurso, pode o advogado pedir da tribuna a diminuição da pena ou a exclusão de alguma circunstância de agravamento da mesma.

3.3 Omissão sobre arguição feita, ineditamente da tribuna. Embargos declaratórios

Situação curiosa poderá se dar, se, por acaso, o tribunal não examinar a matéria arguida da tribuna, e que não constava da peça recursal.

Ora, haverá aí uma omissão do tribunal, pois a sustentação oral não é um capricho ou bondade do magistrado, que a permitiu ao advogado. A sustentação oral está prevista em normas infraconstitucionais, como decorrência de caros princípios constitucionais. Logo, o que for arguido nela, por mais improcedente que seja, deve ser objeto de resposta do julgador!

Todavia, se a omissão persistir, o caminho será o advogado reiterar a sua arguição, por meio de embargos declaratórios. Vale lembrar que tal recurso é adequado, para as situações em que houver omissão, obscuridade ou contradição (arts. 535, CPC, e 619, CPP).

Há precedentes no STJ que, a partir inclusive de análise do Regimento Interno da Corte, acolhem Embargos Declaratórios para suprir omissões em acórdãos anteriores. E – registre-se – omissões decorrentes do não enfrentamento de arguições feitas da tribuna. Vale conferir:

> EMBARGOS DE DECLARAÇÃO. HABEAS CORPUS. ALEGADA OMISSÃO DO ACÓRDÃO. ARESTO QUE TERIA DEIXADO DE CONSIGNAR TESE SUSTENTADA ORALMENTE PELA DEFESA NA SESSÃO DE JULGAMENTO DO WRIT. POSTERIOR JUNTADA DAS NOTAS TAQUIGRÁFICAS. DEFEITO SANADO. ACLARATÓRIOS ACOLHIDOS, SEM EFEITOS MODIFICATIVOS.
>
> 1. Da leitura do acórdão impugnado, observa-se que, de fato, não há qualquer menção à apontada eiva na dosimetria da reprimenda imposta ao paciente, e que foi sustentada apenas no julgamento do presente habeas corpus, quando o impetrante fez uso da palavra em sustentação oral.
> 2. De acordo com o caput do artigo 100 do Regimento Interno do Superior Tribunal de Justiça, as notas taquigráficas integram o acórdão proferido pelas Turmas, Seções ou Corte Especial.
> 3. Por sua vez, o artigo 103 do mesmo Estatuto preconiza que as notas taquigráficas - que registrarão o relatório, a discussão, os votos fundamentados, bem como as perguntas feitas aos advogados e suas respostas -, depois de revistas e rubricadas, devem ser juntadas aos autos, com o acórdão, regra que vem sendo flexibilizada em nome do princípio da celeridade processual, e observada apenas quando há pedido formulado por Ministro ou pelas partes. Precedentes.
> 4. Anexadas aos presentes autos as notas taquigráficas referentes ao julgamento do *mandamus* em apreço, elas passam a integrar o respectivo acórdão, pelo que resta sanada a omissão apontada nos aclaratórios em exame, devendo ser providenciada a republicação do resto embargado, e reaberto o prazo recursal.
> 5. Embargos de declaração acolhidos, sem alteração do julgado. (STJ. EDcl no HC 135142/MS. Relator Min. Jorge Mussi. 21.06.2011)

É importante destacar, por oportuno, que as matérias conhecíveis de ofício podem ser invocadas, mesmo depois do julgamento do recurso originário e pela primeira vez, em sede de Embargos Declaratórios. Isto porque, se, em determinado caso concreto, a matéria deveria ser conhecida de ofício pelo tribunal, mas assim não ocorreu, haverá omissão, que deverá ser sanada pelos declaratórios.

Theotônio Negrão (2001, p. 696) lembra os seguintes precedentes jurisprudenciais:

> Questão de ordem pública (coisa julgada) suscitada em sede de embargos declaratórios. Ainda que suscitadas tão-somente em sede de embargos de declaração, deve o tribunal pronunciar-se sobre as questões de ordem pública apreciáveis de ofício (STJ- 2ª T, Resp 122.003-SP, rel. Min. Adhemar Maciel, j. 1.9.97, deram provimento, v.u., *DJU* 29.9.97, p. 48.170). No mesmo sentido: STJ – 4ª T., REsp 487.927, Min. Aldir Passarinho Jr., j. 25.2.03, maioria, *DJU* 5.5.03). Veiculado ineditamente em embargos de declaração o tema da ilegitimidade ad causam, que é cognoscível de ofício, a matéria deve ser enfrentada no julgamento dos embargos. (STJ, 5ª T., REsp 711.227, Min. Laurita Vaz, j. 23.8.05, *DJU* 26.09.05).

Destarte, se a matéria conhecível de ofício pode ser arguida, pela primeira vez, em sede de embargos declaratórios, deve-se concluir que o mesmo é possível, e com mais razão, se a arguição ocorrer quando da sustentação oral do recurso anterior. A omissão do tribunal quanto ao exame de matéria arguida da tribuna, e que poderia ser conhecida até de ofício, autoriza o retorno da parte por meio dos embargos declaratórios.

O problema que pode haver residirá na comprovação, a ser feita pelo embargante, de que houve a arguição na sustentação oral. Neste caso, pode o advogado requerer ao presidente da Câmara ou Turma que lhe faça entregar as notas taquigráficas ou certidão que comprove a arguição no plenário. Tal procedimento se coaduna com a publicidade dos atos processuais (art. 155, CPC e art. 93, inc. IX, CF) e com o direito da parte de ter certidão sobre qualquer ato ou termo do processo (art. 141, inc. V, CPC).

Em suma, havendo a arguição da tribuna, e estando ausente o seu enfrentamento pelo tribunal, deverá a parte obter comprovação sobre esta circunstância e aforar os competentes embargos declaratórios. Se, ainda assim, houver omissão do tribunal, o caminho será a interposição do recurso especial (art. 105, III, CF), com apontamento de ofensa ao art. 535 CPC ou 619 CPP, com súplica ao STJ de decretação de nulidade do acórdão dos embargos declaratórios.

A este respeito, é firme a jurisprudência do STJ:

> ADMINISTRATIVO. RECURSO ESPECIAL. AÇÃO DE INDENIZAÇÃO PELOS DANOS DECORRENTES DA CONSTRUÇÃO DO LAGO DA USINA HIDRELÉTRICA DE ITAIPU. OMISSÃO EM RELAÇÃO AO PRAZO PRESCRICIONAL ORIUNDO DA FORMAÇÃO DA CORTINA VERDE E DA DESVALORIZAÇÃO DOS IMÓVEIS. QUESTÕES SUSCITADAS EM EMBARGOS DECLARATÓRIOS E NÃO APRECIADA PELO TRIBUNAL DE ORIGEM. VIOLAÇÃO DO ARTIGO 535 DO CPC CONFIGURADA. NULIDADE DO ACÓRDÃO. RETORNO DOS AUTOS.
> 1. Caso em que o recorrente pretende, preliminarmente, que seja anulado o acórdão prolatado em sede de embargos de declaração, por infringência ao disposto no artigo 535 do CPC, ao argumento de que o Tribunal de origem apenas se manifestou sobre o prazo prescricional referente a uma das causas dos prejuízos, qual seja, as alterações microclimáticas, omitindo-se em deliberar sobre as demais, que são a formação da cortina verde e a desvalorização dos imóveis.
> 2. É pacífico o entendimento deste Tribunal Superior no sentido de que o órgão julgador não é obrigado a se manifestar sobre todos os argumentos expostos pelas partes, contanto que adote fundamentação suficiente para o efetivo julgamento da lide.
> 3. Contudo, na presente hipótese, não há dúvida de que a Corte a quo deixou de se manifestar sobre ponto pertinente à lide, expressamente ventilado pelo ora recorrente e indispensável à apreciação do apelo extremo.
> 4. Inegável a violação do art. 535, II, do Código de Processo Civil, o que impõe o reconhecimento de nulidade do acórdão, bem como a determinação de novo julgamento dos embargos de declaração, para que seja sanada a apontada omissão. Prejudicadas as demais teses trazidas no especial.
> 5. Recurso especial provido. (STJ. REsp 1089346/PR. Relator Min. Benedito Gonçalves. 22.03.2011)

> PROCESSUAL CIVIL. VIOLAÇÃO DO ARTIGO 535 DO CPC. CONFIGURADA. JUROSDE MORA. AUSÊNCIA DE MANIFESTAÇÃO SOBRE A COISA JULGADA. ANULAÇÃO DO-JULGAMENTO DOS EMBARGOS. DEVOLUÇÃO.
> 1. O Tribunal de origem não se manifestou sobre a necessidade de inclusão da verba referente aos juros moratórios em virtude da existência de trânsito em julgado do dispositivo sentencial que teria determinado a fluência "até a data do efetivo pagamento da dívida" (e-STJ fl. 192).
> 2. Embora provocado, tanto no agravo de instrumento (e-STJ fls.02-34) quanto nos embargos de declaração (e-STJ fls. 191-197), não houve manifestação a respeito da tese levantada, razão pela qual deve ser anulado o julgamento proferido em embargos declaratórios com novo pronunciamento específico a respeito.
> 3. Recurso especial de Atilio Darci Lima Couto e outros provido em parte e prejudicado o recurso especial do INSS (STJ. REsp 1239131/RS. Relator Min. Castro Meira. 07.04.2011).

Enfim, ante a previsão constitucional de necessária fundamentação das decisões (art. 93, IX, CF), não há como subsistir omissão do tribunal quanto à valida arguição feita da tribuna.

4. POSTURA E PROCEDIMENTO: O ADVOGADO E A SUSTENTAÇÃO ORAL

4.1 Princípios a serem observados

Como visto, a palavra será concedida pelo presidente do colegiado ao advogado, ocasião em que este proferirá a sua sustentação oral. É o momento em que o advogado deverá se valer do poder de síntese, para tentar o convencimento final!

É importante destacar que, malgrado sejam poucos minutos reservados à sustentação oral, o advogado deve assumir a tribuna com o conhecimento pleno do processo. A sustentação oral deve revelar firmeza e profundidade do advogado, sendo que para tanto o profissional há de conhecer todos os detalhes do processo.

Já se afirmou, aqui, sobre a necessidade de haver sustentações orais em todos os processos e recursos. Este ponto de vista, sem dúvida, poderá ser confrontado com o risco da vulgarização da sustentação oral. A fim de obstar qualquer discurso neste sentido, compete aos advogados, cada vez mais, proferirem sustentações orais que tenham conteúdo e abordagem prática.

Com efeito, diferentemente do Tribunal do Júri, a sustentação oral é dirigida a magistrados, dotados de formação técnica e, a princípio, já com pontos de vista sobre os processos que constam da pauta de julgamento. Isto exige dos advogados uma postura serena e sem os arroubos sentimentais que não se adaptam a esta etapa processual. A abordagem prática está relacionada, sobretudo, à estratégia de destacar, da tribuna, aspectos fáticos e jurídicos que sejam, de fato, relevantes.

4.2. Etapas e critérios

Pois bem, dada a palavra ao advogado, ele inicia a sua sustentação. São desnecessárias saudações entusiasmadas, pois várias ainda serão as sustentações dirigidas àquele colegiado, na mesma sessão. Demais disso, em se tratando de sustentação oral, o exagero nas formalidades não é interessante, pois o julgador que ali está deseja ouvir algo que, de fato, possa acrescentar ao voto que já tem em mente.

É interessante que o advogado, na parte inicial de sua sustentação, situe os julgadores sobre o que se trata aquele processo. Deve dizer, em rápidas palavras, as pretensões das partes, o conteúdo da decisão recorrida e o objetivo do(s) recurso(s). Nesta primeira fase, não se justifica uma defesa de seus pontos de vista, sendo suficiente a sintética e imparcial mesmo narrativa do que ocorreu no processo.

Superada esta primeira fase, deverá o advogado destacar os pontos nevrálgicos, de contornos fáticos e jurídicos, que sejam importantes. E um detalhe: o orador deve evitar fazer leituras de depoimentos e trechos dos autos, sob pena de se perder em sua sustentação e torná-la cansativa para aqueles que nela deveriam prestar atenção.

No campo fático é onde reside todo o cuidado do orador. De nada adianta o advogado, ainda que sob a empolgação própria do momento e movido pela sua natural parcialidade (art. 2º, § 2º, Lei 8.906/94), alterar aspectos fáticos do processo. Ora, o julgador, caso tenha sua atenção chamada para aquele determinado aspecto, irá conferi-lo nos autos, podendo, inclusive, pedir vista do processo (art. 555, § 2º, CPC). Decorre daí que é preferível o advogado ganhar em credibilidade, evitando qualquer distorção fática, até porque a dialética ao redor dos fatos já foi exaustivamente trabalhada durante todo o trâmite do processo, por meio das peças escritas produzidas pelas partes.

Aliás, do advogado que pretende ser um freqüentador da tribuna se espera, exatamente, credibilidade. É em decorrência da percepção de que as suas arguições fáticas encontram eco nos autos do processo que o profissional da advocacia conseguirá êxito nesta procura pela credibilidade.

De outro lado, é no campo das teses jurídicas que o profissional poderá, com conteúdo e firmeza, trabalhar o subjetivismo do direito. Aí sim se encontra o terreno próprio à demonstração de que o direito acoberta a tese de seu constituinte.

Neste setor, duas ponderações são cabíveis: a) o advogado deve ir à tribuna, ciente do pensamento dos julgadores sobre aqueles temas específicos, caso seja possível apurar tal dado; b) o advogado deve evitar longas leituras de acórdãos, e só citar aquele precedente que for específico e adaptável ao caso concreto.

Com relação à primeira ponderação acima feita, há de lembrar-se que a coerência é uma das maiores virtudes de qualquer magistrado. E esta coerência será identificada, sempre que o julgador se mantiver alinhado com suas anteriores decisões.

Em assim sendo, deve o advogado, com sutileza e elegância, demonstrar que o colegiado precisa, no caso concreto, guardar coerência, o que será feito com a demonstração de que a tese ali defendida já foi decidida da forma desejada pelo orador, em outra situação.

Pode acontecer, todavia, de os precedentes encontrados serem contrários aos interesses do cliente do orador. Neste caso, compete-lhe ingressar em duas alternativas: a) mostrar que o caso concreto se diferencia, neste ou naquele ponto, dos precedentes do colegiado; b) ou, se isto não é possível, mostrar que chegou o momento do colegiado mudar o seu posicionamento, tendo em vista os argumentos valiosos que serão utilizados naquela sustentação oral.

Após o orador seguir esta sequência lógica, em que se entrelaçam argumentos fáticos e jurídicos, compete-lhe caminhar para a conclusão. Aqui, vez mais, dispensa-se homenagens ou súplicas românticas, devendo o orador, isto sim, dizer o que pretende, objetivamente (reforma, anulação ou manutenção da decisão, para esta ou aquela finalidade). E um detalhe, agora a envolver até mesmo a autoestima do profissional: nada de agradecimentos por ter o colegiado ouvido a sustentação oral, pois esta oitiva consiste numa obrigação dos magistrados, e eles devem ser, por vocação e mesmo determinação legal, personagens de trato fino e profissionais parcimoniosos.

4.3 Erro material no voto proferido e sua imediata arguição pelo orador. Arguição posterior por embargos declaratórios

Cabe um registro, de ordem legal, mas de pouca utilização no nosso cotidiano profissional: Art. 7º, Lei 8.906/94 – "São direitos dos advogados: ... usar da palavra, pela ordem, em qualquer juízo ou tribunal, mediante intervenção sumária, para esclarecer equívoco ou dúvida surgida em relação a fatos, documentos ou afirmações que influam no julgamento, bem como para replicar acusação ou censura que lhe forem feitas" (inc. X).

Sim, durante a votação pode o magistrado incorrer em erro fático, sendo uma faculdade legal do advogado pedir a palavra pela ordem, a fim de alertá-lo sobre tal circunstância. Enquanto não encerrado o julgamento colegiado, poderá qualquer um dos integrantes do órgão julgador retratar-se, acolhendo, inclusive, a arguição do advogado.

Trata-se, contudo, de faculdade que deve ser usada, em situações extremas, e que, mesmo assim, exigem uma avaliação rápida do advogado sobre a sua utilidade naquele caso concreto. É que, em algumas situações, é mais prática e segura a demonstração daquele erro, em sede de posteriores embargos declaratórios, remédio processual que, conforme notório entendimento jurisprudencial, pode sim abarcar, também, o erro material (art. 463, inc. I, CPC).

A propósito:

> Os embargos de declaração são cabíveis quando o provimento jurisdicional padece de omissão, contradição ou obscuridade, consoante dispõe o art. 535, I e II, do CPC, bem como para sanar a ocorrência de erro material. (STJ. EDcl no AgRg no REsp 1265896/MS. Relator Min. Benedito Gonçalves. 06.10.2011). (Grifo nosso)

> Os embargos declaratórios somente são cabíveis para modificar o julgado que se apresentar omisso, contraditório ou obscuro, bem como para sanar possível erro material existente no acórdão. (EDcl no AgRg no REsp 1239620/RS. Relator Min. Humberto Martins. 04.10.2011). (Grifo nosso)

De igual forma:

> Se o acórdão está em total dissonância com a realidade e a verdade materiais, dá-se aos embargos declaratórios poder infringente para colocar a decisão em concordância com aquela verdade. (TARS, emb. decl. na apel 186021002, rel. Juiz Waldemar Luiz de Freitas Filho, *RT* 618/194). (Grifo nosso)

Ainda no tocante aos embargos declaratórios, é preciso que, cada vez mais, tal recurso seja admitido com maior elastério. É inconcebível que determinado tribunal, depois de proferir a decisão derradeira nas instâncias ordinárias, perca a oportunidade de corrigir grave equívoco ali cometido, quando provocado pelos embargos declaratórios. O erro material – conhecível até de ofício (art. 463 I CPC) – deve ser detectado pelos tribunais em sede de embargos de declaração, mesmo quando isto signifique um novo cotejo de determinado dado fático com a invocação feita pelo embargante.

Neste particular, é importante registrar que os recursos dirigidos ao STJ e ao STF não comportam, em face de suas limitações legais, rediscussão fática. Em outras palavras, é no tribunal de 2ª instância que os fatos são analisados, e, se houver erro objetivo e claro neste setor, deverá ser corrigido ainda que por provocação dos embargos declaratórios.

5. CONCLUSÃO

A advocacia deve ser exercida, com plenitude. Por isto foi erigida, em sede constitucional, a indispensabilidade do advogado. Esta indispensabilidade, contudo, é uma moeda com duas faces: o advogado deve exigir a sua presença, em todas as etapas e tipos de processos; mas o advogado, de igual forma, deve se mostrar indispensável, sobretudo por meio de permanente qualificação e estudo, evidenciando, sempre que possível, o quanto ele é importante para a credibilidade do próprio Poder Judiciário.

A sustentação oral é parte integrante desta indispensabilidade, sendo que o seu cabimento em todo tipo de recurso e processo decorre de norma infraconstitucional, a qual está alinhada com princípios de *status* constitucional. Demais disto, deve ser motivo de alento e tranqüilidade aos magistrados saber que estão sendo provocados por apaixonados advogados, a todo instante, o que diminui os riscos de erros que possam prejudicar os jurisdicionados.

Ao proferir uma sustentação oral, deve o advogado demonstrar segurança, agindo de forma prática e objetiva. Ao longo de sua experiência profissional, um dos vetores que deve o advogado seguir é o da credibilidade. Em se tratando de sustentação oral, isto é fundamental, tendo em vista, sobretudo, que o tempo reservado ao orador é curto, bem como que ele irá se dirigir a magistrados que, a rigor, já têm um ponto de vista sobre aquele processo. A habilidade que se espera do advogado, neste contexto, é algo mágico, a justificar, vez mais, o lado apaixonante e desafiador da advocacia!

Preconceito Acerca da Advocacia Criminal

Maíra Mayrink de Castro Garcia Dias
Advogada.

Muito se discute sobre os valores que norteiam o profissional do Direito, em especial, o advogado criminalista. É necessário considerar que o advogado criminalista enfrenta dificuldades históricas para o exercício do seu trabalho. Podemos constatar calorosos debates no convívio entre os pares, nas redes sociais, entre outros. A profissão de advogado é muito difícil, sobretudo a do criminalista.

O jurista Waldir Troncoso Perez disse que o advogado criminalista enfrentava inúmeras dificuldades para exercer sua profissão com dignidade e respeito; mas, que, hoje, essas dificuldades são ainda maiores. Estamos de acordo com tal entendimento, uma vez que o advogado criminalista enfrenta ainda a maior das dificuldades, qual seja, o preconceito da sociedade e, mais grave ainda, a reprovação de seus próprios colegas e das entidades que, em tese, deveriam defender suas prerrogativas profissionais.

Todo acusado tem direito à defesa, seja por haver cometido um homicídio, um estupro, uma sonegação fiscal, um furto ou tráfico de entorpecentes. Ninguém pode ser submetido a julgamento, sem que tenha sido defendido. O direito à defesa é garantido constitucionalmente e, quando o advogado assume este papel está agindo na defesa da pessoa acusada, e não do crime. De toda sorte, mesmo sendo um réu confesso, a pessoa tem, garantido pela Constituição Federal, o direito à defesa. E, para que esse direito seja exercido, faz-se necessária presença de um advogado. O Estatuto da Ordem dos Advogados do Brasil, a Lei 8.906/94, determina ser direito do advogado "assumir a defesa criminal, sem considerar sua própria opinião sobre a culpa do acusado".

É bastante comum se ouvir, entre os leigos, que o advogado criminalista "defende bandido" e o coloca em liberdade. Evidentemente, esta é uma visão unilateral e equivocada. O problema é que muitas dessas pessoas creem que não são suscetíveis a cometer crimes.

O Código Penal elenca outros crimes que não somente cárcere privado, latrocínio e tráfico de entorpecentes. Esses seriam os crimes reprováveis por natureza, impossíveis de ser defendidos, de acordo com o senso comum. Já ouvimos dizer que o advogado teria sido corrompido pelos vultosos valores que teria recebido de seu cliente, em casos semelhantes. Contudo, resta salientar que temos crimes contra a ordem tributária, crimes ambientais, responsabilidade penal decorrente de crime de trânsito, fraudes e tantos outros. Muitas pessoas acham que "são corretas e que nunca cometeram crimes e nem cometeriam; já ouvi que o advogado criminalista deveria ser abolido, pois um criminoso deve pagar pelo que fez sem defesa". Posso garantir que muitas pessoas já dirigiram sob o efeito do álcool ou sonegaram impostos, por exemplo. E quando são detidos, a quem recorrem?

Não se pode confundir a defesa ao cliente pelo advogado com a aceitação do fato cometido. O que se defende é a pessoa acusada, não o crime. Todo crime deve ser punido pela lei e todo criminoso, se for considerado culpado, depois de trânsito em julgado, deve ser privado da liberdade. É evidente que, ao exercer esse papel, o advogado criminalista deve se utilizar de todos os seus valores éticos, em que o limitador é a consciência de cada um. Contudo, em nenhum momento, o criminalista pode ser taxado de cúmplice do bandido ou de buscar sempre sua absolvição.

O que se defende é a pessoa, não a liberdade, nem o criminoso. A defesa deve sempre seguir a lei para conseguir seus objetivos, mantendo-se sempre dentro do que determina a ética e o Código. Essa linha é tênue, entre o foro íntimo do advogado criminalista e o legítimo direito de defesa do acusado, e dá margem para que o mau profissional extrapole suas prerrogativas e sua própria consciência, então cabem a crítica e a reparação por parte das entidades de classe, exercendo seu papel fiscalizador e punitivo. O direito à defesa em face da Constituição Federal é fundamental, e nisso reside a maior responsabilidade no trabalho do criminalista. E sem o advogado, jamais poderá haver Justiça.

Por outro lado, o advogado não é um julgador. Ele defende, não julga. É necessário compreender o papel de cada um em um processo criminal. Ao acusador cabe provar a ocorrência e autoria do crime. Ao advogado incumbirá promover na defesa dos direitos do acusado, não só para garantir-lhe a liberdade, mas buscando, na lei, os limites razoáveis da eventual condenação. Ao juiz, competirá a decisão.

Devemos respeitar o art. 5º, LV, CF/88, no que tange aos direitos e garantias fundamentais: "Aos litigantes, em processo judicial ou administrativo, e aos acusados em geral são assegurados o contraditório e ampla defesa, com os meios e recursos a ela inerentes". Desta feita, todo aquele que for acusado de algo, terá o direito constitucional do contraditório e da ampla defesa. O contraditório é a faculdade de se contrapor as provas usadas para imputar conduta ilícita contra alguém e a ampla defesa são todos os meios em direito admitidos para se defender um acusado.

Nesse contexto, também não é possível esquecer que a atuação do advogado, na esfera criminal, resulta de dispositivo constitucional que prescreve ser a inocência, obrigatoriamente, presumida. Assim, temos o princípio da Presunção de Inocência, vide art. 5º, LVII, CF/88: somos todos inocentes, até que se prove o contrário. E, desta forma, temos o direito à mais ampla defesa.

Advocacia Pública Federal – Interesse Público e Privado – Pontos de Contato

Márcio Versiani Pena

Advogado graduado pela Faculdade de Direito Milton Campos em 1989. Pós-graduado em Direito Publico pelo IEC – PUC/MG. Exerce advocacia privada há 10 anos, exerceu cargos públicos de Assessoria Jurídica e de Conselheiro por 5 anos, exerceu o cargo público de Analista do Ministério Público do Trabalho por 5 anos, integrou a Força Tarefa instituída pela Portaria PGU 21, de 08.10.2008, atuando em juízo contra a improbidade administrativa, foi representante do GCOPA em Minas Gerais.

A doutrina e a academia costumam ensinar a distinção entre o Direito Público e o Direito Privado, e os pontos peculiares a cada um desses ramos do Direito.

No entanto, verifica-se a existência de várias consonâncias ou pontos comuns às duas esferas jurídicas em tela. São interesses públicos e privados que se encontram.

De outro lado, o cenário que se descortina com a globalização ou com a visão de um mundo pequeno é a gradual diminuição das diferenças jurídicas, de modo a favorecer uma parceria entre o Público e o Privado, para produção de uma seara jurídica mais abrangente de interesse da população.

Ora, tanto no Direito Privado como no Direito Público existem aspectos positivos que devem interagir de modo a aprimorar a segurança jurídica, a paz social, o bem-estar geral e tantos outros bens jurídicos almejados por todos.

Diríamos que a segurança do Direito Público pode ser aproveitada pelo Direito Privado e a agilidade das relações privadas podem ser paradigma para o Poder Público. A estabilidade no cargo é um avanço do setor público, já o incentivo e dedicação pela carreira é o caminho adequado apresentado pela seara privada.

Nesse norte, a Advocacia Pública Federal tem atuado incessantemente, buscando, por um lado, diminuir demandas inúteis, seja mediante autorização para dispensa (dispensa de inscrição em dívida ativa – art. 3º da Portaria AGU n. 377/2011, dispensa de oposição/interposição de recurso em razão dos cálculos, dispensa de propositura de ação ou oposição, interposição de recurso ou desistência do mesmo, para valores abaixo de R$ 10.000,00 por autor – Portaria AGU n. 377/2011, dispensa de prosseguimento de ação em razão da incidência inequívoca da prescrição – art. 5º da Portaria 377), seja com base em jurisprudência consolidada nos Tribunais Superiores (Súmula Admin. 01, 02, 03 e 04, dispensa de contestação/recurso Súmula AGU 31 a 52, dispensa de contestação/recurso Súmula AGU 34/2008), seja verificando a possibilidade de acordos ou parcelamentos de débitos.

Aliás, em juízo ou fora dele pode-se afirmar que os formalismos ficam em segundo plano quando se antevê uma conciliação. Para fazer acordo somos todos iguais, pois, como afirma a Justiça mineira, "conciliar é legal".

Nessa esteira tem trabalhado em conjunto a Procuradoria-Geral da União e a Consultoria-Geral da União, bem assim a Procuradoria-Geral Federal e demais órgãos da Advocacia-Geral da União.

A propósito, o Departamento de Estudos Jurídicos e Contencioso Eleitoral, órgão integrante da Procuradoria-Geral da União, elaborou o projeto denominado "Centrais de Negociação", tal iniciativa se deu pela Portaria n. 2, de 14 de dezembro de 2012.

Foram criadas a Central Nacional e Regional de Conciliação.

Já agora a Ordem de Serviço n. 09, de 11 de março de 2014, cria, no âmbito da Procuradoria da União no Estado de Minas Gerais, a sua Central de Negociação "Considerando a necessidade de se implementar ações visando à redução de litigiosidade", a necessidade de especialização visando o aumento das soluções negociadas, considerando, ainda, que a Advocacia-Geral da União é signatária do Segundo Pacto Republicano de Estado por um sistema de Justiça mais acessível, ágil e efetivo, bem como a necessidade de se conferir efetividade ao princípio constitucional da razoável duração do processo.

Frise-se: redução de litigiosidade, soluções negociadas, sistema de Justiça mais acessível, ágil e efetivo, processo com razoável duração, são interesses comuns ou pontos de contato entre o Público e o Privado.

Por outro lado, a recuperação de ativos é também uma das prioridades da Advocacia Pública e, nessa linha de atuação, a advocacia federal segue estratégias dos grandes escritórios de advocacia privada, com a criação de grupos especializados em constante diálogo com as unidades da AGU nas mais diversas localidades do país, utilizando-se, para tanto, das ferramentas on line.

A Advocacia-Geral da União procura, portanto, atingir o nível de excelência dos grandes escritórios de advocacia, sem abrir mão de suas prerrogativas constitucionais e infraconstitucionais. Aliás, alguém já disse que a AGU é o maior escritório de advocacia do mundo.

O certo é que os pontos de consonância (públicos/privados) citados são positivos, desde que não se tornem promíscuos.

É que nesses interesses comuns deve imperar qualidades que estão intimamente relacionadas com o Direito, qual sejam, a honradez, a ética e a moral cristã, pois faltando uma delas aos agentes envolvidos, cairá por terra a união de forças, prevalecerá o egoísmo, desaparecerá o Direito.

Nesse sentido, sempre vigilante, a advocacia pública não pode abrir mão de estar vinculada à Ordem dos Advogados do Brasil, bem assim a OAB, resguardando os interesses da classe, não pode deixar de lado os causídicos que atuam na seara pública.

O advogado público, inscrito nos quadros da Ordem dos Advogados do Brasil, reafirma a sua independência e autonomia e segue sua razão e consciência jurídicas.

Eis aqui um ponto comum do Direito Público e do Direito Privado, qual seja, a liberdade de atuação. Tal liberdade deve ser buscada notadamente pelo advogado público, pois o mesmo está inserido numa estrutura hierarquicamente organizada, que, por vezes, extrapola a sua competência de comando.

A hipótese ventilada requer do causídico público o atendimento do princípio constitucional da razoabilidade, ou seja, "adotar ante a diversidade de situações a serem enfrentadas a providência mais adequada" (Celso Antônio Bandeira de Mello).

Por outro lado, reafirma-se o ponto de contado, quando se verifica que o advogado público não pode receber uma penalização em juízo que não é aplicável ao advogado privado e também este não pode ser multado se não há possibilidade de multar aquele outro profissional.

De igual forma, se o advogado privado faz jus ao honorários de sucumbência, não há como excluir o recebimento da mesma verba honorária de sucumbência pelo advogado público. Os argumentos em contrário não se prestam ao debate, mesmo porque contrariam o próprio Estatuto da OAB, e onde a lei não distingue não cabe ao intérprete distinguir.

Outro ponto comum: no sentido de se fazer uma advocacia dinâmica, atendendo ao princípio constitucional da eficiência, os advogados públicos, outrossim, têm procurado atuar diretamente com os juízes, desembargadores e ministros, despachando em audiência ou fora dela ou ainda sustentando oralmente suas teses nos tribunais.

Assim sendo, sem mais delongas, podemos afirmar, com toda certeza, que o advogado público federal não é apenas um funcionário que cumpre os seus deveres do dia a dia, mas também mostra empenho no desenrolar das causas públicas. Ele atua no processo e fora dele, na repartição e fora dela, no convívio formal e político; ele se interessa, procura excelência, tem garra e demonstra constante dedicação.

O escritório de advocacia do advogado público são as unidades da Advocacia-Geral da União. Nesse espaço, todos os detalhes são importantes em busca de um novo e melhor rumo para a coletividade.

A Constitucionalização da Advocacia Pública Municipal

Marina França Santos

Procuradora do Município de Belo Horizonte.

A submissão do governante ao Direito, amparando o cidadão contra o arbítrio, e a afirmação desse direito como construção democrática de seus destinatários, dotando os cidadãos de autonomia para definir seu destino, foram, certamente, conquistas das mais relevantes na evolução da sociedade, culminando no que conhecemos como Estado Democrático de Direito.

Para a concretização desse ideário, uma série de mecanismos institucionais precisaram ser assegurados, seja para a construção do direito, como a garantia do sufrágio universal, direto, periódico e secreto, seja para o controle da juridicidade dos atos do Estado, que passou a ter como guardiões, entre importantes instituições democráticas, o Ministério Público, o Tribunal de Contas e, conforme nos lembra

Gustavo Binenbojm,[1] a Advocacia Pública, que está diretamente atrelada a todas essas conquistas.

As Advocacias Públicas, ou Advocacias de Estado, como prefere Diogo de Figueiredo Moreira Neto,[2] são as instituições que representam a União, o Estado, o Distrito Federal e os Municípios, quando demandados e quando demandam judicialmente, e que realizam o assessoramento técnico-jurídico dos agentes públicos, na elaboração e execução de seus atos.

É Advocacia de Estado porque sua atuação não é sensível às vicissitudes dos governos. Conquanto exista para apoia-lo juridicamente – no que se insere, obviamente, o dever de defendê-lo em juízo –, a Advocacia de Estado transcende a temporariedade e as disputas político-partidárias dos governantes. Seu *locus* é perene: o projeto constitucional da sociedade. Identifica-se, pois, com qualquer governo que deva efetivá-lo.

É por isso que ao falar em função essencial à Justiça, prevendo seus contornos nos arts. 131 e 132, a Constituição de 1988 disse certamente mais, não restringindo a função de representação e consultoria de Estado ao papel de apoio à Jurisdição. Decerto, a Justiça que se protege com a constitucionalização do suporte jurídico ao governante tem sentido mais amplo, de garantia da juridicidade e da democracia dos atos executivos, o que vincula, de forma indissociável, a Advocacia de Estado ao Estado Democrático de Direito.[3]

Equivocou-se o constituinte, no entanto, ao deixar de afirmar expressamente – como o fez para os demais entes políticos – o *status* institucional da Advocacia Pública no âmbito dos Municípios, um silêncio problemático por ir de encontro a, pelo menos, três princípios fundamentais da

---

1 BINENBOJM, Gustavo. A advocacia pública e o Estado Democrático de Direito. *Revista da Procuradoria Geral do Município de Juiz de Fora – RPGMJF*, Belo Horizonte, ano 1, n. 1, p. 219-227, jan./dez. 2011, p. 220.

2 MOREIRA NETO, Diogo de Figueiredo. *A responsabilidade do advogado de estado*. Exposição apresentada em 31 de outubro de 2007, no auditório da Procuradoria Geral do Estado do Rio de Janeiro. Disponível em: <http://www.rj.gov.br/c/document_library/get_file?uuid=84f78c99-f16f-42df-8422 b6dbf0ed79e0&groupId=132971>. Acesso em: 24 set. 2012.

3 BINENBOJM, Gustavo. A advocacia pública e o Estado Democrático de Direito. *Revista da Procuradoria Geral do Município de Juiz de Fora – RPGMJF*, Belo Horizonte, ano 1, n. 1, p. 219-227, jan./dez. 2011, p. 219.

ordem constitucional brasileira: o federalismo, a democracia e a isonomia processual.

O primeiro pilar confrontado de forma eloquente é a organização político-administrativa estabelecida a partir de 1988. De fato, como informa Paulo Bonavides, não se conhece uma única forma de união federativa contemporânea em que o princípio da autonomia municipal tenha alcançado grau de caracterização política e jurídica tão alto e expressivo.[4] O Município, no atual sistema, como passaram a dispor os arts. 1º e 18 da Constituição, passa à condição de ente federado, assumindo autonomia qualificada para a definição de sua estrutura política, organizatória, administrativa e financeira.[5]

Essa importante emancipação jurídica, responsável por aproximar os cidadãos das decisões políticas e os governantes da vida nas cidades, impõe ao Município, no entanto, dever igualmente grave: a ele passa a ser confiada uma série de competências constitucionais, definidas pelo seu interesse predominantemente local, as quais não pode se eximir de realizar.[6]

E mais: como nenhum ente político lhe é hierarquicamente superior – apenas possui atribuições distintas –, cabe exclusivamente ao próprio Município desincumbir-se de suas funções, por meio de órgãos que devem, por conseguinte, estar adequadamente estruturados e assessorados para a atuação conforme ao Direito.

A Advocacia Pública municipal se insere, pois, na indispensabilidade de se prover o Município de estrutura técnico-jurídica capaz de, a um só tempo, reconhecer as suas competências constitucionais e, caso necessário, defendê-las perante os demais entes.

Trata-se, desse modo, de exigência lógica de uma organização político-administrativa estatal que atribui deveres jurídicos inafastáveis a

4 BONAVIDES, Paulo. *Ciência política*. Rio de Janeiro. 10. ed. São Paulo: Malheiros, 2001, p. 379

5 Por todos, CASTRO, José Nilo de. *Direto municipal positivo.* Belo Horizonte: Del Rey, 2010, p. 29.

6 Como bem pontuado por NERY, Cristiane da Costa. A constitucionalização da carreira do Procurador Municipal: função essencial e típica de Estado. *Interesse Público*, Belo Horizonte, v. 12, n. 60, mar. 2010. Disponível em: <http://bdjur.stj.jus.br/dspace/handle/2011/34608>. Acesso em: 24 set. 2012.

todos os entes políticos. A ausência de constitucionalização da Advocacia de Estado nos entes municipais é, também pelo viés democrático, incompreensível. Afinal, a democracia não se esgota na posse do candidato eleito pelo sufrágio da maioria, exigindo-se a concretização, pelo mandatário, do programa de governo que determinou a sua escolha para a representação da sociedade.

A atuação do procurador do Município é garantia democrática justamente porque centrada na busca de mecanismos capazes de transformar a vontade popular, transferida aos gestores públicos, em implementação das políticas públicas democraticamente escolhidas. Tal papel é desincumbido principalmente de forma preventiva, na busca da exequibilidade dos programas e na sua adaptação aos parâmetros jurídicos adotados pela sociedade.

A compatibilização dos projetos políticos ao Direito é essencial à governabilidade, da qual, por sua vez, depende a concretização da democracia representativa.[7]

Por fim, e não menos importante, dada a irrefreável e valorosa evolução do constitucionalismo no processo, a lacuna no texto constitucional em relação aos Municípios afronta a isonomia processual, que é, aliás, reconhecida pela própria Constituição ao elevar as Advocacias Públicas da União, do Estado e do Distrito Federal à condição de função essencial à Justiça. Toda advocacia é, sem dúvidas, função essencial à Justiça no campo estritamente processual, por resguardar o devido e substancial exercício do contraditório e da ampla defesa, sem os quais a Jurisdição apresenta déficit de legitimidade inadmissível.

Certamente, a realidade, em relação aos Municípios, não destoa. Como os demais entes federados, os Municípios são diariamente chamados em juízo com questionamentos quanto à implementação de políticas e a cobrança de responsabilidades. Ora, se são demandados por instituições organizadas e com prerrogativas constitucionais (como a própria União e os Estados), é, ademais, de fundamento lógico, que possua a mesma estrutura institucional para que responda – e também demande – judicialmente de forma paritária.

---

7 BINENBOJM, Gustavo. A advocacia pública e o Estado Democrático de Direito. *Revista da Procuradoria Geral do Município de Juiz de Fora – RPGMJF*, Belo Horizonte, ano 1, n. 1, p. 219-227, jan./dez. 2011, p. 221-223.

Assim, é incompatível com a ordem constitucional processual prever uma carreira jurídica para representação judicial da União e dos Estados, admitir que acionem a Jurisdição contra os Municípios, mas deixar de prover os últimos com estrutura de representação equivalente para a realização do devido processo legal.

A Advocacia Pública é condição necessária para que o Município exerça sua autonomia, efetive o regime democrático e defenda as escolhas dos cidadãos, judicial e extrajudicialmente, tudo de acordo com as exigências e garantias constitucionalmente determinadas. A institucionalização da carreira, portanto, é proteção direcionada à sociedade, porque fator de juridicidade dos atos de seus governantes.

Essas as razões pelas quais a Advocacia de Estado deve ser totalmente constitucionalizada (e a alcunha "de Estado" não deixa dúvidas). Isto é, é imprescindível que, em todos os entes políticos, seja constituída por agentes permanentes, selecionados por concurso público, protegidos pela autonomia e independência funcional e guiados pelos princípios da legalidade (ou juridicidade), impessoalidade, moralidade e eficiência, que pesam sobre toda a Administração Pública.

A constitucionalização lega aos cidadãos espalhados nos mais de 5 mil municípios brasileiros um corpo técnico-jurídico qualificado e suprapartidário, libertado dos males contra o interesse público provenientes da confusão entre as funções de governo e de Estado.

As finalidades e a relevância institucional da Advocacia Pública Municipal convergem, pois, necessariamente, para a proteção do Estado Democrático de Direito: como defesa da autonomia federal do Município e do consequente reconhecimento de seu poder-dever na concretização dos direitos fundamentais; como fator de proteção do processo democrático, onde ele culmina e se efetiva; e, por fim, como garantia de isonomia processual, evitando a representação judicial insuficiente do Município, dilapidadora de recursos públicos e violadora dos interesses de toda a sociedade.

REFERÊNCIAS

BINENBOJM, Gustavo. A advocacia pública e o Estado Democrático de Direito. *Revista da Procuradoria Geral do Município de Juiz de Fora – RPGMJF*, Belo Horizonte, ano 1, n. 1, p. 219-227, jan./dez. 2011.

BONAVIDES, Paulo. *Ciência política*. Rio de Janeiro. 10. ed. São Paulo: Malheiros, 2001.

CASTRO, José Nilo de. *Direto municipal positivo*. Belo Horizonte: Del Rey, 2010.

MOREIRA NETO, Diogo de Figueiredo. *A responsabilidade do advogado de estado*. Exposição apresentada em 31 de outubro de 2007, no auditório da Procuradoria Geral do Estado do Rio de Janeiro. Disponível em: <http://www.rj.gov.br/c/document_library/get_file?uuid=-84f78c99-f16f-42df-8422 b6dbf0ed79e0&groupId=132971>. Acesso em: 24 set. 2012.

NERY, Cristiane da Costa. A constitucionalização da carreira do Procurador Municipal: função essencial e típica de Estado. *Interesse Público*, Belo Horizonte, v. 12, n. 60, mar. 2010. Disponível em: <http://bdjur.stj.jus.br/dspace/handle/2011/34608>. Acesso em: 24 set. 2012.

A ATUAÇÃO DA ADVOCACIA ESTRANGEIRA NO BRASIL

Melina Beatriz Gomes Mira

Advogada. Pós-graduada em Direito e Processo do Trabalho, pelo Núcleo Trabalhista Calvet/Uniderp. Graduada em Direito pela Faculdade de Direito de Franca-SP. Graduada em Letras Português/Inglês pela UFTM – Universidade Federal do Triângulo Mineiro.

Rodrigo Ferreira de Carvalho

Advogado. Mestre em Direitos Coletivos e Função Social dos Direitos pela Universidade de Ribeirão Preto – Unaerp. MBA em Direito Empresarial pela Fundação Getúlio Vargas – FGV. Pós-graduado em Direito Processual Civil pela Universidade Federal de Uberlândia – UFU. Pós Graduado em Direito Imobiliário pela Fundação Getúlio Vargas – FGV. Professor Titular e Coordenador Adjunto do Curso de Direito da Faculdade de Talentos Humanos – Facthus; Diretor-Secretário Geral da Ordem dos Advogados do Brasil – Triênio 2010-2012, Subseção de Uberaba/MG.

1. INTRODUÇÃO

Opiniões políticas (e pseudopolíticas) divergentes à parte, é inquestionável que nos últimos anos o Brasil tem recebido maior atenção no cenário mundial, especialmente com a sinalização de oportunidades promissoras, advindas de grandes investimentos, como o Pré-Sal, Copa do Mundo e Olimpíadas.

É fato que em decorrência disso muitas empresas estrangeiras têm investido e se instalado no país, despertando a atenção de escritórios de advocacia internacionais interessados em assessorá-las. E é aí que a questão extrapola a esfera político-econômico-pseudoesportista para atingir também (e diretamente) a esfera da advocacia, resvalando-se em preceitos basilares do ordenamento pátrio.

2. A ABRANGÊNCIA DA EXPRESSÃO "ADVOGAR"

A advocacia pode ser entendida como a arte de patrocinar os interesses de outrem, seja de forma judicial ou mesmo extrajudicialmente, sendo personalizada na figura do advogado. Como explanado por De Plácido e Silva, "será ele o patrono ou patrocinador da causa ou ação posta em juízo, como representante de uma das partes litigantes e que, com os seus conhecimentos jurídicos, defende os direitos que lhe são confiados, a fim de que retornem à sua posição normal e fiquem livres das importunações ou ameaças que os perturbem".[1]

No Brasil, o exercício dessa profissão é regulado pela Lei Federal nº 8.906/94 (Estatuto da Advocacia), Regulamento Geral do Estatuto da Advocacia e da OAB, pelo Código de Ética e Disciplina e dos Provimentos do Conselho Federal da OAB.

Trata-se, praticamente, de um regime jurídico próprio, pelo qual só é advogado o profissional graduado bacharel em curso de Direito no Brasil ou que tenha seu diploma estrangeiro revalidado no Brasil e que seja aprovado no Exame da OAB. Fora desses parâmetros legais, caracteriza-se, então, o exercício ilegal da profissão.

---

[1] SILVA, De Plácido e. *Vocabulário jurídico*, . Rio de Janeiro: Forense, 2006.

3. EXERCÍCIO DA PROFISSÃO COMO MANIFESTAÇÃO DE SOBERANIA

Ao seu turno, a atuação dos escritórios estrangeiros no Brasil é regulada pelo Provimento 91/2000 do Conselho Federal da OAB, que, por sua vez, vem sendo questionado por profissionais e juristas e objeto de diversas propostas de alteração – obviamente, para satisfazer os mais diversos (e grandiosos) interesses – que obviamente não são dos advogados brasileiros.

O citado provimento estabelece que as bancas e advogados estrangeiros não podem exercer a advocacia no Brasil, salvo se submetidos a fazer prova do título de graduação, obtido em instituição estrangeira, devidamente revalidado, seguido de regular aprovação no Exame da Ordem. Caso contrário, os advogados estrangeiros só podem trabalhar no Brasil como consultores na legislação de seu país de origem.

E segundo o Provimento n. 91/2000, para atuar como um legítimo consultor em Direito estrangeiro, o advogado terá de provar ser portador de visto de residência no Brasil, ter habilitação para exercer a advocacia, ter reputação ilibada atestada por documento de instituição de origem e por três advogados brasileiros, não ter sofrido punição disciplinar da Ordem dos Advogados de seu país e não ter sido condenado em sentença transitada em julgado em processo criminal.

O referido provimento ainda dispõe que as associações que contrariarem os limites por ele impostos estarão sujeitas à regência do Estatuto da OAB e às sanções previstas no nosso Código de Ética – sendo, assim, uma forma de proteger a advocacia judicial, como ato privativo do advogado brasileiro.

Verifica-se contrariedade e/ou extrapolação desses limites, por exemplo, quando o consultor compartilha cartão de visitas, *site* ou endereço com escritório nacional, pois nesse caso perde-se a precisão da individualidade e da especificidade que o Provimento n. 91/2000 busca estabelecer entre o profissional da advocacia e o profissional consultivo.

Diferente é a tratamento normativo dado aos advogados de origem portuguesa. Estes podem, segundo o Provimento n. 129, de 2008 da OAB, art. 1º, desde que em situação regular na Ordem dos Advogados Portugueses, inscreverem-se no quadro da Ordem dos Advogados do Brasil, observados os requisitos do art. 8º da Lei n. 8.906, de 1994, com a dispensa das exigências previstas no inciso IV e no § 2º, e do art. 20 do Regulamento Geral do Estatuto da Advocacia e da OAB. Nada impede, contudo, que advogados portugueses, nos termos do art. 2º do Provimento n. 129/08, atuem como consultores em Direito estrangeiro no Brasil, uma vez atendidas as exigências do Provimento n. 91/2000. É claro que nas circunstâncias do Provimento n. 129/08, o Conselho Federal da Ordem dos Advogados do Brasil fiscalizará no sentido de que o princípio de reciprocidade de tratamento seja observado pela Ordem dos Advogados Portugueses.

As exigências e sanções impostas pelo Provimento n. 91/2000 vão além da proteção do exercício da advocacia, como segmento único. Em seu cerne há também um claro fim social, de defesa do trabalhador nacional, observando-se o fundamento constitucional previsto no art. 1º, inciso IV da Constituição Federal e também o art. 2º da Lei n. 6.815, de 19 de agosto 1980.

Atentando-se para esses preceitos e conscientes da realidade interna, é incontestável que tais medidas e sanções encontram sua razão no superior interesse da conservação do Estado, especialmente em casos de crise "endêmica" de desemprego, como se vê no Brasil.

Gilda Russomano, citada por Cahali, ao falar sobre os problemas da imigração indiscriminada e ilimitada, tece comentários que se amoldam ao assunto em discussão e convidam à oportuna reflexão:

> [...] É claro que, para um Estado em que já se esboça – devido à superprodução – o desemprego, não será interessante, social ou economicamente, a vinda de elementos estrangeiros, que só concorriam para agravar a situação.
> Porém, quando se torna aconselhável a imigração de trabalhadores, como acontece na maioria dos países sul-americanos, fazem-se necessárias certas medidas acautelatórias dos direitos dos trabalhadores nacionais, para impedir que sejam estes alijados, sistematicamente, por elementos estrangeiros com mais prática ou maiores aptidões, bem como para evitar, em certos casos, a baixa dos salários.[2]

[2] RUSSOMANO, Gilda *apud* CAHALI, Yussef Said. *Estatuto do Estrangeiro*. 2. ed. São Paulo: RT, 2010.

Embora também relevante, a questão vai muito além da mera reserva de mercado da advocacia nacional. Em verdade, sendo o advogado indispensável à administração da Justiça, trata-se de amplo resguardo da soberania da Justiça brasileira, nos termos do art. 1º, inciso I e art. 133, ambos da Constituição Federal.

Isto porque, soberania, enquanto manifestação de poder – numa visão simplista, já que elocubrações aprofundadas demandariam estudos específicos que não são alvo deste singelo trabalho – é vinculada à ideia de unicidade. O poder, sendo uno, torna-se indivisível. Com estas mesmas características, a jurisdição também é manifestação de poder e, portanto, indivisível. A outra face desta manifestação de poder, segundo o sistema constitucional de freios e contrapesos, foi dada aos jurisdicionados: ao autor o poder de ação e ao réu o poder de exceção.

É nesta perspectiva que se vê o exercício deste poder pelos jurisdicionados, consoante preceitua a própria Constituição e o Estatuto da Advocacia, por intermédio do advogado, tornando-o indispensável à administração da Justiça, seja a que é travada perante os Tribunais e Lei de Arbitragem, ou mesmo a que visa, extrajudicialmente, o equilíbrio das relações já tão maculadas pela mão invisível do mercado. Daí a arrimo às fronteiras nacionais, como forma de abrigo à própria soberania estatal.

Não se quer dizer, conforme já dito, que o exercício da advocacia, como manifestação de soberania, não reconhece limites ou que seja arbitrário. Ao contrário, vasta é a legislação quer regula o desempenho desta atividade e traça seus contornos, consoante preconizado alhures.

Ademais, essa proteção interna da soberania é prática comum também no exterior, já que um advogado brasileiro também não pode exercer a profissão em outros países, por ausência de reciprocidade.

Não se pode olvidar também da questão cultural que cerca o assunto em comento. Isso porque, tradicionalmente no Brasil a advocacia não tem cunho mercantilista que se observa em outros países. Aqui, a advocacia é profissão essencialmente humanista, fundada em sua função social indispensável à administração e manutenção da Justiça.

Neste sentido, preconiza o próprio juramento dos bacharelados em Direito:

> Prometo, no exercício das funções do meu grau, acreditar no Direito, como a melhor forma para a convivência humana, fazendo da justiça, o meio de combater a violência, e socorrer os que dela precisarem, servindo a todo o ser humano, sem distinção de classe social ou poder aquisitivo, buscando a paz como resultado final, e, acima de tudo, prometo defender a liberdade, pois sem ela não há Direito que sobreviva, justiça que se fortaleça, e nem paz que se concretize.

O que não se pode permitir é que o comprometimento dos conceitos tradicionais de soberania, notadamente ante o fenômeno da globalização e em especial em seus aspectos econômicos, ante a superposição deste poder perante os Estados, possa driblar garantias constitucionalmente asseguradas.

De fato, como já bem elucidado por José Luiz Quadros de Magalhães (2009), o poder econômico não é democrático nem transparente, não é territorial e influencia em todo mundo a escolha de governantes e legisladores por meio de financiamento de campanhas e investimentos ou retirada de investimentos.

Portanto, irretorquível que o exercício da advocacia estrangeira no Brasil deve ser devidamente restringido, nos termos do Provimento n. 91/2000, principalmente porque ante a essencialidade à administração da Justiça, é ela manifestação de soberania.

4. CONCLUSÃO

Com essas linhas, resta suficientemente claro que o profissional da advocacia, dotado de importância constitucionalmente garantida para a administração da Justiça do país, deve zelar por esse direito – que na verdade não é só seu, mas de toda a nação brasileira, na medida em que é da sua atuação livre, independente, legal e humanitária que decorre a soberania da Justiça brasileira.

E resta suficientemente claro, também, que uma das bases legais que propiciam essa soberania (profissional e da Justiça brasileira como um todo) é o Provimento n. 91/2000, o qual deve ser observado e cumprido sem qualquer ressalva nem submetido a qualquer alteração que desfavoreça nossos profissionais, permitindo-se aos advogados estrangeiros a atuação em território nacional na condição única de consultores e submetidos às sanções lá previstas.

5. REFERÊNCIAS

ALEXY, Robert. *Teoria dos direitos fundamentais.* Trad. Virgílio Afonso Silva. São Paulo: Malheiros, 2008.

BOBBIO, Norberto. *Teoria da norma jurídica.* Trad. Fernando Pavan Baptista, Ariane Bueno Sudatti. 4. ed. Bauru: Edipro, 2008.

BONAVIDES, Paulo; MIRANDA, Jorge; AGRA, Walber de Moura. *Comentários à Constituição Federal de 1988.* Rio de Janeiro: Forense, 2009.

BULOS, Uadi Lammêgo. *Constituição Federal anotada.* 2. ed. São Paulo: Saraiva, 2001.

CAHALI, Yussef Said. *Estatuto do Estrangeiro.* 2. ed. São Paulo: RT, 2010.

CANOTILHO, J. J. Gomes. *Direito constitucional e teoria da Constituição.* 7. ed. Coimbra: Almedina, 2000.

DALLARI, Dalmo de Abreu. *Elementos de teoria geral do Estado.* 19. ed. São Paulo: Saraiva, 1995.

GRAU, Eros Roberto. *Ensaio e discurso sobre a interpretação/aplicação do direito.* 5. ed. São Paulo: Malheiros, 2009.

HABERLE, Peter. *Hermenêutica constitucional.* A sociedade aberta dos intérpretes da Constituição: contribuição para a interpretação pluralista e procedimental da Constituição. Trad. Gilmar Ferreira Mendes. Porto Alegre: Sergio Antonio Fabris, 2002.

HESSE, Konrad. *A força normativa da Constituição.* Trad. Gilmar Ferreira Mendes. Porto Alegre: Sergio Antonio Fabris, 1991.

IHERING, Rudolf Von. *A luta pelo direito.* Trad. José Cretella Júnior e Agnes Cretella. 5. ed. São Paulo: Revista dos Tribunais, 2008.

MÜLLER, Friedrich. *O novo paradigma do direito.* Introdução à teoria e metódica estruturantes. 2. ed. São Paulo: Revista dos Tribunais, 2009.

PROVIMENTO n. 91/2000 da OAB. Dispõe sobre o exercício da atividade de consultores e sociedades de consultores em direito estrangeiro no Brasil.

PROVIMENTO n. 129/2008 da OAB. Regulamenta a inscrição de advogados de nacionalidade portuguesa na Ordem dos Advogados do Brasil.

REALE, Miguel. *Filosofia do direito.* 19. ed. São Paulo: Saraiva, 2002.

RICOUER, Paul. *O justo ou a essência de justiça*. Lisboa. Instituto Piajet, 1995.

PUBLICIDADE DE SERVIÇOS ADVOCATÍCIOS

Rafael Francisco de Oliveira

Advogado. Especialista em Direito Civil e Processual Civil. Professor nos Cursos de Graduação e Pós-Graduação em Direito da Universidade Presidente Antônio Carlos – UNIPAC e Centro de Estudos Superiores Aprendiz – CESA, em Barbacena – MG. Associado efetivo do Instituto dos Advogados de Minas Gerais. Titular da cadeira n. 5 da Academia Barbacenense de Ciências Jurídicas – ABCJ.

De acordo com o *Dicionário Michaelis*, publicidade é o estado ou qualidade do que é público; Divulgação de fatos ou informações a respeito de pessoas, ideias, serviços, produtos ou instituições, utilizando-se os veículos normais de comunicação; Toda forma de divulgação de mensagens, por meio de anúncios, com o fim de influenciar o público como consumidor.[1]

Por sua vez, não obstante o serviço profissional do advogado ser um bem de consumo,[2] e para ser consumido urge ser divulgado, a advocacia não é uma atividade mercantil e sua divulgação, por consequência, não deve possuir nenhuma conotação mercantilista.

Por tais motivos, o Código de Ética e Disciplina da Ordem dos Advogados do Brasil e o Provimento n. 94/2000 do Conselho Federal da OAB estabelecem rigorosa disciplina a respeito do tema, sendo certo que, diante de tais restrições, a temática da publicidade na advocacia merece alguns comentários.

De acordo com o jurista Flávio Olímpio de Azevedo,[3] há uma tendência mundial de liberação da "publicidade" da atividade advocatícia. Lado outro, em nosso país, Paulo Lôbo[4] pondera que a "publicidade": "Não pode adotar a ética empresarial, ao contrário do que ocorre nos Estados Unidos. No Brasil, assume contornos próprios mais adequados a uma profissão que deseja preservar-se em dignidade e respeito popular. O serviço profissional não é uma mercadoria que se ofereça à aquisição dos consumidores. É vedado ao advogado utilizar-se dos meios comuns de publicidade mercantil".

Ou seja, ao advogado brasileiro a publicidade deverá observar uma série de cuidados, sob pena de desprestígio para a classe, e, sobretudo, eventuais penalidades ao profissional, destacando que o Código de Ética e Disciplina da OAB estabelece os regramentos alusivos à "publicidade" discreta e moderada da atividade advocatícia, com a finalidade de ordenar a prática do mercantilismo e a vulgarização da advocacia.

---

1 MICHAELIS. *Moderno dicionário da língua portuguesa*. São Paulo:: Melhoramentos, 2004.

2 Lei n. 8.078/90: Art. 3° Fornecedor é toda pessoa física ou jurídica, pública ou privada, nacional ou estrangeira, bem como os entes despersonalizados, que desenvolvem atividade de produção, montagem, criação, construção, transformação, importação, exportação, distribuição ou comercialização de produtos ou prestação de serviços. Art. 29. Para os fins deste Capítulo e do seguinte, equiparam-se aos consumidores todas as pessoas determináveis ou não, expostas às práticas nele previstas.

3 AZEVEDO, Flávio Olímpio de. *Comentários ao estatuto da advocacia*. 2. ed. Rio de Janeiro: Elsevier, 2010, p. 10-11.

4 LÔBO, Paulo. *Comentários ao estatuto da advocacia e da OAB*. 5. ed. São Paulo: Saraiva, 2009, p. 193.

Ainda neste *lamiré*, o Estatuto da Advocacia e da OAB (Lei Federal n. 8.906/94) pune, com sanção de censura, a "publicidade" imoderada. E o Provimento n. 94/2000, do Conselho Federal da OAB, regula esse dispositivo, especificando as limitações da norma e ordenando a matéria de forma ordenada.

Vejamos o que diz o sobredito Provimento:

> Art. 1º. É permitida a publicidade informativa do advogado e da sociedade de advogados, contanto que se limite a levar ao conhecimento do público em geral, ou da clientela, em particular, dados objetivos e verdadeiros a respeito dos serviços de advocacia que se propõe a prestar, observadas as normas do Código de Ética e Disciplina e as deste Provimento.

Ao disciplinar o que seja publicidade informativa, o Provimento leciona:[5]

> a) a identificação pessoal e curricular do advogado ou da sociedade de advogados; b) o número da inscrição do advogado ou do registro da sociedade; c) o endereço do escritório principal e das filiais, telefones, fax e endereços eletrônicos; d) as áreas ou matérias jurídicas de exercício preferencial; e) o diploma de bacharel em Direito, títulos acadêmicos e qualificações profissionais obtidos em estabelecimentos reconhecidos, relativos à profissão de advogado (art. 29, §§ 1º e 2º, do Código de Ética e Disciplina); f) a indicação das associações culturais e científicas de que faça parte o advogado ou a sociedade de advogados; g) os nomes dos advogados integrados ao escritório; h) o horário de atendimento ao público; i) os idiomas falados ou escritos.

Regulamenta ainda os meios e veículos lícitos e ilícitos de publicidade ao advogado:

> [...] Art. 3º. São meios lícitos de publicidade da advocacia:

[5] Artigo 2º do Provimento n. 94/2000 – CFOAB.

a) a utilização de cartões de visita e de apresentação do escritório, contendo, exclusivamente, informações objetivas;
b) a placa identificativa do escritório, afixada no local onde se encontra instalado;
c) o anúncio do escritório em listas de telefone e análogas;
d) a comunicação de mudança de endereço e de alteração de outros dados de identificação do escritório nos diversos meios de comunicação escrita, assim como por meio de mala-direta aos colegas e aos clientes cadastrados;
e) a menção da condição de advogado e, se for o caso, do ramo de atuação, em anuários profissionais, nacionais ou estrangeiros;
f) a divulgação das informações objetivas, relativas ao advogado ou à sociedade de advogados, com modicidade, nos meios de comunicação escrita e eletrônica.
§ 1º. A publicidade deve ser realizada com discrição e moderação, observado o disposto nos arts. 28, 30 e 31 do Código de Ética e Disciplina.
§ 2º. As malas-diretas e os cartões de apresentação só podem ser fornecidos a colegas, clientes ou a pessoas que os solicitem ou os autorizem previamente.
§ 3º. Os anúncios de publicidade de serviços de advocacia devem sempre indicar o nome do advogado ou da sociedade de advogados com o respectivo número de inscrição ou de registro; devem, também, ser redigidos em português ou, se em outro idioma, fazer-se acompanhar da respectiva tradução.

Art. 4º. Não são permitidos ao advogado em qualquer publicidade relativa à advocacia:
a) menção a clientes ou a assuntos profissionais e a demandas sob seu patrocínio;
b) referência, direta ou indireta, a qualquer cargo, função pública ou relação de emprego e patrocínio que tenha exercido;
c) emprego de orações ou expressões persuasivas, de auto-engrandecimento ou de comparação;
d) divulgação de valores dos serviços, sua gratuidade ou forma de pagamento;
e) oferta de serviços em relação a casos concretos e qualquer convocação para postulação de interesses nas vias judiciais ou administrativas;
f) veiculação do exercício da advocacia em conjunto com outra atividade;

g) informações sobre as dimensões, qualidades ou estrutura do escritório;
h) informações errôneas ou enganosas;
i) promessa de resultados ou indução do resultado com dispensa de pagamento de honorários;
j) menção a título acadêmico não reconhecido;
k) emprego de fotografias e ilustrações, marcas ou símbolos incompatíveis com a sobriedade da advocacia;
l) utilização de meios promocionais típicos de atividade mercantil.

Art. 5º. São admitidos como veículos de informação publicitária da advocacia:
a) Internet, fax, correio eletrônico e outros meios de comunicação semelhantes;
b) revistas, folhetos, jornais, boletins e qualquer outro tipo de imprensa escrita;
c) placa de identificação do escritório;
d) papéis de petições, de recados e de cartas, envelopes e pastas.
Parágrafo único. As páginas mantidas nos meios eletrônicos de comunicação podem fornecer informações a respeito de eventos, de conferências e outras de conteúdo jurídico, úteis à orientação geral, contanto que estas últimas não envolvam casos concretos nem mencionem clientes.

Art. 6º. Não são admitidos como veículos de publicidade da advocacia:
a) rádio e televisão;
b) painéis de propaganda, anúncios luminosos e quaisquer outros meios de publicidade em vias públicas;
c) cartas circulares e panfletos distribuídos ao público;
d) oferta de serviços mediante intermediários.

Muito se questiona o motivo pelo qual a atividade da advocacia sofre tanta restrição na sua publicidade. Ocorre que se faz necessário lembrar que a profissão do advogado é a única contemplada com um artigo específico na Constituição da República Federativa do Brasil.[6] Tal fato revela

[6] Art. 133 – O advogado é indispensável à administração da justiça, sendo inviolável por seus atos e manifestações no exercício da profissão, nos limites da lei.

uma prerrogativa e um tratamento diferenciado pelo constituinte, o que revela, por si só, o tratamento ímpar ao advogado, e que revela a importância deste profissional perante a sociedade.

Logo, por tal motivo, surge do respectivo Código de Ética o impedimento a qualquer procedimento de mercantilização por parte do advogado, mesmo porque o pilar da relação entre advogado e cliente é a confiança (e confiança se adquire e/ou se conquista de forma natural, espontânea, pelos atributos honoríficos e de competência do advogado, e não de forma artificial, induzida, criada, forçada, tal qual poder-se-ia existir em publicidades comezinhas).[7] Desta feita, encontrado o motivo da vedação a procedimentos que impliquem em inculcação ou captação de clientela[8] de forma direta ou não.

Aliás, uma prática muito comum nos dias atuais é a utilização por parte do advogado de meios comuns de publicidade, como distribuição de agendas, calendários, camisas, bebidas personalizadas, canetas, entre outros, sendo que o Conselho Federal da OAB já decidiu que o envio de correspondências padronizadas, de forma indistinta ou indiscriminada, fazendo-se acompanhar na correspondência, cartão de visitas, cartão de Natal e brindes com divulgação do escritório ou da sociedade de advogados, caracteriza evidente conotação mercantil, captação de clientela e concorrência desleal, vedadas pelo art. 34, inciso IV, da Lei n. 8.906/94, e pelos arts. 1º, 5º, 7º, 28, 29, § 3º, e 31, § 2º, todos do Código de Ética e Disciplina.[9]

Lembre-se que o Provimento n. 94/2000, do Conselho Federal da OAB, regulamenta os "meios lícitos de publicidade da advocacia".

Neste diapasão, o § 3º, do art. 3º do Provimento n. 94/00, estabelece que "os anúncios de publicidade de serviços de advocacia devem sempre indicar o nome do advogado ou da sociedade de advogados com o respectivo número de inscrição ou de registro". O art. 29, *caput*, do Código de Ética e Disciplina da OAB, igualmente, dispõe que "o anúncio deve

7 TED-SP, 438ª Sessão, Proc. E-2.425/01, Rel. José Garcia Pinto, julgado em 18.10.2001.

8 TED-SP, 480ª Sessão, Processo E-3.227/2005, Rel. Fábio Kalil Vilela Leite, julgado em 18.8. 2005.

9 Cf. Conselho Federal da OAB, 2ª Câmara, Ementa 278/2010/SCA-STU, Recurso 2009.08. 06537-05/SCA-STU, Rel. Cons. Fed. Walter Carlos Seyfferth, DJ de 21.12.2010, p. 41-42.

mencionar o nome completo do advogado e o número de inscrição na OAB"; enquanto o § 5º do art. 29 do CEDOAB estabelece que "o uso das expressões 'escritórios de advocacia' ou 'sociedade de advogados' deve estar acompanhado da indicação de número de registro na OAB ou do nome e do número de inscrição dos advogados que o integrem".

Portanto, toda a vez que houver publicidade de advogado ou de escritório de advocacia, é imprescindível mencionar a indicação do número de registro da pessoa perante a OAB. A não indicação deste número, por si só, torna a publicidade irregular.

Já o § 3º do art. 1º da Lei n. 8.906/94 estabelece que "é vedada a divulgação de advocacia em conjunto com outra atividade"; logo, tem-se por "imoderada a publicidade profissional do advogado ou de sociedade advocatícia feita com outras atividades que não sejam especificamente jurídicas ou que possa ser realizada por outro profissional que não seja inscrito nos quadros da ordem".[10]

No que tange às sociedades de advogados ou ao uso da expressão "advocacia", "escritórios de advocacia" ou "sociedade de advogados", entende-se que o uso da expressão "advocacia" nas placas externas ou internas e nos impressos profissionais, antecedendo ou seguindo o nome completo do advogado que atua isoladamente, ou em conjunto com outros colegas, com os respectivos números de suas inscrições individuais, não acarreta infração ética. Contudo, como já decidiu o TED-SP, "É regular o uso da expressão 'advocacia', antecedendo ou seguindo o nome completo do advogado que atua isoladamente, com o número de sua inscrição individual. Para o exercício da advocacia unipessoal é suficiente o registro do profissional junto à OAB, nos termos do art. 8º do EAOAB, e observância dos demais preceitos estatutários e éticos. O uso regular, contudo, não pode conduzir ao abuso, a pretender-se inferir estrutura inexistente, voltada à publicidade imoderada e à captação de clientela, condutas essas puníveis disciplinarmente. Já a utilização de partes do nome de família somente é possível em se tratando de sociedades de advogados regularmente constituídas junto à OAB/SP, para compor

[10] Conselho Federal da OAB, Órgão Especial do Conselho Pleno, Consulta 2010.31.04738-01/OEP, Ementa 0144/2010/OEP, Rel. Cons. Fed. Walter de Agra Júnior, DJ 30.11.2010, p. 24/25.

a sua denominação oficial, assim como são privativas destas, *ex vi* do disposto no art. 29, § 5º do CED, as expressões 'escritório de advocacia' ou 'sociedades de advogados".[11]

Não obstante, nos termos do disposto no art. 29, § 5º do Código de Ética e Disciplina da OAB, as expressões "escritório de advocacia", "sociedades de advogados" ou "advogados associados" são privativas das sociedades regularmente inscritas.

Outra curiosa questão que vem sendo levada aos Tribunais de Ética de todos os Estados da Federação é a utilização da "balança" e a "Têmis" em papéis timbrados de advogados. Ora, estas imagens demonstram tão somente a figura mitológica de "Têmis" – deusa grega que personifica a Justiça – equilibrada pela balança e imposta pela força da espada; sendo que a "balança" representa o mencionado equilíbrio das partes.

Ora, em não havendo conotação mercantil, até mesmo pela tradição, tais imagens poderão ser utilizadas não só em papéis de petições, mas também em cartões de visitas e outros veículos de "publicidades". Inclusive, o Conselho Federal da OAB entendeu recentemente que "a veiculação do timbre do escritório, apoiador de evento jurídico, não caracteriza publicidade vedada pelo Código de Ética e Disciplina da OAB".[12]

Quanto à utilização da internet pelo advogado ou sociedade de advogados, os limites já estão estabelecidos no Provimento n. 94/2000 do Conselho Federal da OAB e nos arts. 28 a 31 do Código de Ética e Disciplina, vez que a internet deve seguir os mesmos critérios dos anúncios em jornais e revistas, com moderação e discrição, de modo a evitar a banalização e, principalmente, a captação de clientela.

A propósito, vejamos a jurisprudência aplicável à espécie:

> INTERNET – 'HOME PAGE' DE ADVOGADO - CUIDADOS A SEREM TOMADOS. Ao advogado é permitido a abertura de 'home page' na Internet, desde que o faça com discrição e moderação, valendo aqui as regras para publicações em jornais e revistas.

---

11 TED-SP, 504ª Sessão, Proc. E-3.538/2007, Rel. Luiz Francisco Torquato Avólio, julgado em 18.10.2007.

12 Conselho Federal da OAB, 2ª Câm., Proc. 2007.08.07500-05, Ementa 207/2010/SCA-T-TU, Rel. Cons. Fed. Ulisses César Martins de Sousa, *DJ* de 23.12.2010, p. 13-14.

Não poderá, portanto, incluir nela dados como: referências a valores dos serviços, tabelas, gratuidade ou forma de pagamento, termos ou expressões que possam iludir ou confundir o público, informações de serviços jurídicos suscetíveis de implicar direta ou indiretamente, captação de causa ou de clientes, bem como, menção ao tamanho, qualidade e estrutura da sede profissional, fotos, desenhos ou símbolos, tudo de conformidade com a Resolução 02/92.[13]

INTERNET – LISTA E DEPOIMENTO DE CLIENTES – VEDAÇÃO. Em princípio não existe violação ética ao advogado ou sociedade de advogados que cria um site para divulgação do seu escritório, através da Internet, desde que em consonância com os arts. 28 e 31 do CED, 58, V, do EAOAB e Provimento n. 94/2000 do Conselho Federal da OAB. É vedada, no entanto, aos advogados e às sociedades de advogados, a divulgação de informações ou serviços suscetíveis de implicar, direta ou indiretamente, captação de causa ou de clientes, entre as quais se destaca, por força do disposto no artigo 33 do CED, e artigo 4º, letra "A", do Provimento 94/2000, a divulgação da lista de clientes e seus depoimentos.[14]

INTERNET - *SITE* CONTENDO PERGUNTAS DE CLIENTES E RESPOSTAS POR ADVOGADO MEDIANTE COBRANÇA VIA CARTÃO DE CRÉDITO - ATITUDE ANTIÉTICA. Reveste-se de caráter antiético, site ou portal montados na Internet destinado a prestação de serviços denominada consultoria eletrônica, contendo perguntas e respostas mediante cobrança, seja pela via direta ou via cartão de crédito.[15]

Por tudo o que acima foi exposto, chega-se à conclusão que a publicidade do advogado deve observar a discrição, a moderação e a sobriedade, e prestar-se exclusivamente à finalidade informativa.

Diante deste contexto, os termos discrição, moderação e sobriedade estão inseridos no contexto de conceito jurídico indeterminado, que se faz presente quando palavras ou expressões contidas numa norma são

[13] TED-SP, Proc. E - 1.435, Rel. Roberto Francisco de Carvalho, julgado em 19.9.1996.

[14] TED-SP, 520ª Sessão, Proc. E-3.712/2008, Rel. Beatriz Mesquita De Arruda Camargo Kestener, julgado em 16.4.2009.

[15] TED-SP, 423ª Sessão, Proc. E-2.136/00, Rel. Cláudio Felippe Zalaf, julgado em 15.6.2000.

vagas/imprecisas, de modo que a dúvida encontra-se no significado das mesmas, e não nas consequências legais de seu descumprimento.

Tércio Sampaio Ferraz, com muita precisão, ensina que "a determinação do sentido das normas, o correto entendimento do significado dos seus textos e intenções, tendo em vista a decidibilidade de conflitos, constitui a tarefa da dogmática hermenêutica [...] O propósito básico do jurista não é simplesmente compreender um texto, mas também determinar-lhe a força e o alcance".[16]

Cabe ao intéerprete decodificar a lei e, nesse labor, sua principal qualidade é a sólida formação jurídica, a imparcialidade, o bom senso e o equilíbrio, lembrando o que já dizia o velho Ulpiano: "O sentido da lei se deduz tanto do seu espírito, como da letra da lei".

Para o grande Aristóteles: "[...] a lei é a razão sem paixão". Para Clóvis Bevilácqua: "Interpretar a lei é revelar o pensamento que anima suas palavras, enquanto para Carlos Maximiliano, "interpretar é explicar, esclarecer, dar o significado do vocábulo, atitude ou gesto; reproduzir por outras palavras um pensamento exteriorizado; mostrar o sentido verdadeiro de uma expressão; extrair da frase sentença ou norma, tudo ela contém. Esclarecer seu significado não é apenas no plano abstrato; é sobretudo revelar o sentido apropriado para a vida real, e conducente a uma decisão reta.[17]

Neste lamiré, a atividade publicitária do advogado deverá pautar-se pelo princípio da razoabilidade/proporcionalidade.

Tal princípio surge a partir da ideia de razoabilidade da doutrina norte-americana. E foi derivado do princípio do devido processo legal. Somente a partir da década de 1970 que o STF passou a substituir o termo razoabilidade por proporcionalidade. A resolução de conflito de princípios jurídicos e do conflito de valores é uma questão de ponderação, de preferência, aplicando-se o princípio ou o valor na medida do possível. O princípio da proporcionalidade, basicamente, propõe-se a eleger a solução mais razoável para o problema jurídico concreto, dentro

16 FERRAZ, Tércio Sampaio. *Introdução do estudo do direito* – técnica, decisão e dominação. 2. ed, São Paulo: Atlas, 1994, p. 256.

17 BEVILÁCQUA, Clóvis. *Hermenêutica e aplicação do direito*. 20. ed., Rio de Janeiro: Forense, 2011, p. 7.

das circunstâncias sociais, econômicas, culturais e políticas que envolvem a questão, sem se afastar dos parâmetros legais.

A abertura normativa dos princípios permite que a interpretação do direito possa captar a riqueza das circunstâncias fáticas dos diferentes conflitos sociais, o que não poderia ser feito se a lei fosse interpretada "ao pé da letra", ou pelo seu mero texto legal. Os princípios, em geral, servem para buscar a justiça material, pois procuram ajustar o comando frio da lei à realidade do caso específico.

O princípio da proporcionalidade é, então, um princípio constitucional implícito, porque, apesar de derivar da Constituição, não consta nela expressamente. Analisando terminologicamente, a palavra proporcionalidade dá uma conotação de proporção, adequação, medida justa, prudente e apropriada à necessidade exigida pelo caso presente. Nesse sentido, tal princípio tem como escopo evitar resultados desproporcionais e injustos, baseado em valores fundamentais conflitantes, ou seja, o reconhecimento e a aplicação do princípio permitem vislumbrar a circunstância de que o propósito constitucional de proteger determinados valores fundamentais deve ceder quando a observância intransigente de tal orientação importar a violação de outro direito fundamental mais valorado.

Destarte, partindo-se do pressuposto de que no Brasil a advocacia traduz a conotação de serviço público constitucional e o advogado, no seu ofício, exerce função social que lhe impede de utilizar as astúcias de *marketing* comuns ao comércio em geral, temos que a análise de cada caso concreto deverá ocorrer com fundamento no Código de Ética e Disciplina da Ordem dos Advogados do Brasil e o Provimento n. 94/2000 do Conselho Federal da OAB, mas, sobretudo com lastro nos princípios da razoabilidade/proporcionalidade na forma acima delineada.

Cita-se ainda o doutrinador Ruy de Azevedo Sodré:[18]

> O cliente deve procurar o advogado, não na razão direta da propaganda por este feita, mas pelo prestígio de profissional honesto, culto e dedicado, independente, que não teme os poderosos, nem os corteja; que não transige com os direitos cuja defesa lhe foi confiada e que só a lei e a moral lhe norteiam os atos.

---

18 SODRÉ. Ruy de Azevedo. *A ética profissional e o estatuto do advogado*. São Paulo: LTr., 1984, p. 159.

De tal modo, a melhor propaganda do advogado está na sua atuação profissional, na realização de seu trabalho com ética e conduta ilibada, no resultado obtido em suas demandas, mas nunca em estratégias impróprias ou imoderadas, vez que a sua propaganda estará relacionado à própria essência da expressão advogado, que deriva da expressão em latim '*ad vocatus*' que significa o que foi chamado.

A Importância do Advogado para a Administração da Justiça sob a Luz do Artigo 133 da Constituição Federal

Rafael Vieira Fernandes

Advogado graduado pela Faculdade de Direito Milton Campos. Pós-graduado em Direito Tributário pela mesma Instituição. Especializado em Direito Empresarial e Imobiliário pela FGV. Cursou os Módulos Preparatórios do Instituto A. Carvalho e Telepresencial LFG, o Curso de Noções de Contabilidade – IAED/CEDIN. Ouvinte em Disciplina de Direito Societário pela UFMG (Mestrado), possui FCE, CAE e CPE da Part of the University of Cambridge.

Nos trabalhos que antecederam a promulgação da Carta Magna vigente, muitas críticas foram lançadas sobre a necessidade de se inserir vetores e considerações sobre o exercício da advocacia.

A Constituição de 1988 foi a primeira a consagrar a figura do advogado como indispensável à administração da Justiça. A advocacia é um múnus basilar e essencial para que o Estado exerça a Prestação da Tutela Jurisdicional.

A atividade exige não só conhecimento técnico jurídico, mas uma série de atributos como a paciência, a compreensão, a cordialidade, o respeito e o bom-senso para litigar sem atrito e levar os fundamentos de fato e de direito, lastreado nas provas e argumentos, da melhor maneira possível ao Estado-Juiz, sendo este o maior interessado nessa árdua atividade indispensável para que se opere a Justiça.

O Superior Tribunal de Justiça teve a oportunidade de registrar brilhantemente em um de seus julgados: "A advocacia é serviço público, igual aos demais, prestados pelo Estado. O advogado não é mero defensor de interesses privados. Tampouco é auxiliar do juiz. Sua atividade, como 'particular em colaboração com o Estado' é livre de qualquer vínculo de subordinação para com os magistrados e agentes do Ministério Público".[1] Nos termos do artigo 133, da Magna Carta:

> O advogado é indispensável à administração da justiça, sendo inviolável por seus atos e manifestações no exercício da profissão, nos limites da lei.

A indispensabilidade do advogado não é um princípio absoluto, admitindo-se exceções como na Justiça Especializada do Trabalho, em casos como de impetração de *Habeas Corpus*, entre outras raras hipóteses legais condicionais, porém, trata-se de regra geral a necessidade do *ius postulandi* consoante estabelecido no próprio ordenamento constitucional.

O artigo supracitado impõe que a indispensabilidade e a inviolabilidade estão sujeitas aos limites da lei.

---

[1] STJ, MS 1.275/91, Rel. Min. Humberto Gomes de Barros, RDA, 189:283.

Assim, temos também que a inviolabilidade do exercício do *ius postulandi* encontra-se limites, estabelecidos no Estatuto da OAB (Lei 8.906/94) e no Código de Ética, aos quais estão submetidos o advogado, exigindo-se deste uma conduta ilibada, de extrema retidão e polidez no trato com seus pares, magistrados, serventuários da justiça e membros do Ministério Público, podendo responder pelos excessos cometidos quando extrapolar tais limites legais.

Não se deve confundir a inviolabilidade com a imunidade, tal qual gozam os parlamentares, "seria odiosa qualquer interpretação da legislação vigente conducente à conclusão absurda de que o novo Estatuto da OAB teria instituído, em favor da nobre classe dos advogados, imunidade penal ampla e absoluta, nos crimes contra a honra e até mesmo no desacato, imunidade essa não conferida ao cidadão brasileiro, às partes litigantes, nem mesmo a juízes e promotores. O nobre exercício da advocacia não se confunde com um ato de guerra em que todas as armas, por mais desleais que sejam, possam ser utilizadas".[2] Outro ponto crucial é a garantia do livre ingresso do advogado em repartições públicas, pela exegese do artigo 133 da Constituição Federal c/c artigos 6º e 7º da Lei 8.906/94.

Não existindo hierarquia, nem subordinação entre advogados, magistrados e membros do Ministério Público, e estando garantido o livre ingresso na Lei 8.906/94, deve-se concluir que o advogado tem o direito de ser atendido e manifestar-se livremente, dentro dos limites acima expostos, sem qualquer vedação subjetiva, perante tais pares no exercício da sua função postulatória, sendo este um de seus direitos invioláveis.

No exemplar voto da Ministra Denise Arruda, Relatora do Recurso em Mandado de Segurança n. 28.091 – PR, publicado em 05.08.2009, encontra-se valiosa lição de respeito e garantia dos preceitos constitucionais e legais referentes ao livre ingresso e atendimento do advogado:

> Nos termos do art. *7º*, *VI*, *b* e *c* , da Lei *8.906*/94:
> 'Art. 7º São direitos do advogado:
>
> (...)

[2] STJ, RHC 4.889, Rel. Min. Assis Toledo, 5ª Turma, v.u., decisão: 2.10.1995.

VI – ingressar livremente:
(...)
b) nas salas e dependências de audiências, secretarias, cartórios, ofícios de justiça, serviços notariais e de registro, e, no caso de delegacias e prisões, mesmo fora da hora de expediente e independentemente da presença de seus titulares;
c) em qualquer edifício ou recinto em que funcione repartição judicial ou outro serviço público onde o advogado deva praticar ato ou colher prova ou informação útil ao exercício da atividade profissional, dentro do expediente ou fora dele, e ser atendido, desde que se ache presente qualquer servidor ou empregado.'

O preceito legal destacado garante ao advogado a liberdade necessária ao desempenho de suas funções, as quais não podem ser mitigadas por expedientes burocráticos impostos pelo Poder Público.

Como bem ressalta Alexandre de Moraes (Direito Constitucional , 17ª ed., São Paulo: Atlas, 2005, pág. 565):

'A *Constituição Federal* de 1988 erigiu a princípio constitucional a indispensabilidade e a imunidade do advogado, prescrevendo em seu art. 133:

'O advogado é indispensável à administração da Justiça, sendo inviolável por seus atos e manifestações no exercício da profissão, nos limites da lei. Tal previsão coaduna-se com a necessária intervenção e participação da nobre classe dos advogados na vida de um Estado democrático de direito.'

Na linha de precedentes do Supremo Tribunal Federal, 'a inviolabilidade das prerrogativas dos advogados, quando no exercício da profissão, é constitucionalmente assegurada, nos termos da lei' *(HC 86.044/PE* , 1ª Turma, Rel. Min. Ricardo Lewandowski, DJ de 22.3.2007).

Ressalte-se que as prerrogativas legais da classe constituem direito público subjetivo e não podem ser afastadas por atos da Administração. Merece destaque, também, o seguinte excerto extraído de decisão proferida pelo Ministro Celso de Mello (do Supremo Tribunal Federal):

'Nesse contexto, assiste ao Advogado a prerrogativa – que lhe é dada por força e autoridade da lei – de velar pela intangibilidade dos direitos daquele que o constituiu como patrono de sua defesa técnica, competindo-lhe, por isso mesmo, para o fiel desempenho do munus de que se acha incumbido esse profissional do Direito, o exercício dos meios legais vocacionados à plena realização de seu legítimo mandato profissional. Por tal razão, nada pode justificar o desrespeito às prerrogativas que a própria Constituição e as leis da República atribuem ao Advogado, pois o gesto de afronta ao estatuto jurídico da Advocacia representa, na perspectiva de nosso sistema normativo, um ato de inaceitável ofensa ao próprio *texto constitucional* e ao regime das liberdades públicas nele consagrado.' (Medida Cautelar no Mandado de Segurança 23.576/DF, Decisão monocrática, *DJ* de 7.12.1999). (Grifo nosso).

Nesse sentido, até mesmo as restrições de horário de atendimento aos advogados afiguram-se violação à garantia do livre ingresso, consoante entendimento do Superior Tribunal de Justiça:

> ADMINISTRATIVO. RECURSO ORDINÁRIO EM MANDADO DE SEGURANÇA. DELIMITAÇÃO DE HORÁRIO PARA ATENDIMENTO A ADVOGADS. ILEGALIDADE ART. 7º INCISO VIII DA LEI Nº 8.906/94. PRECEDENTES.
> 1. A delimitação de horário para atendimento a advogados pelo magistrado viola o art. 7º, inciso VIII, da lei nº 8.906/94.
> 2. Recurso ordinário provido. (STJ, 2ª Turma, RMS nº 15706/PA, Rel. Min. João Otávio de Noronha, *DJ* 07.11./2005, p. 166).
>
> ADVOGADO – DIREITO DE ENTREVISTAR-SE COM MAGISTRADO – FIXAÇÃO DE HORÁRIO – ILEGALIDADE – LEI 8.906/94 ART. 7º, VIII). É nula, por ofender ao art. 7º, VIII da Lei 8.906/94, a portaria que estabelece horários de atendimento de advogado pelo juiz. (STJ, 1ª Turma, RMS nº 13262/SC, Rel. Desig. Min. Humberto Gomes de Barros, *DJ* 30.09.2002, p. 157).

Em consulta realizada por magistrado perante o Conselho Nacional de Justiça, Pedido de Providência n. 1465, decidido em 04.06.2007, restou registrado que:

> O magistrado é SEMPRE OBRIGADO a receber advogados em seu gabinete de trabalho, a qualquer momento durante o expediente forense, independentemente da urgência do assunto, e independentemente de estar em meio à elaboração de qualquer despacho, decisão ou sentença, ou mesmo em meio a uma reunião de trabalho. Essa obrigação se constitui em um dever funcional previsto na LOMAN

> e a sua não observância poderá implicar em responsabilização administrativa.

Por sua vez a Lei Complementar n. 35, de 14 de março de 1979, que dispõe sobre a Lei Orgânica da Magistratura Nacional assegura como dever o atendimento aos advogados a qualquer momento, ressalvando apenas que tal obrigatoriedade deve ser observada quando se tratar de providência que reclame e possibilite solução com urgência:

> Art. 35 – São deveres do magistrado:
> [...]
> IV – tratar com urbanidade as partes, os membros do Ministério Público, os advogados, as testemunhas, os funcionários e auxiliares da Justiça, e atender aos que o procurarem, a qualquer momento, quanto se trate de providência que reclame e possibilite solução de urgência.

No âmbito interno do Superior Tribunal de Justiça, a Ministra Nancy Andrighi estabeleceu procedimento específico para o atendimento aos advogados, visando garantir e prestigiar os Princípios Processuais da Isonomia, Contraditório e Ampla Defesa, estabelecendo assim:

> ORDEM INTERNA Nº 1, de 7.5.2007 A MINISTRA NANCY ANDRIGHI, no uso de suas atribuições legais (RISTJ, art. 325) tendo presentes as contínuas solicitações de audiências, por parte de advogados, e: a) Considerando que o Superior Tribunal de Justiça é uma instância extraordinária destinada a uniformizar a interpretação da Lei Federal, tendo atuação limitada à análise de questões jurídicas que devem ser veiculadas pelo interessado nos termos de rígidos padrões legais de admissibilidade (CF, art. 105); b) Considerando que, em face desses pré-requisitos de admissibilidade, não só quaisquer discussões a respeito de matérias fáticas são vedadas, como a própria questão jurídica controvertida deve ser apresentada, em sua completude e por escrito, no âmbito da peça processual tempestiva do interessado, sem o que não poderá influenciar o destino da controvérsia (CF, art. 105); c) Considerando que, apesar de tais restrições e da ausência de disposição regimental disciplinando a audiência entre Ministros do STJ e advogados, tal prática é costumeira e, em

última análise, encontra, igualmente, respaldo na CF (art. 5º, LV); d) Considerando, outrossim, que a ausência de uma disciplina legal acerca de tal prática apenas incrementa a necessidade de se garantir, em um procedimento informal, as mesmas garantias de paridade de armas que os litigantes têm em suas demais manifestações processuais, ainda em respeito aos incisos LV e LX do art. 5º da CF, sendo verdadeiro dever constitucional proporcionar tratamento isonômico entre as partes, conforme reconhecido pelo Conselho Nacional de Justiça no Projeto de Código de Ética da Magistratura, segundo o qual "O juiz, no desempenho de sua atividade, deve dispensar às partes tratamento materialmente igualitário, vedada qualquer espécie de indevida discriminação" (art. 8º), RESOLVE: Art. 1º. As solicitações de audiências serão formuladas por escrito e subscritas por procurador constituído do interessado. § 1º. A petição deverá ser recebida na Secretaria do Gabinete, podendo ser apresentada via fax, ou e-mail. Art. 2º. Uma vez deferido o pedido, com designação de data para a audiência, serão cientificados, por telegrama, carta registrada, fax, e-mail ou qualquer outro meio eficaz de comunicação, os procuradores da parte contrária e os procuradores de eventuais interessados já admitidos no processo, ficando estes convidados a participar da audiência, caso tenham interesse em fazê-lo. § 1º. O aviso de recebimento e/ou cópia de telegrama, fax ou e-mail será arquivado na Secretaria do Gabinete. Art. 3º. Comparecendo ou não os procuradores dos demais interessados, a audiência será realizada, em dia e hora marcados, atendendo-se ao pedido formulado. § 1º. Os procuradores poderão ser acompanhados pelas partes, que só poderão manifestar-se por intermédio daqueles. Art. 4º. Esta Norma Interna entra em vigor na data de sua publicação. Brasília (DF), sete de maio de dois mil e sete. MINISTRA NANCY ANDRIGHI

A medida acaba por limitar o direito legalmente garantido aos advogados, representando violação, ainda que parcial, ao seu direito de livre atendimento e ingresso às repartições públicas.

Por toda análise interpretativa exposta, verifica-se que a própria Constituição Federal eleva o advogado à condição de agente indispensável para a administração da justiça, garantindo a inviolabilidade dos atos e manifestações nos limites da lei, que por sua vez, assegura o seu direito de ingresso em repartições públicas e atendimento perante magistrados, serventuários, membros do Ministério Público, e demais colaboradores da Justiça, e apesar de se constatar na vida prática entendimentos contrários ou restritivos a este direito, há apoio Jurisprudencial extenso no sentido da manutenção incólume da prerrogativa legal, representando verdadeiro direito líquido e certo, amparado, inclusive, pela estreita via do mandado de segurança.

REFERÊNCIAS

AYRES BRITTO, Carlos. *Teoria da Constituição*. Rio de Janeiro: Forense, 2003.

LAMMÊGO BULOS, Uadi. *Constituição Federal Anotada*. 5. ed. São Paulo: Saraiva, 2003.

TEIXEIRA DA COSTA. *O advogado e a administração da Justiça segundo a Constituição de 1988. Revista LTr.*, 1989/1990.

A Responsabilidade Civil do Advogado

Rafael Vinícius Normandia Cruz

Advogado Graduado pela Faculdade de Direito do Centro Universitário de Patos de Minas (UNIPAM). Militante nas áreas do Direito Empresarial, Cível, Trabalhista e Tributário, especialmente em demandas que envolvem Responsabilidade Civil, Relações de Consumo, Direito de Família e Sucessões, Recuperação de Créditos, Execuções Fiscais e Contratos, bem como exercendo o trabalho de advocacia preventiva na concessão de crédito e elaboração de procedimentos contratuais. Pós-graduado em Direito Tributário com ênfase em Magistério Superior pela Universidade do Sul de Santa Catarina (UNISUL). Pós-graduado em Direito Processual Civil pela UNIDERP. Presta consultoria jurídica para empresas de variados segmentos e também para produtores rurais, sindicatos, associações e organizações não-governamentais (ONG's). É membro do Instituto Brasileiro de Direito de Família (IBDFAM), da Associação dos Advogados de Famílias e de Sucessões (AAFAS) e do Movimento em Defesa da Advocacia Mineira (MDAM).

A responsabilidade civil é atualmente um dos temas jurídicos de maior relevância, o que enseja profundas reflexões tanto por parte dos operadores do Direito quanto por parte do Poder Judiciário, que se depara com diversos casos concretos que merecem uma decisão sensata e à luz dos recentes preceitos que regem o instituto.

É sob este prisma que iremos tratar neste singelo artigo especificamente sobre a responsabilidade civil do advogado.

O tema, embora pouco explorado pela doutrina, merece a devida atenção da sociedade, que exige cada vez mais dos advogados uma postura séria, responsável e ética, sobretudo em consonância aos ditames da Lei 8.906/94 – Estatuto da Advocacia e da OAB, norma que rege a atuação dos referidos profissionais, seus direitos, os honorários advocatícios, os impedimentos e as incompatibilidades, as infrações e sanções disciplinares, o processo disciplinar, entre outros aspectos inerentes à atividade.

Desta forma, o estudo sobre a responsabilidade civil à luz da doutrina e da legislação vigente nos permite dizer que, quando uma pessoa viola uma norma legal praticando um ato ilícito, fica sujeita à responsabilidade de arcar com os danos decorrentes daquele ato e a indenização pecuniária por tal violação representa a sua sanção em vista do ilícito praticado.

Assim, a responsabilidade civil nada mais é do que o dever de reparar o dano causado a outrem.

Em se tratando da responsabilidade civil por ato praticado pelo advogado, convém ressaltar que a natureza da responsabilidade deste perante seu cliente é contratual, eis que embasada no mandato, e que a advocacia é tida como obrigação de meio, pois tal contrato firmado não implica fim ou resultado, e esse tem sido o entendimento majoritário da doutrina pátria. Isso significa que o advogado não é responsável pelo resultado da demanda, mas compete-lhe atuar com eficiência para convencer o Judiciário da razão de seu cliente.

Assim, a responsabilidade do advogado é realizar a prestação do serviço para o qual foi contratado e este deve buscar, em cooperação com seu cliente, alcançar a finalidade do contrato ou o melhor resultado possível.

A doutrina majoritária também considera que o advogado, enquanto profissional liberal que é, não está sujeito ao Código de Defesa do Consumidor.

O artigo 14 de tal legislação dispõe acerca dos fornecedores de serviços ou prestadores de serviços, que abrangem um amplo universo. Nesse gênero, incluem-se os profissionais liberais que prestam serviços de forma autônoma, a exemplo dos advogados.

Contudo, o § 4º do artigo 14 dispõe que "a responsabilidade pessoal dos profissionais liberais será apurada mediante a verificação de culpa".

Isso implica dizer que essa parcela dos prestadores de serviços, que abriga os advogados, foi afastada da incidência do CDC, o que vale dizer que os profissionais liberais só podem ser responsabilizados no âmbito da responsabilidade civil mediante verificação de culpa, valendo assim o que determina o Código Civil, em especial os artigos 186 e 927.

Assim também já se manifestou o STJ, em inteligente aresto abaixo colacionado:

> Não há relação de consumo nos serviços prestados por advogados, seja por incidência de norma específica, no caso a Lei nº 8.906/94, seja por não ser atividade fornecida no mercado de consumo. As prerrogativas e obrigações impostas aos advogados – como, *v.g.*, a necessidade de manter sua independência em qualquer circunstância e a vedação à captação de causas ou à utilização de agenciador (arts. 31, § 1º, e 34, III e IV, da Lei nº 8.906/94) – evidenciam natureza incompatível com a atividade de consumo. Recurso não conhecido. (STJ – 4ª T. – REsp. 532.377-RJ – Rel. César Asfor Rocha – j. 21.08.2003 – *Bol. AASP* 2360/3009)

Esse também é o entendimento de Sérgio Cavalieri Filho quando expõe: "Embora contratual, não há presunção de culpa nessa espécie de responsabilidade, o que implica dizer que a culpa do advogado terá que ser provada".[1]

Assim, o ônus da prova deverá recair, pela regra geral, sobre a vítima.

No entanto, existem áreas de atuação da advocacia que, em princípio, são caracterizadas como obrigações de resultado. Na elaboração de

---

1 CAVALIERI FILHO, Sérgio. *Programa de responsabilidade civil.* 10. ed. São Paulo: Atlas, 2012, n. 117, p. 432.

um contrato ou de uma escritura, por exemplo, o advogado compromete-se, em tese, a ultimar o resultado.

Outra questão que contempla discussões é se o advogado responde pelos seus conselhos, pareceres e opiniões legais, entendendo alguns doutrinadores, a exemplo de Sérgio Novais Dias, que o advogado não responde civilmente por seus pareceres e conselhos perante um cliente, a não ser em caso de dolo.

No nosso entender, o advogado deve responder civilmente quando agir com erro crasso e/ou injustificável, ou seja, com culpa. O artigo 32 do Estatuto da Advocacia dispõe, aliás, que o advogado é responsável por dolo ou culpa no exercício profissional.

De fato, ao aconselhar o cliente de forma contrária à lei, à jurisprudência ou à doutrina, deve o advogado responder pela inexatidão do seu aconselhamento, podendo, aí então, ser demandado pelo descuido de sua orientação, desde que em função disso seu cliente perca seu direito ou obtenha resultado desfavorável em uma demanda.

Outro importante dever do advogado vem a ser o de manter o segredo profissional em relação aos casos que atua, de forma que, ao nosso entender, responde perante o cliente se divulgar fatos que soube em razão da profissão e, dessa forma, acarretou prejuízos à parte. Não é demais ressaltar que é direito do advogado recusar-se a depor como testemunha em processo no qual funcionou ou deva funcionar, ou sobre fato relacionado com pessoa de quem seja ou foi advogado, mesmo quando autorizado ou solicitado pelo constituinte, bem como sobre fato que constitua sigilo profissional (art. 7º, XIX da Lei n. 8.906/94).

Fato reprovável, mas que merece o nosso comentário, é a situação em que o advogado se apropria indevidamente de dinheiro de cliente. Em tal caso, o causídico ficará obrigado a devolver, a repetir o indébito. Trata-se de hipótese clara de falta de ética, mas que, infelizmente, convivemos com ela hoje e ocupa grande parcela dos processos disciplinares que tramitam nos Tribunais de Ética da OAB.

No que concerne à sociedade de advogados, sabe-se que ela é *sui generis,* não se confundindo com as demais sociedades civis. O cliente não contrata com a pessoa jurídica da sociedade de advogados, e, sim, com determinado profissional.

Assim, pelas obrigações que assumem e por aquelas que derivam do exercício de sua atividade, a responsabilidade civil dos sócios, pelo que diz a regra do artigo 17 da Lei n. 8.906/94, será subsidiária e ilimitada, vindo os sócios a responderem caso a sociedade não tenha condições de honrar o pagamento de eventual indenização.

Em sede de arremate, o exposto neste artigo leva-nos à conclusão da vital importância da figura do advogado para o Estado Democrático de Direito e para a consecução da Justiça.

O papel do advogado no mundo contemporâneo é o de reafirmar a democracia republicana e lutar pela defesa da liberdade e pelo patrimônio de seus constituintes. Assim, no exercício de seu mister, obriga-se a ser combativo e a agir de forma livre e independente.

Ademais, existe o tratamento da atividade do advogado ao plano constitucional, declarando o advogado como indispensável à administração da Justiça, a teor da norma do artigo 133 da Constituição Federal. Dentro de tal prisma, impõe-se, mais do que nunca, ter plena ciência dos riscos contidos no exercício da profissão para, assim, poder evitá-los.

É de crucial importância que os advogados despertem para estas e outras questões, sobretudo que o exercício da advocacia requer constante estudo, aprimoramento, prudência e zelo, pois agindo de outra forma poderão incorrer em erros capazes de abreviar suas carreiras.

Das Desvantagens da Arbitragem

Renato Armanelli Gibson

Mestre em Direito Empresarial Internacional pela Universidade Real de Groningen, Holanda. Professor universitário. Advogado em Belo Horizonte.

1. INTRODUÇÃO

Este texto versa sobre a arbitragem, que é o método de solução de conflitos segundo o qual as pessoas em conflito escolhem, de comum acordo, um ou mais árbitros que, fazendo as vezes do juiz-estatal, reconhecerão o direito aplicável à espécie (SCARPINELLA BUENO, 2007, p. 12). A arbitragem é um dos temas mais intrigantes dentro do Direito, porque ao mesmo tempo que ela é defendida pelos doutrinadores, estudada nas faculdades de Direito e incentivada pelos Poderes Legislativo e Judiciário, na prática ela é pouquíssimo utilizada.

Como não existe arbitragem compulsória, sem a vontade de todas as partes envolvidas, o problema deverá ser resolvido de outra forma. Ou seja, para que um conflito seja resolvido pelas vias arbitrais, é preciso que as partes concordem com isso. E é aí que se encontra o grande entrave: embora todos defendamos a arbitragem na teoria, pouquíssimos de nós a escolhemos para resolver os nossos problemas. Na teoria, somos todos defensores da arbitragem, mas na prática ela simplesmente não acontece.

Nesta linha de pensamento, este artigo se propõe a identificar quais são as grandes inconveniências da arbitragem, para entendermos porque ela é tão pouco usada para compor conflitos no Brasil. Pretendemos, então, analisar quais são os motivos pelos quais nós, advogados, preferimos o processo judicial, com todos os seus defeitos, à arbitragem, com todas as suas vantagens.

2. DA ARBITRAGEM NO BRASIL

Animado com o sucesso da arbitragem em resolver problemas internacionais, o Brasil se empenhou em estudá-la a fundo e desenvolveu sólidas bases teóricas por meio de seus doutrinadores e acadêmicos. São incontáveis as publicações de livros, artigos, dissertações e teses sobre a arbitragem ao longo dos últimos trinta anos. As perspectivas brasileiras para essa "nova" forma de se resolver problemas eram as melhores, a arbitragem estava na moda há alguns anos.

No ano de 1996, a legislação foi mudada de maneira substancial, no sentido de se criar um ambiente propício para a proliferação da arbitragem. Entre as várias novidades trazidas pela Lei 9.307, a maior delas foi dispensar a homologação das decisões arbitrais pelo Judiciário, conforme art. 18. A partir de então, as decisões arbitrais já não mais dependiam de homologação judicial para gerar efeitos, como acontecia antigamente. Por causa disso, o Código de Processo Civil também foi alterado, passando a considerar a sentença arbitral como título executivo judicial (GONÇALVES, 2011, p. 812), conforme art. 475-N, IV.

Assim, com o advento da Lei 9.307/96, o Poder Legislativo imprimia nova força e vigor à arbitragem, apostando que ela passaria a ser um instituto muito usado no Direito brasileiro. Acreditava-se que, com esse impulso legislativo, a arbitragem seria mais utilizada como meio de solução de conflitos (CINTRA, 2012, p. 37).

A comoção era generalizada, pois vislumbrava-se, na arbitragem, a solução de todos os problemas inerentes ao processo judicial. Animados com as recentes alterações legislativas, vários juristas se debruçaram sobre a arbitragem, e várias câmaras arbitrais foram criadas. A partir da vigência da Lei de Arbitragem – novembro de 1996 –, não só aumentaram as instituições que ofereciam o serviço, mas também multiplicaram-se as arbitragens capitaneadas por órgãos nacionais (CARMONA, 2007, p. 33). No entanto, contrariando todos os prognósticos feitos à época, a arbitragem continua em profundo desuso.

Na contramão dos acontecimentos, o Poder Judiciário continua eufórico com a arbitragem e tenta convencer o grande público da sua importância. Interessado em desviar as demandas dos órgãos jurisdicionais para as câmaras arbitrais, os magistrados têm estimulado bastante as formas alternativas de solução de conflitos. Tribunais de todo o Brasil, assistidos e incentivados pelo CNJ, criam câmaras de conciliação, mediação e arbitragem, alardeando as suas vantagens em relação ao processo judicial.

3. DAS VANTAGENS

É cediço que a arbitragem possui várias vantagens em relação ao processo judicial, que são fartamente enumeradas e propagadas pelos doutrinadores especializados, sempre muito entusiasmados.

Entre as grandes vantagens oferecidas pela arbitragem, destaca-se, em primeiro lugar, *a celeridade*. Avessa aos entraves, burocracias e etapas mortas, que normalmente permeiam o processo judicial, a arbitragem se presta a solucionar conflitos de maneira ágil, sem desperdício de tempo.

Em segundo lugar, outra característica digna de nota é a *especialidade do árbitro*. Como o árbitro é sempre uma pessoa escolhida pelas partes, naturalmente que tal escolha é feita não só levando-se em conta a sua imparcialidade, mas também o seu conhecimento técnico sobre a matéria relativa ao problema. A especialização do árbitro é importante porque abrange não só o conhecimento técnico científico por si só, mas também a realidade de mercado.

A terceira conveniência da arbitragem é o seu *sigilo*. Diferentemente do processo judicial, que via de regra é público, a arbitragem é restrita às partes, aos seus procuradores e ao árbitro. Esse segredo é de grande serventia para pessoas que buscam a discrição e a confidencialidade no trato dos seus negócios e problemas. O sigilo é ainda mais importante quando os problemas dizem respeito a elementos técnicos de propriedade intelectual, *know how*, quantias elevadas envolvidas em determinados problemas, entre outras questões afins.

O quarto benefício da arbitragem é a possibilidade de as próprias partes *escolherem a norma de direito material* a ser aplicada. Segundo a Lei de Arbitragem, as partes podem escolher qual a regra a ser aplicável, podendo ainda convencionar que o julgamento se realize com base nos princípios gerais de direito, nos usos e costumes e nas regras internacionais de comércio (DIDIER JR, 2007, p. 70).

Por fim, há que se ressaltar ainda a *irrecorribilidade*, que aos olhos de alguns doutrinadores, é entendida como uma vantagem (SCAVONE JÚNIOR, 2012, p. 444). A classificação de tal característica como vantagem deve ser vista com reservas, pois a inexistência de recurso não é, por si só, uma coisa boa. Um recurso pode ser algo bom ou ruim, dependendo de cada caso, razão pela qual, a irrecorribilidade não parece, no nosso entendimento, uma vantagem, nem uma desvantagem, mas tão somente uma característica neutra. Além disso, é possível que a sentença arbitral seja recorrível, pois, a despeito do que dispõe o art. 18 da Lei 9.307/96, as partes podem acordar a possibilidade de recurso, ou então, escolher uma câmara arbitral que em seus quadros exista uma instância recursal arbitral.

Com vantagens tão significativas, a arbitragem logo se tornou a principal maneira de se resolver conflitos no contexto internacional, sobretudo o empresarial. Sob a ótica internacional, as vantagens da arbitragem ganham contornos ainda mais expressivos, não deixando muito espaço para a via judicial. As estatísticas e a prática demonstram que empresários de diferentes países, afeitos aos negócios internacionais de grande vulto, têm preferido a arbitragem para resolver os problemas que surgem entre si. Como os Estados nacionais têm falhado em oferecer uma resposta rápida e de qualidade aos empresários em conflito, as câmaras arbitrais internacionais surgiram como tábuas de salvação, capazes de imprimir agilidade e qualidade à solução de controvérsias.

4. DAS DESVANTAGENS

Não obstante suas grandes vantagens, enumeradas acima, e o seu sucesso na área internacional, a arbitragem tem-se revelado muito tímida e acanhada em resolver conflitos dentro do Brasil. É raríssimo encontrarmos, na prática, pessoas que se dispõem a compor seus problemas por meio das vias arbitrais. Das várias razões para o seu abandono, destacam-se algumas.

4.1. Falta de diálogo mínimo entre as partes

Talvez por hábito, talvez por preguiça, infelizmente, nós brasileiros, não gostamos de participar da construção das soluções para os nossos problemas. Preferimos queixar-nos a terceiros e esperarmos que a decisão para os nossos problemas venha pronta, de cima para baixo. Imbuídos desse espírito de pouca cooperação, é muito comum que na prática os litigantes não consigam chegar a qualquer tipo de acordo, nem mesmo no sentido de se submeter o problema à arbitragem.

Como o árbitro não pode ser escolhido somente por uma das partes, ambas têm que estar acordes quanto à sua escolha. E a prática tem demonstrado de maneira implacável que as partes envolvidas no conflito estão tão envolvidas psicologicamente na disputa que se recusam a fazer qualquer tipo de acordo ou cooperação com a parte contrária.

4.2. Da relativização da importância da celeridade

É inegável que a morosidade processual é um câncer que destrói a paz de advogados e jurisdicionados. Ocorre que, se analisado de maneira fria e atenta, o ônus do tempo ganha contornos diferentes dependendo do processo e da parte. Não raro, a lentidão processual é ruim tão somente para uma das partes e interessante para a parte contrária. Para esta outra parte, a celeridade trazida pela arbitragem tornar-se-ia um problema para a outra parte.

Os réus que sabem que estão errados, por exemplo, comemoram a demora jurisdicional com alvoroço e entusiasmo. Não raro, advogados são contratados exatamente para retardar o processo ao máximo, atrasando e/ou embaraçando a efetivação do direito material no caso concreto. Um devedor mal-intencionado, assistido por um advogado malicioso, consegue, muitas vezes, atrasar ou até mesmo inviabilizar a satisfação do credor. Dessa forma, nesse contexto, a parte-ré vê a morosidade processual como uma bênção e a celeridade processual como um estorvo, razão pela qual ela se afasta da arbitragem.

Por outro lado, não só o réu pode ser beneficiado pela demora processual, mas também o autor. Dependendo do caso, a partir do deferimento da tutela antecipada, logo no início do processo, inverte-se o ônus do tempo no processo. A partir daí, o autor já não se importa mais em quanto tempo o processo vai terminar, pois, afinal de contas, ele já conseguiu o que queria.

Tome-se como exemplo uma ação cominatória ajuizada contra uma empresa de seguro de saúde por uma pessoa que precisa ser operada com urgência. Ao exercer o seu direito de ação, toda a pressa é do autor, que deseja imprimir ao processo a maior rapidez possível. Se pouco tempo depois a tutela antecipada requerida é deferida, o ônus do tempo no processo é invertido, recaindo agora sobre a empresa-ré. Uma vez que, em logo no início da demanda, o autor já teve acesso à medida satisfativa que buscava, para ele é totalmente irrelevante se o processo vai demorar um mês, um ano ou uma década.

4.3. Da ausência de honorários de sucumbência

Outro motivo que contribui para o fracasso da arbitragem é a ausência dos honorários de sucumbência. Não raro, o advogado aceita ser procurador de alguém por que tem boas perspectivas de que saia vencedor na causa, e assim, receber honorários sucumbenciais da parte *ex adversa*. Nesses casos, os honorários convencionais pró-labore são reduzidos, ou às vezes, até mesmo inexistentes, sendo que o advogado espera compensar tal modicidade com os honorários sucumbenciais.

A partir do momento em que a arbitragem não contempla os honorários de sucumbência, resta suprimida uma importante fonte de renda dos advogados. Logo, como é fácil deduzir, a arbitragem não se mostra tão popular assim dentro da nossa classe de advogados.

4.4. Dos custos

O quarto embaraço criado pela arbitragem também é de natureza econômica, pois os seus custos com frequência são tão altos que acabam contribuindo para com o seu desuso. Não só as despesas operacionais inerentes ao funcionamento das câmaras arbitrais, mas também os elevados honorários arbitrais acabam afastando os jurisdicionados da arbitragem.

Apesar de que, no processo judicial, as partes devem antecipar as custas referentes aos atos que praticam, tais custas acabam sendo menores do que as despesas pagas no contexto da arbitragem. Além disso, o art. 5º, LXXIV, Constituição Federal, franqueou o acesso à Justiça aos que comprovarem insuficiência de recursos. Ou seja, as pessoas que são consideradas pobres aos olhos do legislador têm acesso ao Poder Judiciário, mas não à arbitragem.

Não obstante o benefício da justiça gratuita, também os Juizados Especiais, tanto federais, quanto estaduais, permitem o acesso à Justiça sem a necessidade de se dispender dinheiro. Enquanto na arbitragem a solução dos problemas custa dinheiro às partes, nos Juizados Especiais tal solução é gratuita.

4.5. Das medidas de urgência

Outro fator que contribui em peso para a não utilização da arbitragem é a dinâmica de concessão e efetivação das medidas de urgência. Se, durante o processo arbitral, houver necessidade de alguma providência cautelar e/ou satisfativa, a parte interessada a requererá ao árbitro. Deferido o pedido da medida de urgência, o árbitro requisitará ao juiz togado o seu cumprimento, pois ele mesmo não pode efetivá-la, conforme será visto adiante (SCAVONE JÚNIOR, 2012, p. 453).

Percebe-se, assim, que a dinâmica da efetivação das medidas de urgência no contexto arbitral revela-se bastante contraproducente. Isso por que o árbitro, uma vez escolhido pelas partes, estará investido no poder de dizer o Direito no caso concreto, mas não de aplicá-lo. A aplicação coercitiva é atividade feita com exclusividade pelo Estado por meio do Poder Judiciário.

Ora, se a parte precisa requerer a medida de urgência ao árbitro, para depois pedir ao Judiciário que a efetive, é muito mais prático requerê-la diretamente ao Poder Judiciário. Poupa-se, assim, no mínimo, muito tempo.

4.6. Impossibilidade de Execução

Apesar da relevância das desvantagens acima elencadas, o maior obstáculo ao uso da arbitragem é a impossibilidade dos árbitros em executarem as suas próprias decisões. O poder dos árbitros está limitado à atividade cognitiva, isto é, de dizer qual é a vontade do Direito diante daquele caso concreto que foi submetido à sua apreciação.

Aos árbitros falece competência para executar a sua própria sentença, já que entre os seus poderes não estão incluídos aqueles relativos à coerção. Como o uso da força não foi transferido aos árbitros pela Lei de Arbitragem, todos os atos executórios de suas decisões estarão colocados sob a competência do juiz togado, caso haja a necessidade de força (ALMEIDA, 2002, p. 119).

Dessa forma, se a parte que sucumbe não cumprir sua obrigação espontaneamente, não poderá ser forçada pelo árbitro a fazê-lo. Nesses casos, deverá o credor se socorrer junto ao Poder Judiciário para executar a decisão que foi proferida em instância arbitral. Somente o juiz togado tem o poder dever de realizar atos materiais capazes de concretizar na prática o direito que foi acertado na sentença arbitral.

Seguindo outra linha de pensamento, Ricardo Santos defende que tal característica não consiste em uma desvantagem em relação ao processo, pois as sentenças judiciais condenatórias também precisam ser executadas caso não sejam cumpridas espontaneamente. Em que pese a correção técnica de tal argumento, na prática ele não procede. O processo judicial se revela mais rápido, pois o fato de ser o mesmo órgão jurisdicional a acertar o direito e a satisfazê-lo, facilita muito a dinâmica processual executiva (SANTOS *apud* RODRIGUES,2012, p. 5).

E para agravar ainda mais a situação, além de não poder executar suas próprias decisões, o árbitro também não possui poderes suficientes para conduzir testemunhas, decretar prisões, impor medidas restritivas, utilizar a força policial, quebrar o sigilo das partes, etc. Dessa forma, conclui-se, com certo pesar, que o árbitro não detém o poder de *imperium*, mas apenas um mero correlato (AMENDOEIRA JR, 2012, p. 31)

Para os advogados, então, não há sentido prático de resolver o problema dos seus clientes envolvendo, ao mesmo tempo, a arbitragem e o processo judicial. Como na arbitragem não é possível o uso da força para satisfazer o direito acertado, nós, advogados, entendemos ser mais simples, mais rápido e mais prático buscar a solução do conflito tão somente pelo processo judicial, perante o qual tanto a atividade cognitiva quanto executiva são realizadas.

5. CONCLUSÃO

Sopesadas as vantagens e desvantagens da arbitragem em relação ao processo judicial, conclui-se que ela não é recomendada na maior parte dos casos. Assim, não há porque a escolhermos para solucionar os conflitos dos nossos clientes. Apesar de todas as vantagens propagadas pela doutrina especializada e de todas as mazelas do cotidiano forense, entendemos que não vale a pena abrir mão do processo judicial para se usar a arbitragem. Confusa, burocrática e cara, a arbitragem é rechaçada por ser ainda pior que o processo judicial na maioria esmagadoras dos casos.

Excluídas as questões controvertidas internacionais, a arbitragem atualmente somente se mostra efetiva e interessante quando usada para resolver conflitos de natureza muito específica, que exigem um conhecimento técnico e de mercado muito particular. Não obstante, também os conflitos cujas soluções carecem de sigilo absoluto também têm motivado as convenções de arbitragem. Fora desses três contextos, os casos arbitrais são cada vez mais esporádicos, quase inexistentes.

Luiz Guilherme Marinoni concorda que a arbitragem não se presta ao público em geral, mas tão somente a esses pequenos nichos. Segundo o grande mestre, a arbitragem é idealizada para direitos pertencentes a uma classe bastante restrita da população – que pode pagar pelos seus custos –, preocupada com a solução de controvérsias que dizem respeito a um mundo particular, em que avultam os grandes negócios, marcados por peculiaridades próprias, geralmente desconhecidas pelo juiz estatal, mas plenamente conhecidas por profissionais particulares a elas acostumados (MARINONI, 2013, p. 162).

No entanto, em sentido contrário ao nosso entendimento, há quem vislumbre um futuro mais profícuo para a arbitragem no Brasil, especialmente se levadas em consideração as profundas e recentes alterações tecnológicas vivenciadas pela nossa sociedade. Insistindo em apostar na arbitragem, Luiz Antônio Scavone Júnior entende que os meios digitais atuais servem para acelerá-la e simplificá-la ainda mais, já que não possuem as amarras próprias do processo judicial eletrônico (SCAVONE JÚNIOR, 2009, p. 210).

Com uma visão mais cética e menos otimista do futuro da arbitragem, entendemos que enquanto não superadas as desvantagens enumeradas acima, ela existirá somente nos três contextos muito específicos acima citados e nos trabalhos acadêmicos.

6. REFERÊNCIAS

ALBUQUERQUE, Renata Oliveira de. Revisão judicial de sentença arbitral. *In:* CASTRO, João Antônio Lima (Coord.). *Aspectos contemporâneos do direito processual.* Belo Horizonte: PUC Minas, Instituto de Educação Continuada, 2008.

ALMEIDA, João Alberto de. *Processo arbitral.* Belo Horizonte: Del Rey, 2002.

AMENDOEIRA JR, Sidnei. *Manual de direito processual civil:* teoria geral do processo e fase de conhecimento em primeiro grau de jurisdição. 2. ed. São Paulo: Saraiva, 2012.

BARROSO, Darlan. *Teoria geral e processo de conhecimento.* Barueri, SP: Manole, 2003.

CARMONA, Carlos Alberto. Quinze anos de reformas no Código de Processo Civil. *In:* CARMONA, Carlos Alberto (Coord.). *Reflexões sobre a reforma do Código de Processo Civil.* São Paulo: Atlas, 2007.

CINTRA, Antônio Carlos de Araújo; GRINOVER, Ada Pellegrini; DINAMARCO, Cândido Rangel. *Teoria geral do processo.* 28. ed. São Paulo: Malheiros, 2012.

DIDIER JR, Fredie. *Curso de direito processual civil:* teoria geral do processo e processo de conhecimento. Salvador: JusPodivm, 2007, v. 1.

DONIZETTI, Elpídio. *Curso didático de direito processual civil.* 14. ed. São Paulo: Atlas, 2010.

GONÇALVES, Marcus Vinícius Rios. *Direito processual civil esquematizado*. São Paulo: Saraiva, 2011.

MARINONI, Luiz Guilherme. *Teoria geral do processo*. 7. ed. rev. atual. e ampl. São Paulo: Revista dos Tribunais, 2013.

MEDINA, José Miguel Garcia; WAMBIER, Teresa Arruda Alvim. *Processo civil moderno:* parte geral e processo de conhecimento. 3. ed. rev. atual. e ampl. São Paulo: Revista dos Tribunais, 2013, v. 1.

RODRIGUES, Horácio Wanderlei; LAMY, Eduardo de Avelar. *Teoria geral do processo*. 3. ed. rev. atual. Rio de Janeiro: Elsevier, 2012.

SCARPINELLA BUENO, Cassio. *Curso sistematizado de direito processual civil:* teoria geral do direito processual civil. São Paulo: Saraiva, 2007, v. 1.

SCAVONE JÚNIOR, Luiz Antônio. *Manual de arbitragem*. 3. ed. rev. e atual. São Paulo: Revista dos Tribunais, 2009.

SCAVONE JÚNIOR, Luiz Antônio. A arbitragem no projeto de Código de Processo Civil. *In:* SILVA, José Anchieta da (Org.). *O novo Processo Civil.* São Paulo: Lex Editora, 2012.

Advocacia de Família e o Divórcio em Cartório – Aspectos Legais e Éticos

Rodrigo da Cunha Pereira

Doutor pela UFPR. Mestre pela UFMG. Presidente do Instituto Brasileiro de Direito de Família – IBDFAM e Advogado.

1. PRELÚDIO

O primeiro compromisso ético[1] do advogado de família é reconhecer a existência de várias formas e configurações familiares, acima de suas

---

1 A Lei 8.906/1994, em seu artigo 33 prevê que: *O advogado obriga-se a cumprir rigorosamente os deveres consignados no Código de Ética e Disciplina. Parágrafo único. O Código de Ética e Disciplina regula os deveres do advogado para com a comunidade, o cliente, o outro profissional e, ainda, a publicidade, a recusa do patrocínio, o dever de assistência jurídica, o dever geral de urbanidade e os respectivos procedimentos disciplinares.*

convicções particulares, para que se efetive a busca pelo direito, bem como os efeitos jurídicos decorrentes dessas novas concepções familiares.

Estas novas representações sociais da família, conjugais e parentais, podem causar uma grande estranheza, e certamente há quem pense que isto é o fim da família, como se falou em 1977 com a introdução do divórcio no Brasil. A família não está em desordem ou em crise. Se distinguimos ética da moral, religião do Direito, constataremos que essas desordens não são novas, apenas se manifestam de formas inovadoras. A família foi, é e continuará sendo o núcleo básico e essencial de toda e qualquer sociedade, por mais variadas e diferentes formas que se apresentem.

É óbvio que a ética não passa apenas pelo normativo. Aliás, arriscado normatizá-la. Ademais, não é um código que instituirá a ética, ou uma ética, embora ele seja necessário para estabelecer alguns parâmetros. Ela existe antes e acima do código escrito. O indivíduo, para ter uma ética ou seguir uma conduta ética escrita, precisa ser, antes de tudo, um sujeito ético.[2]

2. O ADVOGADO FAMILIARISTA E A NECESSÁRIA DISTINÇÃO ENTRE A ÉTICA E A MORAL

O advogado familiarista depara-se, constantemente, com problemas que transcendem os elementos meramente jurídicos. Muitas vezes, o

[2] Nada obstante, o Código de Ética e disciplina da OAB foi criado tendo como norte os princípios que formam a consciência profissional do advogado e representam imperativos de sua conduta, tais como: os de lutar sem receio pelo primado da Justiça; pugnar pelo cumprimento da Constituição e pelo respeito à Lei, fazendo com que esta seja interpretada com retidão, em perfeita sintonia com os fins sociais a que se dirige e as exigências do bem comum; ser fiel à verdade para poder servir à Justiça como um de seus elementos essenciais; proceder com lealdade e boa-fé em suas relações profissionais e em todos os atos do seu ofício; empenhar-se na defesa das causas confiadas ao seu patrocínio, dando ao constituinte o amparo do Direito, e proporcionando-lhe a realização prática de seus legítimos interesses; comportar-se, nesse mister, com independência e altivez, defendendo com o mesmo denodo humildes e poderosos; exercer a advocacia com o indispensável senso profissional, mas também com desprendimento, jamais permitindo que o anseio de ganho material sobreleve à finalidade social do seu trabalho; aprimorar-se no culto dos princípios éticos e no domínio da ciência jurídica, de modo a tornar-se merecedor da confiança do cliente e da sociedade como um todo, pelos atributos intelectuais e pela probidade pessoal; agir, em suma, com a dignidade das pessoas de bem e a correção dos profissionais que honram e engrandecem a sua classe (Código de Ética e Disciplina da OAB, publicado no *Diário da Justiça*, Seção I, do dia 01.03.95, p. 4.000/4004).

conflito não é somente dessa natureza, embora aparente sê-lo. É necessário perceber o texto e o contexto do conflito, a linha e a entrelinha do litígio. Se atentarmos para a mensagem inconsciente que nos chega pelo discurso das demandas que geram conflitos, poderemos desenvolver melhor nossa atuação como advogados.

Influenciado por grandes mestres do Direito, como Giorgio Del Vecchio, Kelsen, Pierre Legendre, Caio Mário da Silva Pereira, João Baptista Villela, entre outros, passei a buscar no ato de advogar algo que pudesse dar respostas mais eficientes e eficazes para a solução dos conflitos. Observei que, nas demandas objetivas e concretas que me chegavam, algumas coisas não eram ditas. Havia algo inconsciente, não dito.

A moral e o Direito mudam quando muda historicamente o conteúdo de sua função social (isto é, quando se opera uma mudança radical no sistema político-social). Por isto estas formas de comportamento humano têm caráter histórico. Assim como varia a moral de uma época para outra, ou de uma sociedade para outra, varia também o Direito. O ético transforma-se assim numa espécie de legislador do comportamento moral dos indivíduos ou da comunidade.[3]

---

[3] [...] Tenho me debruçado no estudo do Direito Civil há alguns anos, mais especificamente ao Direito de Família, e tive a oportunidade de estudar detalhadamente a natureza e as consequências jurídicas da união homossexual. Pude observar durante tais estudos, que um fator extremamente relevante para análise de tais relações, era o fator moral, numa confusão entre moral e ética, que gerou e ainda tem gerado tantas contradições nas decisões judiciais acerca da matéria. Há de se diferenciar, pela relevância do tema para o caso em análise, o conteúdo moral e o conteúdo ético de uma decisão, na perspectiva de uma busca por uma uniformização ética das decisões judiciais, até porque, em muitos casos, moral e ética não são sinônimos. As relações pessoais são condicionantes para que se estabeleçam critérios que permitam uma convivência pacífica na comunidade e a necessidade dessa convivência faz surgir a moral, como conjuntos de regras que são destinadas a orientar o relacionamento dos indivíduos numa certa organização social. Etimologicamente, Moral, do latim *mos, mores* significa costume, conjuntos de normas adquiridas pelo homem. Moral é a moral prática, é a pratica moral. Os problemas morais, simplesmente morais, são restritos, nunca se referindo à generalidade. O problema moral corresponde à singularidade do caso daquela situação, é sempre um problema prático-moral. [...]. Etimologicamente o termo ética deriva do grego *ethos* que significa modo de ser, caráter. Designa a reflexão filosófica sobre a moralidade, isto é, sobre as regras e os códigos morais que norteiam a conduta humana. Sua finalidade é esclarecer e sistematizar as bases do fato moral e determinar as diretrizes e os princípios abstratos da moral. Neste caso, a ética é uma criação consciente e reflexiva de um filósofo sobre a moralidade, que é, por sua vez, criação espontânea e inconsciente de um grupo. Com isso, o que está na essência da ética são princípios e valores que antecedem a realidade vivida,

Para distinguir ética de moral,[4] e assim estarmos mais próximos do ideal de justiça, é preciso buscar nos clássicos elementos da Filosofia, que hoje se entrelaçam com a Psicanálise e se apoiam no macroprincípio da dignidade humana, à procura da ética do sujeito. A necessidade de se fazer essa distinção entre moral e ética repousa na complementação da hermenêutica jurídica, propiciando novas regras de integração como os princípios norteadores do Direito das Famílias, sendo um imperativo categórico para não continuarmos repetindo a história de exclusões com moralidades que já fizeram tantas injustiças. O ponto de partida para a compreensão dessa nova ética para o Direito das Famílias, que inclui os ideais de liberdade, igualdade e fraternidade, é pressupor que a moral sexual, dita civilizatória, não pode excluir e nem tornar indigno o sujeito de direito.

Essa nova interpretação, aliada ao discurso psicanalítico, permitiu a compreensão e o objetivo do trabalho dos advogados familiaristas, ou seja, o discurso do seu cliente. Freudianamente, é escutar o que está por detrás do discurso, ou como Lacan, o que está entre o dito e o por dizer.

Sabemos todos que as relações familiares são intrincadas e complexas. Ninguém se casa pensando em se divorciar, mas em viver juntos até que a morte os separe. Colocar fim ao enlace conjugal não é fácil, e é um momento delicado e tormentoso para todo o núcleo familiar. Significa lidar com os insucessos e os resquícios conjugais, com emergentes conflitos, frustrações, desilusões e perdas que amedrontam e, muitas vezes, paralisam o sujeito. É deparar-se e se preparar para mudanças, para recomeçar. E tudo isso se torna ainda mais difícil quando um dos cônjuges não aceita o fim da conjugalidade e não sabe lidar com as mágoas, o sentimento de posse, de vingança, o egoísmo, a vaidade ou, simplesmente, quando falta comunicação.

---

a partir de uma concreta visão do homem na sua específica natureza no reino animal. Daí a ideia que perpassa a perspectiva do homem como ser social e individual. Por isso mesmo, alcança a plenitude na ordem social, porque a sua natureza necessita integração na sociedade, ou seja, a natureza individual do homem não pode desenvolver-se sem a presença dos outros homens. Ninguém se basta a si mesmo. [...] (TJAL, S/N, Juiz Juiz Wlademir Paes de Lira, j. 25.11.2011).

4 CF PEREIRA, Rodrigo da Cunha. *Princípios fundamentais norteadores do Direito de Família.* 2. ed. São Paulo: Saraiva, 2012.

Para minimizar os efeitos traumáticos de um divórcio e evitar indefinidas e reincidentes ações judiciais no âmbito do Direito de Família, além de um olhar e uma escuta sobre essas tormentosas questões, a mediação tem-se mostrado como uma eficaz técnica de transformação dos conflitos. Ela foi introduzida no Brasil no final dos anos 1990, embora a sua aplicação ainda seja incipiente em nossos tribunais ou escritórios. Em síntese, a mediação tem o objetivo de transformar o "bate-boca" em "bate-papo".

Na Espanha, por exemplo, ela já se tornou um importante instrumento de pacificação, evitando ou solucionando litígios, estando presente nos preceitos da lei espanhola, de 2005:

> Con el fin de reducir las consecuencias derivadas de una separación y divorcio para todos los miembros de la familia, mantener la comunicación y el diálogo, y en especial garantizar la protección del interés superior del menor, se establece la mediación como un recurso voluntario alternativo de solución de los litigios familiares por vía de mutuo acuerdo con la intervención de un mediador, imparcial y neutral.[5]

Como técnica de resolução de conflitos,[6] *a mediação* baseia-se na interdisciplinariedade, valendo-se de vários conhecimentos (Psicologia, Psicanálise, Direito, Sociologia, Antropologia, entre outros), e não é aplicável somente aos problemas familiares, mas também a qualquer conflito de natureza humana, não importando o grau de complexidade, podendo ou não estar relacionado com um processo judicial.

Muitos casais, embora já certos quanto ao fim do casamento, mas em litígio por outras questões decorrentes dessa decisão, resistem em se submeter à mediação por fantasiarem que ela objetiva o restabelecimento do casamento, algo veementemente refutado por eles. Assim, é importante que juízes, promotores e advogados tenham a sensibilidade de explicar e

---

5 Trad. livre: Para reduzir as consequências da separação e do divórcio por todos os membros da família, manter comunicação e diálogo, e, nomeadamente, assegurar a proteção dos melhores interesses da criança, estabelece-se mediação como uma alternativa voluntária de resolução dos litígios familiares através de mútuo acordo com a intervenção de um mediador, imparcial e neutro.

6 O Conselho Nacional de Justiça por meio da Resolução 125/2010 estimula a prática de mediação.

delimitar o que realmente este procedimento propõe, antes de oferecê-lo, eliminando preconceitos e irresignações. De uma forma ou de outra, a mediação ajuda também a desafogar o Poder Judiciário, evitando com isso, longos e desgastantes processos judiciais, preservando a máxima de que "justiça tardia não é justiça".

É preciso entender que nós, advogados, não somos agentes de divórcio e nem devemos opinar sobre qual decisão será melhor para o cliente. Ele é quem deverá saber. Não devemos induzir ou influenciar as pessoas a que se separem, ou mesmo que não se separem. Não temos o direito de emitir essa opinião, sob pena de estarmos colocando nossos valores morais particulares naquela situação. Isto não é Direito, muito menos ético. Mesmo com todos estes cuidados, em caso de divórcio litigioso, acabamos ocupando, na fantasia da parte contrária, o lugar de "agente separador", como se fôssemos os responsáveis por aquela desunião. É mais fácil achar que o advogado o está divorciando do que admitir o seu próprio fracasso na relação. Não se trata tampouco de ser contra ou a favor do divórcio de casais. Isto não é da nossa alçada. Contudo, devemos demonstrar aos requerentes que aquele ato é um ato de responsabilidade e até honroso, às vezes uma saída para a saúde. Seja consensual ou litigiosa a dissolução conjugal ela está envolvida em muitos traumas e sofrimentos. Uma das funções do Advogado é ajudar o cliente a atravessar esse momento difícil, orientando-o em aspectos objetivos para que ele possa elaborar os aspectos subjetivos.

3. DIVÓRCIO EM CARTÓRIO – ASPECTOS LEGAIS E ÉTICOS

O princípio[7] da menor intervenção estatal na esfera da vida privada, autonomia da vontade, liberdade e intimidade dos cidadãos ganharam

---

7 [...] Com efeito, após o advento da Constituição Federal de 1988, verificou-se verdadeira revolução no âmbito do direito civil, operando-se a constitucionalização e a personalização dos institutos jurídicos, com o abandono do enfoque patrimonialista do Código Civil de 1916, para situar a pessoas como centro do ordenamento jurídico. Tanto é que o princípio da dignidade da pessoa humana foi acolhido pela Carta Magna como fundamento do Estado Democrático de Direito (art. 1º, inciso III, CF). À guisa desse novo estandarte constitucional, e, para atender ao novo perfil da família contemporânea, o direito de família abrigou

novas regras com a Lei n. 11.441/2007,[8] que veio facilitar e simplificar a dissolução do casamento, inventário e partilha de bens, possibilitando que sejam feitos por mneio de escritura pública, desde que sejam consensuais e não haja filhos menores. Essa lei deu nova redação aos artigos 982, 983, 1.031, 1.124-A do Código de Processo Civil,[9] propiciando uma nova maneira de dissolver o casamento. Maria Berenice Dias, com a propriedade que lhe é peculiar, bem sintetiza a questão:

> Nada justifica que, para pôr fim ao casamento, seja necessária a intervenção do Poder Judiciário. (...) O legislador foi sensível ao movimento de desjudicialização dos conflitos, simplificação dos procedimentos, desburocratização dos serviços públicos, visando desafogar a justiça.[10]

Embora o divórcio administrativo (ou via cartório) em sua essência guarde estreita similitude com o judicial, é necessário descrever suas peculiaridades, diferenças e características, vantagens e desvantagens em relação à via judicial. Como já se disse acima, o divórcio administrativo,

---

princípios fundamentais, tais como, princípio do pluralismo das formas de família, princípio da igualdade e do respeito às diferenças, princípio da autonomia e da menor intervenção estatal, princípio da afetividade, princípio da solidariedade, princípio da paternidade responsável, princípio do melhor interesse da criança, etc., todos com importante carga axiológica. [...] (TJ-PR, Ação de Improbidade Administrativa n. 9544465- PR, Relator: Rosana Amara Girardi Fachin, 12ª Câmara Cível Data de Julgamento: 13.03.2013)

8 PEREIRA, Rodrigo da Cunha. *Divórcio*: teoria e prática. 4. ed., São Paulo: Saraiva, 2012.

9 Art. 1.124-A. A separação consensual e o divórcio consensual, não havendo filhos menores ou incapazes do casal e observando os requisitos legais quanto aos prazos, poderão ser realizados por escritura pública, da qual constarão às disposições relativas à descrição e a partilha dos bens comuns e a pensão alimentícia e, ainda ao acordo quanto à retomada pelo cônjuge de seu nome de solteiro ou à manutenção do nome adotado quando deu o casamento. § 1º A escritura não depende de homologação judicial e constitui título hábil para o registro civil e o registro de imóveis. (Incluído pela Lei n. 11.441, de 2007). § 2º O tabelião somente lavrará a escritura se os contratantes estiverem assistidos por advogado comum ou advogados de cada um deles ou por defensor público, cuja qualificação e assinatura constarão do ato notarial (Redação dada pela Lei n. 11.965, de 2009). § 3º A escritura e os demais atos notariais serão gratuitos àqueles que se declararem pobres sob as penas da lei. (Incluído pela Lei n. 11.441, de 2007).

10 DIAS, Maria Berenice. *Manual de direito das famílias*. 9. ed., São Paulo: Revista dos Tribunais, 2013, p. 326.

diferentemente do judicial, é de livre escolha das partes[11] e só pode ser feito, portanto, se for consensual e o casal não tiver filhos menores ou incapazes. O ato administrativo da dissolução altera o estado civil das pessoas, mas não há intervenção do Ministério Público e não é sigiloso, sendo indispensável a presença de advogado, ou defensor público.[12]

Uma das primeiras polêmicas surgidas com a Lei n. 11.441/07[13] foi o nome a ser dado ao estado civil dos separados em cartório de notas, pois, obviamente, não passariam a ser separados judicialmente. Seriam "separados juridicamente", "separados extrajudicialmente", "separados administrativamente" ou outra denominação qualquer? Esta questão perdeu importância, pois a categoria e o estado civil de separado em cartório ou judicialmente tende a desaparecer com o passar do tempo, em razão da Promulgação da EC 66/2010, que instituiu o divórcio direto, acabando com a separação judicial, com prazos e suprimindo a discussão da culpa pelo fim da conjugalidade.

As regras, os documentos e o conteúdo do texto do divórcio extrajudicial são praticamente os mesmos do divórcio pela via judicial. Em razão das divergências e polêmicas surgidas com a aplicação da Lei n. 11.441/2007, o Conselho Nacional da Justiça – CNJ, após ouvir o Conselho Federal da Ordem dos Advogados do Brasil – OAB, Associação dos Notários e Registradores do Brasil – ANOREG e Instituto Brasileiro de Direito de Família – IBDFAM, expediu, em 24.04.2007, a Resolução n. 35, disciplinando e dando melhor direção ao inventário, partilha, separação e divórcio. Em consequência da Emenda Constitucional n. 66/2010, o CNJ publicou no *DJe*, em 06.10.2010, a Resolução n. 120, fazendo adaptações ao texto da Resolução n. 35/2007, para ficar consonante e entoado com a revogação da separação prévia ao divórcio, eliminação de prazos como pré-requisito para divórcio. Aquele Conselho entendeu,

11 Embora as nuances do processo civil e a necessidade contemporânea do processo, a tendência é direcionar todos os divórcios consensuais para a esfera administrativa, para desafogar o Poder Judiciário, desde que não haja filhos menores.

12 A Lei n. 11.965/2009 deu nova redação aos artigos 982 e 1.124-A do CPC para acrescentar a obrigatoriedade da presença do Defensor Público na lavratura da escritura pública de inventário e de partilha, de separação consensual e de divórcio consensual.

13 Cf Resoluções 35/2007 e 120/2010 do CNJ.

entretanto, que não é competente para se posicionar sobre a extinção da separação judicial.

A escritura pública do divórcio, bem como todos os atos notariais previstos na Lei n. 11.441/2007 são procedimentos de jurisdição voluntária e podem ser feitos em qualquer tabelião de notas e não seguem as regras de competência do Código de Processo Civil (art. 1º da Resolução n. 35, CNJ). Para a sua lavratura basta que se apresente a certidão de casamento e o pacto antenupcial, se houver, documento que identifique os divorciandos, o número do CPF, a certidão de nascimento ou qualquer documento que comprove a existência de filhos maiores e capazes (para capacidade basta declaração), documentos relativos à comprovação da titularidade dos bens móveis e imóveis (art. 33). Se os divorciandos não puderem comparecer, poderão se fazer representar por mandatário especialmente constituído para aquele fim, por meio de instrumento público em que se tenha a descrição das cláusulas essenciais, cujo prazo de validade é de trinta dias (art. 36). Se houver bens, e os divorciandos quiserem partilhá-los seguirão as regras da partilha em inventário extrajudicial dispostas nos artigos 11 a 32, da referida Resolução n. 35/2007 do CNJ.

O artigo 46 da Resolução n. 35/2007 trouxe para a via administrativa as disposições contidas no artigo 1.574, parágrafo único do CCB 2002 e do artigo 34, § 2º, da Lei do Divórcio:

> O tabelião poderá se negar a lavrar a escritura de separação ou divórcio se houver fundados indícios de prejuízo a um dos cônjuges ou em caso de dúvidas sobre a declaração de vontade, fundamentando a recusa por escrito.

Se já era questionável a validade desta regra e sua aplicação na via judicial, por atentar contra os princípios da autonomia privada, muito mais o é na via administrativa. Cristiano Chaves e Nelson Rosenvald, na obra *Direito das Famílias*, são enfáticos quanto ao atentado desta regra à liberdade das partes e enfatiza que tais atos, ou seja, a separação e o divórcio, são negócios jurídicos bilaterais e, decorrendo da autonomia privada, não podem ser questionados pelo Estado:

> [...] o próprio comando legal (art. 1.124-A, em § 1º) é de clareza solar ao estabelecer que a escritura pública, independe de homologação judicial para que tenha valor de título executivo. Com muito mais razão, pois descabe ao tabelião imiscuir-se na vontade das partes, recusando-se a promover o registro, sob qualquer alegação.[14]

É inquestionável a intervenção excessiva da regra do artigo 46 da mencionada resolução do CNJ. Se as partes são maiores e capazes, são responsáveis e devem ser responsabilizadas pelas suas escolhas e as consequências delas decorrentes. É até possível que um cônjuge, principalmente quando o amor acaba, queira enganar o outro. Mas até que ponto o Estado pode ou deve intervir nesta relação? Esta intervenção, a que atribuo excessiva, acaba funcionando e imprimindo uma desresponsabilização aos sujeitos, na medida em que o Estado (cartório) fique tutelando suas vidas e suas escolhas.

A via administrativa do divórcio, a exemplo de outros países, foi bem recepcionada pela maioria dos doutrinadores, embora tenha se formado uma corrente de pensamento sustentando que a via extrajudicial pode propiciar a fraude a terceiros, ou mesmo à parte economicamente mais fraca. Esta é a opinião do jurista gaúcho, Rolf Madaleno:

> Assim fica a critério dos contraentes a escolha de qualquer notário público de todo território brasileiro, e cessar a procura se ausente qualquer óbice para as condições ajustadas para a escritura pública de separação ou divórcios extrajudiciais, transitando os contratantes em um terreno perigoso de inevitável fraude aos direitos incidentes sobre alimentos e meação dos cônjuges. Há igualmente sério risco de fraude com relação aos direitos de terceiros contratantes com os consortes, diante da possibilidade de existirem separações ou divórcios de pura fachada, expediente de gaveta, utilizando por casais devedores, que para consumo externo pactuaram a sua separação na defesa dos bens comuns contra credores e execuções, embora continuem convivendo como marido e mulher.[15]

---

14 FARIAS, Cristiano Chaves de; ROSENVALD, Nelson. *Direito das famílias*. Rio de Janeiro: Lumen Juris, 2008, p. 317-318.

15 MADALENO, Rolf. Curso de direito de família. Rio de Janeiro: Forense, 2011, p. 250.

Em que pese a abalizada opinião do competente e experiente advogado e doutrinador, não podemos concordar. Fraudes e simulações continuarão existindo, independentemente da forma jurídica que se faça o divórcio. Não se pode tolher a liberdade e o avanço legislativo que vêm coroar o princípio da menor intervenção estatal em nome de se proteger eventuais fragilidades de uma das partes ou possível fraude a credores. A liberdade estabelecida com a Lei n. 11.441/2007 de se fazer o divórcio em cartório é um facilitador da vida das pessoas e pode ajudar a desafogar o excessivo volume de processos do Judiciário. Maior liberdade pressupõe também maior e mais responsabilidade com a própria autonomia privada. Se houver fraude, erro, inconformismo ou uma enganação qualquer de uma parte à outra, ou das partes a terceiros, o acordo pode ser objeto de questionamento por meio de Ação Anulatória, conforme dispõem as regras dos artigos 171[16] e seguintes do Código de Processo Civil. Embora o juízo competente "natural" para questionamentos a respeito de atos notariais seja o de registros públicos, devemos considerar que o objeto do questionamento tem todos os seus atos reflexos no estado civil e na partilha de bens. Portanto, o juízo competente deve ser o da família.[17]

4. CONCLUSÃO: O QUE NÃO ESTÁ NOS AUTOS, NÃO ESTÁ NO MUNDO?

O processo judicial litigioso em Direito de Família é a materialização de uma realidade subjetiva, em que cada parte acredita está dizendo a verdade. Nesses eternos e degradantes litígios, não há vencedores. Diluir ou transformar esse conflito é um dever ético do advogado.[18] Se fizermos uma leitura atenta de um processo de divórcio, por exemplo,

16 Art. 171. Não se admitem, nos atos e termos, espaços em branco, bem como entrelinhas, emendas ou rasuras, salvo se aqueles forem inutilizados e estas expressamente ressalvadas.

17 PÓVOA, Maria Luiza. *Separação, divórcio e inventário por via administrativa*. Belo Horizonte: Del Rey, 2009, p. 15.

18 Código de Ética da Advocacia prevê no seu artigo 2º que: *O advogado, indispensável à administração da Justiça, é defensor do Estado democrático de direito, da cidadania, da moralidade pública, da Justiça e da paz social, subordinando a atividade do seu Ministério Privado à elevada função pública que exerce. Parágrafo único - São deveres do advogado: [...]VI – estimular a conciliação entre os litigantes, prevenindo, sempre que possível, a instauração de litígios;VII – aconselhar o cliente a não ingressar em aventura judicial;*

poderemos constatar que toda a discórdia ali encobre fatos e elementos da subjetividade que não estão na objetividade do processo: "O que não está nos autos, não está no mundo", não se aplica ao Direito de Família. O verdadeiro motivo daquela "guerra" judicial está em razões subjetivas e inconscientes e são motivadas, em verdade, muito mais pelo desamparo estrutural do sujeito e o sentimento de rejeição. É uma relação de amor e ódio mal resolvida, que aparece no discurso objetivo, consciente, por meio daquelas manifestações jurídicas. Basta raciocinarmos que, em geral, o motivo pelo qual se litiga é sempre patrimonial, material e, portanto "objetivo". Sendo assim, bastaria às partes raciocinarem fria e objetivamente para solucionarem o litígio. Isso, geralmente, não acontece, porque questões afetivas e de outra ordem estão misturadas àquilo que deveria ser objetivo e prático. Um processo de divórcio deve ser visto sob dois ângulos, ou em duas partes: uma objetiva e concreta (jurídica) e outra subjetiva. O trabalho do advogado familiarista deveria ser, então, pontuando essa mistura, desfazer a confusão estabelecida pelas partes. Obviamente, isso não é tão simples, pois as razões apresentadas para o litígio, na percepção das partes, estão, além de contaminadas pela emoção, geralmente encobrindo um outro discurso. O nosso trabalho deveria ser desmontar o discurso da aparência para que surja o verdadeiro motivo do litígio. Não é simples, pois há interesses, e toda uma cultura jurídico-processual de cultivo do litígio. Tal cultura advém de duas contaminações pessoais do profissional em seu trabalho: sua crença de que aceitando o litígio estará agradando ao cliente e sua prática de ganhar dinheiro por meio daquela demanda. Essa é uma visão empobrecida e retrógrada sobre o Direito e o ser advogado. Não se quer aqui, de forma alguma, desprezar a importância do processo judicial. Ao contrário, é somente por causa da sua existência que se torna possível estabelecer acordos pré-judiciais ou judiciais. Há casos em que realmente há necessidade de se instalar o litígio judicial, pois as partes, ou uma delas, radicalizam em algum aspecto. Contudo, essa radicalização, podemos perceber, faz-se por um prazer – prazer inconsciente, no sentido de estabelecer uma relação com o outro, ainda que por meio de um processo judicial.

Aí é que entra a função do advogado familiarista, no sentido de apontar que aquela demanda judicial é uma forma de continuar mantendo o vínculo. Significa que eles estão muito mais à procura de pretexto para continuarem se relacionando do que propriamente de uma solução justa para os filhos e eles próprios. É o discurso inconsciente encoberto pelos atos que se dizem conscientes. Daí a necessidade de outro olhar sobre essas demandas que chegam até nós, para que possamos ajudar os clientes a atravessarem este difícil momento de suas vidas. Tal olhar e postura ética podem sempre levar à transformação de um conflito entre as partes, em solução mais benéfica para o cliente.

5. REFERÊNCIAS

DIAS, Maria Berenice. *Manual de direito das famílias*. 9. ed., São Paulo: Revista dos Tribunais, 2013.

FARIAS, Cristiano Chaves de; ROSENVALD, Nelson. *Direito das famílias*. Rio de Janeiro: Lumen Juris, 2008.

MADALENO, Rolf. *Curso de direito de família*. Rio de Janeiro: Forense, 2011.

PEREIRA, Rodrigo da Cunha. *Divórcio*: teoria e prática. 4. ed., São Paulo: Saraiva, 2012.

PEREIRA, Rodrigo da Cunha. *Princípios fundamentais norteadores do direito de família*. 2. ed.. São Paulo: Saraiva, 2012.

PÓVOA, Maria Luiza. *Separação, divórcio e inventário por via administrativa*. Belo Horizonte: Del Rey, 2009

Advogado Dativo e sua Função Social

Rogério Vieira Santiago
Advogado.

O texto constitucional republicano vigente, promulgado em 05/10/1988, completará neste exercício de 2015, 27 (vinte e sete) anos de "*idade*".

Atualmente, o texto constitucional republicano encontra-se literalmente "*retalhado*" por 6 (seis) Emendas de Revisão, assim compreendidas aquelas levadas a efeito durante o quinquênio posterior à data de sua promulgação por exigência do art. 3º de seu ADCT, bem como por mais 88 (oitenta e oito) Emendas Constitucionais propostas por um rol exaustivo de legitimados a tanto previsto nos incisos do art. 60 de seu corpo permanente, observadas as limitações impostas pelo constituinte originário ao exercício do poder constituinte derivado, ou reformador, que vieram estampadas, também em seu corpo permanente, no art. 60, §1º (limitação temporal), §4º (limitação material) e §5º (limitação temporal).

Por opção do próprio constituinte originário, a regra genérica foi a da possibilidade de, por meio de processo legislativo regular, também disciplinado nos art. 60, §§ 2º e 3º, o texto constitucional republicano ser alvejado por tantas emendas quantas possam promover o resgate do texto de seu corpo permanente às bases principiológicas sobre as quais ele foi concebido. A regra da revisibilidade do corpo permanente do texto constitucional deixou claro que, aos "olhos" do constituinte originário, está-se diante de um Estado recentemente democratizado, cuja sociedade teria o comportamento alterado, quando nada, pela liberdade reconquistada, emergindo daí a necessidade do realinhamento do ordenamento jurídico maior aos "novos tempos".

Como exceção a esta regra genérica, o constituinte originário previu, no § 4º, do art. 60, da CR/88, as matérias que não poderiam ser objeto do poder constituinte derivado, ou reformador, de molde a "aboli-las" do ordenamento jurídico constitucional. A estas limitações materiais ao poder reformador a doutrina confere o nome de "cláusulas pétreas".

Entre estas "cláusulas pétreas", encontram-se "os direitos e garantias individuais" do brasileiro que vieram estampados nos incisos do art. 5º, CR/88.

Dentro de um Estado recém-redemocratizado, era de se esperar que as garantias ao devido processo legal, ao contraditório, à ampla defesa, à indeclinabilidade da jurisdição e, à impossibilidade de julgamento de qualquer cidadão por tribunais de exceção, fossem incluídas entre as chamadas "cláusulas pétreas", o que realmente veio a acontecer.

Outras garantias individuais de igual relevo para uma sociedade recém-liberta de um regime político de feições ditatoriais e opressor, como por exemplo, as garantias da liberdade de expressão, da resposta proporcional ao agravo, da liberdade de ir e vir, de peticionar aos poderes públicos em defesa de direitos ou contra abusos, de obter certidões das repartições públicas acerca de fatos que lá ocorreram e que sejam de interesse de quem quer que seja, a de que não existe crime sem lei anterior que o preveja, a de que a pena não pode passar da pessoa do condenado, a de que ninguém será processado nem sentenciado senão pela autoridade competente, e tantas outras, eram previstas que estariam, como de fato estão, entre as "cláusulas pétreas" constantes dos incisos do art. 5º, da CR/88.

E, para proporcionar concretude a um dos objetivos da República que vieram jusconstitucionalizados nos incisos do art. 3º, da CR/88, mais especificamente o de "erradicar a pobreza e a marginalização e reduzir as desigualdades sociais e regionais" (inciso III do art. 3º, da CR/88), era de se esperar que entre as garantias individuais jusconstitucionalizadas estivesse a de que "o Estado prestará assistência jurídica integral e gratuita aos que comprovem insuficiência de recursos". Como esperado, de fato tal garantia individual veio estampada no inciso LXXIV, do art. 5º, da CR/88.

Dentro de todo este cenário, era razoável que o constituinte originário também explicitasse como e de que forma o Estado brasileiro prestaria esta "[...] assistência jurídica integral e gratuita aos que comprovem insuficiência de recursos[...]", já que de antemão se sabia que um dos grandes desafios estatais era justamente o de "erradicar a pobreza" que assolava a maioria da população brasileira.

Também seria razoável que, já dentro do arcabouço jurídico-constitucional, fossem criadas ferramentas hábeis a obrigar o Estado, assim compreendido os Entes Federativos, a reservar expressiva fatia de suas verbas orçamentárias para criar unidades orgânicas destinadas exatamente a cumprir esta garantia individual que veio jusconstitucionalizada no art. 5º, LXXIV, da CR/88, de prestar "[...] assistência jurídica integral e gratuita aos que comprovem insuficiência de recursos[...]"

Como está-se diante de uma garantia constitucional que, quando de sua criação, visivelmente, não reunia mínimas condições de ganhar autoaplicabilidade, mas se afeiçoando a uma norma programática, dirigida aos Entes Federativos para que, por meio de seus poderes legislativos, criassem unidades orgânicas hábeis a abrigar servidores, com investidura originária em cargos públicos para exercício deste múnus, por meio de concurso público de prova e/ou provas e títulos (art. 37, II, da CR/88), pode-se dizer que esta garantia individual jusconstitucionalizada no corpo permanente do texto constitucional republicano, especificamente considerada, traduzia apenas a vontade do povo, ali representado pelos constituintes originários, ou para alguns, uma utopia jusconstitucionalizada.

Quando se fala que esta garantia constitucional, especificamente considerada, já naquele momento histórico em que elevada a "cláusula pétrea" no corpo permanente do texto constitucional republicano promulgado em 05.10.1988, já trazia em seu âmago apenas uma vontade do povo, talvez uma vontade utópica, como desejavam alguns tratadistas da época, é porque diante de um Estado recém-redemocratizado, cujas instituições democráticas sobrevieram todas remodeladas à luz do pacto federativo consagrado no art. 1º, da CR/88, era impossível que "como num passe de mágica", tudo quanto sobreveio jusconstitucionalizado no corpo permanente do texto constitucional republicano, mesmo as garantias individuais, pudesse ser auto-aplicável.

Enxerga-se, só daí, que não tendo o constituinte originário descrito como e de que forma esta garantia fundamental do cidadão "pobre no sentido legal", poderia receber do Estado "[...] assistência jurídica integral e gratuita aos que comprovem insuficiência de recursos[...]", que ela só ganharia aplicabilidade com o melhor aparelhamento da máquina estatal para cumprimento deste múnus e, sobretudo, da presença ostensiva da Ordem dos Advogados do Brasil, enquanto instituição que já naquele momento histórico abrigava em seus quadros advogados e provisionados com obrigação legal de atender exatamente a esta demanda da sociedade (arts. 48, 51 e 91, da Lei Federal n. 4215/63).

Apenas puxando a todos pela memória, o Estatuto da Advocacia da época, *in casu* a Lei Federal n. 4.215/63, trazia em seu art. 91 a seguinte determinação:

> No Estado em que houver Serviço de Assistência Judiciária mantido pelo Governo, caberá à Seção ou Subseção da Ordem a nomeação do advogado ou provisionado para o necessitado, depois de deferido o pedido em juízo, mediante a comprovação do estado de miserabilidade.

Ainda puxando a todos pela memória, a categoria dos provisionados, à época existia justamente para que a Ordem dos Advogados do Brasil pudesse, mediante processo seletivo por ela entreaberto para habilitar brasileiros, não bacharéis em Direito, mas que tivessem conhecimentos técnico-jurídicos afetos a "organização e princípios constitucionais do Brasil", "organização Judiciária federal e local", "direito civil, comercial, criminal e do trabalho", "processo civil e penal" (art. 52, da Lei Federal

n. 4.215/63), para "[...]exercício em três comarcas no máximo, em cada uma das quais não advoguem mais de três profissionais[...]" (art. 52, §2º, da Lei Federal n. 4.215/63), que entretanto tinham habilitação para exercício profissional unicamente em primeira instância (art. 74, da Lei Federal n. 4.215/63).

Vê-se, sem maiores esforços, que o próprio Estatuto da Advocacia vigente à data da promulgação do texto constitucional republicano vigente (Lei Federal n. 4.215/63), já antevia que nem todos os Estados tinham "Serviço de Assistência Judiciária" e, nem todas as comarcas, tinham mais de 3 (três) advogados habilitados ao exercício profissional, daí por que, agora sim se comprova que a garantia individual jusconstitucionalizada no inciso LXXIV, do art. 5º, da CR/88, de que "o Estado prestará assistência jurídica integral e gratuita aos que comprovem insuficiência de recursos" era realmente uma vontade utópica do constituinte originário.

Passadas mais de duas décadas e meia da promulgação do atual texto constitucional republicano, existem muitas comarcas onde inexiste defensor público pertencente à carreira pública da Defensoria Pública dos Estados Federados.

De diferente do panorama anterior, hoje também não existe mais a figura do provisionado, que era o verdadeiro "quebra galho" para comarcas pequeninas onde inexistiam advogados habilitados a servir ao povo miserável na condição de "Assistente Judiciário".

Com o advento do atual Estatuto do Advogado, *in casu* a Lei Federal n. 8.906/94, eliminou-se a figura do provisionado e, somente o advogado regularmente habilitado ao exercício da advocacia é que ficou incumbido, nas comarcas onde inexiste defensor público pertencente à carreira pública da Defensoria Pública dos Estados Federados, a prestar "Assistência Judiciária" aos "necessitados", incumbência esta da qual ele não pode declinar "sem justa causa", sob pena de malferir uma das obrigações legalmente impostas ao profissional da advocacia, ficando sujeito a processo disciplinar em virtude deste descumprimento obrigacional (art. 34, XII, da Lei Federal n. 8.906/94).

Hoje, quando existe um processo-crime, em que o denunciado não possui defensor constituído, cabe à autoridade judiciária que serve de juiz natural do feito nomear um "advogado dativo" para ele (art. 261, *caput* e seu parágrafo único, do CPP).

Tudo isso porque, no âmbito do direito processual penal, o direito de defesa do acusado é uma espécie do gênero "direitos públicos indisponíveis".

Na grande maioria dos processos criminais, que tramitam perante o Poder Judiciário, segundo revelou recentemente o Conselho Nacional de Justiça na mídia nacional, o denunciado só conhece quem vai servir de defensor dele, quando da realização da primeira audiência que sobrevier designada.

Também segundo revelou o Conselho Nacional de Justiça, existe uma imensa população dentro dos estabelecimentos penitenciários encarcerada indevidamente, justamente por faltar-lhe uma assistência judiciária "integral" por parte daqueles que sobrevêm nomeados para exercício destes múnus.

Enxerga-se, desse panorama da população encarcerada trazido pelo Conselho Nacional de Justiça, que a "função social" que gravita sobre a profissão dos chamados "advogados dativos", ganha ainda mais relevo.

O que as autoridades judiciárias não podem perder de vista é que, quando o denunciado não tiver defensor constituído e, eles tiverem de nomear um, para que exerça o direito indisponível dele à ampla defesa, dentro do devido processo legal criminal, que deixem tais profissionais do Direito advertidos que só ficarão eles exonerados do encargo ao final do processo que, na hipótese de condenação, só ocorre quando do término do cumprimento da pena que sobrevier fixada.

Talvez, um dos grandes problemas desta superpopulação encarcerada sem justa causa, literalmente num estado de "abandono", está na falta de conscientização de que o defensor público, ou o "defensor dativo" nomeado para fazer as vezes dele, tem a incumbência de, em nome do Estado, prestar assistência judiciária "integral" ("letra" do art. 5º, LXXIV, da CR/88) àqueles que estiverem sob seu patrocínio, o que à obviedade demanda destes "defensores dativos" o acompanhamento do cumprimento da pena de seu constituinte, na hipótese de sua condenação, para que possa ele gozar de todos os benefícios que lhe são postos na Lei de Execuções Penais deste país.

Existe um "mito", que não corresponde à realidade, de que o advogado, quando atua num processo-crime, só tem a obrigação de defender seu cliente até o trânsito em julgado da sentença penal condenatória.

Fala-se que este é um verdadeiro "mito", pois esta máxima só tem sua razão e ser e existir quando o advogado é constituído pelo próprio cliente, por meio de contratação formal, em que realmente há esta possibilidade de fracionamento de suas responsabilidades funcionais.

Agora, quando se trata de um denunciado que está sob patrocínio de um defensor público, ou na inexistência deste, de um "defensor dativo", não há como se limitar a atuação do profissional do Direito a esta, ou àquela fase do processo-crime, pois é o texto constitucional republicano que lhe incumbe de prestar a assistência judiciária "integral" aos "necessitados" ("letra" do art. 5º, LXXIV, da CR/88).

Sem sombra de dúvidas, quando um magistrado nomeia um advogado para servir de "dativo" de um denunciado, está ele a investir dito causídico das mesmas atribuições que, ordinariamente, teriam de ser desempenhadas por um defensor público pertencente à carreira da Defensoria Pública dos Estados Federados.

Como o advogado que serve de "dativo" supre uma obrigação que *a priori*, teria de ser satisfeita pelo Estado, por meio de seus quadros de defensores públicos, emerge para este o direito de, findo seus trabalhos, ter sua remuneração arbitrada para que o Estado a satisfaça.

Hoje, este "papel" importantíssimo de "defensor dativo" vem sendo exercido, sobretudo nas comarcas interioranas, onde inexiste a figura do defensor público pertencente à carreira da Defensoria Pública dos Estados Federados, pelos próprios advogados da comarca, que fazem do exercício deste múnus público, a principal fonte que abastece a vida deles e das famílias deles.

Nas comarcas pequeninas, onde existem poucos advogados inscritos na subseção, a grande maioria deles sobrevive às custas, quase que exclusivamente, dos honorários que lhe sobrevêm arbitrados quando no exercício do múnus de "dativos".

Por mais que os Estados Federados não tenham a menor condescendência para com eles, "defensores dativos", já que não pagam as verbas honorárias que sobrevêm arbitradas aos referidos causídicos dentro das vias administrativas, fazendo com que estes tenham que ingressar em juízo para perceberem seus créditos, ainda assim, a grande maioria prefere continuar trabalhando como "dativo", a literalmente ter de abandonar a profissão de advogado por faltar-lhe cliente.

Existe, também, uma segunda "função social" que gravita sobre a atividade dos "dativos", que é a de evitar que talentos da advocacia, em especial da advocacia interiorana, abandonem a profissão por faltar-lhes clientes mais abastados que possam ajudar na própria sobrevivência deles e das famílias deles.

Há, por parte da Ordem dos Advogados do Brasil, uma enorme "dívida social" para com esta imensa gama de "defensores dativos" que, mesmo com tantas adversidades, mesmo contando com pouco acesso a cursos de atualização, nem sempre acessíveis de forma gratuita à população interiorana, mesmo com suas remunerações só satisfeitas nas vias judiciárias pelo Estado, não deixam a advocacia de nenhuma comarca fenecer, hipótese que demandaria a "ressurreição" da extinta categoria dos provisionados antes existente na vigência do Estatuto dos Advogados de 1963 (Lei Federal n. 4.215/63).

Acaso se pretenda que o postulado inserto no art. 133 da CR/88, segundo o qual "o advogado é indispensável a administração da justiça" não se torne *"letra morta"* jusconstitucionalizada e, acaso não se enxergue na "advocacia dativa" uma "válvula" que, de um lado, possibilita ao advogado, sobretudo interiorano, ter fonte para sobreviver e, de outro, que estas mesmas comarcas interioranas possam ter seu trabalho judiciário mais otimizado quando conta com os préstimos dos advogados locais para servirem de "dativos" daqueles que não podem custear os serviços profissionais deles, em breve muitos destes abnegados do Direito que servem de "dativos" vão acabar abandonando a profissão de advogados, que neste viés entraria num médio espaço de tempo a integrar a extensa lista das profissões em extinção.

Acorda, Brasil...

A Participação do Advogado Diante das Manifestações Populares

Ronaldo Mayrink de Castro Garcia Dias

Os últimos meses de 2013, marcados pelos protestos que tomaram as maiores cidades do país, a princípio contra o aumento do preço das tarifas dos transportes, entraram para a história. Reivindicações crescentes ganharam voz e começaram a fazer coro com outras vozes descontentes. Quando certa manhã despertou depois de um sono intranquilo, percebeu-se convertido em um gigante que, enfim, saiu às ruas bradando seu descontentamento com os rumos históricos tomados nesta sua ausência. Contudo, diferente do plano Kafkiano, para esta história não foi previsto um fim.

Em um primeiro momento, a "opinião pública", que é ventilada por dois ou três grandes grupos de comunicação, sem saber a notícia a ser vendida, dava conta de manifestações que exigiam a manutenção das tarifas do transporte público na cidade de São Paulo. Formou-se, assim, a ideia que a população tinha tomado as ruas por conta de vinte centavos. Estranharam as manifestações terem se espraiado por todo o Brasil, lugares que sequer haviam modificado suas tarifas e entre as que a aumentaram, o recuo não se mostrou o bastante para que o povo voltasse a sua rotina, assim, a ideia dos vinte centavos já não mais respondia.

Causava ainda mais estranhamento tais revoltas populares terem ganhado as ruas sob um governo dito de esquerda, encabeçado por um partido que sempre criticou a corrupção e a má gestão dos recursos do Estado, que vinha sendo reconhecido por algumas mudanças sociais como o combate à miséria, uma maior distribuição de renda e a expansão do consumo para as classes menos afortunadas. Contudo, isso não era o bastante, pois o governo não se mostrou capaz de acabar com os desvios do dinheiro público e de oferecer serviços públicos de qualidade.

A oposição culpava a situação por erros históricos enquanto esta afirmava que a manifestação era orquestrada pela oposição. A mídia parecia um pêndulo que ora se mostrava a favor, ora contra, às vezes titubeava ficando sobre o muro a assistir de camarote.

Do mesmo modo que a mídia tropeçava ao tentar noticiar os fatos, ora dizendo se tratar de um movimento válido, noutro que era uma reunião de vândalos, a polícia também mostrou seu despreparo para tal.

Já nos primeiros dias ficou patente a inabilidade do Estado para lidar com o que era um exercício legítimo dos direitos de reunião e manifestação do povo, o braço armado do Estado saiu às ruas para "conter" os insatisfeitos que, dentre outros motivos, gritavam contra os abusos praticados por policiais nas zonas periféricas das cidades. Por mais anacrônico que possa parecer, o povo clamava por liberdade em um Estado Democrático de Direito e esse mesmo Estado começou a responder com bombas de efeito moral, balas de borracha e gás lacrimogêneo.

Ao mostrar a cara feia nas ruas, a choldra atiçou os cassetetes do Estado e seu ministério da educação popular, onde "professores" tentavam ensinar o lugar do povo e a postura "adequada" a ser observada em uma demonstração de insatisfação coletiva.

Em um País em que era costume dizer que a população não saía às ruas, que o povo era acomodado e que a sociedade civil não se organizava para discutir sua vida política, este se encontrou nas ruas e se apercebeu que não era a choldra a chorar vinte centavos e, sim, um País inteiro a buscar respostas às mais diversas indagações.

Com o povo nas ruas se encontrando com uma polícia militarizada em um Estado democrático, as delegacias das cidades acabaram abarrotadas com as "averiguações". Não só o "gigante" havia acordado, mas algo que já deveria estar morto acabou ressuscitando. As prisões para "averiguação", instituto pertencente aos regimes ditatoriais, que acreditávamos ter sido extirpado do nosso ordenamento jurídico e que não passa do mais absurdo abuso de autoridade.

Não bastando os abusos praticados pelos militares a mando dos governantes, que por seu turno declaravam que os milicos estavam nas ruas para garantir a segurança, direitos e liberdades do povo. Nas delegacias os abusos não encontraram melhor fim, além das costumeiras imputações de desobediência e desacato, frutos de um passado mais autoritário, que insistem em se manter vivos em uma democracia, muitos conduzidos se viram autuados por formação de quadrilha, delito tipificado no artigo 288 do Código Penal, que exige que um grupo determinado de pessoas se reúna com o fim de praticarem crimes, pessoas que nem se conheciam acabaram formando quadrilhas "instantâneas".

Nestes dias cinza, em que as respostas demoravam a chegar, que os abusos iam sendo praticados sem que as instituições se posicionassem para garantir de forma eficaz o direito de manifestação popular, o povo que tomara as ruas formou uma massa que não era capaz de se autocontrolar. Uns se aproveitaram da situação de aparente desorganização e começaram a depredar patrimônio público e particular, outros tentaram dissuadi-los, danos, agressões, começaram a "justificar" mais rigor nas intervenções policiais.

Começaram a cogitar a necessidade de estabelecer leis de exceção e a lei de terrorismo [1] estranhamente ganhou pauta logo após o início das manifestações. Portadores de máscaras e vinagre, produto que auxilia no combate aos efeitos do gás lacrimogêneo eram vistos como responsáveis

1 Projeto proposto pelo senador Romero Jucá (PMDB-RR), relatado pelo deputado Miro Teixeira (PDT-RJ) que tipifica o crime de terrorismo no Brasil, ainda não transformado em lei formal até o momento da elaboração deste artigo.

pelo caos e diante dos absurdos abusos das autoridades, que não se mostraram capazes de lidar da forma adequada com a situação, tornou-se imperativo que pessoas e instituições começassem a se posicionar perante estes.

Presente no artigo 44, I, do Estatuto da Advocacia e da OAB, no título que trata da instituição, dos seus fins e organização, "defender a Constituição, a ordem jurídica do Estado Democrático de Direito, os direitos humanos, a justiça social e pugnar pela boa aplicação das leis, pela rápida administração da justiça e pelo aperfeiçoamento da cultura e das instituições jurídicas", palavras que representam uma verdadeira obrigação da instituição de se posicionar ao lado da sociedade diante das situações de conflito com forças do Estado. No Código de Ética Profissional, o advogado encontra expressa sua condição de "indispensável à administração da Justiça, de defensor do Estado Democrático de Direito, da cidadania, da moralidade pública, da Justiça e da paz social".

Por consequência, ao advogado é entregue um poder de participação política maior que ao cidadão comum, já que é capacitado juridicamente e treinado em seu cotidiano a resolver conflitos. Em um país injusto e herdeiro de uma legislação inquisitorial, a participação deste, mais que uma necessidade, torna-se uma verdadeira obrigação moral.

Advogados do Brasil inteiro, sensíveis ao momento vivido no país, foram às ruas para mostrar sua insatisfação como cidadãos e também para lutar pela garantia do direito constitucional de livre manifestação. Em alguns Estados, a Ordem dos Advogados tomou a frente junto aos advogados que se voluntariaram logo nos primeiros dias das manifestações, em outros somente quando viram a possibilidade de mídia favorável, em uns poucos as manifestações acabaram sem que tivessem tido participação alguma. Todavia, em todos, o que se viu foram advogados que de forma voluntária não se mantiveram inertes diante dos abusos praticados por representantes do Estado e se fizeram presentes nas manifestações, nas abordagens policiais e nas inquirições nas delegacias. Tentaram minimizar os efeitos do autoritarismo, garantir direitos fundamentais e sofreram junto com os manifestantes em muitos casos.

Os meses se passaram, as manifestações arrefeceram, restaram alguns mortos, feridos e diversos textos que ainda buscam situar as soluções do governo perante estas. Juridicamente, as noticias não poderiam ser piores, dezembro de 2013 se iniciou com o primeiro condenado por participação nas manifestações. Trata-se de um morador de rua do Rio de Janeiro acusado de porte de artefato explosivo, que segundo a decisão de primeira instância, terá de cumprir cinco anos e dez meses de prisão em regime fechado.

De acordo com a polícia e o Ministério Público, Vieira foi detido com dois coquetéis molotov saindo de uma loja abandonada na avenida Presidente Vargas. O mesmo afirmou ser morador de rua e catador de latinhas. Sua defesa alegou que na verdade constava nas garrafas plásticas desinfetante da marca "Pinho Sol" e água sanitária. Em sua sentença, o juiz considerou o laudo pericial que "atesta que uma das garrafas tinha mínima aptidão para funcionar como coquetel molotov".[2] Sentenças como esta brotaram antes da leva de manifestações que dali em diante ocorreram, disseminando mais que justiça, um verdadeiro "justiçamento", que parece ter o intuito de esfriar as intenções dos manifestantes em saírem às ruas. O termo "imagina na Copa" foi um mote recorrentemente utilizado nas manifestações que dali em diante se sucederam, o que certamente desagradou a alguns, que queriam passar a imagem de um povo "amistoso e bem governado", fato que consequentizou em manifestações populares que o governo tentou conter na base do "vale tudo", usando de soluções autoritárias completamente "demode".

Sem entrar nos méritos das bandeiras levantadas e das soluções propostas, quem realmente assistiu essa movimentação política, sendo certo que é uma manifestação política no melhor sentido da palavra, vez que tratou de uma manifestação popular em repúdio a atos dos poderes da República, quem ao menos tentou afastar as ideias de certo e errado e buscou no distanciamento encontrar algo maior que todo o ocorrido, deparou-se com um gigante monstruoso e realmente perigoso que é a fragilidade da nossa democracia, que nos últimos meses de 2015 tem se revelado ainda mais frágil, ante à "guerra de poder" deflagrada entre as chefias dos poderes executivo e legislativo federal, que não conseguem enxergar que ambos os agentes políticos foram eleitos, respectivamente, Presidente da República e Senador / Depurado, pelo povo brasileiro,

2 FOLHA de S. Paulo. Caderno Cotidiano, 4 dez. 2013.

a quem todos "viraram as costas", desta feita não se insurgindo contra "centavos de passagens", mas sim a favor de seus próprios "projetos de poder". O gigante, pelo visto, voltará às ruas em breve...

REFERÊNCIAS

BOLETIM IBCCRIM. *As manifestações da sociedade civil e a repressão policial* – Editorial, Ano 21,n,249 ago. 2013.

ESTATUTO da Advocacia e da OAB e legislação complementar, 2008/2009, OAB/MG. Belo Horizonte, 2008.

VASSOURAS, Vera Lúcia Conceição. O mito da igualdade jurídica no Brasil: notas críticas sobre igualdade formal. São Paulo: EDICON, 1994.

Links consultados

http://www1.folha.uol.com.br/cotidiano/2013/12/1380488-catador-e-o-primeiro-condenado-apos-onda-de-manifestacoes.shtml Consulta realizada 09/12/13

http://www.em.com.br/app/noticia/nacional/2013/12/06/interna_nacional,476922/defensores-de-direitos-humanos-questionam-condenacao-do-morador-de-rua-preso-em-manifestacao-no-rio.shtml Consulta realizada dia 11/12/13

O Sigilo e o Acesso do Advogado aos Autos na Persecução Penal

Sara Fernandes Carvalho

Mestranda em Ciências Jurídico-Forenses pela Faculdade de Direito da Universidade de Coimbra. Bacharela em Direito pela Faculdade de Direito da UFMG. Advogada do escritório Ferreira de Melo Advogados.

1. INTRODUÇÃO

Este trabalho pretende analisar a prerrogativa, garantida aos advogados pelo Estatuto da Ordem dos Advogados Brasil, de exame dos autos de processos e investigações criminais sob a ótica do conflito de interesses entre a publicidade e o sigilo na persecução penal.

A investigação criminal, bem como o processo penal, são por regra atividades públicas, cujo conhecimento é permitido tanto aos diretamente envolvidos na persecução: partes, advogados e demais operadores do Direito – publicidade interna; quanto a qualquer interessado – publicidade externa.

Entretanto, existirão casos em que a publicidade será limitada pelo interesse estatal de investigar sigilosamente determinados fatos, ou mesmo pelo resguardo à intimidade dos envolvidos.

Quando o objetivo do sigilo está na proteção à privacidade das partes, geralmente há restrição à publicidade externa, o que não costuma gerar controvérsias jurídicas, posto que o conflito de interesses encontra solução proporcional pela tramitação em segredo de Justiça.

Por outro lado, nos casos em que se pretende resguardar a efetividade da persecução penal, principalmente na fase investigatória, é comum que se restrinja a publicidade interna, limitando o acesso do advogado aos autos, o que pode infringir suas prerrogativas profissionais e o amplo exercício da defesa do investigado.

Assim, este trabalho analisará o aludido conflito de interesses, tomando em consideração a legislação pertinente e as soluções jurisprudenciais para a questão, notadamente a Súmula Vinculante n. 14 do STF.

2. A PUBLICIDADE DO PROCESSO PENAL

Nas origens do atual Estado Democrático de Direito, está o pensamento iluminista, o qual buscou a estruturação da Administração por meio do modelo de tripartição de poderes, hoje consolidado na maior parte dos países democráticos.[1]

Tal movimento visava o combate do Estado de Polícia, da segunda fase do Absolutismo, no qual o monarca se impunha acima do Estado e do Direito, consoante esclarece Jorge Reis Novais:[2]

---

1 CAETANO, Marcello. *Manual de ciência política e direito constitucional* –Coimbra: Almedina, 2003, t. 1, p.197.

2 NOVAIS, Jorge Reis. *Contributo para uma teoria do Estado de direito.* Coimbra: Almedina, 2006, p. 36.

> Enquanto Poder que progressivamente se coloca acima do direito, o Estado absoluto é considerado pela generalidade da doutrina como o antimodelo contra o qual se erguem a teoria e a construção prática do Estado de Direito. De facto, nas duas fases do Estado absoluto – a patrimonial e a de polícia –, a vontade arbitrária do Príncipe impõe-se à medida do gradual desaparecimento das possibilidades de defesa judicial dos particulares relativamente às ofensas do Poder, não obstante a crescente importância que a regra de direito assume no Estado de Polícia no domínio da disciplina jurídica das relações entre os indivíduos.

Foi a Revolução Francesa de 1789 que trouxe os parâmetros do Estado Formal, submetendo a Administração à legalidade constitucional, e tornando público o processo punitivo, a fim de garantir a legitimidade estatal.

A Constituição da República brasileira de 1988 prevê, em seu art. 37, a publicidade como princípio reitor da Administração, garantindo ainda no art. 93, inciso IX, serem públicos os julgamentos e decisões do Poder Judiciário.

Não há dúvidas, portanto, de que a regra da persecução penal é a publicidade, quer na fase investigatória, quer no decurso processual, o que permite o contraditório e a ampla defesa, além de garantir à população a fiscalização dos atos públicos, evitando arbitrariedades.

O texto constitucional, porém, ao abordar a publicidade dos atos processuais, apresenta algumas ressalvas à regra exposta, assim prevendo o art. 5º, inciso LX:

> A lei só poderá restringir a publicidade dos atos processuais quando a defesa da intimidade ou o interesse social o exigirem.

Note-se que a Carta prevê que, em qualquer dos casos, a restrição ao princípio da publicidade só poderá ser feita pela via normativa, por meio de diploma com força de lei. Tal disposição reforça o argumento da importância da publicidade dos atos processuais.

Consoante exposto, tal prerrogativa permite, no âmbito criminal, o acompanhamento pela população dos atos punitivos do Estado, legitimando a sanção pública e evitando discricionariedades próprias dos modelos autoritários.

Nesse sentido, valiosa a lição de Aberto Silva Franco e Rui Estoco acerca da publicidade no processo penal:

> A publicidade de seus atos é a garantia da lisura de sua lisura e do processo do qual participam e, inegavelmente, fator de legitimação do Poder Judiciário.[3]

Por outro lado, a prerrogativa do acesso à investigação e ao processo garante à defesa paridade de armas em face do órgão acusatório. Isso porque o art.129 da CR/88 assegura ao Ministério Público a promoção da ação penal pública e o controle externo da atividade policial.

Assim, terá sempre o *Parquet* acesso irrestrito aos autos, seja na fase preliminar, seja após a instauração da ação penal, a qual, no caso da ação penal privada, acompanhará como fiscal da lei.

Analisado o caráter público da ação penal, passaremos no tópico seguinte às exceções trazidas pelo citado art. 5º, a saber a intimidade e o interesse social, lembrando sempre que estas hipóteses são contrárias à regra geral, devendo ser previstas em lei e lastreadas por decisão que fundamente a restrição com fulcro na especificidade do caso.

3. A NECESSIDADE DE SIGILO

Como demonstrado, a publicidade é elemento essencial à persecução penal, uma vez que em sua faceta externa garante a legitimidade do poder punitivo estatal e, no âmbito interno, o exercício do contraditório e da ampla defesa.

No entanto, excepcionou a Constituição hipóteses em que deverá haver sigilo das investigações e dos atos processuais, em razão do interesse social e da intimidade das partes.

---

3 FRANCO, Alberto Silva; STOCO, Rui. *Código de Processo Penal e sua interpretação jurisprudencial* – parte constitucional. São Paulo: Revista dos Tribunais, 2004, p.1.052.

Visando o resguardo da intimidade, como já afirmado, é comum que seja restringido o acesso da população aos autos, o que não impede que o advogado ou os envolvidos possam examinar o processo.

Por outro lado, a Carta Constitucional estipula como exceção o interesse social sem que haja alguma definição jurídica satisfatória para a aludida expressão. Nesse sentido, escorreita a crítica de Flávia Rahal no sentido de que o interesse social é um termo vago e que pouco auxilia a restringir a atuação do aplicador do Direito.[4]

Certo é que o sigilo deverá ser previsto pela lei e justificado por decisão fundamentada a demonstrar que a publicidade violaria o interesse social naquele caso específico.

O Código de Processo Penal prevê que os atos processuais serão públicos, permitindo restrições à participação presencial nos casos em que puder haver grave inconveniente ou perturbação à ordem:

> Art. 792. As audiências, sessões e os atos processuais serão, em regra, públicos e se realizarão nas sedes dos juízos e tribunais, com assistência dos escrivães, do secretário, do oficial de justiça que servir de porteiro, em dia e hora certos, ou previamente designados.
> § 1º Se da publicidade da audiência, da sessão ou do ato processual, puder resultar escândalo, inconveniente grave ou perigo de perturbação da ordem, o juiz, ou o tribunal, câmara, ou turma, poderá, de ofício ou a requerimento da parte ou do Ministério Público, determinar que o ato seja realizado a portas fechadas, limitando o número de pessoas que possam estar presentes.

Observe-se que o dispositivo não traz qualquer óbice ao exame dos autos, sendo que no curso da ação penal se conclui que, exceto em razão da preservação da intimidade das partes, será o processo sempre público.

Já na fase pré-processual, inúmeros são os defensores do sigilo das investigações, o que teria como escopo a garantia da apuração dos fatos e a busca da verdade real, tornando efetiva a persecução.

---

4 PREIRA, Flávia Rahal Bresser. *A publicidade no processo penal brasileiro:* confronto direto com a intimidade. Dissertação (Mestrado) – Faculdade de Direito da Universidade de São Paulo, 2000, p.136.

Com o escopo de regulamentar o sigilo do inquérito policial, o *caput* do art. 20 do CPP assim prevê:

> A autoridade assegurará no inquérito o sigilo necessário à elucidação do fato ou exigido pelo interesse da sociedade.

Ao analisar o aludido dispositivo, Tourinho Filho enfatiza a necessidade do sigilo como meio de garantir o interesse social na apuração dos fatos no curso da investigação criminal:

> Sendo o inquérito um conjunto de diligências visando a apurar o fato infringente da norma penal e a respectiva autoria, parece óbvio deva ser cercado do sigilo necessário, sob pena de se tornar uma burla. Não se concebe investigação sem sigilação. Sem o sigilo, muitas e muitas vezes o indiciado procuraria criar obstáculos às investigações, escondendo produtos ou instrumentos do crime, afugentando testemunhas e, até, fugindo à ação policial. Embora não se trate de regra absoluta, como se entrevê da leitura do art. 20, deve a Autoridade Policial empreender as investigações sem alarde, em absoluto sigilo, para evitar que a divulgação do fato criminoso possa levar desassossego à comunidade. E assim deve proceder para que a investigação não seja prejudicada. Outras vezes o sigilo é mantido visando a amparar e resguardar a sociedade, vale dizer, a paz social. Não havendo interesse na sigilação, pode a autoridade fazer publicar, no jornal, retrato falado do pretenso autor do fato e até mesmo revelar o fato, indicando algumas provas, procurando, assim, o auxílio dos bons cidadãos da cidade.[5]

Todavia, não se pode esquecer que o sigilo processual e investigatório é uma exceção à garantia constitucional de publicidade dos atos da Administração e do processo judicial, devendo ser encarado com ressalvas, atendendo aos princípios da proporcionalidade e da necessidade.

---

[5] TOURINHO FILHO, Fernando da Costa. *Código de Processo Penal comentado*. São Paulo: Saraiva, 1996, p. 49.

4. O ACESSO DO ADVOGADO À PERSECUÇÃO PENAL

Aclarado o conflito entre os interesses da publicidade da persecução penal e do sigilo das investigações, há que se delinear a função do advogado e a necessidade de que o mesmo tenha acesso aos autos penais.

A Constituição da República de 1988 estabelece, entre as funções essenciais à Justiça, o exercício da advocacia, assim prevendo o art. 133:

> O advogado é indispensável à administração da justiça, sendo inviolável por seus atos e manifestações no exercício da profissão, nos limites da lei.

Em atenção ao dispositivo constitucional, foi elaborada a Lei n. 8.906/94 que, ao dispor sobre o Estatuto da Advocacia, delimita os direitos e deveres deste profissional, estabelecendo as regras gerais de sua atuação.

Inegável que as prerrogativas do advogado são instrumentos indispensáveis ao exercício da defesa dos cidadãos, importando à sociedade como um todo porquanto é este indispensável à administração da Justiça.

Em seu art. 7º, o referido diploma apresenta os direitos do advogado, prevendo em seus incisos XIII e XIV o acesso aos autos processuais e de investigação policial:

> São direitos do advogado:
> [...]
> XIII – examinar, em qualquer órgão dos Poderes Judiciário e Legislativo, ou da Administração Pública em geral, autos de processos findos ou em andamento, mesmo sem procuração, quando não estejam sujeitos a sigilo, assegurada a obtenção de cópias, podendo tomar apontamentos;
> XIV – examinar em qualquer repartição policial, mesmo sem procuração, autos de flagrante e de inquérito, findos ou em andamento, ainda que conclusos à autoridade, podendo copiar peças e tomar apontamentos.

Note-se que ao tratar dos autos de processos, aclara a norma que o exame será limitado pelo sigilo processual.

Entretanto, quando aborda os autos de flagrante e de inquérito, o inciso XIV não restringe o acesso aos autos, permitindo ao advogado, mesmo sem procuração, o exame e a cópia de todo o procedimento.

Resta claro que tal prerrogativa vai de encontro ao art. 20 do Código de Processo Penal, o qual permite o sigilo das investigações, desde que devidamente justificada a sua necessidade.

Assim, há de se questionar se em um processo sigiloso terá o advogado sempre acesso aos autos, ou se haverá limitações em razão do interesse social.

No curso do processo penal, já se chegou ao pacífico entendimento de que o advogado terá acesso irrestrito aos autos que não tramitem em segredo de justiça, os quais poderá examinar mediante apresentação de procuração.

Contudo, no que tange à fase pré-processual, a questão gerou historicamente enormes controvérsias, posto que não esteja definido de forma clara pela legislação vigente os contornos do conflito entre a necessidade de sigilo e a regra da publicidade interna.

Na prática da advocacia, era frequente que aos patronos fosse impedido o acesso às investigações nas hipóteses em que o sigilo era instrumento para garantia da apuração dos fatos.

Inúmeros eram os casos de abuso às restrições e completo esquecimento de que o segredo é alternativa excepcional, devendo justificar-se pela real necessidade em cada caso.

A partir do célebre julgamento do HC 82.354, de Relatoria do Ministro Sepúlveda Pertence pela 1ª Turma, em 10 de agosto de 2004, o STF passou a sistematicamente garantir aos advogados o acesso aos autos do inquérito policial.

Diversos foram os julgados nesse sentido, até que em fevereiro de 2009 foi publicada a Súmula Vinculante n. 14, a garantir como instrumento da ampla defesa o acesso do advogado aos meios de prova do procedimento investigatório:

> *STF Súmula Vinculante n. 14* – PSV 1 – DJe n. 59/2009 – Tribunal Pleno de 02/02/2009 – DJe n. 26/2009, p. 1, em 9/2/2009 – DO de 9/2/2009, p. 1

> *Acesso a Provas Documentadas em Procedimento Investigatório por Órgão com Competência de Polícia Judiciária – Direito de Defesa*
>
> É direito do defensor, no interesse do representado, ter acesso amplo aos elementos de prova que, já documentados em procedimento investigatório realizado por órgão com competência de polícia judiciária, digam respeito ao exercício do direito de defesa.

Do texto da súmula se verifica que, pela utilização da expressão "no interesse do representado", para ter o acesso às investigações o advogado precisa de poderes específicos outorgados pelo seu constituinte.

Ao falar em "provas já documentadas", refere-se a súmula às já anexadas aos autos do inquérito policial, dessumindo-se, daí, que as investigações em curso, ainda não materializadas, excluindo-se a possibilidade de conhecimento prévio pelo advogado dos atos que estão sendo ou que serão praticados pela autoridade policial.

Conclui-se, portanto, que a Súmula Vinculante n. 14, ao regulamentar o acesso dos advogados às investigações, restringe a prerrogativa garantida pelo Estatuto da Advocacia, visando compatibilizar a prerrogativa à limitação constitucional do interesse social.

Na vivência profissional, muitas vezes o que se verifica é que a autoridade policial tem-se valido das limitações trazidas pela súmula para impedir o acesso do advogado a elementos investigativos, trazendo eles à baila quando da oitiva dos investigados, restando apenas ao advogado valer-se do direito constitucional ao silêncio do acusado.

Este não é, entretanto, o objetivo da súmula, a qual visa ratificar um direito expresso no art. 7º, inciso XIV, do Estatuto da Ordem dos Advogados Brasil.

Ante ao fartamente argumentado, as investigações já concluídas não podem permanecer às escondidas de quem tem interesse na apuração dos fatos: polícia, juiz, Ministério Público e advogado.

Até porque o acusado tem direito de conhecer o objeto da acusação e ser instruído por seu advogado, a fim de que possa exercer ainda na fase pré-processual seus direitos e garantias constitucionais.

Repise-se, por fim, que a regra é a da investigação pública, devendo o sigilo ser sempre justificado por decisão fundamentada, não se podendo aceitar como argumento a alusão genérica ao interesse social.

Ainda que sigiloso, deverá ter o advogado acesso aos autos a fim de permitir a ampla defesa, bem como a paridade de armas ante a acusação porquanto o Ministério Público terá sempre acesso ao procedimento.

5. CONCLUSÃO

O trabalho pretendeu analisar a real aplicação da prerrogativa de exame dos autos pelo advogado no processo penal e na investigação policial.

Verificou-se que, a despeito de ter o Estatuto da Ordem dos Advogados Brasil garantido irrestrito acesso por parte dos advogados, na prática este direito vem sendo limitado em face da necessidade de sigilo.

Não podemos negar a existência de um conflito de interesses constitucionalmente garantidos entre a publicidade dos atos da administração e do Poder Judiciário e o sigilo na persecução penal, em face da intimidade dos envolvidos ou ao interesse social na busca da verdade real.

Todavia, em um Estado que se pretende chamar Democrático de Direito deve-se reconhecer a função do advogado e a necessidade de transparência no exercício do poder punitivo.

Extremamente atual, portanto, a lição de Rui Barbosa acerca da utilidade social do exercício da advocacia na defesa criminal:

> Desde então começa a justiça a correr perigo, e com ele surge para o sacerdócio do advogado a fase melindrosa, cujas dificuldades poucos ousam arrostar. Faz-se mister resistir à impaciência dos ânimos exacerbados, que não tolera a serenidade das formas judiciais. Em cada uma delas a sofreguidão pública descobre um fato à impunidade. Mas é, ao contrário, o interesse da verdade o que exige que elas se esgotem; e o advogado é o ministro desse interesse. Trabalhando por que não faleça ao seu constituinte uma só dessas garantias da legalidade, trabalha ele, para que não falte à justiça nenhuma de suas garantias. Eis por que, seja quem for o acusado, e por mais horrenda que seja a acusação, o patrocínio do advogado, assim entendido e exercido assim, terá foros de meritório, e se recomendará como útil à sociedade.[6]

---

6 BARBOSA, Rui. *O dever do advogado:* carta a Evaristo de Morais. Rio de Janeiro: Casa de Rui Barbosa, 2002, p.37-38.

Dessarte, deverá o advogado sempre lutar pela efetividade de suas prerrogativas, entendendo que sua função é indispensável à sociedade e à Justiça, aceitando apenas as limitações que se justifiquem em interesses salvaguardados pela Constituição e pertinentes ao caso concreto.

A Sociedade de Advogados, seus Associados: Aspectos Jurídicos e Práticos

Silvio Mendonça Filho

Graduado na Pontifícia Universidade Católica de Minas Gerais – PUC Minas. Pós-Graduado em Direito de Empresa, pelo Instituto de Educação Continuada da PUC Minas.

Ana Teresa Guimarães Zanhar

Advogada graduada na Faculdade de Direito da Universidade Federal de Minas Gerais – UFMG.

Tiago Mendonça

Advogado graduado na Faculdade de Direito da Universidade Federal de Minas Gerais UFMG.

Algum dia tudo será melhor, eis a nossa esperança;
tudo vai bem, eis a nossa ilusão.
(Voltaire)

1. INTRODUÇÃO

O objetivo do presente trabalho é o de discorrer sobre os aspectos jurídicos e práticos da participação do advogado no seio de uma sociedade profissional.

Através deste artigo, busca-se proporcionar ao advogado militante e às sociedades de advogados elementos de reflexão que permitam sugerir possibilidades de solução das controvérsias decorrentes da participação do advogado no seio de uma sociedade profissional.

Por isso, em um primeiro momento, faz-se necessário abordar as normas que regem as relações entre advogados em sociedade, com base na análise da realidade vivenciada por essa classe profissional e a premente necessidade de se alcançar, dentro de um prisma legal, a melhor maneira de equalizar os interesses de todos os envolvidos. Tal objetivo será alcançado a partir de um regramento jurídico que atribua aos advogados a forma necessária para o exercício da prática profissional, envolvendo as relações profissionais de uma necessária segurança jurídica, em consonância com as normas celetistas e com a dinâmica do mercado.

Portanto, tal regramento deve ser atingível e atrativo para as partes interessadas em associar-se para o exercício da advocacia.

2. DESENVOLVIMENTO

Inicialmente, para a melhor compreensão dos fundamentos do Direito Empresarial e das normas do Estatuto da Ordem dos Advogados do Brasil[1] que regem a matéria, mister se faz tecer algumas considerações acerca da gênese da sociedade dos advogados.

1 Lei n. 8.906/94, que dispõe sobre o Estatuto da Advocacia e a Ordem dos Advogados do Brasil – OAB.

Hodiernamente, muitos sociólogos, de diferentes culturas, bem como os teóricos do Estado, convergem no sentido de que o homem é um ser eminentemente de natureza gregária, incapaz de se descurar da vida em sociedade.

Com efeito, ainda em seu tempo, o notável filósofo grego Aristóteles já percebera a inclinação do ser humano na trilha da vida em comum, asseverando *haver um impulso natural que o compele a integrar uma coletividade e nela estabelecer laços de convivência pacífica e harmônica, visando essencialmente o seu pleno desenvolvimento.*[2]

Com base nessa premissa admitir-se-ia a ilação de que o homem busca participar de determinado núcleo social com o fito de superar obstáculos com os quais se depara na consecução de seus objetivos e que, do contrário, de forma solitária, haveria de ser incapaz de suplantá-los.

Destarte, em tese, os grupos sociais reúnem-se em torno de um mesmo fim, fato que demanda a imposição de direitos e obrigações recíprocos aos seus componentes, criando, a partir daí, tanto na seara legal, quanto *interna corporis,* um complexo sistema de normas vitais para o prosseguimento e sucesso desta associação.

Desse arcabouço normativo, surgem as denominadas pessoas jurídicas, que consistem em entes coletivos oriundos da reunião de indivíduos, a quem o Direito atribui personalidade jurídica própria, capacidade esta que as permite atuarem na órbita jurídica de forma autônoma, sobretudo no tocante ao aspecto patrimonial.

Historicamente, assim como em todo o nosso ordenamento jurídico, o direito empresarial possui movimento de pesos e contrapesos para privilegiar, ora os empreendedores, ora seus credores. Entretanto, nas últimas décadas, há um inquestionável movimento empresarial na busca de maior proteção às empresas e seus ativos. Dito de outra forma, como nas palavras do i. Luiz Ferreira Xavier Borges, *caminhamos das sociedades de pessoas para as sociedades de capitais, nas formas empresariais mais sofisticadas.*[3]

2 PESSANHA, J. A. Aristotelismo e historicidade. *Boletim de História da Faculdade Nacional de Filosofia,* Rio de Janeiro, ano V, n. 7, 1963, p. 12.

3 BORGES, Luis Ferreira Xavier. A teoria da desconsideração da personalidade jurídica. *Revista do BNDS,* Rio de Janeiro, ano V, n. 14, dez. 2000, p. 330.

Por isso, uma vez observadas, *in totum,* as formalidades legais, a pessoa jurídica estabelece perfeita dicotomia entre seu próprio patrimônio e o de seus sócios. Este é o princípio basilar do instituto, que colima justamente na imposição de limites aos riscos dos empreendedores, com o fim de estimular a atividade produtiva, não fugindo deste desiderato a sociedade formada entre advogados.

Assim, desde sua criação, o instituto da pessoa jurídica tem suscitado inúmeras polêmicas e debate entre os juristas de todo o planeta. Tamanha controvérsia reflete-se no estudo e no tratamento a ser dispensado à teoria do direito societário, instituto que atinge o cerne da pessoa jurídica.

Cumpre ressaltar que as espécies societárias à disposição daqueles que desejam profissionalmente associar-se, com o fito de promoverem atividade econômica especializada por meio de organização voltada, como para a produção de serviços na área de advocacia, estão estritamente tipificadas entre os arts. 1.039 e 1.092 do Código Civil, que disciplinam as seguintes formas societárias: sociedade em nome coletivo; em comandita simples; limitada; anônima ou comandita por ações, consoante norma do art. 983 do referido Diploma Legal, que assim dispõe:

> Art. 983. A sociedade empresária deve constituir-se segundo um dos tipos regulados nos arts. 1.039 a 1.092; a sociedade simples pode constituir-se de conformidade com um desses tipos, e, não o fazendo, subordina-se às normas que lhe são próprias.
> Parágrafo único. Ressalvam-se as disposições concernentes à sociedade em conta de participação e à cooperativa, bem como as constantes de leis especiais que, para o exercício de certas atividades, imponham a constituição da sociedade segundo determinado tipo.

Imperioso destacar que, em consonância com o dispositivo supramencionado, o Estatuto da Advocacia e a Ordem dos Advogados do Brasil (Lei 8.906/94) reza que advogados que se unem em escritório de advocacia para atuarem como profissionais liberais, de modo a formar uma sociedade de direito civil, senão vejamos:

> Art. 15. Os advogados podem reunir-se em sociedade civil de prestação de serviço de advocacia, na forma disciplinada nesta lei e no regulamento geral.

Inclusive, a constituição de tais sociedades de advogados é motivada pela desoneração de custos e pela dinamicidade comercial exigida pelo mercado. Trata-se de uma opção comercial e negocial.

A partir da inclusão de advogados no quadro societário há o incentivo de que estes busquem clientes e, por conseguinte, possam participar dos lucros obtidos pela sociedade, repartidos periodicamente por seus membros.

Ademais, além de se tratar de uma interessante alternativa para envolver o advogado nos atos comerciais da sociedade, incentivando sua atuação a partir da participação nos lucros, as sociedades evitam um excessivo ônus fiscal, decorrente dos tributos e encargos devidos em virtude do vínculo celetista, que oneram por demais a prestação dos serviços e comprimem o salário percebido pelo advogado contratado.

Poder-se-ia, em princípio, sob o prisma até aqui traçado, afirmar com certa segurança jurídica, que os sócios da sociedade de advogados estariam à margem de uma relação de emprego tipificada pela CLT.

Entretanto, para que esta conclusão seja acertada é indispensável que se faça uma análise lógico-sistemática dos dispositivos normativos inerentes à matéria, sobretudo do entendimento jurisprudencial acerca da questão ora proposta.

Nesse sentido, destaca-se que, mesmo diante de um baixo salário bruto, apenas os encargos tributários devidos a título de IRPF e INSS podem atingir cerca de 15% do montante recebido pelo assalariado, onerando a prestação do serviço e achatando o salário do trabalhador.

É sobejamente conhecido e já mencionado neste trabalho que as sociedades de advogados possuem natureza jurídica de sociedade personificada, do tipo simples, sendo regulada atualmente pelos arts. 997 e ss., do Código Civil brasileiro.

A consagrada doutrina de Arnold Wald leciona que:

> As normas das sociedades simples podem ser divididas em duas espécies: aquelas que são aplicáveis a todas as sociedades de pessoas e as outras que somente incidem nas sociedades simples.

Afirmando, ainda, que

> [...] o que determina ser a sociedade simples é a sua atividade, e ao seu conceito se chega de forma negativa, isto é, aquela que não exerce atividade própria de empresários.[4]

Para Rubens Requião, o conceito de sociedade simples, consubstancia-se

> naquela sociedade que tiver por objeto o desenvolvimento de atividade intelectual, de natureza científica, literária ou artística. Segundo o texto do Código Civil, tal atividade não pode ser objeto de exploração direta, pois não pode constituir elemento de empresa.[5]

Deste ajuste bilateral não somente emergem direitos e obrigações recíprocas, mas também faz evidenciar traços de semelhança entre o contrato de sociedade e o contrato empregatício, já que ambos possuem um aspecto colaborativo, no sentido de haver *comunhão de esforços das partes contratuais em prol de um objetivo comum.*[6] Contudo, os referidos contratos não podem ser confundidos, sob pena de se acarretar grave insegurança jurídica e inviabilizar a associação de advogados.

No entendimento do eminente Ministro do c. TST, Maurício Godinho Delgado, é tecnicamente insustentável a confusão entre as duas figuras contratuais:

> De fato, as distinções entre o contrato de sociedade e o contrato empregatício são substantivas. Em primeiro lugar, os sujeitos de um e outro contrato são distintos, com posição jurídica distinta. A contraposição de interesses jurídicos é a marca central das obrigações decorrentes do contrato de trabalho, ao passo que a convergência de interesses jurídicos em função da ideia e realidade da sociedade é a marca central das obrigações decorrentes do contrato societário.[7]

---

4 WALD, Arnold. *Comentários ao novo Código Civil.* Rio de Janeiro: Forense, 2005, v. XIV, p. 116-117.

5 REQUIÃO, Rubens. *Curso de direito comercial.* São Paulo: Saraiva, 2003., p. 403.

6 GODINHO, Maurício Delgado. *Curso de direito do trabalho*. 3. ed. São Paulo: LTr, 2004, p. 592.

7 GODINHO, Maurício Delgado. *Curso de direito do trabalho*. 3. ed. São Paulo: LTr, 2004, p. 592.

É de curial erudição que o objeto do contrato tipicamente trabalhista é a prestação de serviços de forma subordinada ao tomador, mediante remuneração, com pessoalidade, de maneira não eventual. Já no contrato de sociedade há a convergência dos interesses dos contratantes para a busca de resultados concretos.

Trata-se do denominado *affectio societatis,*elemento subjetivo essencial à configuração do contrato de sociedade.

Deste modo, a distinção técnica entre o contrato de trabalho e o contrato de sociedade é de simples exegese em face dos elementos essenciais peculiares a cada espécie ajustada.

Todavia, a interpretação dada pelos tribunais pátrios, sobretudo no âmbito da Justiça do Trabalho, atribui maior valor ao chamado "contrato realidade", em detrimento da forma contratual firmada pelas partes, inclusive nos litígios instaurados entre advogados e sociedade de advogados, como se depreende dos arestos a seguir colacionados:

> EMENTA: RELAÇÃO DE EMPREGO. ADVOGADO. CONFIGURAÇÃO. A subordinação jurídica se manifesta de forma mais tênue em casos de prestação de serviços por advogado, uma vez que este profissional desempenha trabalho eminentemente intelectual. Assim, não pode ser aferida com o mesmo rigor em relação aos contratos de trabalho em geral, até porque a legislação assegura ao advogado que o vínculo de emprego não poderá retirar a isenção técnica nem reduzir a independência profissional inerente à advocacia (art. 18 da Lei n. 8.906/94).[8]

> EMENTA: ADVOGADO. RECONHECIMENTO DE RELAÇÃO DE EMPREGO. SUBORDINAÇÃO JURÍDICA. CRITÉRIOS DE AFERIÇÃO. DIMENSÃO CLÁSSICA E INTEGRATIVA. Em se tratando de advogado que presta serviços em favor de escritório de advocacia, a aferição da existência ou não da subordinação, para os fins de caracterização da relação de emprego, deve considerar a mitigação ou atenuação desse pressuposto, não sendo

8 TRT da 3.ª Região. Processo: 01764-2012-017-03-00-0 RO. Data de Publicação: 03.09.2013. Órgão Julgador: Sétima Turma. Relator: Fernando Luiz G. Rios Neto. Revisor: Paulo Roberto de Castro. Divulgação: 02.09.2013. *DEJT*, p. 305.

> necessária a constatação da subordinação em seu conceito clássico, que se manifesta por meio de ordens intensas e constantes do empregador quanto ao modo de prestação de serviços. Isso porque se trata de trabalhador intelectual, que detém o conhecimento técnico quanto aos serviços a serem prestados, sendo mais tênue, em regra, o grau de sujeição às ordens patronais. Em casos tais, há que se recorrer ao que a doutrina passou a denominar de dimensão integrativa da subordinação, que conjuga a noção de subordinação objetiva com critérios que excluem a autonomia.[9]

Para o Ministro Maurício Godinho Delgado,

> O princípio do contrato realidade autoriza, assim, por exemplo, a descaracterização de uma pactuada relação civil de prestação de serviços, desde que no cumprimento do contrato despontem, concretamente, todos os elementos fático-jurídicos da relação de emprego.[10]

Este princípio norteador do Direito do Trabalho é amplamente observado pela jurisprudência para fins de proteger os chamados "hipossuficientes" nas relações tipicamente trabalhistas contra eventuais abusos praticados pela parte empregadora.

É razoável sustentar que tal conceito jurídico encontra seu âmago no Direito Civil, notadamente no disposto no art. 112 da compilação civil pátria:

> Art. 112 - Nas declarações de vontade se atenderá mais à intenção nelas consubstanciada do que ao sentido literal da linguagem.

Ora, na ocasião em que o princípio da primazia da realidade é invocado pelo julgador como meio de solucionar controvérsia de natureza contratual, parte-se do conceito de que tal orientação aplicar-se-ia em

---

9 TRT da 3.ª Região. Processo: 01788-2009-008-03-00-2 RO. Data de Publicação: 12.03.2013. Órgão Julgador: Sétima Turma. Relator: Marcelo Lamego Pertence. Revisor: Fernando Luiz G. Rios Neto. Divulgação: 11.03.2013. *DEJT*, p. 328.

10 GODINHO, Maurício Delgado. *Curso de direito do trabalho*. 3. ed. São Paulo: LTr, 2004 p. 208.

situações em que houvesse desequilíbrio de forças materiais ou mesmo intelectuais, de modo a amparar os chamados hipossuficientes na relação contratual.

Entretanto, parece-nos temerário desconsiderar de forma sistemática o pacto celebrado entre as partes na solução de litígios entre advogados e sociedade de advogados, vez que se trata de disputa entre partes de nível intelectualmente e economicamente similares. Afinal, a justa aplicação do Direito deve tratar de forma desigual apenas os desiguais.

Nestas hipóteses, se não houver indícios de coação, a forma do negócio jurídico atribuído aos contratos celebrados entre advogado e sociedade deve prevalecer sobre qualquer outra, eis que firmado entre agentes capazes e com objeto absolutamente lícito e previsto em Lei.

Isso porque, o Código Civil brasileiro disciplina de forma categórica e taxativa a validade dos negócios jurídicos. É ver a redação legal de seu art. 104:

> Art. 104 – A validade do negócio jurídico requer:
> I – agente capaz;
> II – objeto lícito, possível, determinado ou determinável;
> III – forma prescrita e não defesa em lei.

De todo modo, o que se observa é a tendência dos tribunais reconhecerem o vínculo de emprego, sob o amparo do princípio do contrato realidade, sem, no entanto, observarem a presença de todos os elementos caracterizadores da relação empregatícia, nos termos dos arts. 2º e 3º da CLT.

Urge ressaltar que a relativização destes elementos, em especial da subordinação jurídica, acaba por conferir vantagens indevidas ao profissional de advocacia integrante de sociedade de advogados, em detrimento dos demais sócios.

Desconsiderar como válido contrato regularmente firmado entre advogados com base em frágeis provas testemunhais, na maioria das vezes tendenciosas e divorciadas da realidade, inaptas a desconstituir a prova documental, enseja temerária insegurança jurídica nas relações societárias firmadas entre advogados, além de ferir frontalmente as normas civilistas que norteiam as relações jurídicas e a boa-fé contratual, especialmente as normas do Código Civil brasileiro transcritas abaixo:

> Art. 110 – A manifestação de vontade subsiste ainda que seu autor haja feito a reserva mental de não querer o que manifestou, salvo se dela o destinatário tinha conhecimento.
>
> Art. 113 – Os negócios jurídicos devem ser interpretados conforme a boa-fé e os usos do lugar de sua celebração.

Cediço é que os direitos e garantias conferidos ao trabalhador, por possuírem natureza alimentar, gozam de certos privilégios, de forma a facilitar a sua satisfação, mas isso não significa que o ordenamento jurídico pátrio possa ser desrespeitado, vez que devem ser respeitados seus princípios basilares, muitos, inclusive, tutelados constitucionalmente em favor dos jurisdicionados, tais como: devido processo legal; autonomia privada; boa-fé; função social do contrato; ato jurídico perfeito e; principalmente, segurança jurídica.

O profissional do Direito que se propõe a participar de uma sociedade de advogados o faz sob o manto do princípio da autonomia privada que reconhece aos particulares

> [...] um poder jurígeno, um poder de regular, pelo exercício de sua própria vontade, as relações jurídicas de que participam, estabelecendo-lhes o conteúdo e a respectiva disciplina. É uma das mais significativas representações do valor jurídico da liberdade, de natureza também constitucional (CF, Preâmbulo e art. 170) que se reafirma na liberdade contratual.[11]

Ao sedimentar o contrato de sociedade, cumpre também ao advogado observar o princípio da boa-fé contratual, regra objetiva de comportamento que atrai o dever de lealdade e correção, positivado pelo art. 422 do Código Civil,[12] que impõe dever de conduta razoável e não abusiva aos contratantes.

---

[11] AMARAL, Francisco. *Direito civil*: introdução. 6. ed. Rio de Janeiro: Renovar, 2006p. 61.

[12] "Art. 422. Os contratantes são obrigados a guardar, assim na conclusão do contrato,

Ao emitir sua declaração de vontade em contrato de sociedade de advogados, o profissional o faz de forma a criar o liame essencial e fundamental na produção dos efeitos jurídicos decorrentes das cláusulas insertas no Contrato Social que demonstra a sua intenção de resultado e que caracteriza a chamada vontade negocial, vontade que se dirige à produção de determinado efeito que o direito reconhece e protege, caracterizando-se como verdadeiro preceito normativo, expressão da autonomia privada.

Logo, há de se considerar a declaração de vontade externada pelo advogado e assentada no Contrato Social como elemento inequívoco de prova da relação jurídica existente, no caso, Contrato de Sociedade de Advogados.

Na solução de litígio entre advogados e sociedades de advogados, em homenagem à segurança jurídica, o princípio da autonomia da vontade deve prevalecer, em detida análise aos termos já pactuados pelas partes no bojo do Contrato de Sociedade de Advogados, devendo o princípio trabalhista da primazia da realidade ser aplicado com redobrada cautela, sob pena de, contraditoriamente, consolidar situação jurídica inexistente.

Afinal, o livre convencimento motivado e valoração da prova outorgada ao julgador pelo art. 131 do Código de Processo Civil,[13] não se traduzem como arbítrio na apreciação da prova.

Tal prática de nossos tribunais trabalhistas atenta contra a segurança e a ordem jurídica, até porque as declarações constantes do documento assinado, sobretudo por profissionais do Direito, presumem-se verdadeiras em relação aos seus signatários, como reza o próprio Código de Processo Civil:

> Art. 368. As declarações constantes do documento particular, escrito e assinado, ou somente assinado, presumem-se verdadeiras em relação ao signatário.

---

como em sua execução, os princípios de probidade e boa-fé."

13 "Art. 131. O juiz apreciará livremente a prova, atendendo aos fatos e circunstâncias constantes dos autos, ainda que não alegados pelas partes; mas deverá indicar, na sentença, os motivos que lhe formaram o convencimento."

> Art. 373. Ressalvado o disposto no parágrafo único do artigo anterior, o documento particular, de cuja autenticidade se não duvida, prova que o seu autor fez a declaração, que lhe é atribuída.
> Parágrafo único. O documento particular, admitido expressa ou tacitamente, é indivisível, sendo defeso à parte, que pretende utilizar-se dele, aceitar os fatos que lhes são favoráveis e recusar os que são contrários ao seu interesse, salvo se provar que estes se não verificaram.

É bem verdade que o tratamento dado pela Justiça do Trabalho às controvérsias em estudo destrói a base legal que sustenta a premissa dos investimentos em escritórios de advocacia, na medida em que toda a análise de risco elaborada pelos advogados empreendedores não mais poderá traduzir a realidade do estudo legal prévio que embasou o investimento, eis que surge um novo elemento nas relações de risco; a desconsideração da validade do Contrato de Sociedade pela descuidada aplicação da teoria da primazia da realidade.

Por isso, o enfraquecimento do Contrato de Sociedade de Advogados, levado a cabo pela não rara equivocada interpretação jurisprudencial, poderá gerar o fim de um investimento e todo o esforço para a consecução de seus fins.

Mutatis mutandis, sobre os nefastos efeitos da má aplicação dos institutos em estudo, é de suma importância registrar o comentário do i. jurista, Professor Vincenzo Florenzano:

> [...] é preciso ter presente que as execuções não podem ser levadas adiante a qualquer preço, sob pena de se fazer mais mal do que bem. Em outras palavras, o custo social é maior do que o benefício social. Isso porque os investidores/ sócios são totalmente desencorajados (afugentados), novos investimentos deixam de ser realizados e milhares de novos postos de trabalho deixam de ser criados.[14]

Urge salientar que, diante da temerária aplicação da teoria da primazia de realidade empenhada pela Justiça do Trabalho, a carga de

[14] FLORENZANO, Vincenzo D. *Sistema financeiro e responsabilidade social.* São Paulo: Textonovo, 2004, p. 33.

responsabilidade imposta à sociedade de advogados passa a ser demasiadamente onerosa e injusta, visto que o contrato alicerce deste tipo societário estará seriamente enfraquecido.

Não se pode perder de vista que a sociedade de advogados representa a maior parte da força da advocacia, merecendo incentivos e não desestímulos por fortuitos insucessos de seus gestores. Ademais, os termos convencionados no contrato que alicerça tal tipo societário profissional devem garantir segurança jurídica aos seus signatários.

Dessa forma, o tema em análise merece ampla discussão no âmbito da Ordem dos Advogados do Brasil, para que sejam apresentadas soluções técnicas e práticas no sentido de proteger a gênese do Instituto da Sociedade dos Advogados, representada pelo Contrato Social, melhor regulamentando a questão da sociedade de advogados e do advogado empregado, de modo a evitar que esta Constituição de Normas seja aniquilada pelo seu uso indevido por parte de alguns profissionais.

3. CONCLUSÃO

Conforme o exposto, pode-se afirmar que a indevida utilização do princípio da primazia da realidade sobre a forma para caracterização de vínculo empregatício do advogado componente de quadro societário, acaba por mitigar a autonomia da vontade das partes e tornar inócua a reunião em sociedade de advogados, em patente injustiça. Por essa razão, deve ser melhor regulamentada e delimitada a matéria com fito de garantir o predomínio do Contrato Social.

4. REFERÊNCIAS

AMARAL, Francisco. *Direito civil*: introdução. 6. ed. Rio de Janeiro: Renovar, 2006.

BORGES, Luis Ferreira Xavier. A teoria da desconsideração da personalidade jurídica. *Revista do BNDS*, Rio de Janeiro, ano V, n. 14, dez. 2000.

BRASIL. *Decreto-lei n. 5.452, de 1º de maio de 1943.* Aprova a Consolidação das Leis do Trabalho. Disponível em: <http://www.planalto.gov.br/ccivil_03/decreto-lei/del5452.htm>. Acesso em: 8 dez. 2013.

BRASIL. *Lei n. 5.869, de 11 de janeiro de 1973.* Institui o Código de Processo Civil.

Disponível em: <http://www.planalto.gov.br/ccivil_03/leis/l5869compilada.htm>. Acesso em: 8 dez. 2013.

BRASIL. *Lei n. 8.906, de 4 de julho de 1994.* Dispõe sobre o Estatuto da Advocacia e a Ordem dos Advogados do Brasil (OAB). Disponível em: <http://www.planalto.gov.br/ccivil_03/leis/l8906.htm>. Acesso em: 8 dez. 2013.

BRASIL. *Lei n. 10.406, de 10 de janeiro de 2002.* Institui o Código Civil. Disponível em: <http://www.planalto.gov.br/ccivil_03/leis/2002/l10406.htm>. Acesso em: 8 dez. 2013.

FLORENZANO, Vincenzo D. *Sistema financeiro e responsabilidade social.* São Paulo: Textonovo, 2004.

GODINHO, Maurício Delgado. *Curso de direito do trabalho.* 3. ed. São Paulo: LTr, 2004.

PESSANHA, J. A. Aristotelismo e historicidade. *Boletim de História da Faculdade Nacional de Filosofia,* Rio de Janeiro, ano V, n. 7, 1963.

REQUIÃO, Rubens. *Curso de direito comercial.* São Paulo: Saraiva, 2003.

WALD, Arnold. *Comentários ao novo Código Civil.* Rio de Janeiro: Forense, 2005, v. XIV.

O Direito Constitucional de Entrevista: Direito ao Advogado e Direito do Advogado

Waldir Miguel Júnior

Advogado Criminalista, é Especialista em Ciências penais pela Universidade Cândido Mendes/RJ. Mestre em Direito Processual Penal pela PUC/MG, é membro do ICP – Instituto de Ciências Penais. Professor de Direito Penal e Processual Penal, foi pesquisador no NUPUP – Núcleo de Políticas Públicas da PUC/MG.

1. INTRODUÇÃO

Este trabalho pretende analisar o direito constitucional de entrevista, tanto como direito assegurado ao cidadão, como também como direito/ prerrogativa indispensável do advogado.

Primeiramente, será analisado o direito de entrevista como direito constitucionalmente assegurado, nesse sentido será indicada a norma constitucional como comando interpretativo uníssono para se interpretar qualquer outra norma no ordenamento jurídico brasileiro.

Em seguida, as leis infraconstitucionais que fazem alusão ao tema, neste momento serão indicados o Código de Processo Penal, a Lei de Execução Penal e, por fim, o Estatuto da Ordem dos Advogados do Brasil.

Chegando ao fim, cuidaremos do direito constitucional de entrevista sob a perspectiva de prerrogativa da profissão de advogado, indicando os requisitos legais que autorizam o direito.

Por fim, apontar-se-á a conclusão do tema ora enfrentado.

2. O PAPEL DO ADVOGADO NO COMANDO CONSTITUCIONAL

A Constituição da República Federativa do Brasil eleva a profissão de advogado como função indispensável à administração da Justiça. Vejamos a mensagem do artigo 133 da Constituição da República:

> Art.133. O advogado é indispensável à administração da justiça, sendo inviolável por seus atos manifestações no exercício da profissão, nos limites da lei.[1]

Nessa perspectiva, surgem duas conclusões: primeira, em regra o advogado é indispensável na administração da Justiça; segunda, o advogado, no exercício de sua profissão é imune por seus atos e manifestações.

Obviamente, que nenhuma delas é absoluta, como nenhum direito construído sob as bases democráticas não é, o *habeas corpus*, por exemplo,

---

1 BRASIL. *Constituição da República Federativa,* promulgada em 05.10.1988.

não necessita de advogado. O que se denota da mensagem constitucional é a importância do advogado enquanto profissional habilitado no exercício do principio da ampla defesa.

Esse princípio processual constitucional é constituído de duas formas também: a pessoal, que é aquela exercida pelo próprio indiciado ou acusado. E finalmente, aquela que mais no interessa, a defesa técnica.

Daí o *status* constitucional do advogado enquanto profissional indispensável à administração da Justiça, dito em outras palavras, o Estado tem todo um aparato de persecução penal (Polícia, Ministério Público), para equilibrar essa situação de inferioridade do imputado. A Constituição, como norma irradiante de todo ordenamento jurídico, eleva a advocacia como indispensável na tentativa de restabelecimento da igualdade, e, principalmente nos ditames de justiça.

Além da ampla defesa, o contraditório também somente se dá por meio do advogado, pois é ele o profissional capaz de estabelecer um diálogo com as partes dentro do procedimento[2] vale apenas citar *ipsis litteris* a belíssima lição de Carlos Henrique Soares, sob a estreita relação advogado-processo constitucional:

> É agente garantidor da legitimidade da decisão judicial, uma vez que é o mesmo juridicamente capaz de estabelecer um diálogo técnico-jurídico que permite a construção do provimento em simétrica paridade, garantindo o contraditório e a ampla defesa, bem como o controle da jurisdição.[...] É o agente garantidor da democracia, da cidadania e da soberania, bem como dos direitos fundamentais.[3]

Assim, com os avanços democráticos, o direito ao advogado é uma mensagem constitucional que se impõe, seja em procedimento administrativo, seja em processo propriamente dito. No processo penal, é uma exigência justamente por estar em jogo um dos direitos mais caros do ser humano, o direito à liberdade. O direito de entrevistar-se com advogado é

---

2 FAZZALARI, Elio. *Instituições de direito processual*. Tradução de Elaine Nassif. Campinas: Bookseller, 2006.

3 SOARES, Carlos Henrique. *O advogado e o processo constitucional*. Belo Horizonte: Del Rey, 2004, p.173-174.

um direito de todo cidadão quando tiver ameaçado seu direito de livremente ir e vir.

3. O DIREITO DE ENTREVISTA COM O ADVOGADO COMO DIREITO CONSTITUCIONAL FUNDAMENTAL

Apesar da obviedade que circula o tema, muitos operadores do Direito ainda insistem em negar o direito do imputado em entrevistar-se com seu advogado. Em rápida pesquisa que fizemos sob o tema encontramos 6 dispositivos que alertam sobre a necessidade do advogado quando houver prisão ou iminência de prisão.

O primeiro deles, por si só, já é mais que suficiente para aqueles que interpretam normas a luz da Constituição. Vejamos:

> Art. 5º,
> [...]
> LXIII - O preso será informado de seus direitos, entre os quais o de permanecer calado, sendo lhe assegurada a assistência da família e de advogado.[4]

A dificuldade é que no Brasil, muitos operadores do Direito têm extrema dificuldade de ler as normas à luz da Constituição. Nosso Código de Processo Penal de 1941, por exemplo, é um depósito de normas ultrapassadas e que quando submetidas a crivo da interpretação, conforme a Constituição, tornam-se não recepcionadas, e, portanto, inaplicáveis.

No que tange à lei infraconstitucional não se pode olvidar o disposto no artigo 306, § 1º, do Código de Processo Penal, *in verbis:*

> Art. 306. A prisão de qualquer pessoa e o local onde se encontre serão comunicados imediatamente ao juiz competente, ao Ministério Público e à família do preso ou à pessoa por ele indicada.
> § 1º Em até 24 (vinte e quatro) horas após a realização da prisão, será encaminhado ao juiz competente o auto de prisão em flagrante e, caso

---

[4] BRASIL. *Constituição da República Federativa*, promulgada em 05.10.1988.

> o autuado não informe o nome de seu advogado, cópia integral para a Defensoria Pública. (Alterado pela Lei 12.403/2011). .[5] (Grifo nosso)

Veja-se que atendendo ao próprio comando constitucional, a própria lei vem tentando se adequar ao novo princípio do Estado Democrático de Direito,[6] a comunicação imediata ao advogado, ou a Defensoria Pública, para o caso da pessoa não indicar advogado.

A dificuldade reside justamente em se explicar qual o grau de amplitude dessa comunicação. Mais uma vez, trazemos à baila a interpretação à luz da Constituição para que de uma vez por todas se compreenda que o direito de entrevistar com advogado é direito do preso e uma exigência constitucional.[7]

Dessa forma, antes de adentrar ao direito de entrevista propriamente dito, fase de investigativa ou fase judicial, é bom deixar claro que tal direito tem como corolário a Constituição, e não uma lei ou outra.

Posto isso, com o nível de desenvolvimento democrático que desenvolvemos, o que pretendemos desenvolver, não podemos aceitar que cabe à autoridade (policial ou judicial) autorizar discricionariamente a entrevista reservada do preso com seu advogado, já que esta autorização é feita pela Constituição.

5 BRASIL. *Código de Processo Penal, 1941.*

6 Segundo Ronaldo de Carvalho Dias Brêtas, "o Estado Constitucional Democrático de Direito resulta da articulação dos princípios do Estado Democrático e do Estado de Direito, cujo entrelaçamento técnico e harmonioso se dá pelas normas constitucionais".(BRÊTAS, Ronaldo de Carvalho Dias. *Processo constitucional e Estado Democrático de Direito.* 2. ed. Belo Horizonte: Del Rey, 2012, p. 58).

7 Neste sentido explicam Flaviane de Magalhães Barros e Felipe Daniel Amorim Machado: "Uma interpretação constitucionalmente adequada passa pela noção de que o modelo constitucional do processo é uma base principiológica uníssona, na qual os princípios que o integram são vistos de maneira codependentes. Ou seja, ao desrespeitar um dos princípios afetam-se, também de forma reflexa, os outros princípios fundantes. Contudo, todos os princípios têm o seu conteúdo específico e diferenciado. Em outras palavras, tais princípios são vistos como codependentes no sentido de que , apesar de cada um possuir seu espectro de atuação próprio, eles formam uma base uníssona indissociável, na qual a observância a um principio é uma condição para o respeito aos demais." (BARROS, Flaviane de Magalhães; MACHADO, Felipe Daniel Amorim. *Prisão e medidas cautelares:* nova reforma do processo penal – Lei n. 12.403/2011. Belo Horizonte: Del Rey, 2011, p. 20-21)

Ora, na fase investigativa, muito mais que na fase judicial, em que se tem o contraditório pleno, é imprescindível a entrevista do advogado com o preso até para atestar e fiscalizar a legalidade do procedimento.

Noutro giro, na fase judicial, a própria legislação expressamente indica o direito de entrevista: Vejamos:

> Art. 185 - O acusado que comparecer perante a autoridade judiciária, no curso do processo penal, será qualificado e interrogado na presença de seu defensor, constituído ou nomeado. (*Alterado pela Lei 10.792/2003).*
> [...]
> § 5º Em qualquer modalidade de interrogatório, o juiz garantirá ao réu o direito de entrevista prévia e reservada com o seu defensor; se realizado por videoconferência, fica também garantido o acesso a canais telefônicos reservados para comunicação entre o defensor que esteja no presídio e o advogado presente na sala de audiência do Fórum, e entre este e o preso.[8]

Não se pode olvidar do disposto no art. 41 da Lei 7.210/84, *in verbis*:

> Art. 41 - Constituem direitos do preso:
> [...]
> X - entrevista pessoal e reservada com o advogado.

Enfim, o direito de entrevistar-se com advogado é um direito constitucionalmente assegurado tanto do preso, ou daquele que esteja na iminência de ser preso, pouco importando a fase de persecução penal. No processo penal do Estado Democrático de Direito, os poderes gerais ou discricionários devem ser cada vez mais restritos e vistos com cautela, e para afiançar nosso pensamento cabe transcrever *ipsis litteris* lição do processualista Aury Lopes Júnior:

> No processo penal a forma é a garantia. Logo, não há espaço para "poderes gerais", pois todo poder é estritamente vinculado a limites e a forma legal. O processo penal é um instrumento limitador do

[8] BRASIL. *Código de Processo Penal, 1941.*

poder punitivo estatal, de modo que ele somente pode ser exercido e legitimado a partir do estrito respeito às regras do devido processo.[9]

De outro lado, mas também de decorrência constitucional, o direito constitucional de entrevista é também direito do advogado, já que está inserida na própria prerrogativa da profissão. É o veremos a seguir.

4. O DIREITO DO ADVOGADO DE ENTREVISTAR COM SEU CLIENTE COMO PRERROGATIVA DA PROFISSÃO

Como já explicitado neste texto, o direito de entrevista é mandamento constitucional, o papel das leis é tão somente regulamentar o que a Constituição já ordenou. No que tange o direito do cidadão ao advogado, já foi suficientemente dissertado neste pequeno artigo.

Agora nos cabe refletir sobre o direito de entrevista como direito do advogado, para corroborar esse direito, inicialmente trazemos a transcrição do próprio art. 7º da Lei 8.906/94 (Estatuto da Ordem dos Advogados do Brasil), vejamos:

> Art. 7º São direitos do advogado:
> [...]
> III - Comunicar-se com seus clientes, pessoal e reservadamente, mesmo sem procuração, quando estes se acharem presos, detidos ou recolhidos em estabelecimentos civis ou militares, ainda que considerados incomunicáveis.

Conforme já explicitado, segundo o comando constitucional, toda pessoa presa fará jus à assistência de advogado. Segundo Guilherme de Souza Nucci conceitua-se prisão, "é a privação da liberdade, tolhendo-se o direito de ir e vir, através de recolhimento da pessoa humana ao cárcere",[10]

---

9 LOPES JÚNIOR, Aury. *O novo regime jurídico da prisão processual, liberdade provisória e medidas cautelares diversas.* 2. ed., Rio de Janeiro: Lumen Juris, 2011, p.16-17.

10 NUCCI, Guilherme de Souza. *Código de Processo Penal comentado.* 8. ed. São Paulo: Revista dos Tribunais, 2008, p. 576.

tal conceito é imprescindível para se saber o momento pelo qual o advogado terá o direito constitucional de entrevistar-se com seu cliente.

Analisando esse conceito juntamente com comando constitucional do art. 5º, inciso LXIII, mais o art. 7º inciso III da Lei 8.906/94, chega-se à conclusão que terminada a fase de captura e levado o preso a uma unidade física do Estado, o advogado poderá entrevistar seu cliente.

Questão de ordem é analisar art. 185, § 5º do CPP, que disciplina sobre o direito de entrevista no interrogatório. Isto porque a quem ainda questiona o direito de entrevista quando o interrogatório for realizado pela autoridade policial, ainda na fase investigativa.

Com a devida vênia, pedimos a quem ainda discorde de tal questionamento que nos parece totalmente equivocado. Primeiro, que o próprio art.185, § 5º, diz: "em qualquer modalidade de interrogatório", assim estaria incluído o interrogatório policial. Noutro giro, o art. 7º do Estatuto da Ordem dos Advogados do Brasil, reforça ser direito do advogado comunicar-se com seu cliente mesmo sem procuração, quando ele estiverem recolhidos em estabelecimentos civis ou militares.

Como dito, tais regras estatuídas em leis infraconstitucionais regulamentam o comando da Constituição da República, promulgada em 1988. Nesse sentido, a famigerada discricionariedade da autoridade deve ser analisada com reserva, pois cumpridos os requisitos legais, deverá a autoridade policial ou judicial assegurar o direito constitucional do advogado de entrevistar-se com seu cliente, sob pena de serem representados criminalmente por abuso de autoridade e administrativamente na respectiva corregedoria.

5. CONCLUSÃO

Após detida análise dos aspectos acima mencionados, é possível chegar a alguns apontamentos, sobre o direito constitucional de entrevista.

Inicialmente, hoje, com o nível hermenêutico, e, principalmente com o reconhecimento unânime da norma constitucional como norma diretriz do ordenamento jurídico, chegamos à conclusão que não é mais possível interpretar determinado direito senão à luz da Constituição.

Com base nisso, podemos afirmar que o direito de entrevistar-se com advogado é direito constitucionalmente previsto. E que preenchido os requisitos legais, que é feito pela norma infra constitucional, Código de Processo Penal, Lei de Execução Penal, Estatuto da Ordem dos Advogados do Brasil, deverá a autoridade assegurar que o preso, seja na fase de investigação, seja na fase judicial, exerça seu direito de entrevistar-se reservadamente com seu advogado ou, não tendo, com um defensor público.

Por fim, de outro lado, mas também como um desdobramento do comando constitucional, é direito/prerrogativa da profissão de advogado entrevistar seu cliente seja, em interrogatório policial, seja em interrogatório judicial, não importando o recinto que o imputado esteja detido, pois o Estatuto da Ordem dos Advogados do Brasil, como norma regulamentar da Constituição, estabelece esse direito como prerrogativa da própria profissão de advogado.

6. REFERÊNCIAS

BARROS, Flaviane de Magalhães; MACHADO, Felipe Daniel Amorim. *Prisão e medidas cautelares:* nova reforma do processo penal – Lei n. 12.403/2011. Belo Horizonte: Del Rey, 2011.

BRASIL. *Constituição da República Federativa*, promulgada em 05.10.1988.

BRASIL. GOMES, Luís Flávio Org.). *Código Penal, Código de Processo, Constituição Federal.* São Paulo: RT, 2011.

BRÊTAS, Ronaldo de Carvalho Dias. *Processo constitucional e Estado Democrático de Direito.* 2. ed. Belo Horizonte: Del Rey, 2012.

FAZZALARI, Elio. *Instituições de direito processual.* Tradução de Elaine Nassif. Campinas: Bookseller, 2006.

LOPES JÚNIOR, Aury. *O novo regime jurídico da prisão processual, liberdade provisória e medidas cautelares diversas.* 2. ed., Rio de Janeiro: Lumen Juris, 2011.

MOREIRA, Márcio Martins. *Estatuto da Ordem dos Advogados do Brasil anotado.* São Paulo: Icone, 2005.

NUCCI, Guilherme de Souza. *Código de Processo Penal comentado.* 8. ed. São Paulo: RT, 2008.

SOARES, Carlos Henrique. *O advogado e o processo constitucional.* Belo Horizonte: Del Rey, 2004.

Amor à Advocacia

Jesuino José Ribeiro Dutra
Advogado.

A arte de advogar, aquela que é chamada, solicitada ou convocada para a defesa de um direito incursionado nas priscas eras de atuação de jovem advogado na capital mineira, em desenvolvimento, se difundia nessa época em grande entusiasmo sobre o acesso à universidade de Minas Gerais, em que uma juventude alegre e inflamada se exteriorizava através do emblema, no escudo universitário com os dizeres *"incipit vita nova"*.

A velha "*casa*" de Afonso Pena, situada na praça Afonso Arinos, que guardava ricas tradições e lembranças saudosas, desde o sino anunciador do inicio e término das aulas, acionado pelo estimado Samuel, onde ali se reuniam eminentes professores, de longa jornada jurídica e de cujo saber encantava a mocidade, faz lembrar nesta época as saudosas memórias de Magalhães Drumond, Amilcar de Castro, Francisco Brant, Vilas Boas, Franzen de Lima, Carlos Campos, Eunápio Borges,

Alberto Deodato, Vale Ferreira, Cândido Naves, Tancredo Martins, Mario Casassanta, Odilon Andrade, Lincoln Prates e Pinto Antunes.

O Juizado em Belo Horizonte, a esse tempo, contava apenas com quatro varas cíveis, duas criminais, juizados de direito e juízes municipais em primeira instancia judicial. E todo o movimento judiciário se concentrava em um magnífico e antigo edifício do Tribunal da Relação, hoje Tribunal de Justiça do Estado de Minas Gerais, situado na Avenida Afonso Pena.

Não precisa muito acentuar a respeito das lutas pelo direito e justiça diuturnamente, entre muitas vezes advindas de alegrias e decepções, vitorias em causas e insucesso em acidentes, e outras pugnações pelas sagradas lutas dos legítimos interesses das partes. Vale a pena relembrar no sagrado exercício profissional os diferentes meios em que atua o advogado em busca da melhor defesa e da vitoria do supremo interesse postergado.

Primeiramente, o profissional precisa interessar-se da verdade e dos fatos diante do cliente, o que não se reduz a uma tarefa fácil e muito menos rápida, por vezes, pelas circunstâncias que envolvem o caso litigioso.

Nessa tarefa da pesquisa intensa, necessária é uma analise dos fatos e suas diversas facetas e principalmente o confronto entre o caso focalizado e os dispositivos legais aplicáveis. Nessa caminhada há de se verificar, pelo profissional, qual o caminho a seguir em face do direito em toda a sua amplitude e em cujo dispositivo legal é procurado o amparo jurídico do caso examinado.

E daí se segue a tarefa de se separar as circunstâncias que envolvem um cliente e o fato em evidência para então, despida e livre a lesão do direito ofendido, prefigurar-se uma análise técnica despida de qualquer sorte de preconceito em face das prescrições da lei.

Daí é que o advogado segue sua empreitada, elaborando o campo de trabalho em que se centralizam os valores intelectuais em busca da verdade e da justiça, através do poder judiciário. É nesse embalo que o advogado há de ter a mesma intensidade no empenho e dedicação ante o julgamento da causa, daquele que ele deve empreende no relacionamento constante com a atividade do aparelhamento da justiça, em que o profissional procura seguir o relacionamento conjugado da causa, a secretaria do feito e seus auxiliares e a tarefa atribuída aos oficiais de justiça.

No encaminhamento do processo, por vezes, o profissional se vê envolvido ou mesmo atuando em recursos transitórios em medida cauteladoras no seguimento da ação processual.

Na fase de recursos, se depara com a necessidade da elaboração de profícuo trabalho profissional para alcançar a meta visada que reúne novo debate, sem defluir necessariamente dos elementos esclarecedores examinados pelo juizado de primeira instância.

A intelectualidade profissional procura os valores jurídicos a serem devidamente focalizados e sempre coadjuvados pela defesa oral perante os tribunais, quando permitida, portanto que representa elemento de valia para o sucesso da causa defendida. Mas, neste envolvimento do profissional e a causa abraçada há de se antever o amor à profissão, a verdadeira vocação pelo direito que vem se reslumbrar no anseio de se entusiasmar pelo trabalho executado, como parcela do próprio "eu".

É alegria de quem trabalha com dedicação que mais importa e, nessas circunstâncias, muitas vezes a retribuição material não corresponde ao esforço desprendido muito além da atividade simplesmente profissional. O estudo, a compulsão dos livros, a pesquisa dos acórdãos e as fontes dos mestres do direito, em épocas já olvidadas consumiram horas deste articulista e até madrugadas, em constantes vigílias, que chegavam ao nascer do sol, cujos raios vinham iluminar a mesa sobre a qual se encontrava o laborioso estudo, verdadeira arma de defesa do direito e da lei. O prazer pelo exercício profissional, decorrente do amor pela profissão abraçada, sempre esteve portanto muito acima de qualquer remuneração percebida, já que intrinsecamente ligada à própria razão de "ser" humano-advogado deste articulista.

Na apreciação do desenvolvimento do trabalho expendido, tendo o alvo a ser atingido pelo profissional que se defronta com a alma e os valores do cliente, representados pela sua liberdade e patrimônio individual, bem como no relacionamento das condições humanas, seja como individual ou representativa de pessoa jurídica, o profissional deixar aí transparecer sua cultura geral translúcida nos reflexos de luzes, da arte, da historia, da ciência jurídica, social, psicológica, da ética e essencialmente da moral de onde promana e de prevalecer a moral cristã que deve permear a atividade do profissional por toda a sua existência.

No percurso do total do seu labor profissional, embora sem os liames da propaganda mercenária, poderá um dia ser reconhecido, acatado, respeitado e admirado pela sagrada atuação de sua vida. Será o lutador incansável pela dignidade humana, reconhecido o valor da vida, fonte do Eterno Criador como insigne patrimônio fulgurante do defensor da liberdade no exercício profissional que há de ser sempre reverenciado na memória de Ruy Barbosa, "tendo o consolo de haver dado ao meu país tudo o que estava ao meu alcance: a desambição, a pureza, a sinceridade, os excessos de atividade incansável, com que desde os bancos acadêmicos, os servi e o tenho servido até hoje". Oração aos Moços – Edição 1949.

Impresso em setembro de 2015